Fachkraft-Kind-Relation versus Betreuungsschlüssel – Realität oder Fiktion?

Aktuelle Probleme moderner Gesellschaften

Herausgegeben von Karl-Heinz Breier,
Peter Nitschke und Corinna Onnen

Band 24

Zu Qualitätssicherung und Peer Review der vorliegenden Publikation

Die Qualität der in dieser Reihe erscheinenden Arbeiten wird vor der Publikation durch alle Herausgeber der Reihe geprüft.

Notes on the quality assurance and peer review of this publication

Prior to publication, the quality of the work published in this series is reviewed by all editors of the series.

Tanja Feder

Fachkraft-Kind-Relation versus Betreuungsschlüssel – Realität oder Fiktion?

Eine empirische Untersuchung im Bundesland Bayern

PETER LANG

Bibliografische Information der Deutschen Nationalbibliothek
Die Deutsche Nationalbibliothek verzeichnet diese Publikation in der Deutschen Nationalbibliografie; detaillierte bibliografische Daten sind im Internet über http://dnb.d-nb.de abrufbar.

Zugl.: Vechta, Hochsch., Diss., 2018

ISSN 1867-609X
ISBN 978-3-631-78177-7 (Print)
E-ISBN 978-3-631-78507-2 (E-PDF)
E-ISBN 978-3-631-78508-9 (EPUB)
E-ISBN 978-3-631-78509-6 (MOBI)

DOI 10.3726/b15415

Peter Lang – Berlin · Bern · Bruxelles · New York · Oxford · Warszawa · Wien

Diese Publikation wurde begutachtet.

www.peterlang.com

Inhaltsverzeichnis

Abkürzungsverzeichnis

BayBEP	Bayerischer Bildungs- und Erziehungsplan
BayKiBiG	Bayerisches Kinderbildungs- und -betreuungsgesetz
BEP	Bayerischer Bildungs- und Erziehungsplan
BGB	Bürgerliches Gesetzbuch
BIP	Bruttoinlandsprodukt
BMFSJ	Bundesministerium für Familie, Senioren, Frauen und Jugend
BMJV	Bundesministerium der Justiz und für Verbraucherschutz
BRD	Bundesrepublik Deutschland
BTR	Betreuungsrelation
BTS	Betreuungsschlüssel
DJI	Deutsches Jugendinstitut
FBBE	Frühkindliche Bildung, Betreuung und Erziehung
FKR	Fachkraft-Kind-Relation
GG	Grundgesetz
JFMK	Jugend- und Familienministerkonferenz
KföG	Kinderförderungsgesetz
KJHG	Kinder- und Jugendhilfegesetz
KICK	Kinder- und Jugendhilfeweiterentwicklungsgesetz
KiFöG	Kinderförderungsgesetz des Bundes
KiTa	Kindertagesstätte
KiTaG	Kinderbetreuungsgesetz
OECD	Organisation for Economic Co-operation and Development (Organisation für wirtschaftliche Zusammenarbeit und Entwicklung)
pQB	Pädagogische Qaulitätsbegleiter_innen
SFHG	Schwangeren- und Familienhilfegesetz
SGB VIII	Sozialgesetzbuch – Achtes Buch
StMAS	Bayerisches Staatsministerium für Arbeit und Soziales, Familie und Integration
TAG	Tagesbetreuungsausbaugesetz
U3	unter drei Jahren (Kinder)
Ü3	über drei Jahre bis zum Schuleintritt (Kinder)

Einleitung

Die vorliegende Arbeit beschäftigt sich mit den Arbeitsrahmenbedingungen des pädagogischen Personals in bayerischen Kindertageseinrichtungen. Im Fokus liegen dabei die reelle Fachkraft-Kind-Relation sowie deren Auswirkungen auf die Arbeitsbedingungen der Pädagog_innen. Die aufgeführten Aspekte wurden mittels eines Methodenmixes aus Expert_inneninterviews, Panelbefragung und vollstandardisiertem Fragebogen ergründet.

Die Forschung zeigt im Hinblick auf die Betreuungsrelation – und hier insbesondere zu den Kernbetreuungszeiten – eine Differenz zwischen den formalen und realen Werten. Zudem kann die zumeist in den öffentlichen Diskursen debattierte Annahme, dass die Qualifikation des Personals den wichtigsten Faktor für die Qualität der Kinderbetreuung darstellt aus Sicht des Personals nicht bestätigt werden. Die individuellen Qualitätsansprüche beeinflussen eine gelingende Teamarbeit und eine gute Betreuungsrelation. Weiterhin zeigt sich das subjektive Erleben der KiTa-Mitarbeiter_innen als ein nicht zu unterschätzter Faktor in Bezug auf die Umsetzung der Qualität, die Arbeit am Kind (Kindzentriertheit) und das Wohlbefinden der Mitarbeiter_innen.

Die Forschungsergebnisse werden hinsichtlich der strukturellen Rahmenbedingungen in Verbindung mit weiteren Studienergebnissen analysiert und Anschlussmöglichkeiten für die Praxis wie auch weitere Forschung aufgezeigt.

The presented work concerns the working conditions oft pedagogical staff in Bavarian childcare facilities. In focus are the actual proportions of specialists to children and the effect on the working conditions of the pedagogical staff. The discussed aspects were based on a mixture of methods including experts' interviews, panel surveys and standardised questionnaire.

The research shows that in regards to the proportions of children specialists to children, and particularly during core hours, a difference between the theoretical an actual value. Although it is often postulated in open discourse that the qualification of staff is the most important factor for the quality of child care, in the view of the childcare specialists this is not the case. The individual quality demands are affected by successful teamwork and good proportions of specialists to children.

Furthermore, the research shows that the subjective experiences of the KiTa-co-workers is an important factor in reference to the realisation of quality, direct interactions with the children and well-being of the co-workers.

The research results were based on the structural working conditions and were analysed in connection with further study results and demonstrates possibilities for further research.

Der öffentliche Diskurs über die institutionelle Kindertagesbetreuung beschäftigt sich derzeit insbesondere mit dem Fachkräftemangel, dem Rechtsanspruch auf einen KiTa-Platz und dem quantitativen Ausbau der Kindertagesstätten. Studien über den Elementarbereich befassen sich in erster Linie mit dem Wohlergehen der Kinder, der Interaktion zwischen Kindern und Personal sowie der sozial-emotionalen und kognitiven Entwicklung der Heranwachsenden (siehe hierzu Kapitel 7). Die Schlagzeilen der Presse hingegen drehen sich zumeist in reißerischen Formulierungen um den „schlechten" Betreuungsschlüssel (Beispielsweise: „Alptraumjob Erzieherin" (Hollstein & Brühl, 2010), „Kitas ausgebaut, Erzieher ausgebrannt" (Otto, 2013) oder „Sag mir wo die Erzieher sind!" (Kröger, 2015)). Erst in jüngerer Zeit rückt das Personal in den Mittelpunkt der öffentlichen Diskussion. Allerdings liegt der Fokus des öffentlichen Interesses vorwiegend auf der Qualifikation des Personals und der Qualitätsentwicklung im Arbeitsfeld KiTa (Siehe hierzu den Aufruf von mehr als 50 Professor_innen aus dem Bereich der FBBE mit ihrer Forderung an die Bundesregierung, ein bundesweit gültiges Qualitätsentwicklungsgesetz für Kindertagesstätten auf dem Weg zu bringen (initiiert wurde dieser Aufruf von Prof. Dr. Susanne Viernickel, Prof. Dr. Irene Dittrich und Prof. Dr. Rahel Dreyer (BAG BEK e.V., 2017), oder das Gutachten des Aktionsrats Bildung, in dessen Handlungsempfehlungen konkrete Schritte zur Professionalisierung des frühpädagogischen Personals formuliert werden (Aktionsrat Bildung, 2012, S. 69ff.)). Das Wohlergehen des Personals in den Einrichtungen blieb zunächst ein nur spärlich beachtetes Feld. Die KiTa-Mitarbeiter_innen als Person, die Auswirkungen der Arbeitsrahmenbedingungen auf das Personal sowie die Belange der Pädagog_innen finden erst nach und nach Beachtung (vgl. z.B. die Studien „Wie gehts im Job?" (GEW & DJI, 2007), „Aqua" (Schreyer, Krause, Brandl, & Nicko, 2014) und „Stege" (Viernickel & Voss, 2012)). Wenngleich sich die Lobby der Erzieher_innen, verstärkt durch die Gewerkschaft Ver.di, zunehmend für die Belange der Pädagog_innen einsetzt, scheinen Gesellschaft und Politik für scheinbar notwendige Interventionen noch nicht ausreichend sensibilisiert.

Die Relevanz des Themas zeigt sich unter anderem durch die aktiven Bemühungen der Gewerkschaften (u.a. Ver.di), die für eine Verbesserung der Arbeitsbedingungen der KiTa-Mitarbeiter_innen eintreten, zu Streiks aufrufen und damit erste Erfolge in den Tarifrunden erzielten. Zudem belegen erste Studien zum Thema Erzieher_innengesundheit, Strukturqualität und/oder Arbeitsqualität einen Zusammenhang zwischen der Strukturqualität in Kindertagesstätten und der Belastung der Erzieher_innen (vgl. hierzu u.a. die Ergebnisse der Studien DGB-Index „Gute Arbeit" (Fuchs & Trischler, 2008, S. 18f.) und „Stege" (Viernickel & Voss, 2012, S. 114)). Der Fokus der Gewerkschaften hingegen liegt vorwiegend auf einer Optimierung der Wertschätzung des Berufsstandes (durch u.a. bessere Bezahlung) (Ver.di, 2015) und der Verbesserung der Arbeitsbedingungen (u.a. durch eine bessere Betreuungsrelation) (GEW; Ver.di, 2011). Zu ergründen gilt es nun, welche der genannten Faktoren die KiTa-Mitarbeiter_innen selbst am wichtigsten einschätzen, was sie am meisten belastet und unter welchen Betreuungsrelationen sie in ihren Einrichtungen arbeiten bzw. wie sie den gesetzlich vorgegebenen Betreuungsschlüssel einschätzen. Zudem soll eruiert werden, wie der Wert des statistischen Bundesamtes einzuschätzen bzw. zu interpretieren ist. Was genau sagt dieser rechnerische Wert aus? Ist er mit der reellen Situation in den Einrichtungen gleichzusetzen bzw. welche Unterschiede ergeben sich zwischen rechnerischem Wert und der Realität aus Sicht der Erzieher_innen? Gegenstand der Untersuchung sind die Kindertageseinrichtungen im Bundesland Bayern.

Bedingt durch den stetigen Ausbau der Kindertagesbetreuungsangebote hat der Bedarf an pädagogischem Personal zwischen den Jahren 2006 und 2010 um 19% zugenommen. Auch für die kommenden Jahre ist ein weiterer Zuwachs des Bedarfs zu erwarten. Welche Größenordnung dieser annehmen wird, ist derzeit noch nicht genau abzuschätzen (Schilling, 2012, S. 9). In diesem Kontext müssen Faktoren wie die strukturellen Beschäftigungsbedingungen und der länderspezifischen Betreuungsschlüssel umfassend analysiert werden. Das Thema Betreuungsschlüssel hat in den letzten Jahren sowohl für die Arbeitgeber als auch für die Arbeitnehmer_innen stark an Bedeutung gewonnen. Für die KiTa-Träger wird die Fachkraftgewinnung und -bindung durch das momentan defizitäre Fachkraftangebot hierdurch zu einer zentralen Aufgabe (Grgic, Matthes, & Stüber, 2014, S. 7). Scheinbar haben Arbeitnehmer durch das Überangebot an Erzieher_innenstellen die freie Arbeitsplatzwahl. Sie können beliebig oft den Arbeitgeber wechseln, bis sie die für sich ideale Stelle gefunden haben.

Die oben aufgeführten Faktoren bedingen Differenzen in der Mitarbeiter_innenbefindlichkeit – sollte man zumindest annehmen. Der Betreuungsschlüssel auf dem Papier und in der Realität scheint insbesondere zu den Kernbetreuungszeiten nicht übereinzustimmen (hierauf deuten die Ergebnisse der Forscher_innengruppe um Viernickel bei ihrer Studie in NRW hin (Viernickel & Voss, 2012, S. 52)). Dieses Phänomen zeigte sich auch schon in der Praxis, wurde jedoch aufgrund der Diskussion um den Fachkräftemangel von den Betroffenen zunächst als ein partielles Problem eingestuft. Auf diesen Sachverhalt sind auch Viernickel et al. in ihrer Studie „Schlüssel zu guter Bildung, Erziehung und Betreuung" (Viernickel, Nentwig-Geseman, Nicolai, Schwarz, & Zenker, 2013, S. 28) gestoßen. Offensichtlich ergeben sich Schwierigkeiten, den tatsächlichen Schlüssel zu ermitteln. Das Problem ist wohl die rechnerische Ermittlung als Grundlage der Bedarfsplanung und der Refinanzierung sowie die Klärung des benötigten Zeitkontingents „außerpädagogischer" Tätigkeiten (ebd., S. 25). Weiterhin nehmen Viernickel et al. eine Differenzierung zwischen den Bergriffen „Personalschlüssel" und „Fachkraft-Kind-Relation" vor. Diese Unterscheidung im Hinblick auf die reelle Betreuungssituation ergibt durchaus einen Sinn, insbesondere in Bezug auf die rechnerische und die reale Komponente (ebd., S. 25). Aus diesem Grund erscheint es sinnvoll, sich bei einer Untersuchung der Tatbestände (respektive der Fachkraft-Kind-Relation) sowie deren Auswirkungen auf eine festgelegte Kernzeit zu beziehen. Aus der frühpädagogischen Praxis geht hervor, dass eine Vielzahl der Einrichtungen ihre Kernzeit in die Vormittagsstunden legt. Die Festlegung eines Zeitraums für die reelle Fachkraft-Kind-Ermittlung auf acht bis zwölf Uhr erscheint daher geeignet, da in diesem Zeitfenster in vielen Häusern die meisten Kinder anwesend sind. Von qualitativ hochwertigen sowie guten Betreuungsbedingungen sollten alle Kinder gleichermaßen profitieren können. Andererseits würde eine Privilegierung von „Randzeit-Kindern" stattfinden, von der in Zeiten der Chancengleichheit Abstand genommen werden sollte.

Die Fachkraft-Kind-Relation (nachfolgend auch Betreuungsschlüssel oder Personalschlüssel) gibt Aufschluss darüber, wie viele Kinder rein rechnerisch von einer pädagogischen Kraft betreut werden. Die gesetzlich vorgeschriebenen Mindestbetreuungsschlüssel werden durch Bund, Länder und Kommunen anteilig refinanziert (Paritätischer Wohlfahrtsverband, 2015, S. 41).

Laut eben aufgeführter Parameter fehlen Fachkräfte durchschnittlich 33,5% Tage/Jahr. Diese Fehlzeiten werden im gesetzlich vorgegebenen Mindestbetreuungsschlüssel nicht bedacht (Erläuterungen hierzu in Kapitel 6.3).

Zu den krankheitsbedingten Fehltagen kommen Zeiten für mittelbare pädagogische Tätigkeiten und anderweitige Ausfälle. Diese Zeiten fehlen bei der Arbeit am Kind, werden jedoch bei der Berechnung der offiziellen Statistik in den Betreuungsschlüssel nicht als Fehlzeit berücksichtigt (Statistisches Bundesamt, 2015, S. 4; Viernickel & Fuchs-Rechlin, 2016, S. 16).

Durch die in der Berechnung nicht berücksichtigten Fehl- und Ausfallzeiten des Personals kommt es unmittelbar zu einer negativen Verzerrung der Fachkraft-Kind-Relation (Viernickel, Nentwig-Geseman, Nicolai, Schwarz, & Zenker, 2013, S. 41). De facto: Der Betreuungsschlüssel ist in der Realität deutlich schlechter anzunehmen, als aus den Erhebungen des statistischen Bundesamtes hervorgeht.

Durch das am 01. August 2013 in Kraft getretene Gesetz zum Anspruch auf einen KiTa-Platz von Kindern ab dem vollendeten ersten Lebensjahr hat in den letzten Jahren ein massiver Ausbau der Kindertagesstätten stattgefunden (Statistisches Bundesamt, 2016; Grgic, Matthes, & Stüber, 2014, S. 1; Rauschenbach & Schilling, 2010, S. 8). Zu bedenken ist hierbei jedoch ebenfalls, ob und inwiefern ausreichend qualifiziertes Personal für die Betreuung und die Gewährleistung des Personalschlüssels auf dem Markt zur Verfügung steht (Grgic, Rauschenbach, & Schilling, 2010, S. 1).

Im Folgenden beziehen sich die Begriffe Erzieher_innen, Pädagog_innen, pädagogische Mitarbeiter_innen, pädagogische Fachkräfte oder KiTa-Mitarbeiter_innen sowie KiTa-Personal immer auf alle pädagogisch Tätigen in Kindertageseinrichtungen, die mindestens über eine zweijährige pädagogische Ausbildung verfügen. Sollten sich die Ausführungen auf einen bestimmten Personen- oder Berufskreis beziehen, wird dies explizit aufgeführt.

Gleiches gilt für den Begriff KiTa, dieser inkludiert die beiden außerfamiliären Betreuungsformen Krippe (0 bis 3 Jahre) und Kindergarten (3 Jahre bis zum Schuleintritt), ausgenommen eine der beiden Formen wird explizit genannt.

Bislang existiert in Fachkreisen, Literatur und Gesetzestexten noch keine einheitliche Begriffsdefinition für die Begriffe Anstellungsschlüssel, Personalschlüssel, Betreuungsschlüssel, Betreuungsrelation und Fachkraft-Kind-Relation (Viernickel & Fuchs-Rechlin, 2016, S. 53) weshalb diese zunächst synonym verwendet werden. Eine für die vorliegende Arbeit relevante Unterscheidung der Begrifflichkeiten wird in Kapitel 6.2 vorgenommen.

Im Verlauf dieser Arbeit wird, aufgrund der aktuellen Relevanz in politischen und fachaffinen Kreisen, häufig auf die Entwicklungen der U3-Betreuung eingegangen. Der Ü3-Bereich wird bei der theoretischen Erörterung des Themas einige Male lediglich am Rande zur Erläuterung etwaiger Zusammenhänge erwähnt. Dennoch bezieht sich die Datenerhebung auf beide Betreuungsformen, da insbesondere die Qualitätsdebatte sowohl in der Krippe als auch im Kindergarten von großer Relevanz ist. Zudem existieren in der Betreuungslandschaft Mischformen, in deren Obhut Kinder in der Altersspanne zwischen 0 Jahren bis zum Schuleintritt betreut werden. Diese Betreuungsformen würden bei einer reinen Fokussierung auf einen der beiden Bereiche nicht mitberücksichtigt werden. In Bezug auf die Forschungsfrage zu den Auswirkungen des Betreuungsschlüssels auf das KiTa-Personal dürfte zudem interessant sein, ob Unterschiede zwischen den beiden Einrichtungsvarianten bestehen.

Zum Aufbau der vorliegenden Arbeit

Die vorliegende Arbeit lässt sich im Wesentlichen in zwei große Teilbereiche untergliedern. Der erste Teil beschäftigt sich unter Berücksichtigung des aktuellen Forschungsstandes mit den theoretischen Grundlagen der Forschungsfrage. Im zweiten Teil werden, nach Darlegung der methodischen Vorgehensweise, die Ergebnisse der empirischen Untersuchung dargestellt und diskutiert.

Das 1. Kapitel befasst sich mit den gesellschaftlichen Entwicklungen im Hinblick auf die Familienkonstellationen und deren Auswirkungen auf die institutionelle außerhäusliche Betreuung.

In Kapitel 2 wird auf die Entwicklungsgeschichte der Kindertagesstätten sowie die innerdeutschen Unterschiede eingegangen und erläutert, wie sich diese Unterschiede insbesondere im Hinblick auf die deutsch-deutsche Geschichte definieren lassen. Zudem werden Ausbau und Nutzung institutioneller Kinderbetreuung aufgezeigt.

Das 3. Kapitel geht auf die Entwicklung der Fachkraftausbildung ein. Der Schwerpunkt des Kapitels liegt dabei auf der Entstehung der Erzieher_innenausbildung. Darüber hinaus wird die derzeit häufig diskutierte Akademisierung des Berufs thematisiert und diese der „herkömmlichen" Ausbildung an den Fachakademien gegenübergestellt.

Inhalt des 4. Kapitels sind die Förderung und Finanzierung der Kindertagestätten (insbesondere die bayerischen Grundlagen hierzu). Auch der Rechtsanspruch auf einen KiTa-Platz für Kinder ab einem Jahr und die Grundlagen der Bedarfsplanung, welche Kapazitäten in Zukunft notwendig sind, um die Nachfrage decken zu können, werden mitaufgeführt.

Kapitel 5 erläutert die grundlegenden Aspekte der Qualität in Kindertagesstätten. Aktuelle Tendenzen und Grunddiskussionen werden aufgegriffen und ein Auszug der gängigsten Qualitätssysteme vorgestellt. Zudem wird die Studie „Qualitätskonzepte in der Kindertagesbetreuung“ vorgestellt und Steuerungsverfahren, die sich auf die Qualität in Kindertagesstätten auswirken bzw. mit deren Hilfe sich Qualität beeinflussen lässt, aufgezeigt. Abschließend folgt noch ein kurzer Überblick über die Entstehung und Umsetzung der Bildungspläne sowie deren Bedeutung für die Qualität in Kindertagesstätten.

Nachfolgendes Kapitel 6 setzt sich mit dem Betreuungsschlüssel auseinander. Im Fokus stehen die Entwicklung und die Berechnung der Fachkraft-Kind-Relation. Ebenso relevant sind die Definition der verwendeten Begriffe sowie eine Eingrenzung auf spezielle Bereiche. Hinzu kommen Aspekte, die bei der Berechnung des Anstellungsschlüssels Berücksichtigung finden sollten, bzw. Faktoren welche direkten Einfluss auf die „Höhe“ der von den Kindern erlebten Betreuungsrelation finden.

Kapitel 7 beschäftigt sich mit einigen ausgewählten, für die Bearbeitung des Themas relevanten, deutschsprachigen Studien. Im Mittelpunkt steht dabei der Zusammenhang zwischen strukturellen Merkmalen und der Prozessqualität. Zudem wird der aus den Analyseergebnissen abgeleitete Forschungsbedarf dargelegt.

Im 8. Kapitel wird das Forschungskonzept sowie die Forschungsmethode vorliegender Arbeit dargestellt und näher erläutert.

Mittelpunkt des 9. Kapitels stellt die Auswertung der erhobenen Daten sowie deren Interpretation dar. Im nachfolgenden Kapitel 10 werden die Ergebnisse unter Berücksichtigung aktueller Studien diskutiert und abschließend die markantesten Erkenntnisse in Kapitel 11 zusammengefasst.

1 Gesellschaftliche Entwicklungen

Abstrakt: Die gesellschaftlichen Entwicklungen in den letzten Jahren machten auch vor der Bildungserziehung nicht halt. Die Betreuung der Vorschulkinder hat sich im Laufe dieser Entwicklung von Verwahranstalten zu Bildungseinrichtungen gewandelt. Durch den rasanten Ausbau der Betreuungsangebote wurde die Frauenerwerbsarbeit vorangetrieben und Doppelverdiener Ehen ermöglicht. Dieser Wandel machte sich in den letzten Jahren insbesondere bei den Betreuungszahlen der Kindertagesstätten bemerkbar.

Abstract: The social development in recent years did not stop at educational education. The care of preschool children has changed in this course of purely childcare institutions to educational institutions. Due to the rapid expansion of childcare services, women's employment was promoted and dual income marriages were made possible. This change has been noticeable in recent years, especially in the number of child daycare centers.

Das Verständnis der institutionellen Kinderbetreuung hat sich in den letzten Jahrzehnten in den Köpfen von Gesellschaft und Politik gewandelt, wodurch grundlegende Reformprozesse angestoßen wurden (Schneewind, 2011, S. 12). Im Zuge dieser Veränderung wurden Kindertageseinrichtungen zu Bildungseinrichtungen, die immer stärker der Unterstützung des familiären Erziehungsauftrags dienen (Aktionsrat Bildung, 2012, S. 15; Oberhuemer & Schreyer, 2010, S. 68). Dies legt die Vermutung nahe, dass außerfamiliäre Betreuungsformen verstärkt Einfluss auf die kindliche Entwicklung und im weiteren Verlauf auf die Vita des Kindes nehmen (Grgic, Rauschenbach, & Schilling, 2010, S. 4f.). Diese Annahme impliziert eine Zunahme der Bedeutsamkeit institutioneller Betreuung und verdeutlicht zugleich, welchen Stellenwert Kindertageseinrichtungen für die Gesellschaft haben (Rupp, 2007, S. 85). Im Hinblick auf diese Entwicklung hat die Erwartungshaltung der Gesellschaft an Kindertagesstätten in Bezug auf die Förderung der Kinder sowie die Unterstützung der Familien deutlich zugenommen (Grgic, Rauschenbach, & Schilling, 2010, S. 7). Aus diesem Grund ist es notwendig, möglichst eine kontinuierlich gute, qualitativ hochwertige Arbeit in Kindertagesstätten zu gewährleisten, um den gestiegenen Anforderungen von Gesellschaft und Politik zu entsprechen (Hammer, Heja Kostov,

& Medjedovi'c, 2015, S. 305ff.), besonders in Bezug auf die Unterschiede im deutschen Bildungssystem. Die Bildungsunterschiede differenzieren nach der sozialen Herkunft der Kinder. Dementsprechend hoch ist die Erwartungshaltung von Seiten der Gesellschaft, diese Defizite auszugleichen (Aktionsrat Bildung, 2012, S. 25). Ausschlaggebend für die Bildungsbenachteiligung in Deutschland sind insbesondere Faktoren wie ein geringes Bildungsniveau der Eltern oder ein familiärer Migrationshintergrund (Grgic, Rauschenbach, & Schilling, 2010, S. 6). Wenngleich diese Einflüsse bisher noch nicht definitiv belegt wurden, zeigen sich jedoch in den Bildungsbiografien, vermeintlich benachteiligter Kinder, deutliche Effekte, welche auf einen Zusammenhang zwischen sozialer Herkunft und Bildungsniveau schließen lassen (Grgic, Rauschenbach, & Schilling, 2010, S. 4f.; Leu & Prein, 2010, S. 18). Des Weiteren bestätigen neuere Forschungen, beispielsweise „NUBBEK" (2013) und „Der U3-Ausbau im Endspurt" (2014), den Einfluss sozioökonomischer Faktoren auf den KiTa-Besuch und somit auf die Inanspruchnahme der Angebote frühkindlicher Bildung, Betreuung und Erziehung.

Zudem haben „Gesellschaftliche Wandlungsprozesse" zu einer grundlegenden Veränderung im Verhältnis zwischen institutioneller und innerfamiliärer Betreuung beigetragen (Viernickel & Fuchs-Rechlin, 2016, S. 18; Baader, Cloos, Hundertmark, & Volk, 2011, S. 7f.). Hieraus resultiert zugleich auch eine Modifikation des gesellschaftlichen Verständnisses von Familie. Die Familie als Reproduktionsort und Sozialisationsinstanz unterliegt aufgrund neuer Lebensentwürfe erschwerten Bedingungen. Sie soll nach wie vor die „alten" Ansprüche erfüllen und zugleich den „neuen" Erwartungshaltungen entsprechen (Viernickel & Fuchs-Rechlin, 2016, S. 18). Das Konzept der Doppelverdiener-Ehe verlangt (insbesondere von den Müttern) die Bewältigung des Spagats zwischen Kindererziehung, Haushalt und Erwerbstätigkeit und führt zu einem erhöhten Stresslevel der Beteiligten (Klammer, Neukirch, & Weßler-Poßberg, 2012, S. 281). Gleichzeitig reduziert sich die für einzelne Tätigkeiten zur Verfügung stehende Zeit, was sich wiederum nicht förderlich auf innerfamiliäre Interaktionsprozesse und das Wohlergehen der Kinder auswirken kann (Rühl & Seehausen, 1999, S. 80). Dabei spielen die im familiären Umfeld vorhandenen „psychischen, sozialen und materiellen Ressourcen" eine nicht unerhebliche Rolle. Je zahlreicher diese vorhanden sind, umso geringer ist das Risiko der Familie, von Armut betroffen zu werden. Das Armutsrisiko differiert zwischen den einzelnen Familienformen. Insbesondere Einelternfamilien, Großfamilien oder Familien mit Migrationshintergrund unterliegen einem stärkeren Armutsrisiko (Viernickel & Fuchs-Rechlin, 2016, S. 18; Leu & Prein, 2010, S. 19). Gleichzeitig nehmen das Haushaltseinkommen der Familien und der elterliche Bildungsstand Einfluss auf den KiTa-Besuch (Fuchs-Rechlin, Kaufhold, Thuilot, & Webs, 2014, S. 15). Nach wie vor besteht in Deutschland ein Zusammenhang zwischen der sozialen Herkunft und dem Bildungserfolg der Heranwachsenden (Grgic, Rauschenbach, & Schilling, 2010, S. 4). Ein höheres Familieneinkommen und ein höherer Bildungsstand der Eltern erhöht zugleich die Wahrscheinlichkeit eines KiTa-Besuchs der Kinder (bei Vorschulkindern konnte dieser Zusammenhang festgestellt werden). Zusätzliche Einflussfaktoren (auch bereits bei jüngeren Kindern) sind die mütterliche Erwerbstätigkeit, der „Gesundheitsstatus“ der Mutter sowie die Familienkonstellation (Rossbach & Roux, 2007, S. 275; Fuchs-Rechlin, Kaufhold, Thuilot, & Webs, 2014, S. 15). Um Chancengerechtigkeit aller Kinder unabhängig ihrer Herkunftsfamilie zu gewährleisten, bedarf es einer Anpassung der öffentlichen Betreuungskonzepte. Außerfamiliäre Kinderbetreuung sollte in der Lage sein, Defizite individuell auszugleichen (Grgic, Rauschenbach, & Schilling, 2010, S. 7).

Weitere Anforderungskriterien sind niederschwellige Zugangswege, familienfreundliche Öffnungszeiten sowie an die Bedürfnisse des Klientel zugeschnittene Konzepte. Zudem bedarf es einen Wandel in der Außenwirkung. Die Aufgabe der Kindertagesstätten als familienergänzende und –unterstützende Institutionen muss sich erst noch in den Köpfen der Gesellschaft etablieren. Diese und weitere Modifikationen können zukünftig dazu beitragen, dass die institutionelle Kindertagesbetreuung den ihr zugeschriebenen Auftrag in ihrer Verantwortung gegenüber der Gesellschaft hinreichend erfüllen kann (Viernickel & Fuchs-Rechlin, 2016, S. 25f.).

Zugleich durchlaufen die Institutionen der außerfamiliären Betreuung ebenfalls einen Wandel. Neben der Erweiterung ihres Auftrags erleben sie institutionelle Veränderungen auf struktureller Ebene (Altermann, Holmgaard, Klaudy, & Stöbe-Blossey, 2015, S. 9). Diese Modifikationen können, neben den Auswirkungen auf die Einrichtungsorganisation, gleichsam Auswirkungen auf die Beschäftigten auslösen, was wiederum zu Veränderungen der Anforderungsprofile des Erzieherberufs führen kann (Altermann & Holmgaard, 2015, S. 8f.). Nicht zuletzt bewirken die Wandelungsprozesse in der Gesellschaft zudem weitere Neuerungen für das KiTa-Personal. Zu den Auslösern für die Neustrukturierung außerfamiliärer Betreuungsanforderungen gehören laut der Projektleiterin des Forschungsprojektes „Beschäftigungsverhältnisse, Organisationsentwicklung und Personalwirtschaft in der institutionellen Kindertagesbetreuung“ (BOP), Prof. Dr. Sybille Stöbe-Blossey (2010) folgende Faktoren:

(1) Der **PISA-Shock**, aufgrund dessen die Bildungsdebatte erneut Aufschwung bekam, was wiederum zu der Erarbeitung von Qualitätskonzepten und detaillierten Bildungsplänen führte (Stöbe-Blossey, 2010, S. 9f.). Zudem führte das (im Vergleich zu den anderen Staaten) schlechte deutsche PISA-Ergebnis zu einer umfassenden Prüfung des Bildungssystems, was in der Folge auch zu Kritik an der Erzieher_innenausbildung beitrug (Autorengruppe Qualifikationsprofile, 2011, S. 9) sowie das Thema Bildung in außerfamiliärer Betreuung verstärkt in den Mittelpunkt politischer Diskussionen und öffentliche Diskurse geraten lies (Textor, 2009, S. 19).
(2) Die **Entstehung neuer Familienformen.** Die zunehmende ortsunabhängige Flexibilität der Familien erschwert die Fortführung generationsübergreifender Unterstützungssysteme und kann zu Überforderung in Erziehungsfragen beitragen, welche die Betreuungseinrichtungen kompensieren müssen (Stöbe-Blossey, 2010, S. 9f.). Aus der zunehmenden Flexibilität resultiert u.a. ein erhöhter Betreuungsbedarf von Ein-Eltern-Familien sowie nichtehelicher Eltern-Gemeinschaften (Fuchs-Rechlin, Kaufhold, Thuilot, & Webs, 2014, S. 16f.).
(3) Die **Zunahme der mütterlichen Erwerbsarbeit.** Daraus resultiert eine steigende Nachfrage an Betreuungsplätzen. Zudem verlangt der moderne Arbeitsmarkt größtmögliche Flexibilität von den Arbeitnehmer_innen, woraus wiederum Anforderungen an längere und variablere Öffnungszeiten der Kindertagesstätten resultieren (Stöbe-Blossey, 2010, S. 9f.). Aus dem Demografie-Bericht der Bundesregierung geht hervor, dass zunehmend mehr Mütter eine Erwerbstätigkeit aufnehmen wollen. Insgesamt stimmen 81,5% der Bevölkerung überein, dass beide Elternteile durch Erwerbsarbeit zum Familieneinkommen beitragen sollten (BMI, 2011, S. 59). Schwierigkeiten ergeben sich jedoch bei dem steigenden Anspruch des Arbeitsmarktes nach hoher Flexibilität

der Arbeitnehmer (ebd., S. 60). Um die steigenden Bedarfe an Betreuungsplätzen zu decken und den Eltern den Zugang zum Arbeitsmarkt zu erleichtern, sieht sich der Staat in der Pflicht, die Betreuungsangebote auszuweiten (ebd., S. 61).

(4) Der **Rückgang der Geburtenraten** und die Auswirkungen des **demographischen Wandels**. Diese könnten langfristig zu einer Reduzierung der Betreuungsangebote führen, wenngleich derzeit von Ausbau gesprochen wird. Zudem zeichnet sich für die Zukunft eine Verschärfung des Fachkräftemangels ab, weshalb Interventionen im Ausbildungsbereich stattfinden müssen. Insgesamt entwickelt sich die außerfamiliäre Betreuung sukzessive zu „einem Thema von volkswirtschaftlich zentraler Bedeutung" (Stöbe-Blossey, 2010, S. 9f.).

1.1 Die Entwicklung der Bildungserziehung

Die Erkenntnis, dass Kinder ungeachtet ihrer bisweilen kurzen Konzentrationsspanne lernfähig sind, hat sich, nach mittlerweile gut zwei Jahrtausenden, etabliert. Lange Zeit war der Mensch davon ausgegangen, Heranwachsende könnten lediglich wachsen und gedeihen, seien jedoch aufgrund ihres Wesens noch nicht für die Wissensaufnahme durch formelles Unterrichten geeignet und deshalb nicht bildungsbereit (Grell, 2013, S. 154f.). Entgegen dieser Annahme sind Kinder durchaus lernfähig und wissbegierig, lediglich die Art der Wissensaufnahme unterscheidet sich von der Erwachsenenbildung (Becker-Stoll, Niesel, & Wertfein, 2015, S. 126). Sie bilden sich durch Aktivität, indem sie selbst erforschen, nicht mittels passiven Zuhörens. Bildung ist ein unmittelbar mit dem Erforschen und Beobachten der Umwelt verbundenes Nebenprodukt. Dieses Verständnis kindlichen Lernens ermöglicht es, gezielt zu fördern und geeignete Bildungsumwelten für Kinder zu schaffen. Heranwachsende lernen weder, indem instruiert noch passiv Wissen vermittelt wird, sondern durch die Möglichkeit, Erfahrungen zu sammeln. Die Erwachsenen können hierbei Anleitung und Hilfestellung geben (Große & Roßbach, 2015, S. 95). Das fundamentalste Element erzieherischer Tätigkeit ist dabei, die Freude an der Wissensaufnahme zu erhalten und somit den Grundstock für das formelle Lernen im weiteren Lebensverlauf der Kinder für Schule und Ausbildung zu schaffen (Grell, 2013, S. 154f.).

Der Entstehungsprozess außerfamiliärer Betreuung basiert grundlegend auf verschiedenen Beweggründen. In der Entwicklungsgeschichte der Bildungserziehung stand zunächst die Versorgung von Kleinkindern im Mittelpunkt, deren Mütter einer Erwerbsarbeit nachgehen mussten (Wiesner, Rauschenbach, & Bergmann, 2013, S. 142). Hierin begründet sich der Begriff der „Fürsorge" (Stöbe-Blossey, Mierau, & Tietze, 2008, S. 106). Erst durch den von Fröbel geforderten vorschulischen Bildungsanspruch konnte sich die bis heute gängige frühkindliche Bildung, Betreuung und Erziehung in den außerfamiliären Angeboten in Deutschland seit gut zwei Jahrhunderten etablieren (ebd. 106). Ausschlaggebend für diese Entwicklung waren zwei bedeutsame Veränderungen der Gesellschaft, die kontinuierlich voranschreitende Gleichstellung von Mann und Frau im Berufsleben und die gesellschaftliche Anerkennung vorschulischer Betreuungseinrichtungen als Orte der Bildung (Wiesner, Rauschenbach, & Bergmann, 2013, S. 142).

Die ersten frühkindlichen außerfamiliären Betreuungseinrichtungen sind auf den Beginn des 19. Jahrhunderts zurückzuführen. Ursprünglich als reine Pflege oder Verwahranstalten konzipiert, erweiterte Friedrich Fröbel die Betreuungslandschaft im Jahr 1840 durch die Gründung seiner Kindergärten (Reyer, 2006, S. 27). Überwiegend dominiert wurde die Betreuungslandschaft vom fürsorgerischen Gedanken, ein Bildungsauftrag war nicht vorgesehen (Pasternack, 2013, S. 58). Erst Fröbel und seine Nachfolger beabsichtigten, ihre vorschulische Betreuung über die Pflege und Verwahrung der Kleinkinder zu erweitern und mit ihren Kindergärten eine Symbiose zwischen vorschulischer und schulischer Bildung zu schaffen (Oberhuemer & Schreyer, 2010, S. 67). Während Fröbel mit seinem Konzept die frühkindliche Erziehung durch Bildung und Vorbereitung auf die schulischen Herausforderungen erweiterte (Fröbel, 1842/ 1982, S. 210, zitiert nach Franke-Mayer & Reyer, 2015, S. 263), konzentrierten sich die Betreuungseinrichtungen in konventioneller Trägerschaft in erster Linie auf die damaligen familiären Bedürfnisse. Primär oblag in ihrer Trägerschaft die Aufgabe, Familien durch ganztägige Betreuungsangebote zu unterstützen und die (notwendige) Erwerbstätigkeit der Mütter zu erleichtern, während die Fröbelschen Kindergärten ihre Kinderbetreuung lediglich halbtags anboten und somit zunächst an den primären Bedarfen der Gesellschaft vorbei agierten. In den, zumeist einseitigen, Bildungsattitüden der Fröbelianer sahen die konventionellen Träger eine Gefährdung der „Erstzuständigkeit" der Familien, ihr Verständnis von institutioneller Betreuung galt dem der „Nothilfe". Erst die Gründung des Berliner Pestalozzi-Hauses Ende des 19. Jahrhunderts, erlaubte eine Verknüpfung des herkömmlichen Verständnisses und des innovativen Gedankenguts von Fröbel. Diese Beziehung war jedoch von kurzer Dauer (Franke-Meyer, 2011, S. 15ff.). Mit dem Beginn der Weimarer Republik kam es zu einem behördlichen Zuständigkeitswechsel der Kleinkinderbetreuung. Sie unterlag von nun an dem Verantwortungsbereich der Jugendämter (Franke-Meyer, 2011, S. 15ff.; Oberhuemer & Schreyer, 2010, S. 67) (zuvor waren die Ortsschulbehörden zuständig). In der Folge entwickelte sich durch die Fröbel- und Pestalozzi-Bewegung das Motiv des „eigenständigen Bildungsauftrags" der Kindergärten heraus, welches interessanterweise gegenwärtig ebenfalls wieder zum Gegenstand politischer und gesellschaftlicher Diskussionen ist und die Bildungsreformen seit den 1970ern grundlegend mitgestaltet (Franke-Meyer, 2011, S. 15ff.).

Im Verlauf der Entwicklung hat sich der Kindergarten, wie bereits von Fröbel beabsichtigt, von der reinen Notfallhilfe zu einer „anerkannten Regeleinrichtung" mit Bildungsauftrag etabliert (Liegle, 2006, S. 151). In den Jahren des Nationalsozialismus wurde die Überlegung angeführt, eine Kindergartenpflicht einzuführen, allerdings widersprach dieser Gedanke den damaligen Ansichten der Bevölkerung vom Bild der deutschen Mütterlichkeit. Dem Kindergarten kam die Aufgabe zu, Propaganda zu verbreiten und hierdurch bereits auf die Kinder größtmöglichen Einfluss auszuüben, wodurch die vorschulische Bildung wieder in den Hintergrund geriet (Brockmann, 2014, S. 45; Oberhuemer & Schreyer, 2010, S. 67). Mit dem Beginn der Nachkriegszeit (1950) orientierte sich die vorschulische Betreuung erneut an den Ausrichtungen der Weimarer Republik. Hierdurch wurde der Grundstein geschaffen, die FBBE als wichtigen Bestandteil des staatlichen Bildungsauftrags anzuerkennen. So inkludierte der deutsche Bildungsrat (1970) die Kindergärten in das Bildungswesen und forderte nicht nur einen quantitativen Ausbau der Betreuungseinrichtungen, sondern auch deren qualitative Verbesserung (Deutscher Bildungsrat 1970, S. 110 zitiert nach Hemmerling, 2007 S. 20). Der Kindergarten gilt seit dieser Zeit als familienergänzende und -unterstützende Einrichtung (Hemmerling, 2007, S. 20). Der „Pisa-Schock" hat nochmals die Bedeutsamkeit der Bildung bereits in den ersten Lebensjahren hervorgehoben und einen erheblichen Teil dazu beigetragen, dass die Einrichtungen der FBBE als Bildungseinrichtung wahrgenommen werden (Viernickel, 2008, S. 126).

Heute obliegt die Verantwortung zur Bildung, Erziehung und Betreuung der Kinder in erster Linie den Eltern. Zur Unterstützung und Ergänzung der häuslichen FBBE können die Eltern diese Verantwortung teilweise an die institutionellen Kindertageseinrichtungen übertragen. Dabei sollen die Ansichten der Eltern gewahrt und in ihrem Sinne gehandelt werden (STMAS-Bayern, 2005, S. 13 / Art. 4 Abs. 1).

Die Entwicklungen bei der Entstehung der Bildungserziehung verdeutlichen nochmals mit Nachdruck die Bedeutsamkeit vorschulischer Bildungsprozesse. Moderne Kindertagesstätten zeichnen sich durch ihre Tätigkeit in der Elementarerziehung aus. Sie sollen, neben vielen weiteren Aufgaben, Kinder dazu befähigen, ihre Umwelt zu verstehen und Freude am Lernen zu entwickeln sowie auf das schulische Lernen vorbereiten. Um dieses breite Aufgabenspektrum bewerkstelligen zu können, bedarf es optimaler Rahmenbedingungen, insbesondere unter Berücksichtigung struktureller Gegebenheiten, auch in Bezug auf den Betreuungsschlüssel.

1.2 Wohlfahrtsstaat zwischen Frauenerwerbsarbeit und Kinderbetreuung

Die Entscheidung für oder gegen die Inanspruchnahme außerfamiliärer Kinderbetreuung differiert ebenfalls in Abhängigkeit der elterlichen Sichtweise zum (Wieder-) Einstieg in das Erwerbsleben trotz Familie (Pfau-Effinger, 2009, S. 114). Die Unterstützung elterlicher Erziehungsarbeit durch institutionelle Betreuung hat in den letzten Jahrzehnten deutlich zugenommen (Baader, Cloos, Hundertmark, & Volk, 2011, S. 34). Zusätzlich wächst, nicht zuletzt bedingt durch die familiären Wandel, der Bedarf an familienunterstützenden institutionellen Angeboten weiterhin (Bahle, 2007, S. 326). Entsprechend wurde auch der Ausbau formeller, informeller und semiinformeller Betreuungsformen (hierunter fallen Kindertagesstätten, private Betreuung und Tagespflege) durch Staat und Gesellschaft forciert, um den Eltern den Zugang zum Erwerbsleben zu erleichtern und volkswirtschaftliche Bedürfnisse zu befriedigen (Baader, Cloos, Hundertmark, & Volk, 2011, S. 33). Jedoch existieren im europäischen Vergleich große Unterschiede des Ausbaustands, der Bildungsoffensiven und der finanziellen Unterstützungen der Angebote, (respektive der Eltern), durch das jeweilige Staatssystem. Erklärungen hierfür lassen sich in den familienpolitischen Sichtweisen der betreffenden Staaten, den dort vorherrschenden Wertvorstellungen und den gesellschaftlichen Familienleitbildern finden (Pfau-Effinger, 2009, S. 114f.). Allerdings ist (im Vergleich zwischen den Ländern England, Frankreich und Deutschland) auch ein zunehmender Rückgang der Unterschiede zwischen den einzelnen Staaten erkennbar. Die Ansätze des klassischen liberalen Wohlfahrtstaats scheinen sich durchzusetzen (Bahle, 2007, S. 334). Zudem scheint der Trend bei der Kinderbetreuung zunehmend zur Vollversorgung zu tendieren (ebd., S. 329).

In den herkömmlichen familienpolitischen Ansichten vieler Staaten (insbesondere auch in den westlichen Regionen der BRD) waren jahrzehntelang die (Ehe-) Frauen für die Erziehung der Kinder verantwortlich. Staat und Gesellschaft offerierten den Müttern, zur Erfüllung ihrer Familienaufgaben, die Möglichkeit, aus dem Erwerbsleben auszuscheiden und sich vollends der Kindererziehung zu widmen (Rauschenbach, 2007, S. 10) (beispielsweise durch die beitragsfreie Familienversicherung in Kranken- und Pflegeversicherung). Die (Familien-) Arbeit der Frauen war informell und unentgeltlich und brachte in Bezug auf die soziale Absicherung Benachteiligungen für die aus dem Erwerbsleben ausgeschiedenen Frauen mit sich. Im Zuge der Gleichberechtigungsdebatte der Geschlechter wurde den Frauen die Teilnahme am Berufsleben zugestanden. In der Folge entwickelte sich ein neues Problem: die Organisation der Kinderbetreuung während der mütterlichen Erwerbsarbeit (Pfau-Effinger, 2009, S. 114f.).

Die wohlfahrtsstaatliche Politik orientiert sich vorrangig an den Normvorstellungen und kulturellen Leitbildern der Gesellschaft, wenngleich auch Differenzen zwischen den gesellschaftlichen und den politisch zugrundeliegenden Leitbildern existieren können (Pfau-Effinger, 2009, S. 121).

> *„Die gesellschaftliche Organisation ist demnach als das Ergebnis der Umgangsweise von Individuen und privaten Haushalten mit den […] Anreizen und Restriktionen, welche die wohlfahrtsstaatlichen Politiken einsetzen einerseits und den Handlungsorientierungen, die sich aus den vorherrschenden kulturellen Leitbildern zur Familie ergeben, andererseits zu verstehen“* (Pfau-Effinger, 2009, S. 120).

Je stärker der Staat die „Herauslösung der Betreuungsaufgaben der Familie“ unterstützt, desto größer wird auch der „Defamilisierungsgrad“ dieses Landes (Kreyenfeld & Krapf, 2016, S. 121). Deutschland (insbesondere der Westen der Republik) gehört zu den konservativ-korporatistischen Wohlfahrtstaaten, deren soziale Sicherungssysteme an zuvor erbrachte Eigenleistungen, im Sinne von bereits erbrachten Einzahlungen in die Sozialversicherungen, geknüpft sind (Klein, 2013, S. 219). Die Erziehung obliegt in erster Linie den Eltern (dieses Recht ist in der rechtlichen und politischen Grundordnung der BRD im deutschen Grundgesetz verankert (Art. 6 GG)). Dementsprechend gering ist der „Defamilisierungsgrad" ausgeprägt. Wenngleich die institutionelle Kinderbetreuung in der Gesellschaft einen hohen Stellenwert besitzt, wird sie nicht als Notwendigkeit zur Vereinbarkeit von Familie und Beruf verstanden (Kreyenfeld & Krapf, 2016, S. 121f.). Wenngleich (insbesondere) den Müttern ein (Wieder-) Einstieg in die Arbeitswelt durch die Bereitstellung außerfamiliärer Kinderbetreuungsangebote erleichtert werden soll, ist die FBBE nicht unmittelbar aus dieser Notwendigkeit heraus entstanden. Vielmehr ist die Entwicklung der letzten Jahrzehnte auf die Veränderungen der Frauen- und Mütterrolle zurückzuführen (Nave-Herz, 2014, S. 28). Den außerfamiliären Betreuungsangeboten wird, zusätzlich zur familiären Erziehung, die Sozialisation der Kinder zugeschrieben (ebd., S. 34). Das überwiegende Angebot beschränkte sich zunächst auf halbtagsgeöffnete Kindergärten als Unterstützung des familiären Erziehungsauftrags. Mit der zunehmenden Anzahl an erwerbstätigen Müttern stellte sich ein erhöhter Bedarf an Ganztagsbetreuungsangeboten und Plätzen für U3-Kinder dar, welcher durch die Regulierungsmechanismen des Staates nicht durch privat-gewerbliche Träger (wie in marktliberalen Staaten üblich) gedeckt wurde. Die Gründe hierfür sind aller Wahrscheinlichkeit nach in den hohen (vom Staat festgelegten) Qualitätsstandard für die außerfamiliäre Betreuung und den starken Regulierungen bei sozialen Dienstleistungen zuzuschreiben. Diese Auflagen lassen den Sektor institutionelle Kinderbetreuung für privat-gewerbliche Anbieter finanziell nicht rentabel erscheinen. Die Einführung des Erziehungsgelds im Jahr 2007 trug nochmals entscheidend zum Umdenken von Gesellschaft und Familienpolitik bei und machte den Weg der außerfamiliären Kinderbetreuung zur Förderung der Vereinbarkeit von Erwerbsarbeit und Familie, frei (Kreyenfeld & Krapf, 2016, S. 121ff.).

Der Begriff „Familienfreundlichkeit" inkludiert nun Maßnahmen, die Doppelverdiener-Ehen und Familie möglich machen und darüber hinaus die Fertilität in der Gesellschaft erhöhen sollen (Künemund, 2013, S. 161) wie beispielsweise ausreichende Betreuungsangebote (Fuchs, 2014, S. 192). Zudem sollte eine „Defamilisierung" der Frauen stattfinden, um diesen den Zugang zur Erwerbsarbeit und nach Beendigung der Erziehungszeiten den Übergang von Teilzeitarbeit in ein Vollzeitbeschäftigungsverhältnis zu erleichtern (Bien, Rauschenbach, & Riedel, 2007, S. 2f.). Allerdings lässt sich eine Ambivalenz des politischen Handelns in Bezug auf die zunehmende Defamilisierung ausmachen. Während einerseits die (zumeist) Frauen nach den Kindererziehungszeiten (wieder) in den Beruf einsteigen sollen, wird andererseits durch Maßnahmen wie die Erhöhung der Anrechnungszeiten für die Kindererziehung (bis zum zehnten Lebensjahr des Kindes) zur Rente und die Erleichterung privater Rentenvorsorge für nicht erwerbstätige Ehepartner etc. das herkömmliche „männliche Ernährermodell" durch finanzielle Anreize weiterhin ermöglicht (Leitner, Ostner, & Schatzenstaller, 2004, S. 17ff.). Zugleich ist derzeit eine Reduzierung der staatlichen Sicherungssysteme in nahezu allen Bereichen zu beobachten (Mayer-Ahuja, Bartelheimer, & Kädtler, 2012, S. 20), was eine in Zukunft wieder verstärkte Unterstützungsnotwendigkeit (insbesondere) der nicht erwerbstätigen Frauen durch die Familien zur Folge haben dürfte. Durch diese Entwicklungen könnten sich für Frauen in Zukunft doppelte Benachteiligungen ergeben. Zum einen werden sie in Bezug auf die Wahl ihres Lebensentwurfs beeinflusst, zum anderen könnten durch „geschlechterspezifische Arbeitsmarktdisparitäten" die Auswirkungen des Rückbaus staatlicher Absicherung vermehrt Frauen treffen (Leitner, Ostner, & Schatzenstaller, 2004, S. 17ff.). Diese und weitere Entwicklungen machen nochmals deutlich, wie wichtig die Bereitstellung außerfamiliärer Kinderbetreuung für die Gesellschaft, insbesondere für die Mütter, ist.

In welchem Maß sich der Staat in der Pflicht sieht, Unterstützungsleistungen zu gewähren, kann anhand der zur Verfügung gestellten Gelder in Verhältnis zum Bruttoinlandsprodukt analysiert werden (Lehweß-Litzmann, 2012, S. 266). Die Aufwendungen für die FBBE in Deutschland betrugen im Jahr 2013 rund 0,8% des BIP (Blaeschke, Brugger, & Schneider, 2016, S. 29). Damit lagen sie noch 0,2 Prozentpunkte unter den Empfehlungen des OECD für entsprechende Leistungen im Bereich der frühkindlichen Bildung (Sell, 2013, S. 2). Zusätzlich zu den vom Staat investierten Geldern können Eltern seit dem Jahr 2006 ihre Ausgaben für die Kinderbetreuung steuerlich geltend machen (Butterwegge, 2014, S. 261; Träger, 2006, S. 187). Diese Maßnahme ist ebenso als Unterstützungsleistung der Familien durch den

Staat zu werten. Oberste Prämisse der staatlichen Familienpolitik ist die Beeinflussung der demografischen Entwicklung u.a. durch das Bereitstellen von Kinderbetreuungsangeboten. Ziel ist, eine Vereinfachung der Vereinbarkeit von Familie und Beruf und somit eine Steigerung der Fertilitätsrate und eine Verlangsamung der zunehmenden Alterungsspirale zu erwirken (Kreyenfeld & Krapf, 2016, S. 137). Die Erwerbstätigkeitsquote von Frauen geht nicht zuletzt mit der Anzahl von zur Verfügung stehenden Betreuungsangeboten einher. Ohne ein ausreichendes Angebot der FBBE unterliegt die Frauenerwerbstätigkeit erschwerten Bedingungen (Lehweß-Litzmann, 2012, S. 267ff.). Wenngleich die Quote berufstätiger Frauen in Deutschland im europäischen Vergleich im mittleren Segment angesiedelt ist (Steuerwald, 2016, S. 112), ergibt sich bei näherer Betrachtung eine Verzerrung der Daten aufgrund einer vergleichsweise sehr hohen Teilzeitquote der deutschen Frauen. Die Erwerbstätigkeit von Müttern variiert in Abhängigkeit zum Alter ihrer Kinder. Mit steigendem Alter der Kinder steigt auch die Wahrscheinlichkeit des beruflichen (Wieder-) Einstiegs der Mutter (Krone & Stöbe-Blossey, 2010, S. 17ff.).

Aus eben aufgeführter Sachlage lässt sich eine Korrelation zwischen Frauenerwerbsquote und der Höhe staatlicher Aufwendungen schließen. In Ländern mit vergleichsweise hohem Kapitalaufwand für die FBBE (wie beispielsweise in Schweden) lässt sich zeitgleich eine starke Mütterbeschäftigung feststellen. Welcher Umstand jedoch ursächlich den anderen bedingt, ist nicht genau zu bestimmen. Ebenfalls nicht zu vernachlässigen ist (wie bereits angeführt) der Einfluss einer dritten Variablen, der gegenwärtig vorherrschenden gesellschaftlichen Normvorstellungen und kulturellen Leitbilder (Lehweß-Litzmann, 2012, S. 267ff.).

Wenngleich in den letzten Jahren bereits einige wichtige Schritte auf den Weg zu einer besseren Vereinbarkeit von Familie und Berufsleben seitens der Familienpolitik geschafft wurden, steht die Gesellschaft insbesondere in Bezug auf den demografischen Wandel und der volkswirtschaftlichen Entwicklung noch vor erheblichen Herausforderungen. Aus den Entwicklungen der letzten Jahre lässt sich bereits ein Umdenken der familienpolitischen Handlungen ableiten, insbesondere in Bezug auf den forcierten Ausbau der U3-Betreuung zur (Wieder-) Eingliederung der Mütter ins Berufsleben (Träger, 2006, S. 187). Es darf allerdings hinterfragt werden, ob die bereits stattgefundenen Ausbauanstrengungen ausreichend sind, bzw. wie stark diese in den kommenden Jahren noch vorangetrieben werden müssen, um die entstehenden Bedarfe zu decken. Zudem muss eine Modifikation der Öffnungszeiten bis hin zu flexiblen Buchungsmöglichkeiten außerfamiliärer Betreuungsangebote im Hinblick auf die „Erwerbsrealitäten“ in Betracht gezogen werden, um den Bedürfnissen berufstätiger Eltern gerecht zu werden, die ihrerseits wiederum an die rasanten Änderungen der Arbeitswelt gebunden sind (Barth, 2006, S. 402f.).

Diese Maßnahmen wiederum bringen Auswirkungen für den Erzieherberuf mit sich. Zum einen wird ein weiterer KiTa-Ausbau bedingt durch den derzeit existenten Fachkräfte-mangel deutlich erschwert und kann die Arbeitsplatzwechselneigung von Erzieher_innen begünstigen (Arbeitsplatzhopping aufgrund (vermeintlich) besserer Bedingungen bei einem anderen Arbeitgeber) auf Kosten der (für die Kinder ungemein wichtigen) Konstanz der Bezugspersonen in der KiTa. Zudem birgt ein permanenter Wechsel im Team die Gefahr von Unterbesetzung und somit eine Verschlechterung der Fachkraft-Kind-Relation sowie, immer wieder aufs Neue, Teamfindungsprozesse, die sich unter Umständen auf die Qualität der erzieherischen Arbeit auswirken können.

Zum anderen erfordern längere oder flexiblere Öffnungszeiten eine Anpassung der Arbeitszeiten der Erzieher_innen, was sich wiederum negativ auf deren Privat- bzw. Familienleben auswirken kann. Zudem ergibt sich die Schwierigkeit, verlängerte Öffnungszeiten mit dem zur Verfügung stehenden Personal abzudecken, was ebenfalls zu einer Verschlechterung der Betreuungsrelation führen kann (siehe hierzu auch (von Balluseck, 2008, S. 19)). Inwiefern diese oder weitere Szenarien zukünftig zur Realität erzieherischer Arbeit gehören, bleibt abzuwarten. Jedoch lässt sich bereits heute eine Tendenz zur Verschlechterung der Arbeitsbedingungen von Erzieher_innen (nicht zuletzt durch den Fachkräftemangel und stetig wachsenden Arbeitspensums) erkennen. Weshalb bevorstehende Prozesse in Bezug auf die Entwicklungen der FBBE die Auswirkungen auf die Hauptakteur_innen, die pädagogischen Mitarbeiter_innen, immer bedenken sollten. Ohne entsprechendes qualifiziertes, motiviertes und engagiertes sowie ausreichendes Personal wird ein weiterer Betreuungsausbau nur schwerlich zu realisieren sein.

1.3 Kindeswohl

Gegen Ende des 19. Jahrhunderts waren immer häufiger die Rufe nach kindlichen Rechten zu vernehmen. Vorreiter war die Schwedin Ellen Key, die in ihrem Buch mit dem Titel „Das Jahrhundert des Kindes" (von 1900) dafür plädierte, Erziehung gewaltfrei zu gestalten (Maywald, 2013, S. 12). Auch in Deutschland gab es im vergangenen Jahrhundert politische Entscheidungen, die dem Wohl der Kinder dienen. Beispielhaft für eine staatliche Kindeswohlintervention lässt sich die Einführung der Schulpflicht anführen (Borsche, 2006, S. 175). Vor dem Hintergrund, soziale Ungleichheiten in der Bildung auszugleichen, waren ab dem Jahr 1920 alle Kinder verpflichtet, eine Grundschule zu besuchen (Fuhs, 2007, S. 33).

Bereits in der Kaiserzeit, Anfang des 20. Jahrhunderts, stand der Staat erstmalig zum Schutz der Kinder ein und erließ, nach deutlicher Befürwortung seitens der Gesellschaft, die ersten Kinderschutzgesetze (Baader, Eßer, & Schröer, 2014, S. 13). Auch in der heutigen Zeit obliegt es der Aufgabe des Staates, das Wohlergehen der Heranwachsenden, durch den Kinder- und Jugendschutz, gesetzlich zu verankern (siehe hierzu Wächteramt des Staates Art. 6 Abs. 2 Satz 2 GG). Infolge dessen rückt das Wohl der Kinder immer stärker in die Zuständigkeit des Staates (Borsche, 2006, S. 175). Die Verantwortung des Staats hinsichtlich der institutionellen Bildung und Betreuung von Kindern befindet sich derzeit im Umbruch. Einerseits ist die Verlagerung öffentlicher Sorge in die Verantwortlichkeit der Familien zu beobachten, andererseits eröffnen sich dem Staat neue Sektionen staatlicher Fürsorge. Hieraus ergibt sich die derzeitig zu beobachtende Reduzierung der staatlichen Zuständigkeit von der Bildungsgarantie auf eine Bildungsgewährleistung (Baader, Eßer, & Schröer, 2014, S. 13f.).

Aktuelle Entwicklungen in Gesellschaft und Politik messen dem Schutz der Kinder große Bedeutung zu. Mit Inkrafttreten des Bundeskinderschutzgesetzes im Januar 2012 wurden der „vorbeugende und intervenierende" Kinderschutz optimiert. Zudem trägt der Erlass dieses Gesetzes zur Stärkung der Rechte von Kindern in institutioneller Betreuung bei (Maywald, 2013, S. 17). Aus historischer Perspektive betrachtet, war das Recht der Kinder auf eine gewaltfreie und dem Wohl des Kindes entsprechende Erziehung ein langwieriger Prozess. Noch Anfang des 20. Jahrhunderts wurde, mit Inkrafttreten des Bürgerlichen Gesetzbuchs, (ausschließlich) dem Vater das Recht zugesprochen, seine Kinder mit Hilfe „geeigneter Zuchtmitteln" zu erziehen. Wenngleich dieses Recht im Jahr 1958 aus dem Gesetzbuch gestrichen wurde, dauerte es noch annähernd vier Jahrzehnte, bis sich die Einstellung der Gesellschaft zu Gewalt in der Erziehung grundlegend änderte. Noch im Jahr 1998 waren 15% der Deutschen überzeugt, dass körperliche Züchtigung ein Erziehungsmittel ist. Obwohl das Gros der Gesellschaft Gewalt in der Erziehung bereits länger kritisch gegenübersteht, existiert in Deutschland erst seit dem Jahr 2000 ein Gesetz („zur Ächtung von Gewalt in der Erziehung" §1631 Abs. 2 BGB), das Kindern das Recht auf gewaltfreie Erziehung zusichert (Maywald, 2013, S. 17ff.).

„Grundnorm und Ausgangspunkt für alle das Kindeswohl und dessen Gefährdung betreffenden Regelungen ist Art 6 II GG" (Höynck & Haug, 2012, S. 24):

> „Pflege und Erziehung der Kinder sind das natürliche Recht der Eltern und die zuvörderst ihnen obliegende Pflicht. Über ihre Betätigung wacht die staatliche Gemeinschaft" (BMJV).

Diese Formulierung verdeutlicht die Beziehung zwischen den öffentlichen Vorgaben und der Familie. Die Eltern besitzen nicht nur primär das Recht, ihre Kinder nach ihren eigenen Vorstellungen und Wünschen zu erziehen, ihnen obliegt auch die Pflicht, dieser Erziehungsverantwortung nachzukommen und die Kinder zu eigenverantwortlichen und selbstbestimmten Persönlichkeiten zu bilden. Der Staat legt somit den Schutz und die Sorge der Kinder in erster Linie in die elterliche Obhut. Den Eltern obliegt die Aufgabe, eine gewaltfreie und „im Interesse des Kindes" angemessene Erziehung zu gewährleisten und diese „[...] nach ihren eigenen Wertvorstellungen und Gebräuchen auszugestalten [...]". Können Eltern dieser Aufgabe nicht gerecht werden und droht dadurch eine Gefährdung des Kindeswohls, tritt das staatliche Wächteramt in Kraft (festgelegt in Art 6 II Satz 2 GG). Jedoch soll der Staat durch diese Funktion nicht die Rechte der Eltern auf freie Ausübung der Erziehung beschneiden, sondern lediglich in (drohenden) Gefährdungssituationen einschreiten und somit das Wohl der Kinder gewährleisten bzw. Bedrohungen abwehren. Die Kinder- und Jugendhilfe fungiert hierbei (ebenso die Familiengerichte) als verlängerter Arm des Staates. Die Gewährleistung des Kindeswohls ist dabei oberste Prämisse

(Höynck & Haug, 2012, S. 24f.). Hierunter fällt auch, Unterstützungsangebote für die Eltern anzubieten, und deren Aufgabe, als familienergänzende und –unterstützende Institutionen den Ansprüchen von Gesellschaft und Familien gerecht zu werden (Viernickel & Fuchs-Rechlin, 2016, S. 18).

Dennoch besteht auch heute noch Verbesserungspotential. Der Begriff „Kindeswohl“ ist von Seiten des Gesetzgebers noch nicht genau definiert. Es handelt sich um einen sogenannten „unbestimmten Rechtsbegriff“ (Maywald, 2016, S. 23). Die Definitionslosigkeit ist vom Gesetzgeber bewusst gewählt, um individuell auf den Einzelfall zugeschnitten agieren zu können (Küfner, 2012, S. 201). Das Kindeswohl kann jedoch als „[…] die für die Persönlichkeitsentwicklung eines Kindes oder Jugendlichen günstige Relation zwischen seiner Bedürfnislage und seinen Lebensbedingungen“ […] verstanden werden (Dettenborn, 2008, S. 577).

Hieraus ergeben sich für die Praxis in Rechtsprechung und Kinderschutz ungeahnte Probleme. Jeder Fall bedarf einer erneuten Interpretation, ob das Wohl des Kindes gefährdet ist. Dies führt zu der Misere, dass eine Kindeswohlgefährdung in der Praxis meist anhand von Sachlagen bestimmt wird, unter deren Voraussetzung das Wohl des Kindes keinesfalls gegeben ist und nicht benannt werden kann, welche Faktoren Kindeswohl eigentlich bedingen (Scheiwe, 2013, S. 211). „Der Kindeswohl-Begriff“ ist der Schlüsselbegriff im Spannungsfeld von Elternrecht und staatlichem Wächteramt sowie das zentrale Instrument zur Auslegung von Kindesinteressen“ (Maywald, 2013, S. 32). Aus diesem Grund muss eine Begriffsbestimmung „präzise“ und zugleich „flexibel“ ausgelegt sein. Dabei sollte sich die Definition des Begriffs Kindeswohl an den primären Bedürfnissen des Kindes orientieren (ebd., S. 32).

Vor dem Hintergrund, dass sich das gesellschaftliche Standing im Hinblick auf das Erziehungsverständnis im Verlauf der Geschichte grundlegend verändert hat, wandeln sich auch die Ansprüche an das elterliche Erziehungsverhalten. Parallel entwickelten sich ebenfalls neue Ansprüche an die institutionellen Betreuungseinrichtungen. Sie fungieren als „[…] Anwaltschaft für Kinder- und Jugendliche, die dazu beiträgt, dass Eltern in erster Linie als Garanten zur Sicherung des Kindeswohls wahrgenommen werden.“ Hieraus ergibt sich das Dilemma der Kinder- und Jugendhilfe, sie soll die Wahrung des Kindeswohls in den Familien beurteilen und Gefährdungsfälle einschätzen, ohne die Familien zu stigmatisieren (Bauer & Wizorek, 2007,

S. 626f.). Zudem sollen Kindertageseinrichtungen den Eltern den Weg in den Arbeitsmarkt erleichtern, indem sie die Kinder während der Erwerbsarbeit angemessen betreuen. Jedoch werden in der Gesellschaft auch Stimmen laut, die das Kindeswohl in Bezug auf zu frühe außerfamiliäre Betreuung (beispielsweise in Krippen) bedroht sehen. Aus diesem Grund erscheint es besonders wichtig, den institutionell betreuten Kindern die Möglichkeit eines (auch außerhäuslichen) adäquaten Beziehungsaufbaus zu bieten und ihnen somit den Übergang zwischen Elternhaus und KiTa zu erleichtern. Die volkswirtschaftlichen Interessen und die des Arbeitsmarkts sollten nicht zu Lasten des Kindeswohls gehen (Brinck, 2012).

Um das Kindeswohl ihrerseits zu gewährleisten, sind Kindertageseinrichtungen vom Gesetzgeber damit beauftragt, ein angemessenes Lernumfeld bereitzustellen, um jedem Kind optimale Entwicklungs- und Bildungsangebote zuteilwerden zu lassen und individuelle Entwicklungsrisiken zu mindern (STMAS-Bayern, 2005, S. 18 / Art. 10 Abs. 1).

Den Kindertagesstätten werden demnach folgende Aufgaben zur Sicherung des Kindeswohls zugeschrieben: erstens Anhaltspunkte für etwaige Kindeswohlgefährdungen wahrnehmen, Gefährdungssituationen erkennen, eine Differenzierung zu anderweitigen Ursachen herstellen und unter Einbezug der Sorgeberechtigten ihren Schutzauftrag wahren. Zweitens die Grundsätze der Partizipation im Umgang mit den Kindern gewährleisten, dadurch das Recht des Kindes auf eine freie Entfaltung seiner Persönlichkeit (Art 2 GG) zu sichern und diese zu eigenverantwortlichen, selbstbestimmten Persönlichkeiten zu erziehen. Drittens ein geeignetes sowie angemessenes Lernumfeld zur Verfügung zu stellen, dass dem Kind unabhängig seiner Herkunft Chancengerechtigkeit ermöglicht und optimale Entwicklungs- und Bildungsangebote bietet. Viertens die Eingewöhnung und die Strukturen in den Kindertagesstätten so zu gestalten, dass der Übergang in die KiTa für die Kinder sensibel gestaltet wird, eine Bindung zu den Pädagog_innen aufgebaut werden kann und somit negative Folgen der Trennung von den Eltern (insbesondere bei U3-Kindern) weitestgehend vermieden werden können. Hierzu zählt auch ausreichend Zeit für Interaktionen zwischen Erzieher_innen und Kindern sowie Zeitkontingente, um auf die Bedürfnisse der Kinder adäquat eingehen zu können. Fünftens den Eltern Hilfe und Unterstützung in Erziehungsfragen bieten, sie auf (drohende) Erziehungs- und Förderbedarfe hinzuweisen und bei Bedarf, an anderweitige Hilfsangebote zu verweisen.

Zur Umsetzung dieser Anforderungen im KiTa-Alltag müssen strukturelle Rahmenbedingungen geschaffen werden, die den Erzieher_innen die Wahrung und Sicherstellung der Aufgabenvielfalt zum Wohl des Kindes ermöglichen. Hierunter zählt auch das strukturelle Merkmal „Personalschlüssel".

1.4 Familiäre Reaktionen auf die gesellschaftliche Entwicklung

Familien sehen sich einer Vielzahl von Aufgaben gegenüber. Diese reichen von der Befriedigung der Grund- und Existenzbedürfnisse eines Menschen über Sicherheit und Geborgenheit bis zur Sozialisationsfunktion (Nave-Herz & Onnen-Isemann, 2007, S. 314f.; Merkens, 2006, S. 16). Gleichzeitig gilt Familie als erste Erziehungsinstanz und pädagogische Institution im Leben eines Menschen, wenngleich der Kindererziehung dabei nicht zwangsläufig eine primäre Funktion zugewiesen wird. Sie ist eine Aufgabe neben vielen (Fuhs, 2007, S. 33f.). Ein Wandel innerhalb eines bestehenden Familiensystems bringt als Folge des Reorganisationsprozesses auch eine Veränderung des erzieherischen Outputs mit sich (Merkens, 2006, S. 16f.). Hinzu kommt, dass sich das Verständnis von Erziehung in den Familien ebenfalls geändert hat. Heute kommt das Verhältnis zwischen Kindern und Eltern einem gleichberechtigten Beziehungsverhältnis nahe (Peuckert, 2007, S. 51ff.). Zudem plagen Eltern immer häufiger Unsicherheiten und Gefühle der Überforderung. Diese und weitere Faktoren führen zu unterschiedlichen Erziehungsverhalten und zeigen die Bedeutung der institutionellen Kinderbetreuung nochmals deutlich. Sie handelt im Auftrag der Erziehungsberechtigten und dient der Unterstützung der familiären Erziehung- und Sozialisationsaufgabe. Kinder wachsen heute in den verschiedensten familiären Kontexten auf, wodurch sie die unterschiedlichsten Vorerfahrungen sammeln und in die institutionellen Betreuungsformen mitbringen. In diesem Kontext wird zunehmend von Defiziten in der Familienerziehung gesprochen. Aus diesem Grund kommt der außerfamiliären Kinderbetreuung vermehrt die Aufgabe zu, die dadurch entstehenden Unterschiede auszugleichen (Merkens, 2006, S. 16ff.).

Die Quote der zu betreuenden Kinder in Deutschland steigt stetig an. Seit dem im Jahr 1996 beschlossenen gesetzlichen Anspruch auf einen Kindergartenplatz für Kinder über drei Jahren, ist ein deutlicher Aufwärtstrend bei den Kinderzahlen zu beobachten (Viernickel & Fuchs-Rechlin, 2016, S. 27).

Der im Jahr 2013 in Kraft getretene Rechtsanspruch auf einen KiTa-Platz für Kinder ab dem vollendeten ersten Lebensjahr führte zu einer weiteren Zunahme der Betreuungszahlen. Im Vergleich zwischen den Jahren 2006–2016 konnte ein Zuwachs an betreuten Kindern (0–6) von insgesamt 18,2% (das entspricht 399.495 Kindern) verzeichnet werden (Statistisches-Bundesamt, 2017).

Aufgesplittet nach Betreuungsform Krippe (0–3 Jahre) und Kindergarten (3–6 Jahre) staffeln sich die Zahlen wie folgt:

Tabelle 1: Betreuungszahlen im Vergleich (2006 & 2016)

Betreuungsform	2006	2016	Zunahme
Krippe	253.884	614.600	360.716 (142%)
Kindergarten	1.940.407	1.979.186	38.779 (2%)

(Statistisches Bundesamt / eigene Berechnungen)

Aus vorangegangener Tabelle geht insbesondere im U3-Bereich ein enormer Zuwachs an zu betreuenden Kindern hervor. Diese Entwicklung ist sicherlich auch auf den gesetzlich festgelegten Anspruch auf einen Betreuungsplatz für Kinder ab dem ersten Lebensjahr zurückzuführen. Als Reaktion auf die gesellschaftlichen Veränderungen verständigte sich im Jahr 2007 die Trias aus Bund, Länder und Kommunen, bis zum Jahr 2013 den KiTa-Ausbau soweit voranzutreiben, dass alle interessierten Eltern einen Krippenplatz für ihr Kind erhalten. Dem folgte ein bis heute andauernder Ausbau der KiTa-Plätze insbesondere im U3-Bereich (Viernickel & Fuchs-Rechlin, 2016, S. 27).

Folgendes Diagramm verdeutlicht die Entwicklung der Betreuungszahlen in Deutschland:

Abbildung 1: Entwicklung der Betreuungszahlen in Gesamtdeutschland im Vergleich (2006–2016) (Statistisches Bundesamt / eigene Darstellung)

In diesem Diagramm wird der Unterschied zwischen den beiden Betreuungsformen nochmals besonders deutlich. Während die Kinderzahlen im Kindergarten nur marginal zunahmen, schnellen in der gleichen Zeitspanne die Betreuungszahlen im U3-Bereich sprunghaft an und erreichen in ihrer Spitze von 645.077 (März 2017) betreute Kinder. Hinsichtlich des in dieser Arbeit gewählten Forschungsschwerpunkts auf das Bundesland Bayern wird in nachfolgendem Diagramm die Entwicklung in eben genanntem Bundesland dargestellt.

Die Betreuungszahlen in Bayern im gleichen Zeitraum staffeln sich laut den Angaben des statistischen Bundesamts wie folgt:

Abbildung 2: Entwicklung der Betreuungszahlen in Bayern im Vergleich (2006–2016) (Statistisches Bundesamt / eigene Darstellung)

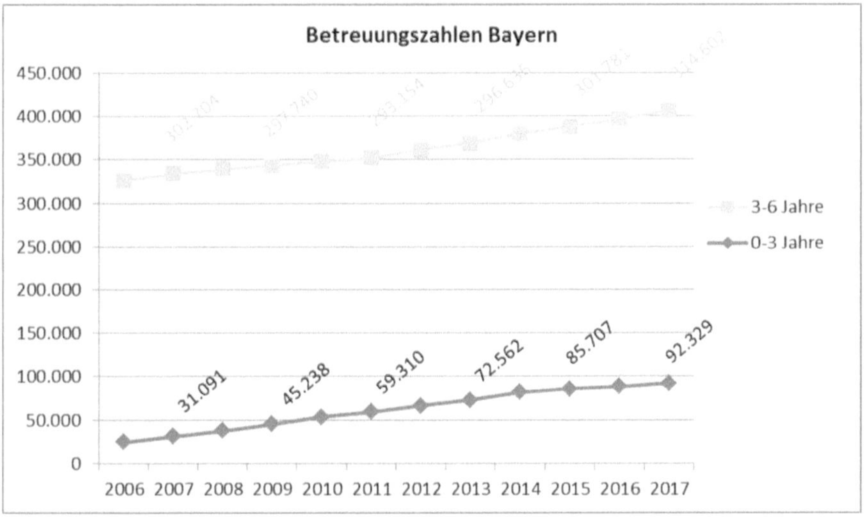

Auch in Bayern steigen die Betreuungszahlen im U3-Bereich deutlich stärker als im Kindergartenbereich. Im Jahr 2006 wurden bayernweit lediglich 24.281 U3-Kinder institutionell betreut. Diese Zahl stieg bis zum Jahr 2017 auf 92.329 Kinder von 0–3 Jahren. Das entspricht einem Zuwachs von 280,25%. Die Zahlen der Kinder im Kindergarten (3 Jahre bis zum Schuleintritt) entwickelten sich wie folgt von 301.460 (2006) auf 314.602 (2017). Das entspricht einer Zunahme von 4,36% (StatistischesBundesamt, 2017).

2 Entwicklungsgeschichte der Kindertagesstätten

Abstrakt: Den Kindertagesstätten obliegt die Aufgabe der frühkindlichen Bildung, Betreuung und Erziehung. Diese Aufgaben haben als erste Instanz bereits die Kinderkrippen als erste Bildungseinrichtungen. Die beiden ehemaligen deutschen Staaten haben auch in der Entwicklung der Kinderbetreuungseinrichtungen unterschiedliche Wege eingeschlagen. Hier haben sich die pädagogischen Ansätze und die Ausbildung der Fachkräfte unterschiedlich entwickelt. Seit dem Jahr 2007 wurde der Ausbau der Kinderbetreuungseinrichtungen massiv vorangetrieben, was sich auch in den Betreuungszahlen bemerkbar macht. Immer mehr Kinder besuchen eine Kindertagesstätte.

Abstract: The daycare center is responsible for the task of early childhood education and care. The nursery is already the first educational institution. The two former German states have also taken different paths in the development of childcare facilities. Here, the pedagogical approaches and the training of professionals have developed differently. Since 2007, the expansion of childcare facilities has been massively promoted, which is also reflected in the number of childcare services. More and more children attend a daycare.

Die Aufgaben der Kindertagesstätten haben sich seit ihrer Entstehung vor knapp 200 Jahren grundlegend geändert. Ursprünglich galten sie als reine Verwahranstalten, die Kinder vor Verwahrlosung in ihrer Herkunftsfamilie schützen und sie auf die Ansprüche entsprechend ihrer sozialen Herkunft und den Herausforderungen des Lebens vorbereiten sollten (Viernickel & Fuchs-Rechlin, 2016, S. 27f.; Oberhuemer & Schreyer, 2010, S. 67). Diese Auslegung der außerfamiliären Betreuung hat mit heutiger institutioneller Kindertagesbetreuung nicht mehr viel gemeinsam. Die Herausforderungen heutiger Kindertagesstätten sind im SGB VIII § 22 Abs. 3 festgeschrieben. „Erziehung, Bildung und Betreuung der Kinder", so lautet die Anforderung des Gesetzgebers an Kindertagesstätten, wobei die Angebote auf die individuelle Entwicklung der Kinder zugeschnitten sein sollen. Als oberste Prämisse hat dabei das Wohl des Kindes zu gelten (SGB VIII, S. § 22 Abs. 3). Eine Entlastung der Eltern sowie deren Unterstützung in der Erziehung und die Ermöglichung von Doppelverdiener Ehen spielen zudem bei der Bereitstellung der Kindertagesbetreuungseinrichtungen heute eine wichtige gesellschaftliche Rolle (Meyn & Walther, 2014, S. 11). Diese Aufgabenvielfalt zeigt jedoch gleichzeitig die Bredouille der Kindertagesbetreuung. Sie soll einerseits niederschwellig und für alle Bevölkerungsschichten einfach zu erreichen sein, individuelle Betreuungs- und Entwicklungsangebote zur Verfügung stellen, durch ihr flexibles Angebot die Erwerbsarbeit beider Elternteile ermöglichen und zudem ein Unterstützungsangebot für Erziehungsfragen bereitstellen, darf dabei jedoch ungeachtet dieses tief in die familiären Kompetenzen eingreifenden Aufgabenspektrums nicht zu stark in das elterliche Recht auf die Erziehung ihrer Kinder einwirken. Um dem entgegenzuwirken, sollten sich alle beteiligten Parteien ihrer Rolle sowie ihrer Verantwortung gegenüber der aufwachsenden Generation (und deren Bedeutung für die Gesellschaft) bewusst sein. Durch klare Rollenteilungen und Regelungen, die die Aufgaben deutlich darlegen, und in enger Zusammenarbeit zwischen den Betreuungssegmenten kann Erziehungsarbeit zwischen familiärer und außerfamiliärer Betreuungsform erfolgreich gelingen (Viernickel & Fuchs-Rechlin, 2016, S. 27f.).

Das Verständnis, die Institution „Kindergarten" als primäre Bildungseinrichtung anzuerkennen, hat sich in Deutschland erst in den letzten Jahrzehnten entwickelt (Tietze, 2008, S. 16), wenngleich die von Fröbel angestoßene Empfehlung, die vorschulischen Betreuungseinrichtungen dem Bildungssystem zuzuordnen, bereits schon 1848 in Fachkreisen debattiert wurde (Oberhuemer & Schreyer, 2010, S. 67). Den Bereich der Kinderkrippen als Teil des deutschen Bildungssystems zu verstehen, scheint überdies auch heute noch stärker umstritten. Gesellschaftlich herrschen diesbezüglich offenbar weiterhin noch Diskrepanzen hinsichtlich eines grundlegenden Bildungsverständnisses. Ursächlich für diese Ansichten könnten nicht zuletzt die mannigfaltigen Trägerschaften der Kindertageseinrichtungen sein, wodurch die Umsetzung einheitlicher Konzepte sowie eine staatliche Kontrolle erschwerten Bedingungen unterliegen (Tietze, 2008, S. 16).

Obwohl die Aufgaben der institutionellen Kinderbetreuung heute detailliert festgelegt sind, unterscheidet sich das Verständnis der FBBE, mitunter auch bedingt durch das vielfältige Tätigkeitsspektrum, zudem regional. Bildung ist in Deutschland Ländersache und unterliegt somit den Vorstellungen der jeweiligen Landesministerien. Die Bundesländer entscheiden demnach selbstständig, welche Aufgaben und Ziele sie für die Kindertagesstätten in ihrem Hoheitsgebiet in Bezug auf „Bildung, Betreuung und Erziehung" festlegen. Daraus resultiert eine Vielfalt divergenter Bildungspläne mit unterschiedlicher Verbindlichkeit, um die darin festgelegten Inhalte umzusetzen. Wenngleich alle auf das gleiche Ziel gerichtet sind: die Kinder in ihren Lernprozessen zu unterstützen und eine möglichst gute sowie gleichbleibende Qualität der erzieherischen Aktionen zu gewährleisten, wodurch sie einen wichtigen Beitrag für die „weitere Bildungsbiografie von Kindern" leisten. Allerdings gewährleistet die Niederschrift in den Bildungsplänen noch keine Qualität. Die Umsetzung der Vorgaben ist von vielen Faktoren abhängig und setzt eine Evaluationskultur in den einzelnen Einrichtungen hinsichtlich des einrichtungsinternen Handlings mit den gesetzlich vorgegebenen Leitlinien voraus (Viernickel & Fuchs-Rechlin, 2016, S. 29).

Gleichzeitig unterliegt die vorschulische FBBE großen gesellschaftlichen Erwartungen. Sie soll als primärer „Ort der Wissensvermittlung" fungieren, vorschulische Kompetenzen weitergeben und neuerdings ihr Angebot entsprechend der Bedürfnisse und Anliegen der Familien erweitern. Im Zuge dieser Veränderungen sollen sich die Einrichtungen zu Familienzentren weiterentwickeln und beratende Funktionen, Unterstützungsangebote sowie anderweitige Aufgabengebiete der Kinder- und Jugendhilfe in ihr Spektrum übernehmen. Bislang fehlt die klare Abgrenzung zu anderen Gebieten der Kinder- und Jugendhilfe, was die Aufgaben der FBBE vielschichtig gestaltet (Behring, 2010, S. 448).

2.1 Frühpädagogik und KiTa – eine Begriffsdefinition

Pädagogik

Der Begriff Pädagogik stammt aus dem Altgriechischen und wurde vom Wort „paideia" abgeleitet, was so viel bedeutet wie „Erziehung" oder „Bildung". Dabei bezieht sich die Verwendung des Begriffs nicht allein auf das Lehren an sich, sondern umfasst zudem den Prozess der Entwicklung und der Bildung des Menschen. In seiner ursprünglichen Form lässt sich das Wort zurückführen auf die Bedeutungen „Kind" (pais) und „führen" (agein) (Stein, 2017, S. 11f.).

Die Beschreibung des Terminus der Pädagogik bezieht sich auf das dem Lernenden zu vermittelnde Wissen sowie die praktische Umsetzung des Lehrens.

„Der Begriff „Pädagogik“ […] umfasst dabei all das Wissen, die Fähigkeit und die Werte, die Kinder in Bildungseinrichtungen lernen sollen, inklusive verdeckten und/ oder nicht-intentionalen Lernvorgänge.“ (Gleichzeitig wird) […] eher der praktische Aspekt des Lehrens (die Kunst, die Wissenschaft, das Geschick) beschrieben“ (Siraj-Blatchford, Moriarty, & Viv, 2004, S. 87).

Auf der Grundlage dieser Definition sollte allem „pädagogischen Handeln“ ausreichend Raum für kindliches Erforschen und Selbstlernprozesse zugrunde liegen (ebd., 88).

Bildung und Erziehung

In der deutschen Sprache wird zwischen den beiden Begriffen Bildung und Erziehung differenziert (Hörner, 2008, S. 10). Zudem findet das Wort „Bildung“ nur in der deutschen Sprache Verwendung (Raithel, Dollinger, & Hörmann, 2009, S. 36). Während sich die Bildung in erster Linie an den kognitiven Vorgängen im Menschen meist durch selbststeuernde, weitestgehend autonome Prozesse orientiert, bedeutet Erziehung etwas von außen heranzutragen (Hörner, 2008, S. 10).

„Als Erziehung werden Handlungen bezeichnet, durch die Menschen versuchen, die Persönlichkeit anderer Menschen in irgendeiner Hinsicht zu fördern“ (Brezinka, 1990, S. 95).

Erziehung impliziert dabei einen Vorgang zwischen zwei Menschen, den erzieherisch Tätigen und dem Empfänger. Erziehung wird demnach durch äußere Faktoren gesteuert, während Bildung von diesen lediglich beeinflusst wird (Hörner, 2008, S. 10).

„Bildung […] meint die Aneignung von Kenntnissen und Fertigkeiten in Selbstverfügung und aktiver Gestaltung mit dem Ziel der reflexiven Ausformung eines kultivierten Lebensstils […]“ (Raithel, Dollinger, & Hörmann, 2009, S. 36).

Ältere Deutungen für Bildung beziehen sich häufig auf die Vorbereitung der Heranwachsenden zu einem der Gesellschaft angepassten Wesen. Erst in neueren Definitionen findet die Förderung der Eigenständigkeit des Menschen und dessen Selbstbestimmung Berücksichtigung. Hierfür ist eine intensive Beschäftigung mit seiner Umwelt notwendig (Raithel, Dollinger, & Hörmann, 2009, S. 36). Diese Auslegung impliziert gleichzeitig wieder ausreichend Zeit und Raum für spezifische Lernprozesse im Inneren des Menschen, die Kinder und Erzieher_in benötigen, damit Bildung und Erziehung gelingen kann.

Frühpädagogik

Der Begriff Frühpädagogik wird häufig auch synonym mit den Begriffen Elementarpädagogik oder Kindergartenpädagogik verwendet (Göbel-Reinhardt & Lundbeck, 2015, S. 40). Im frühpädagogischen Bereich werden pädagogische Aktionen mit Kindern bis zum Erreichen des Jugendalters zusammengefasst (Alter 0 bis 13 Jahren) (von Ballusek, 2009, S. 15). Tietze differenziert in seiner Definition die Altersspanne noch deutlicher auf 0–8Jahre bzw. bis zum Schuleintritt. Begrifflich umfasst die Frühpädagogik sowohl die institutionelle als auch die familiäre Erziehung (Tietze, 2012, S. 435). Die Frühpädagogik inkludiert die Bildung, Betreuung und Erziehung der Heranwachsenden und bezieht sich dabei auf die Aufgaben sowie deren Umsetzung der pädagogisch handelnden Akteur_innen. Die Arbeitsfelder der pädagogischen Kräfte erstrecken sich hierbei auf die Institutionen der außerfamiliären Kindertagesbetreuung, Grundschulen und Organisationen im Begleitumfeld der Betreuungseinrichtungen (von Balluseck, 2008, S. 15).

> *„Der Begriff Frühpädagogik bezeichnet die Betreuung, Erziehung und Bildung von Kindern bis maximal 13 Jahren, also bis zu dem Zeitpunkt, wenn sie vom Gesetz her Jugendliche werden. Er bezieht sich auf die Arbeit von pädagogischen Fachkräften in den Arbeitsfeldern Kindertageseinrichtungen und Grundschule und in Einrichtungen, die die Arbeit dieser Institutionen organisieren, begleiten, fördern, erforschen“* (von Balluseck, 2008, S. 15).

Institutionelle Kindertagesbetreuung

Dieser Terminus umfasst die verschiedenen Arten der außerfamiliären Betreuungsformen, deren Ausübung in Institutionen erfolgt. Er beschreibt damit vorangig Einrichtungen der Jugendhilfe (hierunter fallen Kindergärten, Krippen, Horte sowie die Nachmittagsbetreuung in Schulen – unabhängig von der Betreuungsdauer), deren Organisation in den Statuten der Bundesländer festgelegt sind. Die Betreuung erfolgt in erster Linie durch die Berufsgruppe der Erzieher_innen (Stöbe-Blossey, 2010, S. 11).

Die außerhäuslichen Einrichtungen der Kindertagesbetreuung staffeln sich in die drei soeben aufgezählten Institutionsarten. Diese differenzieren sich nach Altersklassen: (1) In der Kinderkrippe werden Kinder von 0–3 Jahren betreut, (2) im Kindegarten die Altersklassen von 3–6 Jahren bzw. bis zum Schuleintritt (er ist eine schulvorbereitende Einrichtung und soll die Kinder an die „Schulreife" heranführen) und (3) im Kinderhort oder der Nachmittagsbetreuung an Schulen, die Alterspanne der 6–12 jährigen Kinder. Wenngleich in den letzten Jahren verstärkt auch altersgemischte Gruppen entstehen, entspricht diese Differenzierung nach wie vor der gängigen Aufteilung in der institutionellen Kindertagesbetreuung (Rabe-Kleberg, 1997, S. 90).

Kindertagespflege

Neben der institutionellen Kindertagesbetreuung existiert eine weitere Form der FBBE in familiärer Umgebung. Die Kindertagespflege wird ebenfalls vom öffentlichen Jugendhilfeträger finanziert. Sie stellt neben der Kindertagesbetreuung in Institutionen eine besonders flexible Betreuungsform dar (BMFSFJ, 2016b, S. 7). Im Volksmund wird diese Art der Betreuung häufig als „Tagesmutter" bezeichnet (Lenbet, 2014, S. 26). Die Betreuung der Kinder kann entweder im Haus der Tagespflegeperson, im Haus der Eltern, in anderweitig geeigneten Räumen oder in einer Großtagespflegestelle erfolgen (Oberhuemer & Schreyer, 2010, S. 78). Um eine Großtagespflegestelle handelt es sich, wenn mehr als fünf Kinder von mindesten zwei Tagespflegepersonen gemeinsam betreut werden (Lenbet, 2014, S. 26). Wenngleich die Vorgaben in den einzelnen Bundesländern unterschiedlich gehandhabt werden (Heeg, 2012, S. 377), benötigen die Betreuer_innen eine Grundqualifizierung, um als Tagespflegeperson tätig zu werden. Zudem sind zusätzliche Aufbaukurse und tätigkeitsbegleitende Weiterbildungen erwünscht (BMFSFJ, 2016b, S. 26f.). Die Aufgaben der Tagespflege gleichen denen der institutionellen Kindertagesbetreuung (Lenbet, 2014, S. 26). Auch den Tagespflegepersonen obliegt die Aufgabe der frühkindlichen Bildung, Betreuung und Erziehung der Kinder (Oberhuemer & Schreyer, 2010, S. 78).

Prinzipiell haben die Eltern ein Wahlrecht und die Möglichkeit, sich zwischen der institutionellen Kindertagesbetreuung und der Kindertagespflege zu entscheiden (BMFSFJ, 2016b, S. 7). Allerdings gestaltet sich die Suche nach geeigneten Betreuungsplätzen derzeit in vielen Regionen Deutschlands schwierig, weshalb Eltern oftmals gezwungen sind, ein Betreuungsangebot entgegen ihren Wünschen anzunehmen (Heeg, 2012, S. 377f.). Das, seit August 2014 in Kraft getretene, Gesetz auf einen Betreuungsplatz für U3-Kinder inkludiert lediglich das Recht auf Betreuung, jedoch nicht das Wahlrecht über die Art der Unterbringung.

2.2 Ost-West-Vergleich

Nach dem Ende des zweiten Weltkriegs und der Gründung der beiden deutschen Staaten, wurden die Grundsätze der institutionellen Betreuung und deren Betreuungsformen in Ost und West beibehalten. Allerdings haben sich die pädagogischen Ansätze unterschiedlich entwickelt, weshalb als oberste Prämisse nach der Wiedervereinigung galt, zunächst diese Unterschiede einander anzugleichen. Gleiches galt für die Ausbildung der pädagogischen Fachkräfte (Rabe-Kleberg, 1997, S. 91). Die frühpädagogischen Ansätze haben sich in den Jahrzehnten zwischen der Gründung der beiden deutschen Staaten und der Wiedervereinigung ebenfalls differenziert voneinander entfaltet. In der Deutschen Demokratischen Republik (DDR) wurde die außerfamiliäre institutionelle Betreuung zentral gesteuert und folgte einem klaren politischen Ziel – dem Heranziehen einer neuen, besonders sozialistisch geprägten Generation. Der Besuch einer Kindertagesstätte war vom Regime erwünscht und wurde entsprechend unterstützt. Dementsprechend kam es in der Folge zu einem republikweiten Ausbau der Betreuungsplätze, auch bereits für U3-Kinder (Oberhuemer & Schreyer, 2010, S. 67). Hieraus entwickelte sich ein flächendeckendes Ganztagesbetreuungsangebot für Kinder, das die Frauenerwerbstätigkeit in der DDR auf ein überdurchschnittlich hohes Niveau ansteigen ließ (Bahle, 2007, S. 281).

Die Deutsche Demokratische Republik forcierte den Betreuungsausbau bereits in den 1970ziger Jahren im Ü3-Bereich und in den darauf folgenden Dekaden ebenfalls für unter dreijährige Kinder (Stöbe-Blossey, Mierau, & Tietze, 2008, S. 106; Rauschenbach, 2007, S. 13f.). Dementsprechend deutlich setzte sich das Platzangebot vom Westen ab. Während die westlichen Bundesländer auf die traditionelle Betreuung innerhalb der Familie vertrauten, offerierten die östlichen Regionen ihren Bürgern in den darauf folgenden Dekaden ein immer stärker ausgebautes öffentliches Kinderbetreuungsangebot (Rauschenbach, 2007, S. 13f.). Bis zur Wende standen in den ostdeutschen Gebieten Krippenplätze für annähernd 50% der U3-Kinder zur Verfügung (Oberhuemer & Schreyer, 2010, S. 67), während im Westen (ohne die deutschen Stadtstaaten) das Platzangebot bei lediglich 1% lag. Im Ü3-Bereich existierten zum Zeitpunkt der Wiedervereinigung ebenfalls starke Unterschiede. Im Westen lag das Betreuungsangebot bei 53%, die neuen Bundesländer verfügten über eine Versorgungsquote von 97%

(Rauschenbach, 2007, S. 14). Diese Unterschiede zwischen quantitativer (DDR) und eher zurückhaltender Ausbauoffensiven in den beiden deutschen Staaten machten sich auch in der Qualität der Kinderbetreuung bemerkbar. Die pädagogischen Einrichtungen in der Deutschen Demokratischen Republik waren zwar quantitativ hoch entwickelt, wiesen „jedoch große qualitative Mängel auf". Nach der Wende war jedoch ein Rückgang des engmaschigen Betreuungsnetzes zu beobachten (Bahle, 2007, S. 281).

Unterschiede zwischen den alten und den neuen Bundesländern existieren auch heute noch, insbesondere beim Eintrittsalter in die außerfamiliäre Betreuung sowie bei der Höhe der gebuchten Stunden. Während die Kinder im Osten Deutschlands durchschnittlich mit 21 Monaten in einer Kita aufgenommen wurden, verblieben westdeutsche Kinder in der Regel bis zum dritten Geburtstag in familiärer Betreuung. Auch die täglichen Buchungsstunden sind in den östlichen Gebieten Deutschlands höher als im restlichen Bundesgebiet (Tietze et al., 2013, S. 6). Ostdeutsche Eltern wünschen sich häufiger Ganztagsbetreuungsplätze bzw. einen größeren Betreuungsumfang als jene im Westen (Fuchs-Rechlin, Kaufhold, Thuilot, & Webs, 2014, S. 118). Die Forschergruppe um Tietze führt diese Sachlage auf die unterschiedlichen historischen Hintergründe deutscher Geschichte und das differierende Platzangebot zurück. Allerdings merken sie an, dass im Zuge des KiTa-Ausbaus in Gesamtdeutschland eine Annäherung westdeutscher Eltern an das Anspruchsverhalten ostdeutscher Bundesländer nicht ausgeschlossen werden kann (Tietze et al., 2013, S. 6).

Zudem könnten die regional differierenden Elternbeiträge ebenfalls dazu beitragen, dass die Betreuungsformen im Vergleich zwischen den Bundesländern unterschiedlich stark in Anspruch genommen werden bzw. die Höhe der Buchungszeiten variiert.

2.3 Ausbau der U3-Betreuung

Im Jahr 2007 einigten sich Bund und Länder auf einen massiven Ausbau der Kinderbetreuungsangebote, insbesondere im U3-Bereich. Mit der Verabschiedung des im August 2013 in Kraft getretenen Gesetzes, das jedem Kind ab dem vollendeten ersten Lebensjahr einen KiTa-Platz rechtlich zusichert, hat in Deutschland der quantitative Ausbau der Betreuungsangebote deutlich zugenommen. Bundesweit wurde diesbezüglich eine Betreuungsquote von 35% bis zum Jahr 2013 angestrebt (das entspricht 750.000 Betreuungsplätzen), wenngleich sich die Bedarfe regional unterscheiden dürften. In Regionen mit traditionell außerfamiliär betreuten Kindern und Doppelverdiener-Ehen dürfte ein weitaus größerer Bedarf vorherrschen als in Gebieten mit traditionellem Rollenverständnis zwischen Mann und Frau (der Mann als Ernährer, die Frau zuständig für Haushalt und Kinder). Diese Unterschiede dürften sich, aufgrund der deutschen Geschichte sowie der Entwicklung der beiden ehemaligen deutschen Staaten, zwischen den östlichen und den westlichen Regionen Deutschlands bemerkbar machen (Rauschenbach & Schilling, 2010, S. 8). Im Jahr der Vereinbarung zum Stichtag 15. März 2007 waren deutschlandweit insgesamt 278.642 U3-Kinder in der außerfamiliären Kinderbetreuung untergebracht. Diese Zahl steigerte sich ab dem Jahr des Inkrafttretens des besagten Gesetzes bis zum Stichtag 01. März 2013 auf bundesweit 503.926 Kinder und erhöhte sich bis März 2016 auf 614.600 (StatistischesBundesamt, 2017). Das entspricht einer Betreuungsquote von gut 30% der Kinder unter drei Jahren (BMFSFJ, 2016a). Das Ziel von 35% wurde demnach bis zum Jahr 2016 noch nicht erreicht. Hieraus lässt sich schließen, dass das Wachstum auch weiterhin anhalten wird, um das anvisierte Maß zu erreichen.

Trotz der massiven Ausbauanstrengungen von Bund, Ländern und Kommunen fehlen derzeit bundesweit noch rund 230.000 Betreuungsplätze, so die Studie vom Kölner Institut der deutschen Wirtschaft. Damit sind im gesamten Bundesgebiet durchschnittlich 10,4% der anspruchsberechtigten Kinder unterversorgt. Das größte Defizit existiert in Bremen mit 14,2%, die geringsten Versorgungslücken bestehen in Brandenburg mit 4,1%. Als Ursachen für den Mangel an Betreuungsangeboten geben die Forscher das Defizit von rund 30.000 Betreuungsplätzen zwischen den ursprünglich anvisierten 750.000 und dem derzeitigen Ausbaustand, die stetig steigende Nachfrage von außerfamiliären Betreuungsangeboten, den Anstieg der Geburtenrate sowie die Zunahme der Kinderzahlen aufgrund der Zuwanderung an (IWD-Köln, 2016).

2.4 Nutzung außerfamiliärer Betreuungsformen

Nach wie vor stellt die Familie in Deutschland eine der wichtigsten Instanzen für die Vermittlung der in unserer Gesellschaft vorherrschenden Werte und Normen dar. Unterstützung erfährt sie hierbei durch die zunehmend an Bedeutung gewinnende außerfamiliäre institutionelle Kinderbetreuung, die eine wichtige Rolle auf dem Weg der jungen Heranwachsenden bis zu ihrer Einschulung spielt. Die Wahrscheinlichkeit, dass ein Kind außerfamiliär betreut wird, nimmt linear mit steigendem Alter zu. Dabei variieren die Gründe von Familien, diesen Service in Anspruch zu nehmen, in Abhängigkeit verschiedener Faktoren bezüglich Herkunft, Familieneinkommen, Kinderanzahl oder Bildungsstand. Insbesondere im U3-Bereich sind diese Unterschiede deutlich spürbar (Viernickel & Fuchs-Rechlin, 2016, S. 26f.; Leu & Prein, 2010, S. 18). Kinder aus Familien mit Migrationshintergrund oder aus Familien mit geringem Einkommen beispielsweise sind deutlich seltener in Kindertagesstätten anzutreffen als jene aus den besser verdienenden Schichten (Fuchs-Rechlin, Kaufhold, Thuilot, & Webs, 2014, S. 8; Grgic, Rauschenbach, & Schilling, 2010, S. 7). Ursächlich hierfür könnte zum einen das veränderte gesellschaftliche Frauenbild, die Doppelverdiener-Mentalität vieler deutscher Haushalte oder das konventionelle Familienbild sein. Nach wie vor wird Müttern in vielen deutschen Regionen vermittelt, dass nur sie selbst für das Wohl und die Erziehung ihrer Kinder sorgen können und die institutionelle Betreuung lediglich für Kinder bildungsferner Schichten oder bei erforderlicher Erwerbsarbeit der Mutter von Nöten sei. Darüber hinaus käme nur die Erziehung in der Familie in Frage (Viernickel & Fuchs-Rechlin, 2016, S. 26f.). Zudem spielt die Einstellung der Eltern zur institutionellen Betreuung, insbesondere im U3-Bereich, eine entscheidende Rolle bei der Inanspruchnahme derselben. Ein positiver elterlicher Bezug zur FBBE steigert die Wahrscheinlichkeit des KiTa-Besuchs eines Kindes (Fuchs-Rechlin, Kaufhold, Thuilot, & Webs, 2014, S. 9).

Die heutige Motivation von Familien für außerfamiliäre bzw. ausschließlich familiäre Betreuungsformen ist vielfältig und unterscheidet sich insbesondere anhand der teilweise durch die Gesellschaft geprägten persönlichen Einstellungen der Eltern. In der nationalen Untersuchung zur Bildung, Betreuung und Erziehung in der frühen Kindheit (NUBBEK) gaben die Eltern von zwei bis vierjährigen Kindern folgende Gründe für die Nutzung einer KiTa an: Überwiegend sehen die Eltern den Vorteil der institutionellen Betreuung in der Förderung ihrer Kinder und erhoffen sich einen Zugewinn für deren Entwicklung. Zudem eröffnet sich für sie durch die außerfamiliäre Betreuung die Möglichkeit, (wieder) einer Erwerbstätigkeit nachzugehen.

Eltern, die ihre Kinder (diese Aussage bezieht sich auf 2-Jährige) zuhause betreuen, gaben als Grund ihre persönliche Einstellung, das defizitäre Platzangebot für U3-Kinder oder die hohe finanzielle Belastung durch die Betreuungskosten an. Die Ergebnisse dieser Untersuchung machen deutlich, dass nicht nur persönliche Gründe die Entscheidung für oder gegen eine externe Betreuung beeinflussen, sondern auch ökonomische Faktoren und praktische Motive ausschlaggebend sind (Tietze, et al., 2013, S. 7). Die Autoren der der Studie „Der U3-Ausbau im Endspurt" bestätigen diese Effekte. Gleichzeitig gliedern sie die Gründe für einen KiTa-Besuch in fünf Kategorien: (1) *ökonomische Faktoren:* Erwerbstätigkeit, Familieneinkommen; (2) *kulturelle Faktoren:* elterliches Bildungsniveau, kultureller Background; (3) *soziale Faktoren:* Kinderzahl bzw. Familienfertilität, Familienform; (4) *institutionelle Faktoren:* Betreuungsquote; (5) *strukturelle Faktoren:* kommunale Einflüsse z.B. Gemeindegrößen. Die eben aufgeführten Faktoren nehmen jedoch unterschiedlich Einfluss auf den KiTa-Besuch eines Kindes. Positiven Einfluss auf einen KiTa-Besuch nehmen u.a. die Aspekte Erwerbstätigkeit beider Eltern, hohes Familieneinkommen, hohes Bildungsniveau der Eltern sowie die Gemeindegröße (in Ballungsgebieten ist die Betreuungsgröße höher). Zudem nehmen Alleinerziehende oder Eltern in nichtehelicher Lebensgemeinschaft verstärkt außerfamiliäre Betreuungsangebote wahr. Das Alter des Kindes nimmt ebenfalls Einfluss auf den KiTa-Besuch. Je älter das Kind, umso wahrscheinlicher wird es institutionell betreut. Einen negativen Effekt zeigen geringere Familieneinkommen, gesteigerte Familienfertilität, Erwerbstätigkeit nur eines Elternteils bzw. Arbeitslosigkeit und ein geringes familiäres Bildungsniveau. Hinzu kommt die Anzahl der Kinder einer Familie. Kinderreiche Familien betreuen ihre Kinder häufiger Zuhause. Die eben angeführten Faktoren beziehen sich überwiegend auf den U3-Bereich. Kinder im Alter zwischen vier Jahren bis zum Schuleintritt werden in der Regel bereits überwiegend institutionell betreut (Fuchs-Rechlin, Kaufhold, Thuilot, & Webs, 2014, S. 16). Das Betreuungsgeld (Erläuterung hierzu in Kapitel 4.2) beeinflusst ebenfalls den Betreuungswunsch. Insbesondere Familien mit niedrigem sozioökonomischem Status ziehen das Betreuungsgeld der Inanspruchnahme außerfamiliären Betreuungsformen vor (ebd., S. 136).

Aus den rückblickenden Befragungen zur Betreuungshistorie von Familien ergab sich folgendes Bild: Nur 10% der Kinder wurden bereits im

Alter von unter einem Jahr außerfamiliär betreut, jedoch erhielten 66% der Familien in dieser Zeit Unterstützung durch die Verwandtschaft. Lediglich 24% der Eltern nahmen in dieser Phase eine Krippe in Anspruch, während bei den Zweijährigen schon 59% der Kinder einen Kitaplatz beanspruchten. Insgesamt scheint die Inanspruchnahme vorschulischer Betreuungsformen mit dem Alter der Kinder zu korrelieren. Ja älter die Kinder, desto häufiger sind sie in institutionellen Betreuungsformen untergebracht (Tietze et al., 2013, S. 6).

3 Das Berufsfeld der Erzieher_in

Abstrakt: Die Aufgaben der Erzieher haben sind aufgrund der Entwicklungen der letzten Jahre gewandelt und die Herausforderungen an die Fachkräfte sind stetig gestiegen. Um diesen Anforderungen gerecht zu werden, muss sich auch die Ausbildung der Fachkräfte anpassen. In den meisten anderen europäischen Ländern ist die Ausbildung der Fachkräfte in Kindertagesstätten akademisiert; in Deutschland nicht. Dieses Kapitel zeigt Wege auf, wie sich die Ausbildung der Fachkräfte in den nächsten Jahren weiterentwickeln kann.

Abstract: The tasks of the educators have changed due to the developments of recent years. The challenges facing the professionals have steadily increased. In order to meet these requirements, the training of specialists must also adapt. In most other European countries, education is academically trained in daycare centers; not in Germany. This chapter shows ways in which the training of professionals can evolve over the next few years.

Die Entwicklung des Erzieherberufs und dessen Anpassung an die gestiegenen Anforderungen von Gesellschaft und Politik ist derzeit ein stark debattiertes Thema. In den Fokus dieser Diskurse geriet die Erzieher_innenausbildung nicht zuletzt aufgrund der stetig wachsenden Bildungsoffensive und deren Ausweitung auf den Elementarbereich (Aktionsrat Bildung, 2012, S. 15; Rudolph, 2012, S. 8). Hinzu kommt die Erweiterung des Rechtsanspruchs auf einen KiTa-Platz (seit August 2013) für Kinder ab der Vollendung des ersten Lebensjahres und der damit verbundenen verstärkten Ausbauoffensive der Länder, die Qualitätsdebatte (Schneewind, 2011, S. 8) sowie die Einführung der Bildungspläne (Fröhlich-Gildhoff, Weltzien, Kirstein, Pietsch, & Rauh, 2014, S. 14). Diese Prozesse tragen zu steigenden Anforderungen an das erzieherische Personal bei. Um den wachsenden Herausforderungen gerecht zu werden, müssen zukünftige Fachkräfte, durch die Anpassung der Ausbildung unter Einbezug zeitgemäßer wissenschaftlicher Erkenntnisse, adäquat auf ihre zukünftigen Aufgaben vorbereitet werden (Fröhlich-Gildhoff, Weltzien, Kirstein, Pietsch, & Rauh, 2014, S. 6; Autorengruppe Qualifikationsprofile, 2011, S. 5). Die derzeitige Diskussion, die Fachkraft-Ausbildung neben den Fachschulen/-akademien an den Fachhochschulen und Universitäten zu verorten, spiegelt diese Entwicklung wider und zeigt zugleich, welchen

Stellenwert die frühkindliche Bildung im deutschen Bildungssystem erreichen sollte (Autorengruppe Qualifikationsprofile, 2011, S. 5).

Das Aufgabenspektrum der Erzieher_innen ist breit gefächert und multidisziplinär. Neben der Bildung, Betreuung und Erziehung der Kinder müssen KiTa-Mitarbeiter_innen über vielfältiges und umfassendes Wissen verfügen und in der Lage sein, diese Kenntnisse auch in für sie neuen Situationen anwenden zu können (Fröhlich-Gildhoff, Weltzien, Kirstein, Pietsch, & Rauh, 2014, S. 8; Pasternack, 2013, S. 64).

> *„Das pädagogische Personal soll den Bildungsauftrag der Tageseinrichtungen für Kinder stärker in den Mittelpunkt rücken, die Sprachentwicklung der Kinder kontinuierlich begleiten und unterstützen, die Pädagogik der Inklusion und die geschlechtergerechte Erziehung in ihrer konzeptionellen Arbeit berücksichtigen, im Sinne einer sozialpädagogischen Ressourcenorientierung präventiv wirken und mit dem Ziel einer demokratischen Teilhabe an der Gesellschaft Partizipation ermöglichen.*
>
> *Das pädagogische Personal hat die Aufgabe, den Übergang von der Kindertageseinrichtung in die Grundschule fachdidaktisch und pädagogisch zu gestalten, es soll in Familienzentren Familien besser unterstützen und Kinder aus bildungsfernen Milieus früher erreichen. Dabei muss sich das pädagogische Personal stets darüber bewusst sein, welche Wertvorstellungen das Zusammenleben in unserer Gesellschaft bestimmen und in welcher Beziehung diese zu religiösen und weltanschaulichen Orientierungen stehen“* (Autorengruppe Berufsfachschule, 2013, S. 10).

Diese Vielzahl an Anforderung impliziert gleichzeitig einen neuen Anspruch an die Ausbildung der KiTa-Mitarbeiter_innen: die Vorbereitung auf die stetig wachsenden Herausforderungen im Berufsalltag sowie die Inklusion persönlichkeitsbildender Elemente (Autorengruppe Berufsfachschule, 2013, S. 12; Rudolph, 2012, S. 12).

Die Erkenntnis, dass frühkindliche Bildungserfahrungen für die Vita des Kindes von entscheidender Bedeutung sind, spiegelt sich auch in den bildungspolitischen Diskursen über die Qualität der Erzieher_innenausbildung wider (Viernickel, 2008, S. 123).

Die Erzieher_innenausbildung in Deutschland befindet sich neben den Ländern Österreich, Malta, Slowakei und Tschechien am unteren Ende des europäischen Qualifikationsniveaus. In den meisten europäischen Ländern wird der Erzieher_innenberuf auf akademischem Niveau durch ein Hochschulstudium erreicht (Rudolph, 2012, S. 12; Wallnöfer, 2008, S. 65). In Deutschland indes benötigen angehende Erzieher_innen kein Abitur, um zur Ausbildung zugelassen zu werden (Lenbet, 2014, S. 27). Auf diesen Umstand verweisen auch Schmidt und Förster, indem sie kritisch anmerken, dass die Erzieher_innenausbildung in Deutschland im europäischen Vergleich auf einem eher niedrigen Niveau angesiedelt ist (Förster, 2014, S. 14; Schmidt, 2005, S. 720), wenngleich in diesem Zusammenhang eine Differenzierung im europäischen Bereich vorgenommen werden muss. In vielen Ländern verfügt nur ein Teil der pädagogisch Tätigen über eine fundierte Grundausbildung, die restlichen Personen können keine oder lediglich nur eine mangelhafte Ausbildung vorweisen (Aktionsrat Bildung, 2012, S. 44). Eine ähnliche Problematik scheint für die Grundausbildung der an den Fachschulen tätigen Lehrkräfte zu gelten, die sich durch ein uneinheitliches Qualifikationsprofil auszeichnen, wodurch die Vermittlung qualitativ hochwertiger schulischer Inhalte hinterfragt werden kann (Schmidt, 2005, S. 720f.).

Die Unterschiede zwischen den Ländern und das (im europäischen Vergleich scheinbar niedrige Qualifikationsniveau) gaben u.a. den Anstoß für die derzeit umfangreichen fach- und bildungspolitischen Forderungen nach einer möglichen Akademisierung des Erzieherberufs in Deutschland. Das Gros der Erzieher_innen wird derzeit an den Fachakademien für Sozialpädagogik, den sogenannten Fachschulen, ausgebildet (Rudolph, 2012, S. 12). Der Anteil an Akademiker_innen im Berufsfeld der Elementarpädagogik ist vergleichsweise gering (Fuchs-Rechlin, Kammermeyer, Roux, & Züchner, 2017, S. 3). Nach wie vor wird die Ausbildung von Frauen dominiert. Das weibliche Geschlecht ist in den Ausbildungsstätten zur Erzieher_in überrepräsentiert (Janssen, 2010, S. 7). In der Diskussion um eine Akademisierung des Erzieherberufs kommt es zeitgleich zu einer Polarisierung der beiden Fronten zwischen den Akademisierungsbefürwortern und gegnern. Die beiden Parteien stellen den in der Historie des Erzieherberufs begründeten Begriff der „Mütterlichkeit" mit der einer höheren Qualifikation implizierten „Fachlichkeit" gegenüber. Hieraus ergibt sich das Dilemma, dass die mit diesen beiden Begriffen verbundenen Eigenschaften, insbesondere unter dem Aspekt der gestiegenen Bildungsanforderungen (im Elementarbereich), zukünftig nicht mehr voneinander abzugrenzen sind (Rudolph, 2012, S. 12). Analog dazu entwickeln sich derzeit neue akademische Zugangswege (beispielsweise Bachelor-Studiengänge der Kindheitspädagogik), wenngleich in der Diskussion um notwendige und mögliche Veränderungen der Fachkraftausbildung noch kein Konsens abzusehen ist (Pasternack, 2013, S. 61ff.; Viernickel, 2008, S. 12). Deutschlandweit sind derzeit schon einige Änderungen vorgenommen worden und Modellprojekte entstanden, dennoch bleibt abzuwarten, ob sich die Akademisierung in Zukunft durchsetzen oder die Fachschulausbildung weiterhin etablieren wird.

3.1 Historische Entwicklung

Bei der Entwicklung des Erzieherberufs spielen verschiedene Faktoren eine Rolle: zum einen die sich wandelnden gesellschaftlichen und politischen Veränderungen und Anforderungen, zum anderen die heftig debattierten bildungspolitischen Diskurse, die sich bis in den Elementarbereich ausweiten. Im historischen Rückblick waren bis in die 60er Jahre des letzten Jahrhunderts insbesondere Erzieher_innen (hier explizit die weibliche Form) mit besonders ausgeprägten Attributen der „Mütterlichkeit" gefragt (Pasternack, 2013, S. 62; Rudolph, 2012, S. 15).

Die Historie des Berufsbilds der Erzieher_in lässt sich bis in das 19. Jahrhundert zurückverfolgen. Ziel der damaligen Kleinkinderbetreuung war insbesondere, die schädlichen Einflüsse der spezifischen Epochen von den Kindern fernzuhalten. Zunächst war die Betreuung durch ehrenamtliche Tätigkeiten insbesondere von „Ordensschwestern und Diakonissinnen" gekennzeichnet. Erst im Laufe der Zeit entwickelte sich ein Ausbildungsberuf mit staatlicher Anerkennung, vereinheitlichter Struktur der Ausbildung und einer allgemeinen Abschlussprüfung. Die erforderlichen Attribute der Kleinkindbetreuer_innen waren in erster Linie in der Persönlichkeit der Erzieher_innen zu finden. Die Fähigkeit, Wissen zu vermitteln, war nicht gefragt (Janssen, 2010, S. 8).

Rückblickend lässt sich die Historie des Erzieher_innenberufs auf die geschlechtsspezifische Aufgabenteilung zwischen Mann und Frau zurückführen. Während der Mann, mit der aufkommenden Industrialisierung, als Familienoberhaupt und Ernährer der Familie fungierte, oblag der Frau die Aufgabe, die Kinder zu erziehen. Die den Frauen zugestandenen Attribute der „Mütterlichkeit" und Empathie galten als elementar für die Erziehung der Kinder. Hierin begründete sich auch die Zuständigkeit der Frauen in der außerfamiliären Betreuung von Kindern als weibliche „Berufung". Erst durch die Emanzipation der Frauen eröffneten sich diesen schrittweise wieder neue Tätigkeitsfelder. Der Blick in die Historie lässt demnach erahnen, worin das teilweise bis heute gängige Verständnis vom

Erzieher_innenberuf als Berufung und als Semiprofession begründet ist. Das Charakteristikum der „Mütterlichkeit“ scheint bis heute eng mit dem Erzieher_innenberuf verknüpft zu sein und erschwert aller Wahrscheinlichkeit nach die Entwicklung des Professionsgedankens (Rudolph, 2012, S. 15). Welche Aspekte sich hinter dem Semiprofessionsverständnis pädagogischer Berufe verbergen, soll folgendes Zitat verständlichen: „Zur Professionalität gehört die Aneignung von systematischem Wissen, um die Kompetenzen für das praktische Handeln zu erwerben.“ Der Erzieher_innenberuf allerdings hat mit der Kritik zu kämpfen, theoretisches Wissen und praktisches Handeln nicht miteinander vereinen zu können (von Balluseck, 2008, S. 26).

3.2 Entwicklung der schulischen Ausbildung

Die Entstehung des Erzieher_innenberufs kann bis ins Jahr 1836 zurückgeführt werden. Zu dieser Zeit gründete Theodor Fliedner sein „Seminar für Kleinkindlehrer_innen“ (Viernickel, 2008, S. 124). Zunächst betrug die Ausbildungsdauer 2–3 Monate und wurde im weiteren Verlauf auf die Spanne von einem Jahr ausgeweitet. Nach Fliedners Verständnis hatten die „Erzieher_innen“ die Aufgabe zu erfüllen, die Kinder zu versorgen und entsprechend der gesellschaftlichen Normen zu erziehen. Bildungsaufgaben waren keine vorgesehen (von Ballusek, 2009, S. 11).

Die Entstehung des heutigen Verständnisses des Erzieher_innenberufs ist auf die Gründungszeit der Fröbelschen Kindergärten zu Beginn des 19. Jahrhunderts zurückzuführen. Durch die von Fröbel postulierten Leitlinien wurden von den Erzieher_innen neben der „Mütterlichkeit“ andere Attribute verlangt. Sie sollten, neben der Betreuung der Kinder, diese auf die schulischen Anforderungen vorbereiten und zur Entfaltung der kindlichen Persönlichkeit beitragen (Viernickel, 2008, S. 124). Friedrich Fröbel verstand die außerfamiliäre Betreuung bereits als Bildungsinstitution und begann (1838) damit Männer, zum „Kinderführer“ auszubilden (Amthor, 2003, S. 176). Um auch Frauen auf die gestiegenen Anforderungen vorzubereiten, eröffnete Fröbel kurz darauf (1840) seine Ausbildungsstätte für Kindergärtner_innen und begründetet damit die „Institutionalisierung der frühpädagogischen Ausbildung“ (Amthor, 2003, S. 176). Versuche, die Kleinkindbetreuerausbildung staatlich zu vereinheitlichen, wurden 1885 vom preußischen Kultusminister abgewiesen. Der Minister begründete seine Entscheidung mit den für die

Betreuung von Kleinkindern erforderlichen Attribute, die nicht in einer Ausbildung erlernbar seien, sondern vielmehr in der Persönlichkeit des Menschen liegen, sowie die Befürchtung, die ehrenamtlichen Aktivitäten durch einen staatlichen Eingriff zu ruinieren (Janssen, 2010, S. 8). Im Jahr 1908 wurde die Kindergärtner_innenausbildung dennoch durch den Staat reglementiert und im weiteren Verlauf (1928) zusammen mit der Hortner_innenausbildung auf eine Regeldauer von zwei Jahren festgelegt (Viernickel, 2008, S. 124). In der Folge entwickelte sich der Beruf durch die Vielzahl an weiblichen Auszubildenden zu einer Frauendomäne (Amthor, 2003, S. 176).

In den Jahren zwischen 1850–1851 erließ die preußische Regierung ein Kindergartenverbot, wodurch die Entwicklungen vorübergehend nicht fortgesetzt werden konnten. Einen weiteren Aufschwung erhielt der Beruf durch die Verstaatlichung der Erzieher_innenausbildung (1885). Diese Maßnahme ermöglichte eine strukturelle Normierung sowie die Angleichung der Inhalte durch den Staat und begründete eine einheitliche Ausbildung. Der Beruf der Kindergärtner_in war entstanden (von Derschau, 1987, S. 72). Die Dauer der Ausbildung war zunächst auf ein Jahr beschränkt, wurde jedoch alsbald auf drei Jahre ausgeweitet. Diese Entwicklung weckte das Interesse bei den Kirchen, woraufhin diese ebenfalls Akademien zur Ausbildung der Kindergärtner_innen, nach dem staatlichen Vorbild und dessen Vorgaben, gründeten (ebd., S. 102). Darauf folgte (1908) eine Prüfungsregelung für den Ausbildungsabschluss der Kindergärtner_in (ebd., S. 69). Der Aufbau der Ausbildung staffelte sich zunächst in verschiedene Instanzen. Zuerst konnten die Frauen (zumeist jüngeren Alters) die Ausbildung der Kindergärtner_innen absolvieren. Ziel war es, den Frauen, im Verlauf der Ausbildung, typisch weibliche Eigenschaften zu vermitteln und diese dadurch auf ihre (späteren) Aufgaben als Hausfrau und Mutter vorzubereiten. In einer zweiten Instanz konnten Frauen die Ausbildung der Jugendleiter_innen absolvieren. Diese Möglichkeit war allerdings ausnahmslos ledigen und verwitweten Frauen offen (Ebert, 2006, S. 107). Die Ausbildung der Kindergärtner_in war zunächst kostenpflichtig und an den mittleren Schulabschluss als Voraussetzung gebunden. In erster Linie sollten besser betuchte junge Frauen aus der mittleren Oberschicht ausgebildet werden (ebd., S. 103f.).

Im weiteren geschichtlichen Verlauf nahmen die jeweiligen politischen Ansichten Einfluss auf die Inhalte sowie die Entwicklung des Berufsbilds.

Die Einflüsse der Weimarer Republik äußerten sich in der reformpädagogischen Ausrichtung. In den Zeiten des Nationalsozialismus wurde dieser Ansatz vom politischen Regime bekämpft. Für sie standen typisch „deutsche Tugenden“, die arische Abstammung der Kindergärtner_innen und die geschlechtsspezifische Aufgabenteilung zwischen Mann und Frau im Vordergrund. Zudem sollten die Kinder nach den Ansichten des Regimes erzogen und auf ihre Aufgaben als „Deutsche“ vorbereitet werden (von Ballusek, 2009, S. 12). Des Weiteren wurden die verschiedenen Rechtsvorschriften der einzelnen Bundesländer für nichtig erklärt und die Pluralität der Ausbildungsträger abgeschafft (Janssen, 2010, S. 8).

Nach Beendigung des Zweiten Weltkriegs wurden (in Westdeutschland) die pädagogischen Ansichten der Weimarer Republik und Strukturen der Ausbildung wieder überwiegend in die Ausbildung übernommen (von Derschau, 1987, S. 102f.).

Im Jahr 1967 kam es zu einer Reformation der Erzieherausbildung. Durch die Regelungen der Kultusministerkonferenz wurden die Fachschulen für Sozialpädagogik gegründet (in Bayern Fachakademien für Sozialpädagogik) und die bis dahin getrennt voneinander gelehrten Ausbildungsberufe der Kindergärtner_innen/ Hortner_innen und Jugend-/ Heimerzieher_innen zu einem Ausbildungsberuf vereint. Die Länge der Ausbildung vereinheitlichte sich auf eine Dauer von drei Jahren und inkludierte ein Anerkennungsjahr sowie die Abschlussprüfung. Nach erfolgreich absolvierter Prüfung wurde die Berufsbezeichnung der „staatlich anerkannten Erzieher_in“ verliehen. Um eine bessere Vereinheitlichung der Erzieher_innenausbildung in allen Bundesländern zu gewährleisten, wurde 1982 die „Rahmenvereinbarung über die Ausbildung und Prüfung von Erziehern/ Erzieherinnen“ erlassen (Viernickel, 2008, S. 124; Schmidt, 2005, S. 714ff.).

Im Hoheitsgebiet der ehemaligen DDR blieben die unterschiedlichen Ausbildungsrichtungen und Ausbildungsberufe hingegen erhalten. Erst nach der Wiedervereinigung der beiden deutschen Staaten kam es zu einer Angleichung zwischen Ost und West. Das westliche Ausbildungssystem wurde auch in den östlichen Regionen eingeführt. Bereits ausgebildete Fachkräfte wurden durch „Anpassungs- und Nachqualifizierungsmaßnahmen“ den an den westlichen Fachschulen ausgebildeten Erzieher_innen gleichgestellt (Pasternack, 2013, S. 59; Viernickel, 2008, S. 124).

Wenngleich in den letzten Jahren einige Veränderungen am Ausbildungsmarkt stattgefunden haben, ist die Fachkraftausbildung durch die Fachschulen und Fachakademien für Sozialpädagogik derzeit die dominierende Ausbildungsvariante für den Erzieher_innenberuf. Die beiden Schulformen bilden dadurch nach wie vor die meisten Berufseinsteiger_innen für den Elementarbereich aus. Neue Ausbildungswege sind zwar am Entstehen, müssen sich jedoch erst etablieren (Autorengruppe Fachkräftebarometer, 2014, S. 77; Schmidt, 2005, S. 713ff. & 727).

3.3 Entwicklung der Akademisierung

Parallel zu der Vereinigung von den Ausbildungsberufen der Kindergärtner_innen/ Hortner_innen und Jugend-/ Heimerzieher_innen und deren Verortung an den Fachschulen wurden die Berufe Sozialarbeiter_in, Jugendpfleger_in und Jugendleiter_in zu der Ausbildung der Sozialarbeiter_in zusammengefasst. Diese Ausbildung ist fortan den Fachhochschulen zugeordnet. Dadurch kam es zu einer Aufwertung des Sozialarbeiterberufs. Gleichzeitig ging diese Entwicklung mit dem Wegfall der Weiterbildungsmöglichkeit der Erzieher_innen zur Jugendleiter_in einher, welche bis dato zur Übernahme einer Leitungstätigkeit im KiTa-Bereich berechtigte (Viernickel, 2008, S. 124; Schmidt, 2005, S. 714f.).

Der in die Historie des Erzieher_innenberufs bergründete und bis heute noch fest verknüpfte Begriff der „Mütterlichkeit" steht derzeit in Konkurrenz zu den Professionalisierungsofferten der FBBE-Ausbildung. Während in den meisten EU-Ländern die Ausbildung der frühpädagogischen Fachkräfte bereits auf akademischen Niveau stattfindet, wird in der BRD noch diskutiert, welche Eigenschaft von größerer Bedeutung ist, und entfacht eine Debatte zwischen den Befürwortern der beiden Attribute „Mütterlichkeit vs. Fachlichkeit" (Rudolph, 2012, S. 12).

Derzeit befindet sich der Professionalisierungsprozess der frühpädagogischen Ausbildung in Deutschland in vollem Gange. Insbesondere die vielfältigen Anforderungen in den Bildungsplänen der Länder tragen zur Akademisierungsofferte bei (Pasternack, 2013, S. 61). Gleichzeitig mit den bildungspolitischen Diskursen entstanden zu Beginn des Jahrtausends neue akademische Ausbildungswege der FBBE an Fachhochschulen und Universitäten. Geprägt durch verschiedene Spezifizierungen der akademisierten

Ausbildung entwickelten sich auch konträre Zugangsvoraussetzungen sowie Berufsbezeichnungen der Absolvent_innen. Um diesen Prozess einzudämmen, wurde von der Jugend- und Familienministerkonferenz (JFMK) die Verwendung einer einheitlichen Berufsbezeichnung („staatlich anerkannte Kindheitspädagog_in“) angeregt (Autorengruppe Fachkräftebarometer, 2014, S. 68f.). Diese Vereinheitlichung hat bereits stattgefunden. Außer in den Bundländern Niedersachsen, Rheinland-Pfalz und Bremen hat sich die Berufsbezeichnung „Kindheitspädagoge/ Kindheitspädagogin“ durchgesetzt. Gleichzeitig folgte die staatliche Anerkennung der Berufsbezeichnung (Schneider, 2017, S. 11).

Derzeit werden in Deutschland an insgesamt 70 Hochschulen 90 verschiedene elementarpädagogische Studiengänge angeboten. Die dabei zu erwerbenden Abschlüsse reichen von Zertifikaten über Bachelor- bis zum Masterabschluss. Inhaltlich differieren diese in ihren Schwerpunkten (Pasternack, 2013, S. 62). Überwiegend werden die elementarpädagogischen Studiengänge an den Fachhochschulen angeboten. Die Universitäten umfassen lediglich einen marginalen Anteil von 4% der akademischen FBBE-Angebote (Autorengruppe Fachkräftebarometer, 2014, S. 68f.).

Die Verortung der frühpädagogischen Ausbildung an den Fachhochschulen könnte einen Beitrag dazu leisten, die Diskrepanz zwischen theoretischen Wissen und Praxis aufzulösen. Insbesondere die Vernetzung der Hochschulen mit der Praxis kann zu einer Verknüpfung der beiden Wissensbereiche beitragen. Voraussetzung ist hierbei jedoch eine enge Kooperation sowie praxisorientierte Lerninhalte an den Hochschulen. Hierdurch könnte ein Professionsverständnis der Auszubildenden bereits während der Lehre stattfinden. Dies könnte dazu beitragen, die Divergenz zwischen Fachhochschule und Fachschule zu relativieren (von Ballusek, 2009, S. 26; Schmidt, 2005, S. 718).

3.4 Fachschule vs. Hochschule

Die Aufgabe der Ausbildungsstätte inkludiert neben der Wissensvermittlung auch die Bildung eines beruflichen Habitus. Da sich der Habitus jedoch, geprägt durch die persönlichen Erfahrungen jedes Individuums, verschieden entwickelt, unterliegt es der Lehrstätte, diesen personenunabhängig anzugleichen (von Balluseck, 2008, S. 31). Insbesondere die Hochschulen haben den Anspruch neben der Theorie-Praxis-Verzahnung den beruflichen Habitus zu entwickeln. [Der] „Habitus stellt die Verbindung zwischen internalisierter Erfahrung und Handeln her" (Pasternack, 2008, S. 38f.). Pädagogische Intervention zeichnet sich oftmals durch Handeln in nichtstandardisierten Situationen aus und professionelles Handeln durch einen sicheren Umgang mit diesen. Damit dieser Transfer gelingen kann, muss die Ausbildung zwei grundlegende Eigenschaften miteinander verbinden: die Vermittlung theoretischer Grundlagen und praxisorientierte Anwendungsbereiche (ebd., S. 38f.). Im sozialpädagogischen Alltag lassen sich Situationen oftmals nicht standardisieren und erscheinen unvorhersehbar. Die Aufgabe der KiTa-Fachkraft umfasst deshalb auch das eigenständige Erfassen neuer Situationen und einen adäquaten Umgang mit diesen durch einen Theorie-Praxis-Transfer des erworbenen Wissens (Autorengruppe Qualifikationsprofile, 2011, S. 39).

Welcher Ausbildungsweg langfristig als der sinnvollste erscheint bzw. welcher sich zukünftig etablieren wird, soll hier nicht abschließend geklärt werden. Die Argumente der Befürworter herkömmlicher Fachschulausbildung sind unter anderem die enge Verknüpfung des Theorie-Praxis-Transfers, die persönlichkeitsbildenden Faktoren innerhalb der Erzieher_innenausbildung sowie das Erlernen von Selbstreflexion und die Problematik einer starken Spezifizierung der Studiengänge. Als Gegenargumente lassen sich hier Defizite in der Vermittlung von Abstraktionsvermögen, bundeslandspezifisch unterschiedliche Zugangsvoraussetzungen und mangelnde Vermittlung wissenschaftlichen Arbeitens. Hinzu kommen die geringe Wertschätzung und Anerkennung des Berufs in der Gesellschaft sowie der geringe Verdienst (Rudolph, 2012, S. 29f.).

Ein Vergleich der Absolvent_innenzahlen der beiden Ausbildungsstätten offenbart die ungleiche Gewichtung beider Ausbildungswege auf dem Arbeitsmarkt (Pasternack, 2008, S. 45). Im Schuljahr 2012/13 haben bundesweit 21.015 Schüler_innen die Ausbildung der staatlich anerkannten Erzieher_in absolviert. Demgegenüber stehen (bis zum Jahr 2014) 1.479 Absolvent_innen der kindheits- und frühpädagogischen Studiengänge (Autorengruppe Fachkräftebarometer, 2014, S. 75f.). Derzeit sind in Deutschland bereits nahezu 4.000 Kindheitspädagogik-Absolvent_innen mit steigender Tendenz beschäftigt (Schneider, 2017, S. 14). Aus diesen Zahlen lässt sich schließen, dass sich die Fachschulen bzw. Fachakademien aller Wahrscheinlichkeit nach nicht ohne Weiteres von den Fachhochschulen verdrängen lassen. Bis die elementarpädagogische Ausbildung akademisiert wird, ist es (falls es dazu kommt) noch ein langer Weg. Ein langsamer Übergang zwischen den beiden Ausbildungswegen hingegen bietet den Gestaltungsspielraum einer „schrittweisen Akademisierung" des Berufsfelds (Pasternack, 2008, S. 45). Hinzukommt, dass gut 40% der Kindheitspädagogik-Studierenden bereits über eine abgeschlossene Erzieher_innenausbildung oder über eine andere erzieherische Grundausbildung verfügt (Schneider, 2017, S. 14f.).

Dennoch sollte im Fokus dieses Diskurses auch die adäquate Versorgung des Arbeitsmarktes mit einer ausreichenden Anzahl an qualifizierten Fachkräften stehen (Pasternack, 2008, S. 46). Wenngleich im vergangenen Jahrzehnt deutliche Entwicklungen in der Fachkraftausbildung (auch auf akademischem Niveau) zu verzeichnen sind, ist davon auszugehen, dass die Konkurrenz zwischen Fachschule und Fachhochschule keine Verdrängung einer der beiden Ausbildungsstätten zur Folge haben wird. Vielmehr wird der entstehende Bedarf nur gemeinsam durch die beiden Ausbildungswege zu decken sein (Autorengruppe Qualifikationsprofile, 2011, S. 91). Demzufolge sollen die Kindheitspädagogik-Studiengänge auch langfristig nicht zu einer Verdrängung des Erzieher_innenberufs aus dem Arbeitsfeld KiTa führen, sondern zu einem erweiternden Berufszweig im Arbeitsfeld KiTa werden (Schneider, 2017, S. 14).

Zukünftig muss davon ausgegangen werden, dass die Personalbedarfe der FBBE unterschiedlichen Zugangswegen entstammen. Als verschiedene Modelle für die zukünftige Gestaltung der pädagogischen Fachkräfteausbildung könnten sich folgende Szenarien entwickeln:

1. **„Paralleler Erhalt beider Ausbildungswege"**
   Die beiden Ausbildungswege unterscheiden sich in ihren Qualitäten und Zugangsvoraussetzungen. Darüber hinaus bilden sie individuell für verschiedene Arbeitsbereiche aus. Während die herkömmliche Erzieher_innenausbildung bis dato als Breitbandausbildung angelegt ist und den Zugang für viele verschiedene Bereiche außerfamiliärer Betreuung qualifiziert, spezialisieren die kindheits- und frühpädagogischen Studiengänge ihre Absolvent_innen für die elementarpädagogische Arbeit (Rudolph, 2012, S. 38f.).

Pasternack nennt dieses Vorgehen auch „Kompromissmodell". Die beiden Ausbildungswege existieren nebeneinander und bieten nahezu unabhängig voneinander ihre Lehren an. An den Fachschulen wird der Beruf der staatlich anerkannten Erzieher_in ausgebildet, die Fachhochschulen bilden Früh-, Kindheits- und Elementarpädagog_innen aus (Pasternack, 2008, S. 46).

Wichtig ist in diesem Zusammenhang ein nach oben diffusionsoffenes Konzept, das weiterbildungswilligen Erzieher_innen (mit Fachschulausbildung), bei entsprechender Qualifizierung, die Aufnahme eines Studiums ermöglicht bzw. diese dafür berechtigt. Um dies zu ermöglichen, ist eine Umgestaltung der Erzieher_innenausbildung in ein modulares System denkbar. Die „erarbeiteten" Credits können im anschließenden Studium angerechnet werden (Rudolph, 2012, S. 38f.).

Dieses Vorgehen entspräche dem Gedanken des „Autonomiemodells", in dem die Ausbildung der „frühpädagogischen Fachkräfte" an den Hochschulen verortet ist. Die beiden Ausbildungswege bleiben dabei erhalten. Anwärter_innen für die Studiengänge sind lediglich an die Zugangsvoraussetzung der Hochschulreife gebunden. Eine vorherige Erzieher_innenausbildung ist nicht notwendig (Borg, Hoffmann, Kubandt, & Nolte, 2011, S. 10; Schmidt, 2005, S. 725).

2. **„Zusammenarbeit, Kooperation oder Zusammenschluss von Fachschulen und Hochschulen"**

   Die Fachakademien und Fachhochschulen schließen sich zusammen und bieten eine gemeinsame Lehre und Ausbildung zur pädagogischen Fachkraft an. Denkbar wäre an dieser Stelle ein modularer Studiengang mit dem Abschluss Bachelor oder weiterführend einem Masterabschluss. Pasternack betitelt diesen Vorschlag „Kooperationsmodell" (Pasternack, 2008, S. 46).

   Voraussetzung ist allerdings eine vom Konkurrenzgedanken befreite Zusammenarbeit zwischen Fachschulen/ -akademien und Fachhochschulen sowie eine aufeinander aufbauende inhaltliche Strukturierung. Vorteil wäre der Erhalt und die Verknüpfung der positiven Aspekte beider Ausbildungswege. Eine denkbare Umsetzung könnte beispielsweise die Anrechnung der Erzieher_innenausbildung an ein Hochschulstudium durch den Erlass des Grundstudiums sein. Den Fachschulabsolvent_innen

würden einige Semester angerechnet werden, wodurch diese direkt mit dem Hauptstudium beginnen könnten (Rudolph, 2012, S. 39f.).
Diese Vorgehensweise ähnelt dem „Aufstockungsmodell“. Die Ausbildung zur pädagogischen Fachkraft wird dabei in zwei Phasen unterteil: zunächst in die Absolvierung der Grundausbildung an den Fachschulen, im Anschluss daran sie Spezifizierung an den Fachhochschulen. Die Semesterzahl des Aufstockungsstudiums würde dabei im Vergleich zu herkömmlichen Studiengängen reduziert werden. Als Zugangsvoraussetzung sind die Fachhochschulreife und eine abgeschlossene Erzieher_innenausbildung (oder einem vergleichbaren Abschluss) erforderlich (Borg, Hoffmann, Kubandt, & Nolte, 2011, S. 10; Schmidt, 2005, S. 725).

3. **„Weiterentwicklung der Fachschulen zur Erreichung des Hochschulniveaus“**
Bei diesem Modell würde die Erzieher_innenausbildung weiterhin an den Fachschulen und Fachakademien verortet bleiben, allerdings mit dem Zusatz, die Ausbildung an das akademische Niveau einer Hochschule anzugleichen. Diese Art der Ausbildung könnte die Vorteile beider Ausbildungen durch den Erhalt des Theorie-Praxis-Transfers auf der einen Seite und der akademisierten Lehre auf der anderen Seite (wie beispielsweise die Vorbereitung auf betriebswirtschaftliche Aspekte, die Befähigung, Leitungsaufgaben zu übernehmen, Aneignen von wissenschaftlichen Arbeitsweisen, etc.) miteinander verknüpfen. Zusätzlich bietet die Weiterentwicklung auf Hochschulniveau die Möglichkeit, dass die „qualitative Aufwertung“, unabhängig von einem weiterführenden Studium, allen Schüler_innen zugutekommt (Rudolph, 2012, S. 40f.).
Konträr zu diesem Szenario stellt Pasternack das Institutionstransfermodell. Die Idee dahinter beschreibt eine Assimilierung ausgewählter Fachschulen/ -akademien in Hochschulen. Voraussetzung ist ein vorangegangener „erfolgreicher Organisationsentwicklungsprozess“ der Erzieher_innenschulen (Pasternack, 2008, S. 46).
Die soeben benannte Variante lässt sich auch mit dem „Transformationsmodell“ vergleichen. Das Transformationsmodell hätte langfristig zum Ziel, die Fachschulen/ -akademien in die Fachhochschulen zu integrieren bzw. diese zu Fachhochschulen weiterzuentwickeln. Eine vollständige Verortung in das Hochschulsystem würde zu einer vollständigen

Akademisierung des Berufs beitragen (Borg, Hoffmann, Kubandt, & Nolte, 2011, S. 11; Schmidt, 2005, S. 725).

4. **„Vollständige Akademisierung des Erzieher_innenberufs"**
   Dieses Szenario würde langfristig eine Auflösung der Fachschulen/ -akademien zugunsten der Hochschulen zur Folgen haben. Die Umsetzung allerdings müsste sukzessive durchgeführt werden, da die derzeit zur Verfügung stehenden Kapazitäten an den Hochschulen für die Deckung des momentanen und des erwarteten zukünftigen Bedarfs zurzeit nicht ausreichen, wenngleich auch mit Blick auf die EU-Nachbarsländer eine Niveauanhebung der frühpädagogischen Ausbildung sinnvoll und mit Blick in die Zukunft unumgänglich zu sein scheint. Um im europäischen Vergleich mit den anderen Staaten mithalten zu können, bedarf es einer qualitativen Anhebung der Ausbildungsinhalte. Diese Modifikation könnte nur an Hochschulen bewerkstelligt werden, so die Befürworter dieses Konzeptes (Rudolph, 2012, S. 41). Die Verortung der Ausbildung von den Fachschulen/ -akademien an die Hochschulen und die damit verbundene Akademisierung des Erzieher_innenberufs nennt Pasternack „Verlagerungsmodell" (Pasternack, 2008, S. 46).
   Die Umgestaltung der Fachschulen/ -akademien zu Fachhochschulen auf akademischem Niveau wird auch im Konzept des Transformationsmodells beschrieben. Die bisherigen Ausbildungsorte werden hierbei zukünftig durch den Ausbildungsort an Fachhochschulen oder Universitäten ersetzt (Borg, Hoffmann, Kubandt, & Nolte, 2011, S. 11; Schmidt, 2005, S. 725).
5. **„Herkömmliches Modell"**
   Zusätzlich zu den eben aufgeführten Vorschlägen ist auch die Beibehaltung der derzeitigen Ausbildungswege denkbar. Die Fachakademien bilden weiterhin die Erzieher_innen in einer Breitbandausbildung aus (Pasternack, 2008, S. 46). Das Gros der FBBE-Fachkräfte würde demnach weiterhin aus den Fachschulen und Fachakademien hervorgehen. Die derzeit entwickelten Studiengänge der Früh-, Elementar- und Kindheitspädagogik spezialisieren sich an den Hochschulen und müssten sich ihren Platz in der Ausbildungslandschaft und dem Arbeitsfeld erst erarbeiten (Autorengruppe Fachkräftebarometer, 2014, S. 75f.).

6. **Das „Verbundmodell"**
   Dieses Szenario beschreibt eine Verbindung zwischen den beiden Studienrichtungen „Frühpädagogik" und „Grundschulpädagogik". Angedacht ist ein Zusammenschluss der ersten Semester, indem die Studierenden bis zum Hauptstudium die gleichen Lehrveranstaltungen belegen. Eine Unterscheidung der Studiengänge erfolgt erst in den weiterführenden Semestern. Geeignete Ausbildungsorte wären Universitäten oder Fachhochschulen. Solche Systeme existieren derzeit in Schweden und Italien, allerdings mit verstärkter Fokussierung auf die Vorschulerziehung, respektive auf die Elementarerziehung in Grundschulen (Schmidt, 2005, S. 726). Als deutsches Beispiel lässt sich hier das Modellprojekt „Bildungshaus 3–10" in Baden-Württemberg anführen, das aufgrund seiner Ausrichtung auf eine Verknüpfung zwischen KiTa und Schule als Verbundmodell gelten kann. Verbundmodelle bilden Elementar- und Primärpädagog_innen aus und unterscheiden sich in ihrer Berufsausübungserlaubnis zwischen Schule und KiTa. Eine genaue Definition der „Berufsausübungsbereiche" existiert bislang noch nicht (Borg, Hoffmann, Kubandt, & Nolte, 2011, S. 12).
7. **Das „Leitungsmodell"**
   Das Modell richtet seinen Fokus nicht auf die pädagogischen Inhalte, sondern speziell auf Leitungs- und Führungsaufgaben in sozialen Institutionen. Es dient somit der Ausbildung angehender Führungskräfte. Lehrinhalt sind Management- und Führungsaufgaben von KiTa-Leitungen wie beispielsweise „Betriebswirtschaft, Organisation und Personalführung". An der Hochschule Koblenz (ehemals Fachhochschule Koblenz) wird derzeit die Studienrichtung „Bildungs- und Erziehungsmanagement mit dem Schwerpunkt frühe Kindheit" berufsbegleitend angeboten (Schmidt, 2005, S. 726).

Die Entwicklung neuer Zugangswege für die Arbeit im Elementarbereich auf akademischem Niveau wird durch die Schaffung neuer Studiengänge erreicht (Autorengruppe Fachkräftebarometer, 2014, S. 77). Diese Entwicklung spiegelt bereits die derzeitige Dynamik des Ausbildungswegs der frühpädagogischen Fachkräfte mit der Tendenz in Richtung Akademisierung und dem Trend zur Spezifizierung wider (Schmidt, 2005, S. 727).

Zudem ist nicht geklärt, ob die Schaffung eines neuen Berufszweigs durch die Spezifizierung auf den Bereich der FBBE notwendig wird, um den gestiegenen Anforderungen gerecht zu werden und die „Pädagogik der Kindheit" in den Fokus zu stellen. Diese Anforderungen könnten im direkten Zusammenhang mit der Akademisierung des Erzieher_innenberufs Umsetzung finden. Somit wäre mit der Umgestaltung der Ausbildung auf ein akademisches Niveau noch ein weiterer Schritt vollzogen: die Umsetzung der neuen Anforderungen durch die professionelle Ausbildung von frühpädagogischen Spezialisten (von Balluseck, 2008, S. 16f.). Gleichfalls wäre durch eine Akademisierung in formaler Hinsicht den Ansprüchen an die elementarpädagogische Ausbildung im Vergleich mit den meisten anderen EU-Staaten entsprochen (Schmidt, 2005, S. 727).

3.5 Das Personal in Kindertagesstätten

Bei den Berufsbezeichnungen der pädagogisch tätigen Personen ist zwischen Fachkräften (hierunter fallen die Erzieher_innen) und Zusatzkräften (z.B. Praktikant_innen, Kinderpfleger_innen, Sozialassistent_innen, etc.) zu differenzieren. Im Kindertagesbetreuungsgesetz (KiTaG) §7 ist geregelt welche Berufsgruppen im offiziellen Betreuungsschlüssel aufgeführt werden dürfen, da aufgrund unterschiedlicher Ausbildungsinhalte und -dauer zu bedenken ist, dass nicht alle hier aufgezeigten Berufsgruppen gleichermaßen qualifiziert sind. Einschlägig qualifizierte Personen (Erzieher_innen, Kindheitspädagog_innen, Sozialpädagog_innen, etc.) verfügen über eine weitaus höher qualifizierte Ausbildung als sogenannte Assistenzkräfte (KiTaG, 2014, S. §7 Abs. 1–5). Die von einer Fachkraft nachzuweisende Mindestqualifikation ist ebenfalls im KiTaG festgelegt. In §7 Abs. 2 Satz 1 sind die erforderlichen Abschlüsse aufgeführt. Mit der Neuregelung vom 11. Januar 2014 (KiTaG, 2014) wurde dem Vorschlag des Baden-Württembergischem Landtags zugestimmt und der Hochschulabschluss „staatlich anerkannte Kindheitspädagog_in" in die Regelung mitaufgenommen (Landtag von Baden-Württemberg, 2013, S. 32).

Typischerweise münden folgende Zugangswege in das Arbeitsfeld der institutionellen Kindertagesbetreuung: (1) Die Ausbildung an einer Fachschule/ Fachakademie für Sozialpädagogik mit dem Abschluss zur staatlich anerkannten Erzieher_in (Fachkraft). (2) Eine Ausbildung an Berufsfachschulen für Kinderpflege und dem Abschluss zur Kinderpfleger_in oder Sozialassistent_in (Ergänzungskraft). (3) Der Abschluss eines Hochschulstudiums im Bereich Sozialpädagogik (Fachkraft) (Oberhuemer & Schreyer,

2010, S. 80). (4) Durch die Erweiterung der Ausbildungsvielfalt und dem Akademisierungsprozess wurde das Berufsbild der staatlich anerkannten Kindheitspädagog_in in die offiziellen Anführungen des KiTaG's mitaufgenommen. Der Abschluss „Kindheitspädagog_in" wird ebenfalls durch ein Hochschulstudium auf akademischem Niveau erworben (Fachkraft) (Landtag von Baden-Württemberg, 2013, S. 32). Darüber hinaus ist noch eine Vielzahl weiterer Personen in den Kindertagesstätten tätig. Das Berufsbild der Erzieher_innen dominiert aufgrund der großen Anzahl die in den Kindertagesstätten angestellten Berufsgruppen. Zum Stichtag der Erhebungen des statistischen Bundesamtes verfügten die Angestellten in deutschen Kindertagesstätten zu 70,2% über einen Fachschulabschluss und gehörten damit der Berufsgruppe der staatlich anerkannten Erzieher_in an. Am zweitstärksten war bundesweit die Berufsgruppe mit Berufsfachschulabschluss (Kinderpfleger_innen & Sozialassistent_innen) mit insgesamt 13,0% vertreten (Bertelsmann Ländermonitor, 2015c).

Aktuell existiert der Abschluss der „Frühpädagog_innen" noch nicht als eigenständiges Berufsbild. Die Fachakademien und Fachschulen bieten für den Bereich der FBBE nach wie vor die Breitbandausbildung der Erzieher_innen an (das Berufsbild der Erzieher_in löste die Berufsbezeichnung der Kindergärtner_in, Hortner_in und Jugendleiter_in ab). Diese breitgefächerte Ausbildung hat den Vorteil, dass die Fachkräfte befähigt werden, in vielen verschiedenen pädagogischen Bereichen tätig zu werden, behindert jedoch die Professionalisierung derselben (von Balluseck, 2008, S. 16f.).

Definition pädagogische Fachkräfte: pädagogische Fachkräfte sind Personen mit einer fachpraktischen Ausbildung, beispielsweise Erzieher_innen, Sozialpädagog_innen und Kindheitspädagog_innen. Durch ihre Ausbildung an Fachschulen oder Fachhochschulen / Universitäten erwerben sie „[...] einen Berufsabschluss, der sie zur eigenverantwortlichen und selbständigen Übernahme von Aufgaben der Bildung, Betreuung und Erziehung von Kindern und Jugendlichen in allen sozialpädagogischen Tätigkeitsfeldern befähigt" (Autorengruppe Qualifikationsprofile, 2011, S. 21). Als Zulassungsvoraussetzung benötigen die Auszubildenden mindestens einen mittleren Schulabschluss bzw. die mittlere Reife. Die Ausbildungsdauer beträgt in der Regel mindestens vier Jahre, wobei Praktika-Zeiten in die Ausbildung integriert sind (Kettner, 2012, S. 80).

Definition pädagogische Ergänzungskräfte: „Pädagogische Ergänzungskräfte für die Betreuung von Kinder aller Altersgruppen sind hingegen Personen mit einer mindestens zweijährigen, überwiegend pädagogisch ausgerichteten, abgeschlossenen Ausbildung (§ 16 Abs. 4 AVBayKiBiG).“ (Bayerisches Landesjugendamt). Als Zugangsvoraussetzung ist ein Hauptschulabschluss ausreichend. Die Ausbildungsdauer beträgt in der Regel zwei Jahre. Sie zeichnet sich überwiegend durch schulische Präsenzzeiten und kleinere Praktika aus (Kettner, 2012, S. 80).

Das Qualifikationsniveau stellt neben der Fachkraft-Kind-Relation und der Gruppengröße einen Eckpfeiler für gelingende Qualität in Kindertagesstätten dar (Viernickel & Fuchs-Rechlin, 2016, S. 15). Die einzelnen Berufsabschlüsse werden dabei, wie eben bereits ausgeführt, in Fach- und Ergänzungskräfte unterschieden, wobei davon auszugehen ist, dass sich aufgrund der erheblich differierenden Ausbildungszeit sowie der Zugangsvoraussetzungen zwischen den beiden Berufsgruppen Unterschiede in der beruflichen Arbeitsqualität bemerkbar machen.

Bei der Förderung, Entwicklung und Bildung der Kinder spielt das Personal in Kindertagesstätten eine entscheidende Rolle. Das Aufgabenspektrum des KiTa-Personals ist dabei vielfältig und anspruchsvoll. Um den Anforderungen von Gesellschaft, Politik und Familien/ Kindern gerecht zu werden, bedarf es daher einer qualifizierten Ausbildung des Betreuungspersonals. Die Pädagog_innen sollten über ausreichend pädagogische Kenntnisse und Erfahrungen verfügen und aufgrund persönlicher Kompetenzen feinfühlig auf die Kinder und deren Familien eingehen können. Für die Erfüllung dieser anspruchsvollen Aufgabenvielfalt sollten Einrichtungen über entsprechend gut ausgebildetes Personal und multiprofessionelle Teams verfügen (Falterer, Fleck, Harth, Hintz, Rinberger, & Zwenger-Balink, 2015, S. 14f.; Pasternack, 2013, S. 63; von Balluseck, 2008, S. 16f.). Ob die zweijährige Ausbildung der Kinderpfleger_innen (mit der Zugangsvoraussetzung Hauptschule) dabei ausreicht, scheint fraglich. In den meisten deutschen Bundesländern arbeiten in den Kindertagesstätten daher überwiegend sogenannte Fachkräfte (Erzieher_innen, Kindheitspädagog_innen, Sozialpädagog_innen, etc.). Ergänzungskräfte (Kinderpfleger_innen, Sozialassistent_innen, etc.) sind, wie der Name bereits vermuten lässt, lediglich zur Ergänzung der Fachkräfte vorgesehen und sollten dementsprechend die Bildung, Betreuung und Erziehung der Kinder durch die Fachkräfte unterstützend begleiten (Falterer, Fleck, Harth, Hintz, Rinberger, & Zwenger-Balink, 2015, S. 14f.). Außerhalb der Randzeiten sollte die Betreuung deshalb nicht allein durch pädagogische Ergänzungskräfte erfolgen. Lediglich die „Hol- und Bringzeiten" können ohne pädagogische Fachkräfte stattfinden (STMAS-Bayern, 2006, S. 2).

Der bayerische Staat schreibt hierzu: „Eine angemessene Bildung, Erziehung und Betreuung ist durch den Einsatz ausreichenden und qualifizierten Personals sicherzustellen" (STMAS-Bayern, 2005, S. 18 / Art. 10 Abs. 1).

Aus dem Ländermonitor der Bertelsmann Stiftung geht hervor, in welchem Verhältnis Fach- und Ergänzungskräfte in den einzelnen Bundesländern in Kindertageseinrichtungen tätig sind.

Abbildung 3: Qualifikationsniveau in Kindertagesstätten in den Bundesländern (Bertelsmann Ländermonitor, 2015c) / eigene Darstellung & teilweise eigene Berechnung, Angabe in Prozent)

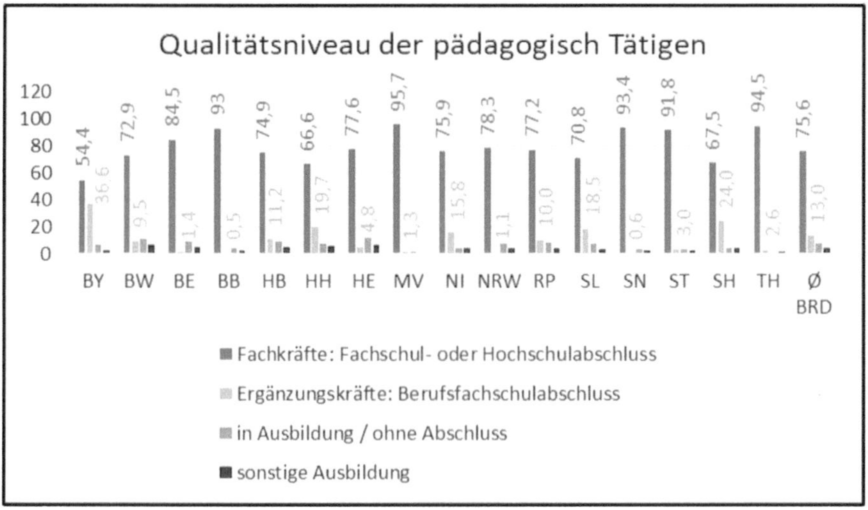

Eben aufgeführtes Diagramm zeigt deutlich die Unterschiede in der Fachkraftquote (Personen mit einschlägigem Fachschul- oder Hochschulabschluss) der einzelnen Bundesländer. Die Spanne reicht von 54,4% in Bayern bis 95,7% in Mecklenburg-Vorpommern (Bertelsmann Ländermonitor, 2015c). Im Ost-West-Vergleich wird sichtbar, dass die Fachkraftquote in den westdeutschen Bundesländern deutlich unter der ostdeutschen liegt (Kettner, 2012, S. 81). Der bundesweite Durchschnitt liegt bei 75,6%. Bayern ist das Land mit der niedrigsten Fachkraftquote und liegt deutlich unter dem Durchschnittswert (Bertelsmann Ländermonitor, 2015c).

Die bundesweit differierende Fachkraftquote lässt den Schluss zu, dass die Qualität der Betreuungs- und Bildungsangebote möglicherweise regionalen Schwankungen unterliegt. Aus diesem Grund steht auch hier die Politik in der Pflicht bundesweit einheitliche Standards bei der Personalproportion festzulegen (Kettner, 2012, S. 82).

4 Förderung der Kindertagesstätten

Abstrakt: In Deutschland müssen Eltern annähernd ¼ der anfallenden Kosten für die Kinderbetreuung selbst bezahlen. Damit liegt Deutschland deutlich über dem OECD Durchschnitt. Welche Kosten auf die Eltern zukommen ist abhängig vom Wohnort. Die einzelnen Bundesländer subventionieren die Kosten in unterschiedlicher Höhe. Dieses Kapitel beschäftigt sich zudem noch mit dem Rechtsanspruch auf einen Betreuungsplatz, der gesetzlich geregelten Finanzierung und der Bedarfsplanung für Kindertagesstätten Plätze.

Abstract: In Germany, parents have to pay approximately one quarter of the childcare costs themselves. This puts Germany well above the OECD average. The cost for the parents depends on the place of residence. The individual federal states subsidize the costs in different amounts. This chapter also deals with the legal entitlement to a childcare place, the legally regulated financing, and the needs planning for daycare places.

Die Industrienationen heben sich unter anderem von weniger entwickelten Ländern durch ihre forcierte Bildungsförderung und der Akademisierung ihres Nachwuchses ab. Der deutsche Staat (hierunter fallen auch die Länder und Kommunen) beispielsweise trägt derzeit ca. 70% der anfallenden Kosten für die FBBE (Münder, 2013, S. 11). Im Jahr 2012 hat der Staat rund 18,4 Milliarden Euro in die vorschulische Bildung und Betreuung von Kindern investiert. Bezogen auf das BIP (Bruttoinlandsprodukt) stellt dieser Wert einen Prozentsatz von 0,7 Prozentpunkten dar. Darin inkludiert sind u.a. einmalige Investitionsausgaben für den Ausbau und die laufenden Betriebskosten der Kindertagesstätten sowie Ausgaben für die Kindertagespflege. Die Ausgaben des Bundes sind in den letzten Jahren sukzessive gestiegen. Zudem ist eine weitere Aufstockung für die kommenden Jahre geplant. Im Vergleich zwischen den Ländern hat die OECD einen Durchschnittswert für die Ausgaben der vorschulischen Bildung von 0,6% des BIP errechnet. Demnach liegen die deutschen Ausgaben für die FBBE etwas über dem nationalen Durchschnitt (Bock-Famulla, 2012), wenngleich die Ausgaben für Bildung in Deutschland geringer ausfallen als in den anderen EU-Staaten. Die BRD investiert darüber hinaus für die FBBE deutlich weniger als für weiterführende Bildungseinrichtungen wie beispielsweise

Gymnasien oder Hochschulen (von Balluseck, 2008, S. 20). Die aktuellsten Zahlen aus dem Bundesfinanzbericht von 2016 zeigen eine Steigerung im Jahr 2013 auf 0,8% der Bundesausgaben für die Elementarerziehung (Blaeschke, Brugger, & Schneider, 2016, S. 29). Allerdings liegen die Empfehlungen der OECD bei 1% des BIP. Dieser Wert wurde bereits vor einigen Jahren von der Organisation vorgestellt und dient als „Soll-Größe" für die Gewährleistung einer adäquaten sowie qualitativ hochwertigen Kindertagesbetreuung (Sell, 2013, S. 2). Zudem bittet die Bundesregierung die Privathaushalte insbesondere im Primärbereich der Bildung stärker als die meisten Vergleichsstaaten zur Kasse. Deutsche Eltern müssen für die Nutzung einer institutionellen Kindertagesbetreuung gut ein Viertel der Kosten selbst tragen. Damit liegt Deutschland deutlich über dem OECD-Durchschnitt (OECD, 2016, S. 265).

Bundesweit kann die kommunale KiTa-Förderung grob in zwei Finanzierungsvarianten untergliedert werden, die objekt- und subjektbezogene Finanzierung. Die subjektbezogene Variante orientiert sich an den tatsächlich gebuchten Betreuungsstunden der Kinder und somit an der tatsächlichen Nutzung eines Angebots. Sie wird für jedes Kind separat berechnet und wird demnach auch als „nachfrageorientiert" bezeichnet. Die objektbezogene Förderung hingegen richtet sich in ihrer Höhe an der Anzahl der zur Verfügung stehenden Betreuungsplätze einer Einrichtung. Das heißt der KiTa-Träger erhält finanzielle Mittel für die von ihm vorgehaltenen und für den Bedarf der Kommune notwendigen Betreuungsplätze. Diese Finanzierungsform gilt als „angebotsorientiert". In der Praxis ist keines dieser beiden Finanzierungsmodelle in seiner Reinform anzutreffen. Vielmehr existiert regional eine Vielzahl von Mischformen. Welche Förderungsvariante in ihrer Umsetzung für die Praxis deutlich mehr Vorteile birgt, ist in Fachkreisen ein immer wieder heftig debattiertes Thema. Durch die in der Realität bunt gemischten Finanzierungsformen wird die Vergleichbarkeit der beiden Modelle erschwert, weshalb auch noch kein gemeinsamer Konsens gefunden wurde. Als Nachteil der Objektförderung wird verstärkt auf die Thematik eingegangen, der Staat müsse nicht genutzte Angebote finanzieren, wenngleich dies in der Praxis selten der Fall ist. Die Subjektförderung hingegen zeigt, aufgrund ihrer stark differierenden Ausgestaltungsformen, unterschiedlich ausgeprägte Effekte in der Praxis, wodurch eindeutige Rückschlüsse auf die Finanzierungsform erschwert werden (Bock-Famulla, 2012). Demgegenüber steht die Meinung, dass Kindertagesstätten durch die Subjektfinanzierung gezwungener Maßen nahezu voll ausgelastet sein müssen, um nicht defizitär, sondern kostentragend zu wirtschaften, womöglich auch zu Ungunsten der pädagogischen Qualität.

Hinzu kommt, dass kaum empirische Befunde zu den Auswirkungen in Bezug auf die Anwendung der Finanzierungsform einer KiTa existieren, weshalb Aussagen, die Finanzierungsvarianten betreffend, in erster Linie aus Praxisberichten stammen und noch nicht empirisch belegt sind (Bock-Famulla, 2012).

Um zu ergründen, ob sich die zur Verfügung stehenden Mittel qualitätsbeeinflussend auswirken, initiierte die Bertelsmann Stiftung das Modellprojekt „KiTa ZOOM – Ressourcen wirksam einsetzen". Mithilfe eines Simulationstools werden (in ausgewählten Modellregionen Brandenburgs, unter Berücksichtigung gegebener Rahmenbedingungen), die notwendigen monetären Aufwendungen für eine bedarfsgerechte Finanzierung untersucht. Ziel ist es, mit Akteur_innen aus Praxis, Politik und Fachkreisen, unter Berücksichtigung der Modellergebnisse, die zur Realisierung einheitlicher Qualitätsstandards erforderlichen Kosten zu eruieren und mit deren Hilfe den Qualitätsausbau schrittweise zu entwickeln (Bertelsmann Stiftung, 2016).

4.1 Rechtsanspruch (KiFöG & TAG)

Der KiTa-Ausbau und die damit verbundenen Anstrengungen, ein den Wünschen der Bürger entsprechendes Angebot vorzuhalten, unterliegen der Verpflichtung von Bundesländern und Kommunen. Ihre Aufgabe ist es, den KiTa-Ausbau soweit voranzutreiben, dass sie allen interessierten Eltern einen außerfamiliäreren Betreuungsplatz (KiTa oder Tagespflege) für ihr Kind anbieten können. Finanziell unterstützt werden die Länder in ihren Ausbauanstrengungen durch den Bund (Bayerischer Landtag, 2014, S. 4).

Bereits das im Jahr 1990 verabschiedete KJHG sollte einen gesetzlich verankerten Rechtsanspruch der drei- bis sechsjährigen Kinder auf einen außerfamiliären Betreuungsplatz inkludieren. Allerdings verhinderte die Gegenwehr einiger Bundesländer die Festschreibung des rechtlich geregelten Betreuungsanspruchs. Lediglich ein Verweis auf die Zuständigkeit der Länder fand bei der Gesetzgebung Berücksichtigung (Wiesner, Rauschenbach, & Bergmann, 2013, S. 134).

Zwei Jahre nach Verabschiedung des KJHG verschaffte die Diskussion um kinder-politische Rechte dem Gesetzgeber die Möglichkeit, seine Forderungen auf einen rechtlich geregelten Anspruch auf einen Kindergartenplatz durchzusetzen.

Seit dem Jahr 1999 besteht für jedes Kind ab dem vollendeten dritten Lebensjahr bis zu dessen Schuleintritt ein Rechtsanspruch auf einen Kindergartenplatz. Aus diesem Grund müssen die Kommunen regionale Bedarfe ermitteln sowie ein ausreichendes Angebot an Betreuungsplätzen und entsprechendem Personal vorhalten, damit jeder Wunsch auf außerfamiliäre FBBE berücksichtigt werden kann. Wird dem Betreuungswunsch von Eltern aufgrund eines defizitären Platzangebots nicht entsprochen, können diese das Recht ihres Kindes einklagen. Ein vergleichbarer Rechtsanspruch für U3-Kinder trat knapp eineinhalb Jahrzehnte danach in Kraft. Die entsprechende Gesetzesgrundlage ist im KiFöG (Kinderförderungsgesetz des Bundes) geregelt (Behring, 2010, S. 449).

Bereits im Jahr 2004 erfolgte eine Modifizierung der bundesweiten Gesetzesentwürfe in Bezug auf den KiTa-Ausbau. Erweitert wurden diese durch den 2008 verabschiedeten und 2013 in Kraft getretenen Rechtsanspruch der 0 bis 3-Jährigen auf einen außerfamiliären Betreuungsplatz. Gleichzeitig wurde die finanzielle Förderung eines bedarfsgerechten Ausbaus insbesondere im U3-Bereich beschlossen. Die Ausbauanstrengungen sollten bereits im Jahr 2013 weitestgehend abgeschlossen sein (ebd., S. 447). Allerdings besteht zwischen dem Betreuungswunsch der Eltern und der bis dato in der außerfamiliären FBBE geförderten Kinder Ende 2016 bundesweit eine Differenz von 9,2% (dieser Wert bezieht sich ausschließlich auf den U3-Bereich) (BMFSFJ, 2015b, S. 1).

Wenngleich der Bund die Bedarfsermittlung und den Ausbau des Betreuungsvolumens den Ländern und Kommunen übertragen hat, behält er sein Mitspracherecht weiterhin vor, indem er für die Gesellschaft wichtige Bereiche, u.a. den Bildungsbereich, mithilfe von Gesetzen normiert. Als erster Vorläufer heutiger Rechtsansprüche wurden mit der Änderung des Schwangeren- und Familienhilfegesetzes (SFHG) im Jahr 1996 erstmals rechtliche Ansprüche der drei- bis sechsjährigen auf einen Kindergartenplatz durch den Staat formuliert (Schieren, 2014, S. 291). Aufgrund des zu diesem Zeitpunkt defizitären Angebots und der mit dem Ausbau verbundenen finanziellen Belastungen trat der Anspruch erst im Jahr 1999 vollumfänglich in Kraft. Der Erhalt eines Ganztagesbetreuungsplatzes ist allerdings bis dato noch nicht garantiert (Wiesner, Rauschenbach, & Bergmann, 2013, S. 137).

Infolge teilweise unzureichender Ausbauanstrengungen, insbesondere in den westlichen Regionen Deutschlands, intervenierte der Bund mit zwei weiteren Gesetzesentwürfen (TAG & KiFöG), um für zukünftig erwartete Nachfragen ein deutschlandweit ausreichendes Angebot vorzuhalten (Schieren, 2014, S. 286).

Demzufolge legte im Jahr 2004 die amtierende Regierung den Entwurf des Tagesbetreuungsausbaugesetzes (TAG) vor, um das staatliche Interesse zur „bundeseinheitlichen Regelung für Kindertagesbetreuung" umzusetzen (ebd., S. 292), mit dem Ziel, die Betreuungsplätze insbesondere im U3-Bereich kontinuierlich auszuweiten und schrittweise ein flächendeckendes und bedarfsgerechtes Angebot zu gewährleisten. Die bereits zuvor formulierte Verpflichtung der Kommunen, ein bedarfsgerechtes Angebot vorzuhalten, führte aufgrund der regional unterschiedlich interpretierten Sachlage nicht zu dem gewünschten Effekt eines flächendeckenden KiTa-Volumens. Infolgedessen wurden die „Bedarfskriterien" näher definiert und die Jugendämter verpflichtet, das Ausbauniveau diesen Kriterien entsprechend anzupassen. Das Wunsch- und Wahlrecht der Eltern blieb dabei unberührt. Eine Ergänzung des TAG erfolgte im Jahr 2005 durch das Gesetz zur Weiterentwicklung der Kinder- und Jugendhilfe (KICK) (Wiesner, Rauschenbach, & Bergmann, 2013, S. 137f.).

Das derzeit aktuellste Gesetz zum KiTa-Ausbau (KiFöG) trat im Dezember 2008 in Kraft. Es regelt unter anderem den Rechtsanspruch der Kinder auf einen außerfamiliären Betreuungsplatz, die rechtlichen Verpflichtungen des KiTa-Ausbaus und die stärkere Einbindung der Kindertagespflege zur Deckung der Betreuungsbedarfe. Das KiFöG gilt als zentraler Baustein bei der bedarfsgerechten Bereitstellung der KiTa-Plätze. Es soll dazu betragen, die Ausbauanstrengungen voranzutreiben, die Betreuungsqualität dabei hochzuhalten und dem Wunsch- und Wahlrecht der Eltern zwischen KiTa oder Kindertagespflege zu gewährleisten. Zur Evaluation des Ausbau- und Qualitätsstands werden die aktuellen Daten gesammelt, zusammengefasst und einmal jährlich im KiFöG-Bericht veröffentlicht. Der aktuellste Bericht ist derzeit der Fünfte-KiFöG-Bericht 2015 (BMFSFJ, 2015c).

4.2 Finanzierung

Die Finanzierungsregelungen für deutsche Kindertagesstätten sind im SGB VIII in den Paragraphen § 22a (Förderung in Tageseinrichtungen) und § 74 (Förderung der freien Jugendhilfe) festgeschrieben. Zusammen mit dem § 77 (Vereinbarungen über die Höhe der Kosten) bilden sie die Fördergrundlage (Paritätischer Wohlfahrtsverband, 2015, S. 41). Förderfähig sind laut Gesetz alle Kindertagesstätten, solange sie die Eignung im Sinne der rechtlichen und fachlichen Voraussetzungen erfüllen. Laut § 74a SGB VIII ist Bildung Ländersache. Aus diesem Grund obliegt es in erster Linie den Ländern, für die Finanzierung dieser auf sie übertragenen Länderaufgabe aufzukommen. Die Beteiligung des Bundes ist dabei marginal. Lediglich 0,9% der Gesamtausgaben für die FBBE wurden im Jahr 2010 vom Bund getragen. Diese Ausgaben waren dabei nicht für die laufenden Kosten (Betriebskosten) der Kindertagesstätten freigegeben, sondern für den forcierten Ausbau der U3-Betreuung (Bock-Famulla, 2012). Für den KiTa-Ausbau stellte der Bund bis zum Jahr 2014 einmalige Investitionskosten von insgesamt 5,4 Milliarden Euro zur Verfügung. Für weitere Ausbauanstrengungen akquirierte der Staat in den Jahren danach nochmals jährlich 845 Millionen Euro an Subventionsgeldern. Aufgrund der Einsparungen durch den Wegfall des Betreuungsgeldes ab 2016 stehen dem Bund zusätzliche finanzielle Mittel zur Verfügung, die dieser zukünftig ebenfalls zur Finanzierung der Kindertagesbetreuung disponiert (BMFSFJ, 2015a).

Dabei ist vor allem eine stärkere Beteiligung des Bundes, insbesondere an den Betriebskosten, in Fachkreisen ein heftig debattiertes Thema, besonders in Bezug auf die Umsetzung einheitlicher Qualitätsstandards. Jedoch herrscht Uneinigkeit bei den Statements über eine angemessene finanzielle Beteiligung des Bundes sowie bei den damit verbundenen Auflagen. Aus diesem Grund müssten zunächst bundesweit einheitliche Standards definiert sowie eine schrittweise Angleichung der regional differierenden Rahmenbedingungen (beispielsweise die unterschiedlichen Betreuungsschlüssel) vereinbart werden. Dies würde allerdings auch einen erheblichen finanziellen Mehraufwand für Bund und Länder bedeuten (Bock-Famulla, 2012).

Für die Jahre 2017 und 2018 ist eine Unterstützung der Länder bei den Betriebskosten der Kindertagesstätten durch den Bund geplant. Mit rund 100 Millionen Euro will sich der Bund an den laufenden Kosten u.a. bei der Deckung der Personalkosten beteiligen (BMFSFJ, 2015a). Zudem stellt der Staat weitere 550 Millionen Euro als Sondervermögen für den weiteren KiTa-Ausbau zur Verfügung, um die bereits 780.000 finanzierten U3-Betreuungsplätze um weitere 30.000 Plätze zu erweitern und somit dem steigenden Bedarf der Bevölkerung gerecht zu werden (BMFSFJ, 2015b, S. 2).

Die Ausgaben der öffentlichen Hand für die Finanzierung der Kindertagesstätten in Deutschland sind in den letzten Jahren stetig gestiegen. Dies könnte ein Indiz für die Steigerung der Bedeutsamkeit institutioneller Kinderbetreuung in der Gesellschaft sein, so die Autoren des Bertelsmann Länderreports. Allerdings differieren die Ausgaben abhängig vom Bundesland, wenngleich bereits landesweit anerkannt sein dürfte, dass qualitative sowie bedarfsgerechte Angebote von gelingender Finanzierung abhängig sind. Nachfolgende Zahlen beziehen sich auf die Ausgaben für die laufenden Kosten der Kinderbetreuung, einmalige Investitionen für den KiTa-Ausbau werden nicht mitaufgezeigt. Die neuesten verfügbaren Werte aus dem Bildungsfinanzbericht stammen allerdings aus dem Jahr 2011, werden jedoch zur Veranschaulichung dennoch herangezogen (Bertelsmann Länderreport, 2015, S. 20). Um zu verdeutlichen, welche Unterschiede bundesweit existieren soll im Folgenden der höchste sowie der niedrigste Wert dargestellt werden. Das Bundesland Bayern wird aufgrund seiner Relevanz für die vorliegende Arbeit ebenfalls in die Grafik mitaufgenommen.

Abbildung 4: Investitionen pro U6-Kind für die Kinderbetreuung in Deutschland (Bertelsmann Länderreport Frühkindliche Bildungssysteme, 2015, S. 20 / eigene Darstellung & teilweise eigene Berechnung)

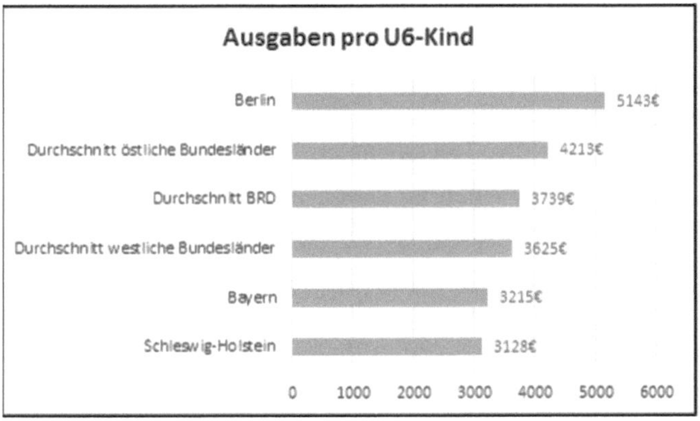

Aus obenstehender Grafik wird deutlich, dass die Pro-Kopf-Ausgaben in den östlichen Bundesländern höher als in den westlichen Bundesländern liegen. Im bundesweiten Vergleich investieren die Länder durchschnittlich 3.739€ pro Kind. Während Berlin pro Kind und KiTa-Platz 5.143€ aufbringt, gibt das Bundesland Bayern lediglich 3.215€ aus und liegt damit nach Schleswig-Holstein auf dem vorletzten Platz des Rankings.

Die Zahlen legen die länderspezifischen Investitionen „pro unter 6-jährigem Kind in der Bevölkerung“ dar. Darin liegt auch eine Verzerrung der Zahlen, was ihre Vergleichbarkeit schwierig gestaltet. Länder mit einer hohen Betreuungsquote haben per se schon höhere Ausgaben als Länder mit einer niedrigeren Quote. Auch die Personalschlüssel spielen bei den Ausgaben eine nicht unerhebliche Rolle, da die Kosten für das Personal gleichsam auch den größten Posten darstellen dürften. Aus diesen Gründen lassen sich die Werte nicht ohne Weiteres vergleichen und sollten vorsichtig interpretiert werden (Bertelsmann Länderreport, 2015, S. 20). Als Beispiel lassen sich hier die beiden Bundesländer Berlin (mit den höchsten Pro-Kopf-Ausgaben) und Bayern (mit den zweitniedrigsten Pro-Kopf-Ausgaben) anführen. Die Bildungsbeteiligung in Berlin lag zum Stichtag 01.03.2016 bei 45,9% (U3-Kinder) und 94,9% (3 bis 6 Jahre). Die Betreuungsquote in Bayern bei 27,2% (U3-Kinder) und 92,9% (3 bis 6 Jahre). Hieraus ergibt sich eine Differenz zwischen den beiden Ländern von 18,7% (U3-Kinder) und 2,0% (3 bis 6 Jahre) (Statistisches Bundesamt, 2016, S. 122). Aus den eben angeführten Ausführungen wird ersichtlich, dass, wie bereits erwähnt, Interpretationen vorsichtig vorgenommen werden sollten.

Ab 2012 wurden von der bayerischen Staatsregierung zusätzliche Gelder zur Anhebung des Betreuungsschlüssels und der Qualitätssicherung in bayerischen Kindertagesstätten bewilligt. Ab 01. Januar 2015 wurde zusätzlich der Basiswert zur KiTa-Finanzierung erhöht. Die bayerischen Kommunen und das Bundesland Bayern wollen in Zuge dessen insgesamt 126 Millionen Euro jährlich zu gleichen Teilen für die Qualitätsoffensive der Kindertageseinrichtungen zur Verfügung stellen (Bayerischer Landtag, 2014, S. 3f.). Der Basiswert zum 01. Januar 2017 (bis 31. Dezember 2017) beträgt 1.128,35 € und ist gegenüber dem Vorjahr um 23,87€ (2016 betrug er 1104,48€) gestiegen. Die Anhebung des Basiswertes erfolgt jährlich und dient der Kompensation gestiegener Personalkosten (STMAS-Bayern, 2016b).

In Bayern haben die Träger von Kindertageseinrichtungen einen Anspruch auf kindbezogene (subjektbezogene) Förderung gegenüber den Kommunen (STMAS-Bayern, 2005, S. 23 / Art. 18 Abs. 1). Damit die Träger förderberechtigt sind, muss die Einrichtung über eine Betriebserlaubnis verfügen, jährlich Qualitätssicherungsmaßnahmen durchführen, die Grundsätze ihrer Arbeit konzeptionell verankert haben sowie eine wöchentliche Öffnungszeit von 20 Stunden, verteilt auf mindestens 4 Tage, vorhalten (ebd., S. 24 / Art. 19). Die Förderhöhe berechnet sich aus dem „Basiswert", dem „Buchungszeitfaktor" sowie dem „Gewichtungsfaktor". Zusätzliche Gelder können durch den Qualitätsbonus und längere Öffnungszeiten akquiriert werden:

1. Basiswert: Er stellt den Grundbetrag der Förderung für einen täglichen Betreuungsumfang von 3–4 Stunden dar (ebd., Art. 21 Abs. 3). Im Jahr 2017 beträgt der Basiswert 1.128,35 € (STMAS-Bayern, 2016b).
2. Buchungszeitfaktor: Bei Kindern mit längerer Buchungszeit wird entsprechend der regelmäßigen, im Vertrag verankerten durchschnittlichen Wochenbuchungs-stunden ein Zuschlag auf den Basiswert gewährt (ebd., Art. 21 Abs. 4).
3. Gewichtungsfaktor: Dieser Faktor soll einen Ausgleich für höheren Pflege- bzw. Betreuungsaufwand darstellen. Er ist in Kindertageseinrichtungen wie folgt gestaffelt:
   1,0 – Kindergartenkinder (3 Jahre bis zum Schuleintritt)
   1,3 – Kinder mit Migrationshintergrund
   2,0 – Krippenkinder (0–3 Jahre)
   4,5 – Integrativkinder (für behinderte oder von Behinderung bedrohte Kinder) (ebd., Art. 21 Abs. 5).
4. Qualitätsbonus: Er wird als Aufschlag zum Basiswert gewährt, ebenso jährlich angeglichen und beträgt im Jahr 2017, 59,28 € (STMAS-Bayern, 2016b).
5. Einrichtungsbezogener Faktor für lange Öffnungszeiten: Zusätzlich gefördert werden Einrichtungen, deren Öffnungszeiten 45 Stunden/ Woche übersteigen (ebd.).

Die KiTa-Finanzierung in Deutschland unterscheidet sich in ihrer Zusammensetzung regional, wird jedoch grundsätzlich in allen Regionen des Landes von fünf Säulen getragen. Ausnahmen bilden hier lediglich die

Stadtstaaten, die aufgrund ihrer Besonderheit die Aufgaben von Land und Kommune gleichzeitig übernehmen. Die Aufschlüsselung der Kosten setzt sich wie folgt zusammen: (Paritätischer Wohlfahrtsverband, 2015, S. 41).

Der **Bund** bezuschusst in Form von einmaligen Investitionskosten den forcierten Ausbau der Kindertagesstätten, derzeit insbesondere im U3-Bereich. Die **Bundesländer** refinanzieren einen Anteil der Betriebskosten. In Abhängigkeit der jeweiligen Landesgesetze unterscheiden sich die landesspezifischen Ausgaben regional (ebd., S. 41). Ihr Beitrag zu den Betriebskosten der Kindertagesstätten differiert stark und bewegt sich derzeit zwischen 38% (Nordrhein-Westfallen) und 16,1% (Schleswig-Holstein) (Bertelsmann Länderreport, 2015, S. 22). Die **Kommunen** sind von Bund und Ländern mit der bedarfsgerechten Planung beauftragt und steuern ebenfalls einen erheblichen Teil der laufenden Kosten bei (Paritätischer Wohlfahrtsverband, 2015, S. 41). Ihre Ausgaben sind an die Investitionen der Länder gekoppelt und weisen bundesweit ebenfalls große Differenzen auf. Sie differieren zwischen 68,8% (Hessen) und 43,1% (Mecklenburg-Vorpommern) (Bertelsmann Länderreport, 2015, S. 22). Die **Eltern** tragen in Abhängigkeit der Landesgegebenheiten einen nicht zu unterschätzenden Anteil an den Gesamtkosten der Kindertagesstätten. Sie finanzieren mit ihrem Anteil ebenfalls die Betriebskosten (Paritätischer Wohlfahrtsverband, 2015, S. 41). Ihre Beiträge variieren gleichermaßen regional und bewegen sich zwischen 7,1% (Berlin) und 25,1% (Mecklenburg-Vorpommern) (Bertelsmann Länderreport, 2015, S. 22). Die **freien Träger** beteiligen sich mit ihren eigenen Finanzmitteln am Ausbau, dem Erhalt sowie den Betriebskosten der Kindertagesstätten (Paritätischer Wohlfahrtsverband, 2015, S. 41). Die starken Differenzen insbesondere bei den Elternbeiträgen drängen die Frage auf, inwiefern die Bildungsangebote allen Kindern, auch aus einkommensschwächeren Schichten, zugängig sind. Bildung und Betreuung sollte über alle Schichten hinweg, zur Förderung der Bildungschancen, allen Kindern gleichermaßen offenstehen. Anderenfalls könnte dies zu einer Verstärkung der „Zweiklassengesellschaft" führen, wodurch es bereits über den Zugang zu Bildungsinstitutionen zu einer Selektion der Kinder kommt. Aus diesem Grund sollte (wie bereits in Berlin geschehen) eine generelle Beitragsfreiheit der vorschulischen FBBE in Betracht gezogen werden, um, unabhängig von Herkunft und Bildungsaffinität der Eltern, Chancengleichheit zu gewährleisten (Münder, 2013, S. 11).

Laut Sell weist die KiTa-Finanzierung in Deutschland weitere Defizite auf und hat mit zwei gravierenden Fehlern zu kämpfen, die „Unter- und die Fehlfinanzierung". Die Unterfinanzierung bezieht sich auf die von der OECD empfohlenen „1 Prozentmarke" des BIP, die Deutschland auch im aktuellsten Bundesfinanzbericht noch nicht erreicht hat. Die Fehlfinanzierung richtet ihren Fokus auf das Ungleichgewicht des Kosten-Nutzen-Verhältnisses. Das deutsche KiTa-Finanzierungssystem legt der Ebene die meisten Kosten auf, die im Vergleich den geringsten finanziellen Benefit erhält, wohingegen der Part mit dem größten monetären Gewinn den geringsten Anteil der Kosten zu tragen hat (Bundesländer und Staat). Während die volkswirtschaftlichen Gewinne (in erster Linie Zunahmen durch die Sozialversicherungen und steuerliche Einnahmen) vorwiegend der Staatskasse zugutekommen, werden die Kommunen mit einem durchschnittlichen Anteil von rund 60% der laufenden Betriebskosten der Kindertagesstätten am stärksten zur Kasse gebeten. Sell spricht hier von einem Dilemma der Kommunen und der Notwendigkeit, die Kommunen zu entlasten sowie ein faires Kosten-Nutzen-Verhältnis bei der KiTa-Finanzierung zugrunde zu legen (Sell, 2013, S. 2f.).

4.3 Bedarfsplanung

Die Ermittlung kommender Bedarfe ist von vielen Variablen abhängig und gestaltet sich nicht ganz einfach. In diesem Kontext von Bedeutung sind insbesondere die Einschätzung zukünftiger Geburtenraten, zur Verfügung stehendes Personal unter Berücksichtigung zu erwartender Renteneintritte, ebenso wie aus anderen Gründen ausscheidendes Personal, kommende Absolventenzahlen der Berufsfachschulen und anderweitige auf den demographischen Wandel zurückzuführende Faktoren. Hinzu kommt das regional unterschiedliche Nutzungsverhalten der Kindertagesstätten aufgrund traditioneller Einflüsse oder individueller Einstellungen der Erziehungsberechtigten. Angesichts der vielfältigen Einflussfaktoren ist eine genaue Vorhersage diesbezüglich nahezu unmöglich. Dennoch obliegt den Verantwortlichen die Pflicht, die zukünftige Nachfrage abzuschätzen und daraus Prognosen über kommende Bedarfe zu erstellen (Rauschenbach & Schilling, 2010, S. 7ff.).

Welche Kapazitäten notwendig sind, um die Nachfrage zukünftig decken zu können und somit den Rechtsanspruch auf Kindertagesbetreuung für alle Kinder ab dem vollendeten ersten Lebensjahr bis zum Schuleintritt umzusetzen, ist demnach nicht genau ersichtlich. Hinzu kommt, dass das hierfür erforderliche Ausbauvolumen deutschlandweit von den verschiedenen Kommunen unterschiedlich stark eingeschätzt wird, um die Versorgung in ihrem Gebiet zu gewährleisten (Stadt Regensburg, 2016, S. 6).

Insbesondere im U3-Bereich scheinen große Differenzen zwischen dem prognostizierten und dem tatsächlichen Bedarf zu existieren. Im Jahr 2007 war die Fachwelt noch von einer durchschnittlichen Quote von deutschlandweit 35% ausgegangen, um den Gesamtbedarf an Krippenplätzen in der BRD zu decken. Neuere Zahlen aus dem Familienministerium offerieren weitaus größere Bedarfe von derzeit rund 43% der U3-Kinder (IWD-Köln, 2016).

Zu berücksichtigen sind hierbei zudem Faktoren, welche Eltern dazu veranlassen, Betreuungsbedarf anzumelden. Diese sind ebenso vielfältig und differieren u.a. in Abhängigkeit der Familien-, Wohnort- sowie Arbeitsplatzverhältnisse. Die (Wieder-) Aufnahme einer Erwerbstätigkeit spielt dabei die ausschlaggebendste Rolle. Das Interesse steigt dabei mit herannahendem Berufseinstieg. Daneben ist die Familienform der Alleinerziehenden (v.a. Single-Mütter) weitaus am häufigsten an einem KiTa-Platz interessiert, Familien mit nur einem erwerbstätigen Elternteil dagegen unterrepräsentiert. Der Schulabschluss der Mutter scheint ebenfalls ein Merkmal für die Betreuungsbedarfe zu sein. Kinder von Müttern ohne Schulabschluss sind besonders häufig in außerfamiliären Betreuungsformen anzufinden, gleiches gilt für Kinder, deren Mütter das Abitur absolviert haben. Darüber hinaus unterscheidet sich die Inanspruchnahme in Abhängigkeit des Wohnortes. In Ballungsräumen ist die Nachfrage deutlich höher als in ländlichen Gebieten. Zudem existiert ein Ost-West-Gefälle. Im Osten der Republik nehmen deutlich mehr Eltern außerfamiliäre Betreuungsangebote in Anspruch als dies im Westen der Fall ist (DJI, 2014, S. 18f.).

Um die Entwicklung des Anspruchsverhaltens annähernd abschätzen zu können, beauftragte das Bundesministerium für Familien, Senioren, Frauen und Jugend das Deutsche Jugendinstitut (DJI), den kommenden Bedarf für das Jahr 2013 zu untersuchen. In der KiFöG-Bundesländerstudie ermittelte das DJI den bundeslandabhängigen Bedarf. Im bundesweiten Durchschnitt liegt der ermittelte Gesamtbedarf bei 41,7%, in den östlichen Bundesländern bei 58,4% und in den westlichen Ländern bei 37,8%, wobei die Spannweite zwischen den Bundesländern dabei enorme Unterschiede offeriert.

Sachsen-Anhalt liegt dabei mit 62,5% an der Spitze der Tabelle, Nordrhein-Westfallen (35,1%) an letzter Stelle. Bayern befindet sich mit 35,8% an vorletzter Position (DJI, 2014, S. 4f.). Wenngleich im Vergleich zwischen den Jahren 2013 und 2014 ein leichter Rückgang des Betreuungsbedarfs von 0,2 Prozentpunkten festzustellen war, liegt die Differenz zwischen den Betreuungswüschen der Eltern und dem tatsächlich vorgehaltenen Angebot derzeit noch bei 9,2% (BMFSFJ, 2015b, S. 1).

Eineinhalb Jahre nach dem Inkrafttreten des rechtlichen Anspruchs auf einen Betreuungsplatz für Kinder ab dem vollendeten ersten Lebensjahr sind die Ausbauanstrengungen so weit vorangeschritten, dass in Gesamtdeutschland insgesamt 32,9% der Kinder außerfamiliär betreut werden. Dieser Wert weicht von dem für 2013 ermittelten Bedarf somit insgesamt um 8,8 Prozentpunkte ab. Alle Länder unternahmen in den Jahren seit der Einigung auf einen gesetzlich geregelten Anspruch (2006) über das Inkrafttreten des Gesetzes (2013) bis zum Jahr 2015 große Ausbauanstrengungen. Die bis dato größten Zuwächse verzeichneten die westdeutschen Bundesländer, allen voran Schleswig-Holstein mit zusätzlichen Ausbau von insgesamt 23,9%. SH hat damit einen Ausbaustand von insgesamt 31,4% erreicht. Hinzu kommen noch 12,2% Differenz zwischen den bereits betreuten Kindern und dem Betreuungswunsch weiterer Eltern (insgesamt wäre die Nachfrage demnach bei 43,6%) (Bertelsmann Stiftung, 2015d). Prognostiziert wurde laut der DJI-Studie eine bereits im Jahr 2013 bestehende Nachfrage in SH von 63,7%. Dies entspricht einer Differenz zwischen Prognose und Realität von annähernd 20% (DJI, 2014, S. 12) und verdeutlicht nochmals die Schwierigkeit genauer Vorhersagen zukünftiger Betreuungsbedarfe.

5 Qualität in Kindertagesstätten

Abstrakt: In den vergangenen Jahrzehnten ist das Thema „Qualität in Kindertagesstätten" in gesellschaftlichen und politischen Diskussionen verstärkt in den Vordergrund gerückt. Zur Sicherung der Qualität in Kindertagesstätte wurden auf nationaler und internationaler Ebene verschiedene Qualitätssysteme entwickelt. Diese werden neben den „Kriterien pädagogischer Qualität" vorgestellt.

Abstract: In recent decades, the topic of "quality in childcare facilities" has increasingly come to the forefront in social and political discussions. To ensure quality in daycare, various quality systems have been developed at national and international levels. These will be presented alongside the "Pedagogical Quality Criteria".

In den vergangenen Jahrzehnten ist das Thema „Qualität in Kindertagesstätten" in gesellschaftlichen und fachpolitischen Diskursen verstärkt in den Vordergrund gerückt (Oberhuemer & Schreyer, 2010, S. 77). Ausgehend von dem in früheren Jahren zunächst diskutierten grundsätzlichen Verständnis von Bildung und der Auseinandersetzung mit unterschiedlichen Konzepten in der institutionellen Kinderbetreuung stehen heute Themen wie der zunehmende Ausbau der U3-Betreuung und das Wohlbefinden des Kindes im Mittelpunkt des Diskurses (Becker-Stoll, Niesel, & Wertfein, 2015, S. 14).

Der Qualitätsbegriff in Kindertagesstätten umfasst jedoch ein weit breiteres Spektrum als die zunächst angenommenen verschiedenen Merkmale der pädagogischen Arbeit sowie deren Umsetzung im Kita-Alltag. Darüber hinaus beinhaltet er die verschiedenen Dimensionen aller im Prozess integrierten Akteur_innen (Kinder, Eltern, Pädagog_innen, Kommunen, etc.). Deshalb erscheint es sinnvoll, die verschiedenen Aspekte der einzelnen Beteiligten miteinzubeziehen, um das Verständnis von Qualität zu ergründen. Die gesellschaftlichen Interessen spielen dabei eine nicht unerhebliche Rolle. Qualität wird nicht zuletzt an den jeweilig gegenwärtigen Bedürfnissen und Erwartungen der Gesellschaft gemessen (Dartsch, 2001, S. 11). Aspekte wie die Bildung, Betreuung und Erziehung der Kinder, die pädagogische Arbeit der KiTa-Mitarbeiter_innen und der Kompetenzerwerb der Kinder stehen dabei in Wechselwirkung zueinander und können je nach Ausprägung der Qualität unterschiedlich ausfallen (Becker-Stoll, Niesel, & Wertfein, 2015, S. 18f.).

Hinzu kommen die regional differierenden Vorgaben durch Bundesländer (Bildungspläne), Kommunen, Dachverbände und Träger. Diese führen zu unterschiedlichen Rahmenbedingungen der einzelnen Kindertagesstätten und nehmen, gemeinsam mit den personellen Faktoren, Einfluss auf die Qualität (Strehmel & Uhlber, 2014, S. 9). Hieraus ergibt sich ein nach Bundesländer und Einrichtungsträger differierendes Qualitätssystem (Oberhuemer & Schreyer, 2010, S. 77). Bundesweit einheitliche Qualitätsstandards und -managementsysteme existieren derzeit nicht (Lenbet, 2014, S. 26).

5.1 Kriterien pädagogischer Qualität

In Bezug auf die verschiedenen Bezugsgruppen sowie deren vielfach differierende Betrachtungsweisen wird die Definition des Begriffs der „pädagogischen Qualität" deutlich erschwert. Wenngleich diese unterschiedlichen Ansichten sicherlich ihre Berechtigungsgrundlage haben, gestaltet es sich schwierig, den Qualitätsbegriff aufgrund perspektivischer Betrachtungsweisen zu definieren. Eine Definition nach Tietze lautet wie folgt:

> *„Pädagogische Qualität in einem Kindergarten (oder einer anderen pädagogischen Umwelt wie z.B. Familie, Krippe, Kindertagespflege) ist dann gegeben, wenn die jeweiligen pädagogischen Orientierungen, Strukturen und Prozesse das körperliche, emotionale, soziale und intellektuelle Wohlbefinden und die Entwicklung und Bildung der Kinder in diesen Bereichen aktuell wie auch auf die Zukunft gerichtet fördern und die Familien in ihrer Betreuungs- und Erziehungsaufgabe unterstützen"* (Tietze, 2008, S. 17).

Aus diesem Grund wurde zur Vereinheitlichung sowie zur Messbarkeit des Qualitätsbegriffs in der Literatur eine Unterteilung des Terminus in drei Einheiten vorgenommen, auf die in dieser Arbeit u.a. ebenfalls Bezug genommen werden sollen:

- Die **Strukturqualität**: Unter Strukturqualität werden die Quantität sowie die Qualität der zur Verfügung stehenden Ressourcen verstanden (Viernickel & Schwarz, 2009, S. 10; Tietze, 2008, S. 18). Dabei kann der Begriff sowohl im organisatorischen Kontext in Wirtschaft und Industrie als auch in den pädagogischen Arbeitsfeldern eingesetzt werden und bezieht sich dementsprechend immer auf die jeweiligen Sachverhalte (Viernickel & Schwarz, 2009, S. 10). Im frühpädagogischen Umfeld wird damit auf alle Gegebenheiten Bezug genommen, die gelingende pädagogische

Arbeit ermöglichen oder deren Umsetzung begrenzen. Der Begriff umfasst materielle, soziale und personelle Faktoren, die durch strukturelle Bedingungen von außen festgelegt werden (Tietze, 2008, S. 18). Die Ausprägung der Merkmale von beispielsweise der räumlichen Ausstattung, die den Mitarbeiter_innen zur Verfügung stehende Zeit für mittelbare pädagogische Tätigkeiten und der Personalschlüssel können maßgeblich die Qualität in Kindertagesstätten beeinflussen (Strehmel & Uhlber, 2014, S. 11). Strukturqualität definiert sich zudem über die Kompetenzen und die fachlichen Qualifikationen der Erzieher_innen und den ihnen zur Verfügung stehenden zeitlichen Ressourcen (Tietze, 2008, S. 18). Die Qualität der Grundausbildung sowie der Fort- und Weiterbildungsangebote ist dabei von ebenso entscheidender Bedeutung wie das Angebot an Beratungs- und Unterstützungsangeboten (von z.B. Supervision oder Fachberatung). Die Qualität der strukturellen Rahmenbedingungen beeinflusst die Prozessqualität. Somit wirkt sich u.a. die Personal-Kind-Relation auch auf die Interaktionsgüte zwischen den Akteur_innen im KiTa-Alltag aus (Strehmel & Uhlber, 2014, S. 11). Dabei lassen sich drei Merkmalsausprägungen isolieren, deren Güte entscheidenden Einfluss auf die pädagogische Prozessqualität (und weiterführend auf das Lern- und Entwicklungsumfeld des Kindes (ebd., S. 11)) nehmen. Die Trias aus Personalschlüssel, Gruppengröße und der Qualifikation des pädagogischen Personals werden als das „eiserne Dreieck der Strukturqualität" bezeichnet. Erstmals geprägt wurde dieser Begriff laut Viernickel und Schwarz von Phillips 1987 (Viernickel & Schwarz, 2009, S. 10).

- Die **Orientierungsqualität** beschreibt alle richtungsweisenden Orientierungen, die das pädagogische Handeln der Erzieher_innen in den Kindertagesstätten prägen sowie die Umsetzung dieser Abläufe im erzieherischen Arbeitsalltag (Viernickel & Schwarz, 2009, S. 11; Tietze, 2008, S. 18). Hierzu gehören die verschiedenen einrichtungs- oder trägerspezifischen Konzeptionen und Leitgedanken, nach deren Normativen sich die Mitarbeiter_innen richten müssen (Tietze, 2008, S. 18). Hinzu kommt die Detailliertheit dieser Vorgaben und die Bindung der Mitarbeiter_innen, sich an den Vorgaben zu orientieren bzw. sich nach diesen zu richten (Strehmel & Uhlber, 2014, S. 11). Nicht zuletzt umfasst der Begriff die spezifischen Orientierungen und Überzeugungen der einzelnen Mitarbeiter_innen, deren Einfluss die Umsetzung der vorgegebenen

Leitsätze individuell prägt. Um eine möglichst hohe gleichmäßige Qualität zu gewährleisten, wurden von den jeweiligen Bundesländern Kriterienkataloge entwickelt, an deren Richtlinien sich die verschiedenen Einrichtungen orientieren müssen. Zudem werden sinnvolle Weiterbildungskonzepte in den Einrichtungen gefordert, die dazu beitragen, die örtlichen Orientierungen durch zeitgemäßes theoretisches Wissen weiterzuentwickeln und somit eine an den Bedürfnissen und dem emotionalen Wohlbefinden des Kindes orientierte Qualität zu sichern (Tietze, 2008, S. 18). Die Umsetzung solcher Vorgaben in den Einrichtungen obliegt den tragenden Institutionen und Leitungen. Den beiden Komponenten „Orientierungsmerkmal einer KiTa“ und deren „Prozessqualität“ wird ein Zusammenhang zugeschrieben (Strehmel & Uhlber, 2014, S. 11).

- Die **Prozessqualität:** Sie inkludiert, wie der Name schon sagt, alle Prozesse insbesondere bezogen auf die Interaktion zwischen den verschiedenen Akteur_innen (Eltern, Kinder, Teammitglieder). Die Qualitätselemente der Struktur-, Orientierungs- sowie der Organisations- und Managementqualität wirken sich auf die Prozessqualität aus und beeinflussen diese maßgeblich (Strehmel, 2016, S. 151; Strehmel & Uhlber, 2014, S. 11). Unter der Prozessqualität werden alle Abläufe zusammengefasst, die der Umsetzung des Bildungsauftrags einer Einrichtung dienen. Sie beziehen sich hierbei auf die Art und Weise der Umsetzung im Hinblick auf die Erzieher_innen-Kind-Kontakte sowie den pädagogischen Handlungsweisen der Erzieher_innen (Becker-Stoll, Niesel, & Wertfein, 2015, S. 19; Viernickel & Schwarz, 2009, S. 10). Sie lassen sich in mehrere Ebenen gliedern: Die erste Ebene fasst alle anleitenden pädagogischen Interaktionen zwischen Erzieher_innen und Kindern zusammen, mit deren Hilfe der Erziehungsauftrag umgesetzt werden soll. Die zweite Ebene bezieht sich auf alle Aktionen, durch die eine anregende Lernumwelt geschaffen wird (Rossbach, 2004, S. 19). Ein dritter Teilbereich inkludiert alle Lernerfahrungen und Entwicklungsschritte, die das Kind selbst, durch eigene innere Prozesse, erlebt. Den vierten Faktor stellen Kommunikationsprozesse zwischen Betreuern und Eltern/Bezugspersonen dar, die das Kind aktiv miterlebt. Diese Interaktionsabläufe beeinflussen das Lern- und Entwicklungsumfeld des Kindes maßgeblich und nehmen Einfluss auf dessen eigenes Interaktionsverhalten sowie die kindliche Entwicklung (Strehmel & Uhlber, 2014, S. 11). Prozessqualität in der Kindertagesstätte beinhaltet alle Handlungen, die das Kind in seiner Entwicklung individuell unterstützen, emotionales Wohlbefinden schaffen und eine sichere Lernumwelt bieten (Tietze, 2008, S. 18). Je feinfühliger der Umgang der Pädagog_innen mit den Kindern, umso höher ist die Orientierungsqualität zu klassifizieren (Viernickel & Schwarz, 2009, S. 10). Die vorhandenen Merkmale der Struktur- und Orientierungsqualität nehmen dabei Einfluss auf die Qualität der Prozesse, weshalb die Arbeitsbedingungen der Erzieher_innen (diese inkludieren den Betreuungsschlüssel) immer auch Auswirkungen auf die Lern- und Entwicklungsprozesse der Kinder haben können (Strehmel & Uhlber, 2014, S. 11). Dieser Effekt konnte allerdings nicht in allen bisherigen Untersuchungen bestätigt werden (Viernickel & Schwarz, 2009, S. 13). Die Prozessqualität wird von den Akteur_innen im KiTa-Bereich sowie Eltern und fachaffinen Personenkreisen als wichtigstes Element pädagogischer Qualität betitelt (Viernickel & Schwarz, 2009, S. 10).

Diese Aufsplittung des pädagogischen Qualitätsbegriffs auf Basis der inhaltlichen Strukturen führt zu einer Differenzierung verschiedener Merkmalsausprägungen, was zu einer Vereinfachung der Überprüfbarkeit sowie der Vergleichbarkeit beiträgt (Tietze, 2008, S. 17). Unter dem Begriff der pädagogischen Qualität verbirgt sich demnach ein ineinander verzahntes Gefüge unterschiedlicher Einflussfaktoren, die in wechselseitiger Beziehung zueinanderstehen. Aus diesem Grund sollten die einzelnen Aspekte nicht unabhängig voneinander, sondern vielmehr in Abhängigkeit zueinander betrachtet werden (Becker-Stoll, Niesel, & Wertfein, 2015, S. 18; Viernickel & Schwarz, 2009, S. 13).

Trotz der gegenseitigen Einflussnahme ist davon auszugehen, dass sich die genannten Faktoren jedoch nicht zwangsläufig auch in gleichem Maße gegenseitig bedingen. Dies bedeutet, dass beispielsweise ein vorgegebenes Strukturmerkmal nicht immer zwangsläufig die Prozessqualität im selben Ausmaß beeinflusst (z.B. ungünstige personelle Ressourcen müssen nicht zwangsläufig zu schlechten Interaktionsprozessen zwischen Pädagog_innen und Kindern führen). Im Zusammenspiel der unterschiedlichen Qualitätsaspekte nimmt zudem noch das in den jeweiligen Einrichtungen vorherrschende „Bild vom Kind“ (Orientierungsqualität) Einfluss auf die Auswirkungen der vorgegebenen Strukturmerkmale. Ursächlich für diese

Erkenntnis könnten die verschiedenen Designs der jeweilig zugrundeliegenden Untersuchungen sein, die je nach Forschungsinteresse ihren Blickwinkel auf die verschiedenen Akteur_innen richten, wodurch ein spezifisches Qualitätsverständnis abgebildet wird. Ebenfalls ursächlich für dieses Phänomen sind aller Wahrscheinlichkeit nach die persönlichen Eigenschaften und Einstellungen der Pädagog_innen sowie deren individuelle Umsetzung der pädagogischen Arbeit (Becker-Stoll, Niesel, & Wertfein, 2015, S. 20f.). Zu diesem Ergebnis kommt auch Tietze in seinen „Untersuchungen zur pädagogischen Qualität in Kindertagesstätten", indem er anmerkt, dass die individuellen Persönlichkeitsmerkmale der Erzieher_innen bei den von ihm gemessenen Qualitätsunterschieden eine bedeutsame Rolle spielen (Tietze, 1998, S. 356). Maßgeblich entscheidend ist hierbei der große persönliche Entscheidungsspielraum der Pädagog_innen, der ungeachtet gleicher Ressourcen divergierende Outputs der pädagogischen Arbeit zur Folge haben kann. Ausschlaggebend sind in diesem Prozess der Einsatz der zur Verfügung stehenden strukturellen Merkmale, speziell mit den vorhandenen Personal- und Zeitressourcen sowie das persönliche Verständnis von Qualität. Messbar wird dies insbesondere in Bezug auf die Bedürfnisbefriedigung der Kinder/Gruppe, was oftmals eine flexible Gestaltung des pädagogischen Alltags voraussetzt. Uneinigkeit zwischen Pädagog_innen, Erziehungsberechtigten und Trägervertretern kann unter Umständen die Vereinheitlichung sowie Umsetzung von Qualitätsstandards selbst innerhalb einer einzelnen KiTa erschweren oder gar unmöglich machen (Becker-Stoll, Niesel, & Wertfein, 2015, S. 20f.).

Nicht zu vernachlässigen ist in diesem Zusammenhang noch eine weitere Komponente, die **„Organisations- und Managementqualität"**. Der Begriff Organisations- und Managementqualität in Bezug auf eine Kindertagesstätte vereint alle Maßnahmen der KiTa-Leitung, die der Steuerung, Entwicklung sowie Sicherung der Qualität in der Einrichtung dienen (Strehmel, 2016, S. 151; Viernickel & Schwarz, 2009, S. 13). Diese Aufgabe obliegt in der Regel der Einrichtungsleitung in enger Zusammenarbeit und Absprache mit dem KiTa-Träger. Die zur Verfügung stehenden Steuerungselemente beziehen sich hierbei auf die institutionellen Rahmenbedingungen sowie die pädagogischen Handlungen der Einrichtung mit ihren strukturellen Gegebenheiten und Prozessen. Mit gezielten organisatorischen Interventionen von Seiten der Leiter_in lässt sich die Umsetzung einrichtungsinterner

Orientierungsmerkmale (z.B. Konzeption) sowie der Einsatz der zur Verfügung stehenden Strukturmerkmale (z.B. Personaleinsatz) steuern. Durch die der Einrichtungsleitung übertragenen Organisations- und Managementsaufgaben beeinflusst sie maßgeblich die Qualität ihrer Einrichtung und gestaltet diese mit (Strehmel, 2016, S. 151).

Sie stellt demzufolge einen Indikator zwischen den bereits erwähnten Qualitätsaspekten dar, beeinflusst maßgeblich das Prozessgeschehen und kann den Einfluss der Struktur- sowie der Orientierungsmerkmale verstärken. Dies kann unter anderem dazu beitragen, dass auch unter hervorragenden strukturellen Bedingungen die konzeptionellen Grundlagen nicht in geeignetem Maße umgesetzt werden, weil die Zusammenarbeit im Team nicht funktioniert. Oder umgekehrt, durch gute Teamarbeit können die Interaktionsprozesse zwischen Pädagog_innen und Kindern wunderbar ausgeprägt sein, obwohl die personelle Besetzung der Kita defizitär ist (Becker-Stoll, Niesel, & Wertfein, 2015, S. 19f.).

Eine weitere Qualitätsebene bezieht sich auf die Evaluation der erbrachten Leistungen, die **Ergebnisqualität**. Die Güte der Ergebnisqualität lässt sich zum einen anhand von subjektiven Aspekten (z.B. der „Kundenzufriedenheit"), zum anderen mittels messbarer objektiver Kriterien (z.B. Steigerung der Belegung) feststellen (Larrá, 2005, S. 240ff.). Beispiele hierfür sind messbare Resultate in den „Entwicklungs- und Bildungsergebnissen" der Kinder sowie Effekte bezogen auf die Elternarbeit oder auf die Volkswirtschaft. Die Ergebnisqualität bezieht sich hierbei auf Effekte, die für den Kunden/ dem Klientel der KiTa spürbare/ nachvollziehbare Auswirkungen bringen und in Zusammenhang mit den anderen Qualitätsdimensionen stehen bzw. ursächlich durch diese bedingt wurden (Viernickel & Schwarz, 2009, S. 13).

5.2 Qualitätssysteme in Kindertagesstätten

In Literatur und Praxis bestehen eine Vielzahl unterschiedlicher Regulierungs-mechanismen für die Strukturqualität in Kindertagesstätten (Viernickel & Fuchs-Rechlin, 2016, S. 43).

Dabei existieren voneinander unabhängige Vorgaben von Gesetzgeber, Zertifizierungsorganisationen sowie Empfehlungen aus Fachkreisen. Sie dienen dem Erhalt sowie der Erweiterung von Qualitätsstandards in den Kindertagesstätten und werden in Abhängigkeit verschiedener Faktoren in den Einrichtungen unterschiedlich umgesetzt (Viernickel & Fuchs-Rechlin, 2016, S. 43). Die vom Gesetzgeber vorgeschriebenen Auflagen müssen als Fördervoraussetzung der Kindertagesstätten von diesen durchgehend erfüllt werden (bei Nichterfüllung dieser Maßstäbe können den Einrichtungen Fördergeldkürzungen drohen). Kindertageseinrichtungen mit besonders herausragender Qualität (neben den gesetzlich vorgegebenen Mindeststandards) haben zudem die Möglichkeit, ihre Einrichtung durch Akkreditierungsinstitutionen zertifizieren zu lassen. Die Empfehlungen aus Fachkreisen basieren in der Regel auf wissenschaftlichen Erkenntnissen und können als Vorschlag zur Umsetzung guter Qualität in Kindertagesstätten verstanden werden (ebd., S. 43).

Eine Verpflichtung, an einem Zertifizierungs- oder Akkreditierungsverfahren außerhalb der gesetzlich vorgegebenen Mindestanforderungen teilzunehmen, existiert in Deutschland nicht. Zudem haben die verschiedenen Trägerverbände oftmals eigene Qualitätsmanagementsysteme entwickelt, an deren Statuten sich die jeweiligen Einrichtungen orientieren, was die Vergleichbarkeit der Qualität in den Kindertagesstätten zusätzlich erschwert (Oberhuemer & Schreyer, 2010, S. 77).

In Deutschland ist die Akkreditierung und Zertifizierung von Kindertagesstätten und deren Qualität erst im Entstehen und verfügt im Vergleich zu Ländern wie beispielsweise die USA noch über erhebliches Ausbaupotential. Laut Viernickel steht diesbezüglich in der BRD für die Überprüfung der Qualität in Hinblick auf die Fachkraft-Kind-Relation lediglich ein Zertifizierungssystem (KES) zur Verfügung (Viernickel & Fuchs-Rechlin, 2016, S. 44).

Dennoch ist die Debatte um eine Qualitätsoffensive aktueller denn je. Sicherlich nicht zuletzt aufgrund der Erkenntnis, dass der Qualität in Kindertagesstätten eine entscheidende Rolle bei der Entwicklung der Kinder zukommt und der Elementarbereich in Deutschland diesbezüglich erhebliches Verbesserungspotential aufweist. Insbesondere bei den frühkindlichen Betreuungsangeboten (U3-Bereich) wurden in den letzten Jahren verstärkt die Quantität und weniger die Qualität berücksichtigt (Altgeld & Stöbe-Blossey, 2009, S. 7).

Derzeit gibt es in Deutschland verschiedenste Qualitätsentwicklungsverfahren, steuerungsverfahren und -prüfsysteme für Kindertagesstätten. Nachfolgend werden einige der gängigsten Systeme und Verfahren kurz dargestellt.

5.2.1 QUIK

Das Programm „Qualität in Kindertagesstätten“ stellt einen nationalen Kriterienkatalog (entwickelt vom Institut pädQUIS) zur Verfügung, mit dessen Hilfe die umgesetzte Qualität der Betreuungseinrichtung gemessen werden kann. Die 21 Qualitätsmerkmale sind träger- und konzeptionsunabhängig konzipiert, sodass die jeweiligen Einrichtungen selbstständig (in Absprache zwischen Träger und Team) „ihre“ Qualitätsschwerpunkte wählen, die Qualität dieser ermitteln, sichern und weiterentwickeln können. Bei der Auswahl der Entwicklungsschwerpunkte sollten sich die Einrichtungen an den jeweiligen (bundeslandspezifischen) Bildungsplan, der durch Selbstevaluation festgestellten Entwicklungspotentiale und den einrichtungsspezifischen Qualitätszielen orientieren. Die Durchführung des Qualitätsentwicklungssystems erfolgt mithilfe eines Dokumentationsinstruments und wird nach entsprechender externer Einweisung von den Mitarbeiter_innen der Kindertagesstätten (oder Trägervertreter_innen) unter Einbezug des gesamten Teams selbstständig durchgeführt. Das Projekt erfolgt demnach durch Selbstevaluation. Eine Zertifizierung erfolgt nicht (Stramer-Brandt & Tofern, 2013, S. 52).

5.2.2 DKGS

Das Deutsche Kindergarten Gütesiegel (DKGS) soll dazu beitragen, die Qualität in Kindertagesstätten sicherzustellen und bei ausreichender Güte zu zertifizieren. Funktional dient es dem Nachweis hoher Qualität der pädagogischen Arbeit und macht, aufgrund seines Skalensystems, Vergleiche zwischen den einzelnen Kindertagesstätten möglich. Die Qualität der Kindertagesstätten wird anhand von vier Qualitätsdimensionen in ein Skalensystem mit sechs Skalierungseinheiten eingestuft. Bewertet werden (Tietze & Lee, 2009, S. 55f.):

- Die Orientierungsqualität: z.B. Konzeption der Einrichtung, „Bild vom Kind“
- Die Prozessqualität: z.B. Erzieher_innen-Kind-Interaktion, Anregungen für Kinder
- Die Strukturqualität: z.B. Betreuungsrelation, Gruppengröße, Personalqualifikation

- Die Qualität des Familienbezugs: z.B. Elterninformation, Familienunterstützung

Die vier Bereiche werden unabhängig voneinander untersucht und bewertet. Ab einem Wert von mindestens drei Qualitätspunkten pro Qualitätsdimensionen kann eine Zertifizierung erfolgen. Sollte dieser Wert (Skalierungswert mind. 3) in einer Dimension nicht erreicht werden, kann durch herausragende Qualität in den anderen Bereichen (deutlich über dem Wert 3) das Defizit ausgeglichen werden und eine Zertifizierung erfolgen. Anhand der bewerteten Qualitätsdimensionen ermöglicht das DKGS zusätzlich zur Zertifizierung die Durchführung von Selbstevaluationen in den Einrichtungen und trägt damit, unabhängig von der Gütesiegelfähigkeit, zur Verbesserung in den Kindertagesstätten bei. Die Einschätzung der Qualität erzieherischer Arbeit und die Zertifizierung durch das Deutsche Kindergarten Gütesiegel ist alle drei Jahre möglich (ebd., S. 58).

5.2.3 KES-R & KES

Ursprünglich wurde das wissenschaftliche Instrument KES (Kindergarten-Einschätz-Skala) 1997 zur Feststellung pädagogischer Qualität in Kindertagesstätten konzipiert, im Jahr 2001 überarbeitet und erweitert und als neue Version in KES-R (Kindergarten-Einschätz-Skala-Revidierte Fassung) zur Verfügung gestellt. Das Verfahren KES-R eignet sich, um den „Ist-Stand“ der Qualität in Kindertagesstätten zu ergründen. Basierend auf fachtheoretischen und fachpraktischen Erkenntnissen wurde ein Kriterienkatalog mit 43 Items entwickelt, nach deren Skala (von 1 = unzureichend bis 7 = ausgezeichnet) die Bewertung der pädagogischen Qualität in Kindertagesstätten erfolgt. Erfasst werden sollen schwerpunktmäßig die strukturellen Rahmenbedingungen und die pädagogische Prozessqualität der erzieherischen Arbeit. Die KES-R ist das deutsche Gegenstück zur internationalen „Early Childhood Environment Rating Scale“ (ECERS) und kann in Gruppen für Ü3-Kinder eingesetzt werden (für den U3-Bereich wurde die KRIPS-R (Krippen-Skala-Revidierte Fassung) mit 41 Items entwickelt). Inhaltlich untersucht wird die Qualität untergliedert in sieben Teilbereichen: Platz und Ausstattung, Betreuung und Pflege der Kinder, sprachliche und kognitive Anregungen, Aktivitäten, Interaktionen, Strukturierung der pädagogischen Arbeit, Eltern und Erzieher_innen (Tietze & Lee, 2009, S. 49ff.). Die KES kann für unterschiedliche Zielsetzungen angewendet werden: (1) Für die Ermittlung der trägerinternen und –übergreifender Qualität. Hier wurde sie bereits von verschiedenen Kommunen eingesetzt. (2) Träger und Einrichtungen können mithilfe des Instituts PädQuis (Pädagogische Qualität-Informations-Systeme gGmbH, Berlin) einen externen Prüfer zur Evaluation ihrer pädagogischen Arbeit engagieren. (3) Die KES kann zur Selbstevaluation und der Bestimmung einrichtungs- oder trägerinterner Qualitätseinschätzung herangezogen werden. (4) Sie kann als Basis regionaler oder überregionaler Qualitätswettbewerbe dienen (so bereits in Brandenburg im KiTa-Jahr 2002/2003 geschehen) und somit einen direkten Vergleich einzelner Kindertagesstätten mithilfe eines Wettbewerbs ermöglichen (Esch, Klaudy, Micheel, & Stöbe-Blossey, 2006b, S. 70).

5.2.4 Netzwerk Kinderbetreuung der europäischen Kommission/ Bertelsmann

Das Netzwerk Kinderbetreuung ist eine von der europäischen Kommission ins Leben gerufene Fachkommission zur Erörterung von Fragen zur Kinderbetreuung und anderer Maßnahmen zur Vereinbarkeit von Beruf und Familie für Frauen und Männer. Im Zuge der Qualitätsoffensive in deutschen Kindertagesstätten stellte sie im Jahr 1996 ein Positionspapier mit 40 Qualitätszielen als Mindeststandards für den Bereich der Kindertageseinrichtungen vor. Die Ziele beziehen sich auf folgende Bereiche: (1) Politischer Rahmen, (2) Verknüpfung von Finanzierung und politischem Rahmen, (3) Umfang und die Art des Angebots, (4) Bildungsziele, (5) Personalschlüssel, (6) Qualifizierung des Personals, (7) Räumliche Ausstattung und Gesundheit, (8) Eltern- und Netzwerkarbeit sowie (9) Ausführungsanforderungen. Beispiele für konkrete Ziele sind: Punkt 21 (5) bezieht sich auf die Fachkraft-Kind-Relation. Die Empfehlung der Kommission ist eine Verknüpfung des Kindesalters mit der Personalrelation. Punkt 24 (5) beschäftigt sich mit der Verfügungszeit. Tätigkeiten außerhalb der Arbeit am Kind sollten speziell gekennzeichnet und nicht in den Betreuungsschlüssel einberechnet werden (Textor, 1999).

In der Publikation „Qualität für Kinder unter DREI in Kindertagesstätten. Empfehlungen an Politik, Träger und Einrichtungen“ greift die Bertelsmann Stiftung wesentliche Elemente der Qualitätsziele des Netzwerks

Kinderbetreuung auf und spezifiziert diese. Die Stiftung konkretisiert die Forderungen an den Betreuungsschlüssel nochmals und fordert die Gewährleistung der Anwesenheit von mindestens zwei Fachkräften pro Gruppe bei Einhaltung der EU-Empfehlungen hinsichtlich des Personalschlüssels. Als Zeitkontingent für die Verfügungszeiten hält die Stiftung einen Stundenumfang von 20% der wöchentlichen Arbeitszeit für sinnvoll (Bertelsmann Stiftung, 2013, S. 5f.).

5.2.5 QuaSi (Qualität in Kindertagesstätten nach dem Situationsansatz)

Das Projekt QuaSi – Qualität von Anfang an wurde als eines von vier Teilprojekten der „Nationalen Qualitätsinitiative im System der Tageseinrichtungen für Kinder (NQI)“ vom Bundesministerium für Familie, Senioren, Frauen und Jugend (BMFSFJ) initiiert (Preissing, Heller, Köpnick, Schallenberg-Diekmann, & Urban, 2003, S. 1). Ziel ist die Überprüfung ausgewählter Aspekte sowie der im Zuge der Qualitätsdebatte diskutierten Ansprüche an die Qualität in Kindertagesstätten auf Basis des Evaluationsinstruments (vom QuaSi-Projektteam erarbeitete Qualitätskriterien und konzeptionelle Grundsätze – Die Qualitätskriterien orientieren sich dabei am Kind als eigenständiges Wesen und die konzeptionellen Grundsätze an der systemischen Sichtweise). Das QuaSi-Modell geht in seinem Ansatz von einer Verknüpfung zwischen den Komponenten Qualitätsentwicklung und den konzeptionellen Einstellungen in den Kindertagesstätten aus. Sie sind voneinander abhängig, wobei die Qualitätsentwicklung von den pädagogischen Ansichten der Mitarbeiter_innen beeinflusst wird (ebd., 2). Die Auslegung des Qualitätsbegriffs kann daher in den unterschiedlichen Kindertagesstätten differieren. Durch Einbezug aller im Konstrukt KiTa Handelnden wird daher gemeinsam das Verständnis von Qualitätsmaßstäben und -kriterien erarbeitet. Durchgeführt wird das Projekt in zwei aufeinanderfolgenden Schritten: (1) Interne Bewertung der Arbeit durch Selbstevaluation von Erzieher_innen, Leiter_innen und Teams mittels Werteskala. (2) Externe Einschätzung der Evaluationsergebnisse durch außenstehende, unabhängige Prüfer. Um ein möglichst plastisches Bild der Ausgangslage zu erhalten, ist ein „mehrperspektivischer Zugang“ sinnvoll. Aus diesem Grund werden die verschiedenen Sichtweisen aller Beteiligten (Erzieher_innen, Träger,

Eltern, etc.) miteinbezogen. Für die externe Evaluation können folgende Verfahren angewendet werden: (1) Einrichtungsbogen, (2) Allroundbeobachtung, (3) Gruppendiskussion, (4) Beobachtung der Erzieher_innen, (5) Befragung einer Erzieher_in, (6) Elterngespräche, (7) Leitungsbefragung, (8) Trägerbefragung und (9) Dokumentenanalyse. Nach Beendigung der externen Evaluation erhält die KiTa (anstelle einer „Benotung" oder eines Zertifikats) eine Einschätzungsbeurteilung der vorhandenen Stärken und Schwächen, welche der weiteren Qualitätsentwicklung dienen (ebd., 3ff.).

5.2.6 Kronberger Kreis

Das Projekt Kronberger Kreis wurde nach der Expertenarbeitsgruppe seiner Entstehung benannt und dient der Qualitätsermittlung. Mittels eines Diskussionsrasters soll sich die Qualität in Kindertagesstätten durch Dialog innerhalb von sieben Prozessebenen entwickeln. Die Fachleute des Kronberger Kreises erarbeiteten drei Arbeitsschritte zur Umsetzung der Qualitätsstandards in Kindertagesstätten: (1) Erarbeitung wichtiger fachpraktischer Aspekte. (2) Erstellung eines erkenntnisleitenden und zielführenden Fragenkatalogs. (3) Herausarbeitung und Formulierung von Qualitätsindikatoren (Stramer-Brandt & Tofern, 2013, S. 51). Als Qualitätsbereiche werden folgende Aspekte benannt: Programm- und Prozessqualität, Leitungsqualität, Personalqualität, Einrichtungs- und Raumqualität, Trägerqualität, Kosten-Nutzen-Qualität und Förderung von Qualität. Die sieben Prozessebenen fungieren dabei als Instrumentarium zur Feststellung vorhandener Qualität, machen eine Weiterentwicklung möglich und dienen als Kontrollebene des Entwicklungsverlaufs der einzelnen Ebenen (ebd., S. 52). Das Modell dient demnach der Selbstevaluation im dialogischen Prozess unter Einbezug aller Beteiligten.

5.2.7 IQUE (integrierte Qualitäts- und Personalentwicklung)

Ursprünglich wurde das Konzept der „integrierten Qualitäts- und Personalentwicklung" im Jahr 1996 in der Qualitätsentwicklungswerkstatt des Berliner Bezirks Reinickendorf entwickelt. Unter Mitarbeit von Eltern, Fachberater_innen und KiTa-Mitarbeiter_innen wurden Qualitätsmerkmale erarbeitet, die zukünftig zur Vereinheitlichung der Qualitätsstandards in den Berliner Kindertagesstätten dienen sollen. „IQUE stellt ein [...] strukturiertes

Verfahren zur Qualitäts- und Personalentwicklung dar, das auf Austausch und Dialog mit allem im System Handelnden basiert und zur systematischen Professionalisierung pädagogischer Arbeit eingesetzt wird" (Altgeld & Stöbe-Blossey, 2009, S. 189). Das Prinzip ist zur einrichtungs- oder trägerinternen Anwendung konzipiert und dient der Bearbeitung einer zuvor festgelegten Schlüsselsituation. Es basiert auf drei aufeinanderfolgenden Schritten: (1) Erarbeitung von Qualitätsmerkmalen in Bezug auf die Schlüsselsituation unter Einbezug von Eltern, KiTa-Personal und Fachberatung, (2) Befähigung der Einrichtungsleitung den Qualitätsentwicklungsprozess zielführend anzuleiten, (3) teaminterne Erarbeitung der angestrebten Ziele (ebd., S. 189f.).

5.2.8 EFQM (European Foundation of Quality Management)

Das Modell EFQM ist die europäische Form des „Total Quality Management" (TQM). Es orientiert sich an den Normen des DIN ISO 9000ff und wurde darüber hinaus modifiziert, insbesondere durch eine Erweiterung der Bereiche Aufbauorganisation, Führungskonzept und Arbeitsschritte zur Qualitätsverbesserung. Beschrieben werden Aspekte und Prozesse, die der Qualitätsentwicklung von Unternehmen zugrunde liegen. Zudem werden Kriterien von Qualität konkret formuliert (beispielsweise Kundenorientierung oder Mitarbeiterbezug des Unternehmens). Die Durchführung des Programms erfolgt in zwei möglichen Schritten: (1) Selbstevaluation mittels Fragebögen anhand des Kriterienkatalogs, (2) externe Bewertung durch eine Prüfungskommission (Mitarbeiter_innen der Total-Quality-Management-Organisation). Die Beurteilung und Einstufung erfolgt ohne eine Zertifizierung. Ziel ist eine Optimierung der Unternehmensqualität im Sinne der Kundenorientierung. Die im Prozess Handelnden sollen dabei als Mittelpunkt des Geschehens in die Lage versetzt werden, durch Selbstreflexion die Qualität des Unternehmens voranzubringen (BAG, 2000, S. 12).

5.2.9 TQ – Trägerqualität

Das Modell „Träger zeigen Profil" dient der Selbstevaluation. Die KiTa-Träger können mittels eines Qualitätshandbuchs die Qualität ihrer Arbeit ergründen, sicherstellen und weiterentwickeln. Untersuchungsgegenstand ist dabei nicht die pädagogische Arbeit in den einzelnen Einrichtungen, sondern die Tätigkeit und das Management innerhalb des Trägers. Nach Anregung des Bundesfamilienministeriums sowie der Beteiligung mehrerer Bundesländer entwickelte die Arbeitsgruppe der Qualitätsinitiative „Träger zeigen Profil“, unter Mitarbeit von Professor W.E. Fthenakis, Qualitätskriterien zur Feststellung der Trägerqualität. Evaluiert werden sollen folgende Elemente der Trägertätigkeit: „(1) Organisations- und Dienstleistungsentwicklung, (2) Konzeption und Konzeptions-entwicklung, (3) Qualitätsmanagement, (4) Personalmanagement, (5) Finanzmanagement, (6) Familienorientierung und Elternbeteiligung, (7) Gemeinwesen orientierte Vernetzung und Kooperation, (8) Bedarfsermittlung und Angebotsplanung, (9) Öffentlichkeitsarbeit und (10) Bau- und Sachausstattung“. Die Durchführung kann in zwei Schritten erfolgen: (1) Die Selbstevaluation des Trägers mit Hilfe des Kriterienkatalogs und (2) eine nachfolgende Überprüfung dieser vorab vorgenommenen Eigenbeurteilung durch externe Prüfer. Das Evaluationsinstrument befähigt die Träger, eigenverantwortlich ein Qualitätsmanagement zu schaffen und die Qualität ihrer Arbeit in den genannten Bereichen kontinuierlich zu entwickeln. Die externe Evaluation erfolgt nur nach Absprache und dient der Überprüfung der trägerinternen Einschätzung. Ziel des TQ-Projekts ist die Etablierung alltäglicher trägerinterner Qualitätsentwicklungsprozesse, die Schaffung träger-übergreifender „Unterstützungsstrukturen“ in der Praxis und die Befähigung der Träger, eigenverantwortlich Qualitätsstrukturen in ihrer Arbeitsweise einzusetzen sowie diese regelmäßig zu evaluieren (IFP, 2016).

5.2.10 DIN ISO 9000ff

Die DIN ISO 9000 Normen befassen sich branchenunabhängig mit den inhaltlichen Strukturen und dem Qualitätsmanagement von Unternehmen. Der Fokus liegt dabei auf der Kundenbetreuung. Diese Universalität macht zwar die Anwendbarkeit auf nahezu alle Bereiche möglich (auch Dienstleistungen im Non-Profit-Bereich), die einzelnen Kriterien sind dabei jedoch abstrakt formuliert, wodurch die Verwendung erschwert werden kann. Allerdings ergibt sich hieraus auch die Möglichkeit ein individuell zugeschnittenes Qualitätsmanagementsystem zu entwickeln. Zur Umsetzung wurde ein Kriterienkatalog mit 20 Elementen entwickelt, welcher in Form eines Qualitätshandbuchs weitergebenen wird. Die Bewertung ist in zwei verschiedenen Verfahren durchführbar: (1) durch Selbstreflexion der handelnden Akteur_innen, (2) einen Qualitätscheck durch externe Prüfer. Bei bestandener Prüfung wird das Unternehmen zertifiziert. Die Überprüfung erfolgt im Tonus von drei Jahren. Bei der Anwendung im KiTa-Bereich stehen die Abbildung und Verbesserung der strukturellen Bedingungen einer Einrichtung im Mittelpunkt, nicht die pädagogischen Arbeitsweisen. Für den Einsatz im Kindertagesstättenbereich existiert inzwischen eine spezielle Handreichung mit dem Titel: „Qualitätsmanagement in Kindertageseinrichtungen – Umsetzung eines QM-Systems nach DIN EN ISO 9002 in Kindertageseinrichtungen" (BAG, 2000, S. 12). Weitere Erläuterungen zur DIN ISO 9000ff Norm in Kapitel 5.3 Teilbereich „Normierte Organisationsentwicklungsverfahren".

Auf dem Markt existiert gegenwärtig eine Pluralität verschiedenster Gütesiegel und Zertifizierungssysteme, was eine Vergleichbarkeit zwischen den einzelnen Qualitätssystemen für Eltern und anderweitig Interessierte, ebenso wie für das KiTa-Personal selbst und für staatliche Institutionen schwierig gestaltet. Der Qualitätsvergleich erzieherischer Arbeit sowie der einzelnen Qualitätsdimensionen setzt derzeit eine umfassende Auseinandersetzung mit der Materie voraus. Aus diesem Grund könnte eine Vereinheitlichung oder Festlegung auf ein Standardwerk durchaus sinnvoll erscheinen. Dem gegenüber steht jedoch das Argument, dass gerade diese Pluralität den Vorteil bietet, verschiedenste Qualitätsdimensionen abzubilden (Tietze & Lee, 2009, S. 60). Zukünftige Entwicklungen werden zeigen, welches Vorgehen auch im Zuge der deutschlandweiten Qualitätsoffensive, angemessen erscheint um eine flächendeckende Angleichung der Qualität und Transparenz zu gewährleisten.

5.3 Qualitätskonzepte in der Kindertagesbetreuung

Die Studie „Qualitätskonzepte in der Kindertagesbetreuung" befasste sich mit Steuerungsverfahren, die sich auf die Qualität in Kindertagesstätten auswirken bzw. mit deren Hilfe sich Qualität beeinflussen lässt. Dabei stellte sich heraus, dass sich die verschiedenen, auf dem Markt befindlichen, Qualitätskonzepte typisieren lassen. In der Folge untergliederten die Forscher die Qualitätssysteme in vier Gruppen (Esch, Klaudi, Micheel, & Stöbe-Blossey, 2006a, S. 39f.):

Allgemeine Steuerungsverfahren (Akkreditierung):

Durch die Vorgabe bestimmter von den Kindertagesstätten zu erfüllenden Kriterien können Steuerungsmaßnahmen „top-down" vorgenommen werden. Dabei sollten sich die zu erfüllenden Kriterien am aktuellen Forschungsstand und an fachlichen Richtlinien orientieren. Im Mittelpunkt steht dabei die pädagogische Arbeit. Das Verfahren lässt sich in zwei Vorgehensweisen unterscheiden. Zum einen können die Vorgaben als Mindestanforderungen formuliert und mit dem Erhalt der Betriebserlaubnis bzw. spezieller Fördergelder gekoppelt sein. Zum anderen ist ein Güteklassenmodell denkbar, indem die Kindertagesstätten anhand der bereits erfüllten Kriterien bewertet werden und die Zertifizierung stufenweise erfolgt. Die zweite Vorgehensweise könnte den positiven Nebeneffekt mit sich bringen, dass Kindertagesstätten eine höhere Bewertung anstreben und somit versuchen, weitere Kriterien zu erfüllen, wodurch eine stetige Qualitätssteigerung eintritt. Der Gütegrad bzw. das Zertifizierungsniveau lässt sich anhand sogenannter „Beobachtungsinstrumente" einschätzen. Als Beispiel ist hier die deutsche Variante des „Early Childhood Environment Rating Scale" (ECERS), die Kindergarten-Einschätz-Skala (KES), anzuführen (Esch, Klaudy, Micheel, & Stöbe-Blossey, 2006b, S. 69).

Konzeptgebundene Steuerungsverfahren

Konzeptgebundene Steuerungsverfahren sind an der Realisierung spezieller Programminhalte gebunden. Sie beschäftigen sich im Gegensatz zu den allgemeinen Steuerungsverfahren nicht mit den alltäglichen pädagogischen (und strukturellen) Bedingungen, sondern mit der Umsetzung bestimmter Konzepte. Bei entsprechender inhaltlicher Umsetzung können die ausführenden Kindertagesstätten ebenfalls eine Zertifizierung erhalten. Der Steuerungsmechanismus erfolgt demnach „top-down". Gekoppelt ist die Zertifizierung an der Umsetzung konzeptioneller Inhalte des entsprechenden Programms. Teilnehmende Einrichtungen können sich durch die Umsetzung einen spezifischen „Markennamen" erarbeiten und diesen für die Dauer der inhaltlichen Ausführung tragen. Für die Kindertagesstätten ergibt sich hierdurch die Möglichkeit, ihre Qualität durch die Ausführung vorgegebener und zertifizierter Inhalte zu steuern und sich gleichfalls durch die Identifikation mit speziellen Merkmalen pädagogischer Arbeit zu profilieren. Konzeptgebundene Steuerungsverfahren tragen demnach zur Öffentlichkeitsarbeit bei (Esch, Klaudy, Micheel, & Stöbe-Blossey, 2006b, S. 70). Ein Beispiel für ein pädagogisches Konzept ist das Programm „Haus der kleinen Forscher". Die Kindertagesstätten erhalten nach Absolvierung der konzeptgebundenen Anforderungen die Zertifizierung und zeigen somit nach außen ihre Zugehörigkeit zum Programm. Zu den Anforderungen gehören u.a. die Teilnahme an speziellen Fortbildungen (Mindestteilnahme an fünf inhaltlich unterschiedlichen konzeptgebundenen Fortbildungen der Stiftung), die regelmäßige Umsetzung im pädagogischen Alltag und die Projekt-dokumentation.

Normierte Verfahren der Organisationsentwicklung

Hierunter werden Qualitätsmanagementnormen verstanden, die nicht auf eine bestimmte Branche beschränkt sind. Sie sollen der Qualitätsentwicklung und -umsetzung dienen und bieten ein brachenunabhängiges und universell einsetzbares Prüfinstrument. Das Instrumentarium kann auf die Bedürfnisse und Anforderungen des jeweiligen Unternehmens bzw. des Dienstleistungssektors angepasst werden, wodurch die Möglichkeit gegeben ist, ein individuell zugeschnittenes Qualitätsmanagementsystem zu entwickeln. Interessierte Unternehmen (hierunter fallen auch Non-Profit-Organisationen) müssen, um eine Zertifizierung zu erlangen, bestimmte Standards im Qualitätsmanagement ihres Unternehmens erfüllen. Dabei geht es um den Beweis der „Qualitätsfähigkeit". Am bekanntesten ist die DIN EN ISO 9000ff Norm, deren Zertifizierung zeitgebunden erfolgt (in der Regel auf drei Jahre beschränkt). Die Umsetzung ist in zwei Stufen möglich. Erstens kann die Qualitätssteuerung unternehmensintern, beispielsweise durch die Umsetzung trägerinterner Vorgaben, stattfinden (durch die Selbstevaluation – beispielsweise hat der Caritas Bundesverband ein Rahmenhandbuch erstellt, nach dessen Vorgaben die trägerinterne Zertifizierung basiert) („bottom-up"). Im zweiten Schritt kann das Unternehmen, bei Erfüllung der erforderlichen Anforderungen, die Zertifizierung beantragen. Die Prüfung und Zertifizierung erfolgt im Anschluss von einer unabhängigen Stelle („top-Down") (Esch, Klaudy, Micheel, & Stöbe-Blossey, 2006b, S. 71f.).

Fachspezifische Verfahren der Organisationsentwicklung

Die spezifischen Ansätze werden von unten heraus („bottom-up") von den Akteur_innen selbst entwickelt. Diese Vorgehensweise bringt den Vorteil mit sich, dass die einzelnen Einrichtungen relativ autonom in der Entwicklung und Umsetzung sind und dass Qualitätsverfahren selbstständig (auf ihre Bedürfnisse abgestimmt) weiterentwickeln können. Die Qualitätsoffensive kann sich sowohl auf einen Teilbereich der pädagogischen Arbeit beziehen, als auch die gesamte einrichtungsinterne Arbeit zum Gegenstand haben. Die fachspezifische Organisationsentwicklungsverfahren lassen sich in zwei Verfahrensweisen untergliedern: Erstens in Konzepte, deren Umsetzung spezifische Kriterien zugrunde liegen. Beispielhaft sind die Projekte „Qualität in Kindertagesstätten nach dem Situationsansatz" (QuaSi) und „Trägerqualität" (TQ). Für diese Projekte wurden, basierend auf fachpraktischen und fachtheoretischen Erfahrungswerten, ausführliche Kriterienkataloge entwickelt, die der Umsetzung des Qualitätsverfahrens dienen. Sie können einerseits teamintern zur Qualitätssicherung und -verbesserung herangezogen werden, andererseits kann der Träger diese zur Entwicklung von „Anforderungsprofilen" und „Zielvereinbarungen" einsetzen. Zweitens in Verfahren, deren Zielsetzung kein Kriterienkatalog zugrunde liegt. Sie dienen der spezifischen Verbesserung einzelner Elemente der einrichtungsinternen Arbeit (beispielsweise Partizipation der Kinder). Dieses Entwicklungsverfahren „[...] basiert auf Austausch und Dialog mit allen im System Handelnden und soll zur systematischen Professionalisierung pädagogischer Arbeit dienen." Beispielhaft ist hier das Programm „integrierte Qualitäts- und Personalentwicklung" (IQUE) anzuführen (Esch, Klaudy, Micheel, & Stöbe-Blossey, 2006b, S. 74f.).

5.4 Bildungspläne

Das im Jahr 1990/91 in Kraft getretene Kinder- und Jugendhilfegesetz (KJHG) war der erste Versuch, den Bildungsauftrag im Elementarbereich zu etablieren (Oberhuemer & Schreyer, 2010, S. 75). Allerdings bedurfte die darin verankerte Formulierung noch einigen Auslegungsspielraum. Gesetzlich konzipiert war die Aufgabe der außerhäuslichen Betreuung als Begleitung der kindlichen Entwicklung hin zu „einer eigenverantwortlichen und gemeinschaftsfähigen Persönlichkeit" (Bock, 2005, S. 307).

Die Bildungsreform der letzten Jahrzehnte inkludierte auch ein Überdenken der Bildungserziehung im Elementarbereich. Unter anderem bedingt durch das schlechte Abschneiden deutscher Schüler_innen im PISA-Test trat die Bildung in den ersten Lebensjahren in den Fokus der Reform (Große & Roßbach, 2015, S. 96; Liebig, 2016, S. 2). Daraufhin entwickelten die Bundesländer in Anlehnung an den „[g]emeinsamen Rahmen der Länder für die frühe Bildung in Kindertageseinrichtungen von der Jugendministerkonferenz und der Kultusministerkonferenz von 2004" Bildungspläne für die FBBE (Große & Roßbach, 2015, S. 96). Sie stellen die frühkindliche Bildung in den Mittelpunkt und sollen konkrete Handlungshilfen im Umgang mit Bildung im Elementarbereich geben sowie der Umsetzung des Bildungsauftrags dienen (Grochla, 2008, S. 164). Ziel ist es, den Anschluss an internationale Entwicklungen im Bereich der elementaren Bildung und Erziehung nicht zu verlieren (König, 2008, S. 314). Folglich entwickelten die Bundesländer in den Jahren zwischen 2003 und 2007 eigenständige Bildungsprogramme für den Elementarbereich. Die Trias aus Bildung, Betreuung und Erziehung wurde durch den Erwerb der „(Basis-) Kompetenzen" erweitert. Die Ausgestaltung der Pläne unterliegt den einzelnen Ländern, weshalb sie sich inhaltlich und in der Art ihrer Ausgestaltung unterscheiden (Oberhuemer & Schreyer, 2010, S. 75f.). Derzeit existieren in Deutschland 16 verschiedene Bildungspläne. Jedes Bundesland entwickelte seine eigenen konzeptionell unterschiedlichen Statuten (Hinke-Ruhnau, 2013, S. 28). Länderspezifisch differieren die Bildungspläne auch in ihrem Umfang. Teilweise benötigen die Länder für ihre Ausführungen über die zu vermittelnden Kompetenzen bis zu 500 Seiten (Textor, 2009, S. 19). Eines haben die Bildungspläne aller Länder gemeinsam: Die formulierten Erwartungen an das pädagogische Personal sind beträchtlich, wobei die Ausführungen nicht detailliert einzelne Handlungen festlegen, sondern vielmehr als Handlungsleitfaden verstanden werden sollen (Schelle, 2011, S. 39).

Eine flächendeckende Umsetzung der Bildungspläne in den Kindertagesstätten muss sich allerdings erst noch etablieren. Bis dato gestalten sich die Bildungsziele der FBBE eher informell. Von den Bildungsministerien der Länder werden in den Bildungsplänen bislang lediglich Bildungsbereiche und keine konkreten Bildungsziele sowie deren Umsetzung beschrieben. Die Angaben können als Bildungsrahmen betrachtet werden, innerhalb deren

Umsetzung in den einzelnen Einrichtungen flexibel gestaltet werden kann (König, 2009, S. 143).

Qualität in der Kita kann nur mit einer entsprechenden Fachkraft-Kind-Relation gelingen, so die Aussage der BeWAK-Studie. Lediglich 23,3% der Studien-Teilnehmer_innen gaben an, dass die Vorgaben der Bildungspläne in Zusammenhang mit der derzeitigen Fachkraft-Kind-Relation in ihrer Einrichtung gut umzusetzen sind. Dem gegenüber stehen 24,3%, die aufgrund des defizitären Personalschlüssels die Ziele der Bildungspläne nicht bewältigen. Das Gros der Befragten (52,4%) räumte jedoch ein, die Anforderungen nicht in vollem Umfang zu verwirklichen. Zudem scheinen die verschiedenen Trägerschaften die Unterschiede noch zu verstärken. Nur 19% des KiTa-Personals kirchlicher sowie öffentlich geführter Einrichtungen gaben an, die Bildungspläne der Länder adäquat umsetzen zu können, unter privater Trägerschaften währenddessen 37% (BeWAK-Studie, 2016, S. S. 16).

6 Betreuungsschlüssel

Abstrakt: Die Empfehlungen aus Fachkreisen für das Verhältnis zwischen Betreuungspersonal und Kindern basieren auf einer Vielzahl wissenschaftlicher Erkenntnisse im nationalen und internationalen Raum. Diese Empfehlungen werden vorgestellt sowie Gründe für Abweichungen von der Norm aufgezeigt. Zudem wird die Berechung der Betreuungsrelation für das Bundesland Bayern dargestellt.

Abstract: The recommendations from experts for the proportions of specialists to children are based on a variety of scientific findings in the national and international area. These recommendations are presented as well as reasons for deviations from the norm. In addition, the calculation of the proportions of specialists per child for the federal state of Bavaria is explained.

> *„Der Anstellungsschlüssel ist ein rechnerischer Wert, der ein Indiz über die pädagogischen Rahmenbedingungen liefert. Im Gegensatz zu einem Personal-Kind-Schlüssel wird nicht die konkrete Ist-Situation (wie viel Personal betreut zum Zeitpunkt x wie viele Kinder) betrachtet“* (STMAS-Bayern, 2006).

Für den Begriff des Betreuungsschlüssels existiert in der Fachwelt keine einheitliche Terminologie. Verschiedene Begriffe, beispielsweise Anstellungsschlüssel, Fachkraft-Kind-Relation, Personalschlüssel, etc. werden oftmals synonym verwendet. Diese Gegebenheit erschwert die Vergleichbarkeit zwischen den einzelnen Werten deutlich (Viernickel & Fuchs-Rechlin, 2016, S. 46).

Die Empfehlungen aus Fachkreisen für das Verhältnis zwischen Betreuungspersonal und Kindern basieren auf einer Vielzahl wissenschaftlicher Erkenntnisse im nationalen und internationalen Raum. Hierzu zählen Erhebungen zur Wechselwirkung zwischen den Strukturmerkmalen sowie der Prozess- und Orientierungsqualität in Bezug auf das Wohlergehen der Kinder, dem Interaktionsgeschehen sowie der sozial-emotionalen und kognitiven Entwicklung (Smidt, 2012, S. 26f.). Auffällig ist in diesem Zusammenhang, dass sich die vorgeschlagenen Schwellenwerte mit ihrem Erscheinungsjahr verändern. In neuerer Literatur wird durchgehend ein besserer Personalschlüssel vorgeschlagen als in älteren Werken. Zudem existieren deutlich mehr Angaben zur Personal-Kind-Relation im U3-Bereich als bei den älteren Kindern im Kindergartenalter (Viernickel & Fuchs-Rechlin,

2016, S. 46). Darüber hinaus sind „[…] ältere Empfehlungen […] in der Regel weniger strikt als Empfehlungen jüngeren Datums“ formuliert. „Dies spricht für eine Sensibilisierung für die Thematik in den letzten zehn Jahren“ (ebd., S. 52).

Unter Berücksichtigung verschiedener Forschungsergebnisse wurden von der Fachwelt einige Empfehlungen in unterschiedlichen Dimensionen hinsichtlich der Fachkraft-Kind-Relation ausgesprochen die im Folgenden aufgesplittet dargestellt werden sollen.

In Bezug auf die Qualität in Kindertagesstätten schlägt Viernickel die in folgender Tabelle vorgestellte Betreuungsrelation vor und verweist dabei auf die Erkenntnisse wissenschaftlicher Studien zur Betreuungsqualität in Kindertagesstätten und deren Auswirkungen auf die Heranwachsenden.

Tabelle 2: Empfohlener Betreuungsschlüssel

Alter der Kinder	Fachkraft-Kind-Relation
0–1 Jahr	1:2
1–3 Jahre	1:4
3 Jahre bis Schuleintritt	1:9

(Viernickel und Fuchs-Rechlin, 2016, S. 15f.)

Die unterschiedlichen Rahmenbedingungen einer KiTa können in der Praxis allerdings noch Modifizierungen der Tabellenwerte nötig machen. Entsprechend der Gruppen-zusammensetzung (Alter, Entwicklungsstand der Kinder etc.) sowie der Aktivitäten (z.B. intensive Lernangebote benötigen eine engmaschigere Betreuungssituation) sollte die Fachkraft-Kind-Relation, bei der Altersgruppe der Drei- bis Sechsjährigen, angepasst werden. Weitere Faktoren wie z.B. Kinder mit Migrationshintergrund, Kinder aus Armutslagen, mit Behinderung oder von Behinderung bedrohte Kinder machen eine Anpassung des Personalschlüssels ebenfalls notwendig. In Krippengruppen (Null- bis Dreijährige Kinder) sollte die Anzahl der Pädagog_innen über den gesamten Tagesverlauf nicht negativ von diesem Wert abweichen (Viernickel & Fuchs-Rechlin, 2016, S. 15f.). Damit diese Empfehlungen eingehalten werden können, müssen bei der Berechnung des Bedarfs die Ausfallzeiten des Personals, Berücksichtigung finden. Dadurch wäre die Fachkraft-Kind-Relation automatisch nach oben zu korrigieren. Die Fehlzeiten des

Personals sind derzeit in den Personalschlüssel miteingerechnet und verzerren das Bild zu Ungunsten der tatsächlichen Fachkraft-Kind-Relation (Strehmel & Kiani, 2016, S. 2).

Andere Institutionen, wie beispielsweise die Bertelsmann Stiftung sprechen, ebenfalls Empfehlungen für den Personalschlüssel in deutschen Kindertagesstätten aus. In der Broschüre „Qualitätsausbau in Kindertagesstätten 2016“ legen sich die Autor_innen auf nachfolgende Zahlen fest:

(Bock-Famulla & Strunz, 2016, S. S. 7).

Tabelle 3: Empfohlener Personalschlüssel

Alter der Kinder	Fachkraft-Kind-Relation
Unter 3 Jahre	1:3
3 Jahre bis Schuleintritt	1:7,5

(Bock-Famulla & Strunz, 2016, S. 7)

Im Vergleich zu den Angaben von Viernickel wird deutlich, dass die Empfehlung für den Personalschlüssel ab drei Jahren besser ist. Auf eine Unterscheidung bei den U3-Kindern, zwischen Null- bis Einjährigen und Ein- bis Dreijährigen wird jedoch verzichtet. Allerdings ist der angegebene Wert bei den U3-Kindern insgesamt etwas niedriger bzw. der Personalschlüssel höher angesetzt. Hieraus lässt sich schließen, dass im Mittel (hier 0–3 Jahre) zwischen den beiden Empfehlungen eine vergleichbare Betreuungssituation (von 1:3) entstehen könnte, wenngleich die Abhängigkeit von Alter und Kinderanzahl in der jeweiligen Betreuungssituation eine Differenzierung zwischen diesen beiden Altersklassen sinnvoll erscheinen lässt, da der pflegerische Betreuungsaufwand bei Kindern unter einem Jahr gleichsam höher angesetzt sein dürfte.

Der Paritätische Gesamtverband schlägt in seiner Veröffentlichung „Anforderungskatalog für die Strukturqualität in Kindertageseinrichtungen“ in Anlehnung an Prof. Fthenakis folgende Betreuungsrelation vor: (Paritätischer Gesamtverband, 2008, S. 3)

Tabelle 4: Empfohlener Betreuungsschlüssel

Alter der Kinder	Fachkraft-Kind-Relation
0–2 Jahr	1:3
2–3 Jahre	1:3-5 ▸ Ø 1:4
3–4 Jahre	1:5-8 ▸ Ø 1:6,5
4–5 Jahre	1:6-8 ▸ Ø 1:7

(Paritätischer Gesamtverband, 2008, S. 3) / eigene Berechnungen bei den Durchschnittswerten

Bei den hier geforderten Größen von Prof. Fthenakis handelt es sich ebenfalls um Bruttowerte (rechnerischer Personalschlüssel). Die Ausfallzeiten des Personals müssen hierbei noch Berücksichtigung finden, wodurch sich eine Anpassung des Personalschlüssels an die reelle Fachkraft-Kind-Relation ergibt (Paritätischer Gesamtverband, 2008, S. 3).

Der Paritätische nimmt bei seiner Empfehlung wiederum eine andere Differenzierung der Altersklassen vor und verzichtet auf eine Angabe bei der Alterspanne von fünf Jahren bis zum Schuleintritt, wodurch eine direkte Vergleichbarkeit der verschiedenen Vorschläge zusätzlich erschwert wird. Allerdings geht aus allen drei hier aufgeführten Forderungen aus Fachkreisen hervor, dass für die Betreuungsrelation zwischen null und zwei Jahren (entspricht in der Regel die Betreuung in Krippen) ein Bruttobetreuungsschlüssel von 1:3 empfohlen wird. In nachfolgender Tabelle werden die Durchschnittswerte aus den drei oben aufgeführten Empfehlungen von Viernickel & Fuchs-Rechlin, Bock-Famulla & Strunz sowie dem Paritätischen Gesamtverband (in Anlehnung an Fthenakis) dargestellt:

Tabelle 5: Durchschnitt der empfohlenen Betreuungsschlüssel

<table>
<tr><th colspan="3">Viernickel & Fuchs-Rechlin</th><th colspan="2">Bock-Famulla & Strunz</th><th colspan="3">Paritätischer Gesamtverband (Fthenakis)</th><th>Durchschnittswerte</th></tr>
<tr><td>0–1 Jahre</td><td>1:2</td><td rowspan="2">Ø 1:3</td><td rowspan="2">0–3 Jahre</td><td rowspan="2">1:3</td><td>0–2 Jahre</td><td>1:3</td><td rowspan="2">Ø 1:3,5</td><td rowspan="2">1–3 Jahre
Ø 1:3,25</td></tr>
<tr><td>1–3 Jahre</td><td>1:4</td><td>2–3 Jahre</td><td>Ø 1:4</td></tr>
<tr><td rowspan="2">3 Jahre – Schule</td><td rowspan="2">1:9</td><td rowspan="2"></td><td rowspan="2">3 Jahre – Schule</td><td rowspan="2">1:7,5</td><td>3–4 Jahre</td><td>Ø 1:6,5</td><td rowspan="2">Ø 1:6,75</td><td rowspan="2">3 Jahre-Schule
Ø 1:7,75</td></tr>
<tr><td>4–5 Jahre</td><td>Ø 1:7</td></tr>
</table>

Viernickel & Fuchs-Rechlin, Bock-Famulla & Strunz sowie dem Paritätischen Gesamtverband (in Anlehnung an Fthenakis) / teilweise eigene Berechnungen

Zu den eben aufgeführten Werten existieren noch weiterführende Vorschläge, die neben dem Verhältnis zwischen Pädagog_innen und Kindern zudem die Buchungsstunden der Kinder in ihr Berechnungsmodell miteinbeziehen (ebd., S. 45). In Bayern wird allerdings bei der Berechnung der Kindertagesstätten-Förderung als Berechnungsgrundlage das Vollzeitäquivalent von Kindern und Pädagog_innen zu Grunde gelegt (siehe hierzu Kapitel 6.3), weshalb an dieser Stelle auf eine weitere Differenzierung unter Hinzunahme der Buchungsstunden nicht näher eingegangen wird.

Empirische Forschungsergebnisse lassen den Rückschluss zu, dass sich die Überschreitung bestimmter Schwellenwerte ungünstig auf die pädagogische Prozessqualität auswirken kann. Diese staffeln sich laut den Recherchen von Viernickel wie folgt: Bei Null- bis Dreijährigen Kindern scheinen diese bei 1:3 bis 1:4 zu liegen. Bei einer Verschlechterung dieser Werte kann die Interaktion zwischen Pädagog_innen und Kindern leiden. Im Kindergartenbereich (bei den 3 bis 6-Jährigen) bewegt sich der Schwellenwert zwischen 1:8 (3 bis 5-Jährige) und 1:10 (5 bis 6-Jährige). Allerdings gestaltet sich, aufgrund verschiedener Studiendesigns und differierenden Methoden, eine Vergleichbarkeit der Ergebnisse schwierig und sollte dementsprechend mit Bedacht betrachtet werden (Viernickel & Fuchs-Rechlin, 2016, S. 51).

Die in der Praxis von Kindern erlebte Betreuungssituation unterliegt regionalen Schwankungen. Sie wird unter anderem von Faktoren wie den länderspezifischen Vorgaben, trägerinternen Haltungen sowie deren finanzielle Mittel, Zeiten für mittelbare pädagogische Arbeit, sonstige Fehlzeiten des Personals, etc. beeinflusst.

Auch die Tageszeit trägt zur Fachkraft-Kind-Relation bei. In der Studie „Stege“ wurde die tatsächliche Fachkraft-Kind-Relation in den Einrichtungen in NRW als Momentaufnahme zu drei unterschiedlichen Tageszeiten (8:00, 11:00 sowie 15:00 Uhr) abgefragt. Hierbei ergab sich folgendes Bild (Viernickel & Voss, 2012, S. 52):

Tabelle 6: Fachkraft-Kind-Relation nach Uhrzeit und Altersspanne

Altersspanne	Personalschlüssel	8:00 Uhr	11:00 Uhr	15:00 Uhr
Unter 3 Jahre	≤ 1:4	71,3%	56,0%	58,9%
	> 1:4	28,7%	44,0%	41,1%
3 Jahre bis Schuleintritt	≤ 1:7,5	71,8%	31,3%	54,6%
	zw. 1:7,5 & 1:10	20,1%	28,3%	21,4%
	> 1:10	8,2%	40,4%	24,0%

(Viernickel & Voss, 2012, S. 52 / teilweise eigene Berechnungen)

Aus der Tabelle geht hervor, dass bei den Kindern unter drei Jahren der empfohlene Betreuungsschlüssel von 1:4 in mindestens 56% der Fälle eingehalten wurde. Allerdings wird insbesondere in der Kernzeit sowie in den Nachmittagsstunden in über 40% eine schlechtere Fachkraft-Kind-Relation nachgewiesen. Die Kinder im Kindergarten (3 Jahre bis zum Schuleintritt) erleben überwiegend eine sehr gute bis gute Betreuungsrelation, wenngleich auch in dieser Altersspanne insbesondere in der Kernzeit eine Abweichung von ebenfalls über 40% von der Empfehlung aus Fachkreisen vorliegt. Diese Entwicklung ist als besonders kritisch zu betrachten, da insbesondere in der Kernzeit in vielen Häusern die meisten Kinder anwesend sein dürften. Von qualitativ hochwertigen sowie guten Betreuungsbedingungen sollten doch alle Kinder gleichermaßen profitieren können. Andererseits würde eine Privilegierung von „Randzeit-Kindern“ stattfinden, von der in Zeiten der Chancengleichheit Abstand genommen werden sollte.

Wenngleich der rechnerische Betreuungsschlüssel vom Gros der Befragten als gut erachtet wird, geben sie dennoch zu bedenken, dass der Wert auf dem Papier und der reelle Wert oftmals voneinander abweichen. Gründe hierfür sind wie bereits erläutert, die Zeiten für mittelbare pädagogische Arbeiten und sonstige Fehlzeiten des Personals, die in die offizielle Statistik nicht einberechnet werden (Viernickel & Voss, 2012, S. 189).

Aus vorangegangenen Erläuterungen geht bereits hervor, dass die Berechnung des Personalschlüssels ein höchst komplexer Prozess ist. Die jeweiligen Bundesländer geben einen Schwellenwert vor, der eingehalten werden muss, um die Förderung nicht zu gefährden. In Bayern liegt dieser Wert derzeit bei 1:11 (eine Fachkraft auf 11 Kinder von 3 Jahren bis zum Schuleintritt), bei U3-Kindern entsprechend 1:5,5. Darüber hinaus steht es den KiTa-Trägern frei, ihre Einrichtungen mit mehr Personal auszustatten. Die Mehrkosten müssen sie jedoch eigenständig aufbringen (STMAS-Bayern, 2016a).

Bildung sowie die Finanzierung der laufenden Kosten von Kindertageseinrichtungen ist Ländersache und unterliegt dementsprechend den Vorgaben der einzelnen Bundesländer. Auch die Vorgaben hinsichtlich des Personalschlüssels unterliegen regionalen Schwankungen. Nachfolgend werden die rechnerischen Personalschlüssel zum Stichtag 01.03.2015 im deutschlandweiten Durchschnitt sowie die Bundesländer mit dem besten und dem schlechtesten Personalschlüssel dargestellt (Bertelsmann Ländermonitor, 2015a).

Abbildung 5: Rechnerischer Personalschlüssel bei Kindern von 0–3 Jahren (bundesweiter Durchschnitt, bester und schlechtester Schlüssel) zum Stichtag 01.03.2015 / eigene Darstellung (Bertelsmann Ländermonitor, 2015a)

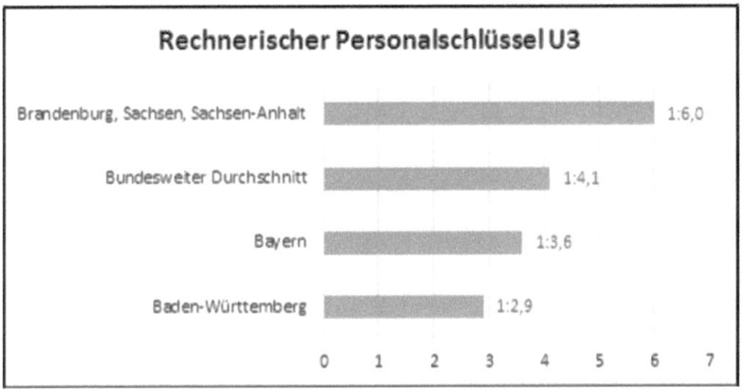

Vorstehendes Diagramm zeigt den besten und schlechtesten rechnerischen Personalschlüssel nach Bundesländern, den bundesweiten Durchschnitt sowie die Situation in Bayern im Bereich der Null- bis Dreijährigen Kinder. Hier werden die großen regionalen Unterschiede besonders deutlich. Während die Betreuungsrelation in Baden-Württemberg mit 1:2,9 am günstigsten ausfällt, bieten Einrichtungen in Brandenburg, Sachsen und Sachsen-Anhalt eine um 50% schlechtere Betreuungssituation. Die empfohlene Relation von Fachkraft zu Kind kann nach den Daten des „Bertelsmann Ländermonitor" lediglich das Land Baden-Württemberg einhalten, dicht gefolgt von Bremen (hier nicht grafisch dargestellt) mit 1:3,1. Bayern rangiert mit seinem Wert im Mittelfeld. Sechs Bundesländer halten einen besseren Personalschlüssel vor, ein Land liegt ebenfalls bei 1:3,6 (Hessen). Die restlichen acht Bundesländer befinden sich mit den Werten 1:3,7 (Niedersachsen), 1:4,6 (Hamburg), 1:5,0 (Thüringen), 1:5,5 (Berlin), 1:5,7 (Mecklenburg-Vorpommern) sowie 1:6,0 (Brandenburg, Sachsen, Sachsen-Anhalt) deutlichen hinter den Empfehlungen (Bertelsmann Ländermonitor, 2015a).

Zu bedenken ist bei der Interpretation der Zahlen, dass es sich hierbei um die rein rechnerischen Werte handelt. Faktoren, wie eine eventuelle Freistellung der Leitung, Ausfallzeiten des Personals (aufgrund von Krankheit oder Fortbildung) oder auch Zeiten für die mittelbare pädagogische Arbeit wurden dabei nicht berücksichtigt (ebd.). Nach einer Bereinigung der Werte muss davon ausgegangen werden, dass kein Bundesland die Empfehlungen aus Fachkreisen von durchschnittlich 1:3 bei Krippenkindern einhalten kann.

Abbildung 6: Rechnerischer Personalschlüssel bei Kindern von 3 Jahren bis zum Schuleintritt (bundesweiter Durchschnitt, bester und schlechtester Schlüssel) zum Stichtag 01.03.2015 / eigene Darstellung (Bertelsmann Ländermonitor, 2015a)

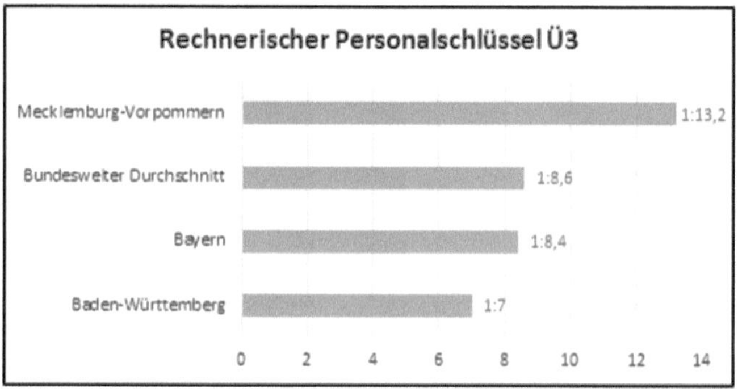

Aus obenstehendem Diagramm gehen die Personalschlüssel bei Kindern zwischen drei Jahren bis zum Schuleintritt hervor. Dargestellt werden das Bundesland mit dem besten und dem schlechtesten Personalschlüssel, der bundesweite Durchschnitt sowie die Betreuungssituation in Bayern. Hier wird ersichtlich, dass bundesweit ebenfalls große Unterschiede existieren. In Baden-Württemberg profitieren die Kinder von einem Personalschlüssel von 1:7,0, der somit etwas besser ist als der empfohlene Schlüssel von 1:7,5. Bremen (hier nicht grafisch dargestellt) erfüllt die empfohlenen Werte ebenfalls mit einer Relation von 1:7,1. Die restlichen Bundesländer können die Empfehlungen nicht erfüllen. Das Bundesland mit der ungünstigsten Betreuungsrelation ist laut den Angaben des Ländermonitors Mecklenburg-Vorpommern (1:13,2). Bayern reiht sich (mit 1:8,4) wieder im Mittelfeld ein und ist damit etwas besser als der bundesweite Durchschnitt. Weitere sechs Bundesländer halten einen besseren Personalschlüssel als Bayern vor (Niedersachsen: 1:7,7; Hamburg: 1:7,8; Schleswig-Holstein: 1:7,9; Berlin: 1:8,1; Reinland-Pfalz: 1:8,2; Nordrhein-Westfahlen: 1:8,3). Dennoch können auch sie die empfohlenen Werte nicht einhalten. Die restlichen Bundesländer liegen mit Schlüsseln zwischen 1:8,8 (Saarland) und 1:13,2 (Mecklenburg-Vorpommern) weit hinter den Empfehlungen (Bertelsmann Ländermonitor, 2015a).

Auch bei diesen Werten ist wieder zu beachten, dass es sich um rein rechnerische Werte handelt, die um die tatsächliche Fachkraft-Kind-Relation zu ermitteln noch bereinigt werden müssen.

Nach Berücksichtigung der bereits aufgezählten Parameter, der Fehlzeiten sowie Anteile der mittelbaren pädagogischen Arbeit des Personals sollte eine Anpassung des Personalschlüssels erfolgen, um qualitativ hochwertige Arbeit leisten zu können und die den Kindern eine adäquate Betreuungssituation zu bieten. Viernickel und Fuchs-Rechlin führen hierzu folgende Werte an:

Tabelle 7: Empfohlene Fachkraft-Kind-Relation nach Berücksichtigung von Ausfallzeiten des Personals

Alter der Kinder	Fachkraft-Kind-Relation
0–1 Jahr	1:1,4
1–3 Jahre	1:2,7
3 Jahre bis Schuleintritt	1:6,8

(Viernickel & Fuchs-Rechlin, 2016, S. 16)

Vorangehende Erläuterungen verdeutlichen eine Verschlechterung der Fachkraft-Kind-Relation in der Praxis infolge der Ausfallzeiten des Personals, die durch eine Anhebung des Personalschlüssels kompensiert werden müssen. Nach diesen Vorgaben erscheint es denkbar möglich, dass die Empfehlungen aus Fachkreisen in der Realität eher selten eingehalten werden, da in den Erhebungen des statistischen Bundesamtes die angesprochenen Parameter keine Berücksichtigung finden. Aus diesem Grund ist der Wunsch aus der

Praxis nach einer Verbesserung der Betreuungssituation in Bezug auf den Personalschlüssel nicht verwunderlich.

In der Untersuchung BeWAK (2015) gaben 63% der Befragten an, dass sie sich einen Personalschlüssel von 1:2 oder 1:3 (Krippe) wünschen und weisen demnach indirekt auf Verbesserungspotential hin (BeWAK-Studie, 2015, S. S. 30).

Aus eben aufgezeigten Erläuterungen lässt sich zusammenfassend festhalten: Der Betreuungsschlüssel in Kindertagesstätten ist ein wichtiger Indikator für die Bildung, Betreuung und Erziehung im frühkindlichen Bereich. Dies geht aus vorangegangenen Ausführungen nochmals deutlich hervor. Zudem zeigen Studien Zusammenhänge zwischen der erlebten Betreuungsqualität, der Interaktionsgüte und dem Vorhandensein bildungsanregender Aktivitäten. Weiterhin kann ein hoher Betreuungsschlüssel in Verbindung mit positiver kindlicher Sprachentwicklung und dem Wohlbefinden der Kinder gebracht werden. Aus diesem Grund scheint es besonders bedeutungsvoll, ausreichend gute Fachkraft-Kind-Relationen in den Kindertageseinrichtungen vorzuhalten sowie regionale Unterschiede zu eliminieren. Zur Erfüllung dieser für die kindliche Entwicklung und dem Kindeswohl entsprechender Modalitäten können nicht nur die KiTa-Träger in die Pflicht genommen werden. Eine einheitliche Regelung über alle Bundesländer hinweg, mit einer Anpassung der vorgegebene Schwellenwerte an die Empfehlungen aus Fachkreisen, wäre ein erster Schritt, wenngleich auch die Fehlzeiten des Personals in den Vorgaben des Bundes Berücksichtigung finden müssen, um die große Heterogenität in Deutschland zu reduzieren.

6.1 Entwicklung der Betreuungsschlüssel

In Bayern wurde der refinanzierte Personalschlüssel in den Jahren seit 2008 von Seiten der Staatsregierung zweimal angeglichen. Eine erste Veränderung fand 2008 von 1:12,5 auf 1:11,5 statt (bei den Kindern von 3 Jahren bis zum Schuleintritt, bei U3-Kinder halbiert sich dieser Wert entsprechend auf 1:5,75), 2012 fand eine zweite Verbesserung Anwendung, der Schlüssel wurde auf 1:11 (1:5,5) angehoben (Bayerischer Landtag, 2014, S. 3). Gleichzeitig wurde mit der erneuten Anhebung des Personalschlüssels eine Empfehlung der AV-BayKiBiG für Bayern von 1:10 (1:5) ausgesprochen. Die Einhaltung dieser Empfehlung ist jedoch nicht förderrelevant (STMAS-Bayern, 2006).

Durch das momentan defizitäre Fachkräfteangebot wäre eine nochmalige Anhebung des Betreuungsschlüssels derzeit nicht möglich, so die Verantwortlichen des Staatsministeriums für Arbeit und Soziales, Familie und Integration (Bayerischer Landtag, 2014, S. 3).

6.2 Personalschlüssel vs. Fachkraft-Kind-Relation

In den vorangegangenen Kapiteln wurde bereits ein Zusammenhang zwischen der Betreuungsrelation (Personal und Kinder) und der Qualität erzieherischer Arbeit herausgearbeitet und beschrieben sowie das irritierende Begriffsverständnis aufgezeigt. Nach wie vor existiert keine einheitliche Begriffsdefinition. In Literatur, Fachkreisen, Gesetzestexten sowie Studien finden für die Relation zwischen Pädagog_innen und Kindern deshalb unterschiedliche Begriffe und Definitionen Verwendung. Eine Vereinheitlichung bzw. genaue Definition des Terminus ist jedoch Voraussetzung, um Vergleichbarkeit zu gewährleisten (Viernickel & Fuchs-Rechlin, 2016, S. 53).

Der Personalschlüssel ist nicht gleichzusetzten mit der Fachkraft-Kind-Relation. Während der Personalschlüssel eine rein rechnerische Größe auf dem Papier darstellt, trifft die Fachkraft-Kind-Relation Aussagen über die tatsächlich von Kindern und Personal erlebte Betreuungssituation. Bedingt durch verschiedene Faktoren variieren diese Werte. Viernickel und Voss weisen in diesem Zusammenhang auf das Belastungserleben der Erzieher_innen hin, die aufgrund schlechterer Betreuungsschlüssel unter Zeitdruck geraten und in ihrer Arbeit Kompromisse auf Kosten der Qualität und ihrer eigenen Überzeugungen eingehen müssen. Die daraus resultierende Forderung der Wissenschaftler_innen zielt auf eine Anhebung der reellen Fachkraft-Kind-Relation ab, deren Berechnung sich sowohl an den Ausfallzeiten des Personals als auch an der Altersstruktur der Kinder orientieren muss (Viernickel & Voss, 2012, S. 189).

Gleichwohl überwiegend die beiden Begriffe Verwendung finden, wird die Differenzierung zwischen den beiden gängigen Termini aufgrund unzureichender Begriffsdefinitionen erschwert. In der gängigen Fachliteratur wird zudem ebenfalls keine einheitliche Terminologie verwendet. Oftmals werden beide Begriffe als Synonym verwendet, somit ist aus den Empfehlungen und Berechnungen nicht genau ersichtlich, auf welchen Fachbegriff sich diese beziehen: Beziehen sie sich auf die rechnerischen Werte oder auf die tatsächlich von den Kindern erlebte alltägliche Betreuungssituation (Viernickel & Fuchs-Rechlin, 2016, S. 46).

Die oben benannte Differenzierung bezieht sich demnach entweder auf die rein rechnerische Größe oder auf die tatsächlich vom Kind erlebte Betreuungssituation, die in der Realität aufgrund verschiedener Faktoren von den rechnerischen Werten auf dem Papier abweichen kann. Diese beiden Spezifizierungen beziehen sich lediglich auf die refinanzierten und somit auf die in den offiziellen Personalschlüssel eingeschlossenen Berufsgruppen. Andere, das Stammpersonal unterstützende Personenkreise, werden hierbei nicht berücksichtigt, wenngleich diese gegebenenfalls die vom Kind erlebte Betreuungssituation aufwerten können. Diese Überlegung bezieht sich insbesondere auf Praktikant_innen (z.B. Erzieherpraktikant_innen im ersten und zweiten Ausbildungsjahr SPS1 und SPS2, Kinderpflegeschüler_innen etc.), ehrenamtliche Mitarbeiter_innen, etc., die durch ihre Unterstützung im KiTa-Alltag zu einer Aufwertung der Betreuungssituation beitragen können, auch wenn sie nicht in der offiziellen Statistik auftauchen.

Aus vorangegangenen Erläuterungen sollte deshalb in Bezug auf den Personalschlüssel und der Fachkraft-Kind-Relation in Betracht gezogen werden, eine erneute Differenzierung des Begriffs vorzunehmen:

1. **Personalschlüssel:** Synonym kann hier auch der Begriff „Anstellungsschlüssel“ Verwendung finden. Dieser Wert ist eine rein rechnerische Zahl zwischen den Arbeitszeit-Vollzeitäquivalent Fachkräfte/ Ergänzungskräfte und dem Buchungsstunden-Vollzeitäquivalent Kinder. Rechnungsgrundlage sind hierbei 254 Arbeitstage/ Jahr bei einer Arbeitszeit von acht Stunden/ Tag („Bruttoarbeitszeit“). Die dabei ermittelten Zahlen lassen jedoch keine Aussage zu, wieviel Zeit den Pädagog_innen tatsächlich für die Kinder zur Verfügung stehen (Viernickel & Fuchs-Rechlin, 2016, S. 53).
2. **Fachkraft-Kind-Relation:** Synonym wird hier auch der Begriff „Erzieher_innen-Kind-Schlüssel“ verwendet (ebd., S. 46). Hierbei finden alle in der KiTa angestellten qualifizierten Personen unabhängig von den Buchungsstunden der Kinder bzw. dem Stundenkontingent des Personals Berücksichtigung. Sie bezieht sich auf die von den Kindern erlebte Betreuungssituation, beschränkt sich jedoch auf die Fach-/ bzw. Ergänzungskräfte, also lediglich auf jene Personenkreise, die refinanziert werden und in der offiziellen Statistik auftauchen.

3. **Betreuungsschlüssel:** Als Synonym kann hier auch der Begriff „Betreuungsrelation“ angewendet werden. Dieser inkludiert auch andere Personen, die regelmäßig in der KiTa tätig sind, das Stammpersonal unterstützen und somit den offiziellen Personalschlüssel inoffiziell aufwerten. Bei regelmäßiger Anwesenheit dieser Personen kann (vorausgesetzt der Umgang mit den Kindern entspricht dem jeweiligen Konzept und dient dem Wohl der Kinder in Bezug auf die Qualität) die von den Kindern erlebte tatsächliche Betreuungssituation positiv beeinflusst werden.

Diese erneute Differenzierung erscheint sinnvoll, da die von den Kindern erlebte Betreuungssituation mit der Anwesenheit geeigneten Personals einhergeht, wenngleich zu bedenken ist, dass nicht jede Person gleichermaßen geeignet ist. Ungelerntes Personal ist nicht gleichzusetzen mit unqualifiziertem Personal und umgekehrt. Aus diesem Grund können durchaus auch Personen ohne Ausbildung (oder in der Ausbildung, beispielsweise Praktikant_innen) eine Unterstützung im Alltag darstellen und die Erzieher_innen in ihrer Aufgabenvielfalt entlasten sowie zur Unterstützung des Stammpersonals eingesetzt werden. Wobei hier zweifelsohne zwischen den einzelnen KiTa-Formen und den übertragbaren Arbeiten differenziert werden muss. Elementare Aufgaben wie die Förderung, Bildung und Erziehung der Kinder sollten weiterhin in jedem Fall dem Stammpersonal obliegen. Die vielfach geförderte Qualitätsoffensive darf sich nicht allein auf die Qualifikation der KiTa-Mitarbeiter_innen beziehen. Vielmehr sollte sich diese auf die Gesamtstruktur der außerfamiliären Betreuungseinrichtungen richten. Die Relation von Kindern und Personal in Kindertageseinrichtungen steht, wie bereits in vorangegangenen Ausführungen erläutert, in Zusammenhang mit der leistbaren Qualität erzieherischer Arbeit. Eine Entlastung der Fachkräfte durch Ergänzungskräfte und sonstige geeignete Personen kann aller Wahrscheinlichkeit nach, unter Berücksichtigung der Eignung und persönlicher Orientierung (Einstellung zum Kind), neben vielen anderen Faktoren ebenfalls zu einer Qualitätssteigerung beitragen.

Neben den eben aufgezählten Spezifizierungen müssen zudem die Ausfallzeiten des Personals bedacht werden. Wodurch sich eine Verschlechterung der von den Kindern erlebten Betreuungssituation ergibt. Die Berechnung des Personalschlüssels (insbesondere bei den offiziellen Berechnungen des statistischen Bundesamtes und des Bertelsmann Länderreports) wird aus dem Verhältnis zwischen den Vollzeitäquivalenten des vertraglich festgelegten Stundenkontingents des Personals zu den Buchungsstunden der Kinder ermittelt. Die Hochrechnung bezieht sich dabei auf 254 Arbeitstage/Jahr bei einer 40 Stundenwoche (8 Stunden/Tag). Die eben genannten Ausfallzeiten finden dabei keine Beachtung. Diese inkludieren Urlaub, Fortbildungszeiten, Krankheit sowie Zeiten für mittelbare pädagogische Tätigkeiten (Viernickel & Fuchs-Rechlin, 2016, S. 53).

Die Erfassung der tatsächlichen Betreuungsrelation gestaltet sich äußerst schwierig. Lediglich direkte Erhebungen (Beobachtungen oder Befragungen als Momentaufnahme) geben einen Einblick über die Gegebenheiten in der Praxis. Rechnerische Größen unter Einbezug der Vollzeitäquivalente schaffen ausschließlich ein Bild über das Verhältnis zwischen den Betreuungs- und Arbeitszeitkontingenten von Kindern und Personal, lassen jedoch keine Aussage über die tatsächlich erlebte Betreuungsrelation zu (Viernickel, Nentwig-Geseman, Nicolai, Schwarz, & Zenker, 2013, S. 25).

In der Erhebung „Schlüssel zu guter Bildung“ geben die Autor_innen zu bedenken, dass der rechnerische Betreuungsschlüssel auf dem Papier und in der Realität nicht übereinstimmen. Die Differenz zwischen den Daten des Bertelsmann Länderreport sowie des statistischen Bundesamtes und der realen Betreuungssituation in der Praxis betragen je nach Gruppenstrukturtyp zwischen 22% (reine Krippengruppen) und 31% (altersübergreifende Gruppenstruktur) (ebd., S. 30).

Viernickel und Voss weisen nochmals auf die Zusammenhänge zwischen einer guten Betreuungsrelation und der Prozessqualität sowie positiver Effekte auf die kindliche Entwicklung hin. Ausschlaggebend hierbei ist die Grundannahme, dass eine bessere Fachkraft-Kind-Relation die Interaktion zwischen Erzieher_innen und Kindern fördert, günstige Lernumwelten schafft und dadurch die Bildung und Entwicklung der Kinder nachhaltig erfolgreich prägt. Entscheidend ist in diesem Zusammenhang die tatsächlich von den Kindern erlebte Betreuungssituation. Aus diesem Grund erscheint es unabdingbar, zur Erfüllung der vom Gesetzgeber gestellten Vorgaben der Bildungspläne die Personalausstattung der Kindertagesstätten deutlich anzuheben, wobei sich an der tatsächlich von den Kindern erlebten täglichen Betreuungssituation zu orientieren ist (Viernickel & Voss, 2012, S. 75).

Zur Vereinfachung der Lesbarkeit werden im Verlauf dieser Arbeit überwiegend die Begriffe „Betreuungsschlüssel“, „Betreuungsrelation“ und Fachkraft-Kind-Relation verwendet“.

6.3 Berechnung des Personalschlüssels

Die Qualität in Kindertageseinrichtungen basiert nicht zuletzt auf der vorherrschenden Betreuungsrelation zwischen Kindern und Personal. Zur Ermittlung der Betreuungssituation in Kindertagesstätten erhebt das statistische Bundesamt in jährlichen Intervallen zum Stichtag 01. März dic aktuellen Kinder- und Personalzahlen sowie deren Buchungs- bzw. Arbeitszeitstunden. Die dabei ermittelten Daten basieren auf der Grundlage analytischer Berechnungen, wobei, wie bereits beschrieben, die Vollzeitäquivalente der Kinder und Betreuer zugrunde liegen. Im Ergebnis zeigt sich eine rein rechnerische Größe des Personalschlüssels, eine Aussage über die reelle Fachkraft-Kind-Relation ist hierbei nicht gegeben. Hintergrund dieser Erhebung ist einerseits, die Darstellung des Personalschlüssels nach Gruppenarten, andererseits dient sie der Analyse regionaler Unterschiede und erlaubt Aussagen zu Veränderungen im zeitlichen Verlauf. Allerdings ist aufgrund einiger Veränderungen in der Berechnungsgrundlage zugunsten der Gruppenspezifizierung ab dem Jahr 2012 die Vergleichbarkeit mit älteren Daten nicht mehr gegeben (Statistisches Bundesamt, 2015, S. 4).

Bei den Berechnungen des statistischen Bundsamtes werden nur Einrichtungen mit festen Gruppenstrukturen berücksichtigt (ebd., S. 5), wenngleich eine Zunahme des offenen Arbeitens zu beobachten ist (2008 besuchten deutschlandweit 6,9% der außerfamiliär betreuten Kinder eine KiTa ohne feste Gruppenstruktur, 2015 bereits 11,0%, das ist eine Zunahme von 4,1% in 7 Jahren) (Bertelsmann Ländermonitor, 2015b). Ebenso ausgeschlossen sind Gruppen, in deren Konstellation I-Kinder (Integrativkinder d.h. behinderte oder von Behinderung bedrohte Kinder) betreut werden. Durch diese Einschränkungen dezimiert sich die Summe der beobachtbaren Personalschlüssel entsprechend. Um die vorhandenen Unterschiede zwischen Personalstunden und Betreuungskontingenten innerhalb einer Gruppe auszugleichen, erfolgt als Berechnungsbasis eine Normierung der Daten. Die eigentliche Berechnung erfolgt danach in drei Schritten (Statistisches Bundesamt, 2015, S. 5):

1. **Berechnung der Vollzeitbeschäftigungsäquivalente der beschäftigten Personen** nach Gruppenzugehörigkeit. Grundlage bildet dabei die vertraglich vereinbarte wöchentliche Arbeitszeit der pädagogischen Mitarbeiter_innen. Aus der Summe werden die Vollzeitäquivalente von 39 Stunden/ Woche ermittelt. Gruppenübergreifend tätige Personen werden anteilig angerechnet. Ausfallzeiten für mittelbare pädagogische Arbeiten sowie sonstige Fehlzeiten finden dabei keine Berücksichtigung. Die Wochenarbeitsstunden der Einrichtungsleiter_innen werden, nach Abzug einer eventuellen Freistellung, ebenfalls auf die Gruppen verteilt (ebd., S. 5).
2. **Ermittlung des Vollzeitbetreuungsäquivalents der betreuten Kinder.** Aus der vertraglich vereinbarten Buchungszeit der Kinder innerhalb einer Gruppe werden Vollzeitäquivalente errechnet. Diese Vorgehensweise macht es möglich die Gesamtbetreuungszeit der Kinder auf eine wöchentliche Betreuungszeit von 40 Stunden/ Woche zu beziehen (ebd., S. 5).
3. **Bestimmung der Relation zwischen den beiden Vollzeitäquivalenten einer Gruppe.** Diese Vorgehensweise ermöglicht gruppeninterne Personalschlüssel zu berechnen (ebd., S. 6).

Interessanterweise weist das Statistische Bundesamt in seiner Publikation zur Personalschlüsselberechnung in Kindertageseinrichtungen auf die Defizite bei der Berücksichtigung der Fehlzeiten des Personals sowie der Randzeitenbetreuung hin. Explizit heißt es:

> *In der täglichen Betreuungssituation vor Ort können sich durchaus andere Bedingungen ergeben. Dies gilt insbesondere dann, wenn Personal krankheitsbedingt ausfällt. Ferner ist die Betreuungssituation in Randzeiten anders als zu den Kernzeiten der Betreuung, d. h. morgens früh oder am späteren Nachmittag. Aus diesem Grunde ist die „rechnerische Größe" Personalschlüssel auch keine tatsächliche „Betreuer-Kind-Relation"* (Statistisches Bundesamt, 2015, S. 4).

Wenngleich der Personalschlüssel nicht der Fachkraft-Kind-Relation entspricht (er ist lediglich eine rechnerische Größe zwischen dem vertraglich festgelegten Betreuungsumfang der Kinder und der vertraglich festgelegten Arbeitszeit des gesamten Personals), könnte aus dieser Ausführung geschlossen werden, dass in den Kernzeiten die errechneten Werte weitestgehend eingehalten werden. Allerdings geht aus den Untersuchungen von Viernickel und Voss in NRW (Nordrhein-Westfallen) hervor, dass die reelle Fachkraft-Kind-Relation regional auch in der Kernzeit bzw. besonders in den Kernzeiten von den Werten des statistischen Bundesamtes abweicht. Die beiden Forscherinnen ermittelten in ihrer Untersuchung im Jahr 2012 eine Abweichung in 46% der Fälle. Die Betreuungsrelation von ≤ 1:4 (bei U3-Kindern) konnte in der Kernzeit nicht eingehalten werden (siehe hierzu Tabelle 6). Sie ermittelten einen Durchschnittswert von 1:4,3, wobei die Streuung zwischen 1:1,5 und 1:10,5 liegt (Median 1:4) (Diese Werte wurden um 11 Uhr gemessen. Hier ist davon auszugehen, dass es sich um die Kernzeit handelt in welcher die meisten Fachkräfte anwesend sein müssten.) (Viernickel & Voss, 2012, S. 52). Laut der Statistik des Bundesamtes liegt der rechnerische Wert im gleichen Jahr in NRW bei 1:3,7 (ebenfalls Median) (Statistisches Bundesamt, 2015, S. 8). Vorangehende Erläuterungen lassen den Rückschluss zu, dass ein Zusammenhang zwischen der rechnerischen Größe des statistischen Bundesamts und den Werten in der Realität zwar existiert, die Anzahl der Kinder pro Betreuer in der Praxis wahrscheinlich jedoch meist ungünstiger (höher) ausfällt.

Beispielberechnung des Betreuungsschlüssels:

24 Kinder Gewichtungsfaktor 1,0 (Buchungszeit 5–7 Std/ Tag ≙ Ø 6 Std/ Tag); 2 Vollzeitarbeitskräfte (Arbeitszeit 39 Std/ Woche).

Zunächst werden das Vollzeitbetreuungsäquivalent und das Vollzeitarbeitsäquivalent berechnet und anschließend dividiert:

$$\text{Vollzeitbetreuungsäquivalent} = \frac{24\ \textit{Kinder x 6 Std / Tag x 5 Tage}}{40\ \textit{Std Betreuungszeit}} = 18{,}0$$

$$\text{Vollzeitarbeitsäquivalent} = \frac{2\ \textit{Pädagogen x}\ 39\ \text{Std / Woche}}{39\ \text{Std Wochenarbeitszeit}} = 2{,}0$$

$$\text{Personalschlüssel} = \frac{\text{Vollzeitbetreuungsäquivalent } 18{,}0}{\text{Vollzeitarbeitsäquivalent } 2{,}0} = 1 : 9{,}0$$

An diesem Beispiel wird sehr vereinfacht jedoch deutlich dargestellt, dass durch die zugrundeliegende Berechnungsgrundlage aus 24 reellen Kindern 18 rechnerische Kinder entstehen. Dementsprechend ist davon auszugehen, dass dieser Wert von der tatsächlichen Fachkraft-Kind-Relation abweicht und nicht mit dieser gleichzusetzen ist

6.4 Mittelbare pädagogische Arbeit

Unter diesem Begriff werden alle Aufgaben verstanden, die nicht unmittelbar am Kind erbracht werden, jedoch zu den Verpflichtungen der Pädagog_innen gehören (Als Synonym werden auch die Begriffe „Vor- und Nachbereitungszeit" sowie „Verfügungszeit" verwendet). Hierunter fallen Dokumentationsarbeit, Vorbereitungszeiten, Teambesprechungen, kollegiale Beratungen, Entwicklungsgespräche mit den Eltern und vieles mehr. Die Zeiten für mittelbare pädagogische Tätigkeiten werden in den offiziellen Personalschlüssel miteingerechnet und führen so zu einer negativen Verzerrung im Sinne einer Verschlechterung der Fachkraft-Kind-Relation. Um die Ausfallzeiten zu kompensieren und qualitativ hochwertige pädagogische Arbeit zu ermöglichen, sollte eine Anhebung des Personalschlüssels, orientiert an die für diese Arbeit benötigte Zeit, erfolgen (Viernickel & Fuchs-Rechlin, 2016, S. 16).

Die Ursachen für eine Differenz zwischen dem Personalschlüssel auf dem Papier und der tatsächlich erlebten Betreuungssituation in der KiTa sind vielfältig und können in verschiedene Bereiche untergliedert werden. Sie inkludieren u.a. Zeitaufwendungen für Verwaltungstechnische Aufgaben (mittelbare pädagogische Arbeit der Fachkräfte, aber auch die Verwaltungstätigkeiten der Leitungskräfte, die aufgrund fehlender Freistellung diese Tätigkeiten während ihrer Zeit für die Arbeit am Kind erledigen müssen), lange Öffnungszeiten der KiTa sowie Abwesenheiten des Personals aufgrund von Urlaub, Krankheit, Fortbildung (Kröger, 2015). Hinzu kommen „Personalbedarfsschwankungen" aufgrund unterschiedlicher Kinderzahlen, beispielsweise verursacht durch Neuaufnahmen oder Kündigungen von Kindern im laufenden KiTa-Jahr, Veränderungen bei den Buchungsstunden der Kinder oder des Stundenkontingents des Personals (Klaudy, Köhling, Michaeel, & Stöbe-Blossey, 2016, S. 33).

Die hierfür notwendigen Zeitkontingente genau zu bestimmen, bedarf einiger theoretischer Vorüberlegungen und gestaltet sich in Bezug auf die unterschiedlichen Faktoren und Vorgaben in der Praxis nicht ganz einfach. Daten aus Literatur und Forschung lassen jedoch vorsichtige Schätzungen des Bedarfs zu, woraus sich Prognosen für die tatsächlich benötigte mittelbare pädagogische Arbeitszeit ermitteln lassen (Viernickel & Fuchs-Rechlin, 2016, S. 54).

Hinzu kommt, dass abhängig von Bundesland und Einrichtungsträger der Umgang mit den Verfügungszeiten des Personals unterschiedlich gehandhabt wird. Nicht alle Arbeitnehmer_innen verfügen über ein festgelegtes Zeitkontingent für mittelbare pädagogische Tätigkeiten. Zudem existiert keine einheitliche Regelung, inwiefern diese Zeiten fernab des Kindes in den Personalschlüssel miteinberechnet werden dürfen. Dementsprechend ist davon auszugehen, dass in der Fachpraxis die tatsächliche Fachkraft-Kind-Relation schlechter anzunehmen ist, als in statistischen Erhebungen dargestellt (ebd., S. 54).

Lediglich ein Drittel der Erzieher_innen verfügt über ein vertraglich bzw. trägerintern geregeltes Zeitkontingent für mittelbare pädagogische Tätigkeiten. Dies geht aus dem Forschungsbericht „Schlüssel zu guter Bildung, Erziehung und Betreuung" hervor, wobei auch hier wieder ein Ost-West-Gefälle zu verzeichnen ist. Im Westen Deutschlands berichten 44%, dass diesbezüglich eine Regelung existiert, wohingegen im Osten nur 17% der KiTa-Mitarbeiter_innen davon profitieren (Viernickel, Nentwig-Geseman, Nicolai, Schwarz, & Zenker, 2013, S. 33).

Aus der Untersuchung „Stege" geht hervor, dass insgesamt bei 45% der Fachkräfte die Verfügungszeiten nicht vertraglich geregelt sind. Bei den Leitungskräften ist diese Zahl mit 63% noch höher. Existieren vertragliche Regelungen zu den Verfügungszeiten, bewegen sich die dafür vorgesehenen Zeitkontingente im Durchschnitt bei 8,8% (mit einer Streuung von 0,6% und 50%) der wöchentlichen Arbeitszeit (Viernickel & Voss, 2012, S. 64). Wenngleich der Personalschlüssel von vielen Fachkräften subjektiv als gut beschrieben wird, geben sie an, dass nicht genügend Zeit für die täglichen Zusatzaufgaben außerhalb der Arbeit am Kind zur Verfügung steht. Diese Aufgaben müssten dann in Mehrarbeit am Abend oder außerhalb der regulären Arbeitszeit verrichtet oder zeitliche Abstriche bei der Arbeit am Kind vorgenommen werden. Hieraus können bei den Betroffenen Zeitdruck und ein erhöhter Stresslevel resultieren. Diese Angaben treffen gleichermaßen für Fachkräfte zu, die den Personalschlüssel an ihrem Arbeitsplatz als nicht gut bewerten (ebd., S. 189).

Aus der Studie AQUA geht hervor, dass 91,8% der befragten Erzieher_innen regelmäßige Mehrarbeit leisten müssen, um das erforderliche Arbeitspensum zu schaffen. Zudem berichten 59,9%, dass sie die geleisteten Überstunden in Form von Freizeitausgleich abfeiern dürfen (woraus mit großer Wahrscheinlichkeit wiederum eine Verschlechterung der Fachkraft-Kind-Relation resultiert), während bei 31,5% die theoretische Möglichkeit zum Überstundenabbau in Form von Freizeit zwar existiert, praktisch jedoch nicht umsetzbar ist. Durchschnittlich leisten KiTa-Fachkräfte 2,8 Überstunden/ Woche und Leiter_innen 4,0 Stunden (Schreyer, Krause, Brandl, & Nicko, 2014, S. 35f.).

Zudem fanden die Autor_innen der AQUA-Studie heraus, dass Zeit für die Arbeit am Kind einen wichtigen Faktor für Fachkräfte darstellt. Ihnen ist ausreichend Zeit für pädagogische Tätigkeiten wichtiger als ihre Bezahlung (ebd., S. 64) wenngleich die Bezahlung der Bereich ist, mit dem die Pädagog_innen am wenigsten zufrieden sind (ebd., S. 188).

Hieraus lässt sich folgende Vermutung ableiten: Der Faktor „Zeit" hat eine höhere Gewichtung als der Faktor „Geld". Mit der Bezahlung sind die Fachkräfte jedoch unzufrieden, daraus könnte eine noch größere Unzufriedenheit mit dem zur Verfügung stehenden Zeitkontingent abgeleitet werden.

In Bezug auf die Regelungen zur Verfügungszeit kamen die Autor_innen der AQUA-Studie zu einem etwas abgeschwächteren Ergebnis. Laut ihrer Untersuchung verfügen nur 35% der Leitungskräfte über keine zeitlich festgelegten Vor- und Nachbereitungszeiten. Dabei gibt es ein deutliches Ost-West-Gefälle (im Westen 25,5% und im Osten 61,2%). Westliche Fachkräfte verfügen im Durchschnitt über 3,1 Stunden Verfügungszeit in der Woche, wohingegen Erzieher_innen im Osten lediglich 1,8 Stunden/ Woche zur Verfügung stehen. Dementsprechend variieren auch die Wünsche. Im Westen wünschen sich die Pädagog_innen 4,2 Stunden, während östliche KiTa-Mitarbeiter_innen bereits mit einer Erhöhung auf 3,6 Stunden zufrieden wären (ebd., S. 36).

Durch die vielen außerpädagogischen Tätigkeiten kann bei den Erzieher_innen Stress im Sinne von Zeitmangel entstehen. Die Ergebnisse des DGB-Index „Gute Arbeit", verweisen auf ein „sehr hohes Arbeitspensum". Insgesamt berichten 51% der Teilnehmer_innen über eine als überdurchschnittlich groß empfundene „Arbeitsintensität". Die Autor_innen machen in diesem Zusammenhang auf die Auswirkungen von Stress und damit eventuell einhergehende gesundheitliche Probleme bei den Arbeitnehmer_innen aufmerksam. Ausreichend Zeitkapazität kann dazu beitragen, Stress und die daraus resultierenden gesundheitlichen Folgen zu minimieren. Allerdings scheint die im Alltag zur Verfügung stehende Zeit nicht ausreichend zu sein.

20% der Pädagog_innen berichten, dass sie aufgrund von Zeitknappheit Einbußen hinsichtlich der Qualität ihrer Arbeit hinnehmen sowie ihr Arbeitspensum nicht schaffen. Hieraus ergibt sich, wie bereits geschildert, das Dilemma der Erzieher_innen, die zugunsten der Quantität Abstriche bei der Qualität ihrer Arbeit hinnehmen müssen, um der Fülle an Anforderungen gerecht zu werden (Fuchs & Trischler, 2008, S. 18f.).

Wie sehr diese hohen Erwartungen Erzieher_innen beeinträchtigen, geht aus der Erhebung von Honig, Joos und Schreiber zum Qualitätsbegriff in der Pädagogik hervor. Insgesamt 71% der Befragten KiTa-Mitarbeiter_innen gaben hierbei an, den Faktor Zeitdruck als besonders belastend zu empfinden (Honig, Joos, & Schreiber, 2004, S. 104).

Darüber hinaus existieren in den Bildungsplänen vieler Bundesländer keine Angaben über das den Pädagog_innen zur Verfügung stehende Zeitkontingent für mittelbare pädagogische Tätigkeiten. Lediglich die Länder Mecklenburg-Vorpommern (2,5 Std), Niedersachsen (4,0 Std), Baden-Württemberg (5,0 Std), Rheinland-Pfalz (9,0 Std), Saarland (10,0 Std) und Thüringen (11,0 Std) verfügen über zeitliche Regelungen zum Umfang der außerpädagogischen Tätigkeiten. Die Angaben beziehen sich auf Vollzeitstellen und beschreiben das Zeitkontingent pro Woche. Hier werden deutliche Unterschiede sichtbar. Während in den aufgeführten Ländern das Stundenkontingent zwischen 2,5 und 11,0 Stunden pro Vollzeitstelle und Woche variiert, existieren in den restlichen zehn Ländern überhaupt keine landesspezifischen Regelungen zu diesem Thema. Das Land Bayern beispielsweise macht weder zeitliche Angaben über mittelbare pädagogische Tätigkeiten noch zur Kompensation sonstiger planbarer Fehlzeiten (z.B. Urlaub) des Personals (Viernickel & Fuchs-Rechlin, 2016, S. 64). Einheitliche Richtlinien, welche Aufgaben die „Vor- und Nachbereitungszeiten" inkludieren, existieren ebenfalls nur sporadisch in einigen wenigen landesinternen Statuten (ebd., S. 64).

Zur Erledigung aller mittelbaren pädagogischen Tätigkeiten bräuchten die Fachkräfte 20% ihrer wöchentlichen Arbeitszeit, so die Forderung des Paritätischen Anforderungskatalogs (Paritätischer Gesamtverband, 2008, S. 5).

Für Urlaub und Krankzeiten des Personals sollte nochmals ein Zeitpuffer von ebenfalls 20% der vertraglichen Arbeitszeit vorgehalten werden (ebd., S. 4).

Für die Freistellung der Einrichtungsleiter_innen existieren ebenfalls unterschiedliche Vorgaben und Regelungen. Während neun Bundesländer (Berlin, Brandenburg, Hamburg, Niedersachsen, Nordrhein-Westfallen, Rheinland-Pfalz, Saarland, Sachsen und Thüringen) über zumeist recht abenteuerliche Vorgaben verfügen, sind in vier weiteren Bundesländern (Baden-Württemberg, Mecklenburg-Vorpommern, Sachsen-Anhalt und Schleswig-Holstein) die Richtlinien zur Berechnung der Leitungsanteile nicht näher geregelt. Die Bestimmungen reichen dabei von einer genauen Zeitangabe im Verhältnis zu den Buchungsstunden der Kinder, der Gruppenanzahl oder vorhandenen Personalstellen bis hin zu der Angabe eine „Freistellung in geeignetem Umfang" zu gewähren. Die verbleibenden drei Länder (hierunter auch Bayern sowie Bremen und Hessen) haben in ihren Bildungsplänen keinerlei Regelungen als Bemessungsgrundlage der dafür benötigten Zeitanteile (Viernickel & Fuchs-Rechlin, 2016, S. 64f.).

Dieses Reglementwirrwarr macht eine Vergleichbarkeit der einzelnen Vorgaben nahezu unmöglich und lässt die Vermutung zu, dass insbesondere in den Ländern ohne einheitliche Bestimmungen viele Leitungstätigkeiten in die Zeiten der eigentlich pädagogischen Arbeit am Kind fallen und in der offiziellen Statistik nicht als Ausfallzeiten registriert werden, wenngleich zu bedenken ist, dass speziell die Aufgaben der Einrichtungsleiter_in sicherlich deutlich mehr Zeit in Anspruch nehmen, als die Zusatzaufgaben einer ausschließlichen Gruppenleiter_in. Hinzu kommt, dass die Einrichtungsleiter_innen (bei fehlender Leitungsfreistellung) oftmals gleichzeitig als Gruppenleiter_innen fungieren und für den Gruppendienst eingeplant sind und somit den Spagat zwischen der Arbeit am Kind und den Managementtätigkeiten bewerkstelligen, bzw. ihre Kolleg_innen die Fehlzeiten kompensieren müssen.

Aus diesem Grund fordert der Paritätische Gesamtverband in seinem Anforderungskatalog aufgrund der vielfältigen Aufgaben der Einrichtungsleiter_innen eine komplette Freistellung der Leitung ab einer Einrichtungsgröße von 60 genehmigten Plätzen. Einrichtungsleitungen kleinerer Einrichtungen sollten entsprechend der Einrichtungsgröße anteilig freigestellt werden (Paritätischer Gesamtverband, 2008, S. 5).

Hinzu kommen noch andere Fehlzeiten des Personals aufgrund von Urlaub, Krankheit, Fortbildung oder anderweitiger Verpflichtungen.

In der Untersuchung „Schlüssel zu guter Bildung“ wurden die Leitungskräfte zur durchschnittlichen Fehlzeit des KiTa-Personals durch oben aufgeführte sonstige Fehlzeiten befragt. Der überwiegende Teil der Fehlzeiten wird durch den Urlaub der Pädagog_innen (10%), gefolgt von Fehlen aufgrund von Krankheit (4%) verursacht. Die dadurch entstandenen Fehlzeiten summieren sich auf durchschnittlich 15% der vertraglich festgelegten wöchentlichen Arbeitszeit der Pädagog_innen (Viernickel, Nentwig-Geseman, Nicolai, Schwarz, & Zenker, 2013, S. 30). Für Vollzeitarbeitnehmer_innen bedeutet dies bei einer 40 Stundenwoche eine Ausfallzeit von sechs Stunden/ Woche nur aufgrund sonstiger Fehlzeiten, hinzu kommen noch die Zeiten für mittelbare pädagogische Tätigkeiten. Für das benötigte Zeitkontingent der mittelbaren pädagogischen Arbeiten kommt Viernickel et al. zu einem etwas geringeren Ergebnis. Ihre Recherchen ergaben, dass KiTa-Mitarbeiter_innen derzeit durchschnittlich 8% ihrer wöchentlichen Arbeitszeit für diese Tätigkeiten zur Verfügung stehen. Zur Erledigung aller anfallenden Tätigkeiten empfehlen die Autor_innen jedoch 14% der Arbeitszeit (ebd., S. 39).

Auch wenn keine einheitlichen Regelungen zu den Arbeitszeitkontingenten für mittelbare pädagogische Tätigkeiten existieren, so sprechen Fachkreise Empfehlungen für den benötigten Umfang solcher Arbeiten aus. Die Bertelsmann Stiftung beispielsweise legt in ihrer Handreichung zum „Qualitätsausbau in Kindertagesstätten“ hierfür einen Wert von 25% der vertraglich vereinbarten Arbeitszeit fest (Bock-Famulla & Strunz, 2016, S. 2). Für eine Vollzeitstelle (40 Std./Woche) bedeutet dies einen Ausfall der Mitarbeiter_innen, bei der Arbeit am Kind, von 10 Std./Woche für mittelbare pädagogische Tätigkeiten ohne die Berücksichtigung sonstiger Fehlzeiten des Personals.

Aus den Daten des BKK-Gesundheitsreports geht eine krankheitsbedingte Fehlzeit des Personals von 17,4 Arbeitstagen hervor (Dachverband, 2014, S. 251). Wird dieser Wert mit 30 Urlaubstagen und fünf Tagen Fortbildung summiert, ergibt dies eine Ausfallzeit von 52,4 Tagen/ Jahr pro Mitarbeiter_in, das entspricht bei 254 Arbeitstagen/ Jahr einer Ausfallquote von 21%.

Zusammenfassend lässt sich daraus folgende Annahme ableiten: Die Zeit für mittelbare Tätigkeiten und sonstige Fehlzeiten sind nach folgender Tabelle in der Realität folgendermaßen anzusetzen:

Tabelle 8: Durchschnittliche Ausfallzeiten von Erzieher_innen

Ausfallzeiten für mittelbare pädagogische Tätigkeiten	Paritätischer Anforderungskatalog	20%	Ø 19%
	Bertelsmann Stiftung	25%	
	Viernickel et al. (tatsächlich notwendig 8% empfohlen 14% ≈ Ø11%	Ø11%	
Fehlzeiten durch Krankenstand, Fortbildung, Urlaub, etc.	Paritätischer Anforderungskatalog	21%	Ø 18%
	BKK-Gesundheitsreport	19%	
	Viernickel et al.	15%	
Gesamtdurchschnitt:			**Ø 37%**

Quelle: (Viernickel, Nentwig-Geseman et al. 2013, S. 39 & Paritätischer Anforderungskatalog 2015, S. 30 & BKK Dachverband 2014, S. 251 & Bertelsmann Länderreport 2015, S. 24) (Angaben nach eigenen Berechnungen)

6.5 Regionale Betreuungsschlüssel

Obwohl sich die Betreuungsrelation je nach Region in Abhängigkeit der gesetzlichen Grundlage der zuständigen Landesbehörde unterscheidet, ist aufgrund der derzeitigen Berechnungsgrundlage des statistischen Bundesamtes nicht genau zu bestimmen, inwieweit die länderspezifischen Vorgaben in der Realität eingehalten werden. Ein bundesweiter Vergleich der Werte wird zudem aufgrund fehlender Einigung hinsichtlich der Einberechnung von Abwesenheiten des Personals (durch mittelbare pädagogische Arbeit und sonstige Fehlzeiten) sowie differierender Begriffsdefinitionen in nationalen Untersuchungen erschwert oder nahezu unmöglich. Zudem existiert derzeit keine einheitliche Regelung, inwiefern bedeutsame Faktoren wie das Alter und die Entwicklung der Kinder, Integrativstatus, besondere Förderbedarfe oder Buchungsumfang in den einzelnen Berechnungen miteinzubeziehen sind. Diese Kriterien führen in der Summe dazu, dass sich die Gegebenheiten in Bezug auf die Betreuungsrelation bundesweit nebulös und nahezu inkongruent darstellen. Um jedoch die Qualitätsansprüche und Anforderungen aus den Bildungsplänen adäquat umsetzten zu können, bedarf es tiefergehende Prüfungen, inwiefern die jeweiligen Vorgaben der Länder hinsichtlich dem zur Verfügung stehenden Personals in der Praxis durchführbar sind.

Die einzelnen Qualitätsziele in den länderspezifischen Bildungsplänen müssen demnach in einem angemessenen Verhältnis zur vorgehaltenen Betreuungsrelation stehen, um entsprechend realisiert werden zu können. Diesbezüglich ist es Aufgabe der Bundesländer, die strukturellen Bedingungen für die Einrichtungen zur Erreichung der Qualitätsziele auszugestalten. Eine bundesweite Einigung hinsichtlich bildungspolitischer Ziele sowie der Rahmenbedingungen deutscher Kindertagesstätten wäre demnach ein erster Schritt, Bildung und Entwicklung der Kinder regional unabhängig und flächendeckend zu gewährleisten und somit Chancengleichheit zu erhöhen (Goers, 2009). Diese Maßnahme könnte zudem dazu beitragen, die Arbeitsbedingungen der Erzieher_innen zu vereinheitlichen.

Diese Sachlage führt in Gesellschaft und Politik immer wieder zu Diskussionen. Zur Verbesserung der vorherrschenden Situation haben sich Bund und Ländern nunmehr für einheitliche Betreuungsstandards sowie Qualitätsrichtlinien ausgesprochen. Explizit waren die Anhebung des Betreuungsschlüssels, ein Ausbau der Sprachförderung sowie geringere Elternbeiträge Inhalt der Debatte. Eine Einigung konnte bereits hinsichtlich der Betreuungssituation in Kindertagesstätten erreicht werden. Beim Personalschlüssel verständigten sich Bund und Länder auf eine Anhebung des Schlüssels auf bundesweit 1:3 bei den U3-Kindern und 1:6,8 im Ü3-Bereich (eine Fachkraft auf drei U3-Kinder). Nach Berücksichtigung der mittelbaren pädagogischen Arbeit und anderer Fehlzeiten des Personals könnte sich hierdurch ein reeller Personalschlüssel von 1:4 ergeben (Menkens, 2016).

7 Bisherige empirische Befunde

Abstrakt: In den letzten Jahrzehnten rückte das Thema „Qualität in Kindertagesstätten" verstärkt in den Fokus wissenschaftlicher Forschung. Die hierdurch entstandenen Ergebnisse lassen Rückschlüsse zu, welche Gegebenheiten die Prozesse in Kindertagesstätten beeinflussen können. Einige dieser Studien werden vorgestellt und hinsichtlich ihrer Relevanz für vorliegende Untersuchung näher beschrieben.

Abstract: In recent decades, the topic of "quality in childcare facilities" has increasingly become the focus of scientific research. The final results allow conclusions to be drawn as to which conditions can influence the processes in childcare facilities. Some of these studies are presented and described in detail for their relevance to the present study.

In den letzten Jahrzehnten wurde das Thema „Qualität in Kindertagesstätten" zunehmend zum Gegenstand politischer sowie gesellschaftlicher Diskussionen und rückte verstärkt in den Fokus wissenschaftlicher Forschung. Insbesondere die Zusammenhänge zwischen den strukturellen Merkmalen und der Prozessqualität standen dabei im Mittelpunkt der Forscher. Die hierdurch entstandenen Ergebnisse lassen den Rückschluss zu, dass strukturelle Gegebenheiten die Prozesse in Kindertagesstätten beeinflussen können. Einige Studien weisen zudem auf eine Beziehung zwischen Strukturqualität und der kindlichen Entwicklung hin (über deren Auswirkungen auf die Prozessqualität). Laut Viernickel gestaltet sich der Nachweis eines solchen Zusammenhangs diffizil und scheint aufgrund vielfältiger Einflussfaktoren jedoch noch nicht hinreichend ergründet (Viernickel & Fuchs-Rechlin, 2016, S. 31).

Nach Viernickel (2016) ist der derzeitige Forschungsstand insbesondere in Deutschland momentan recht überschaubar. Zu den Arbeitsbedingungen sowie der Qualität elementarpädagogischer Einrichtungen existieren lediglich einige wenige empirische Datenerhebungen. Ein noch größeres Forschungsdefizit besteht bezüglich eines Zusammenhangs zwischen der Qualität der pädagogischen Arbeit und den vorherrschenden Arbeitsplatzmerkmalen (ebd., S 31f.). Diese Ansicht kann nach ausgiebiger Literaturrecherche bestätigt werden.

Das Gros der Forschung befasst sich überdies gleichzeitig mit einer Vielzahl struktureller Merkmale, was Rückschlüsse auf einzelne Faktoren schwierig gestaltet. Zudem stammt die Mehrzahl der Untersuchungen nicht aus Europa, wodurch eine direkte Übertragung auf deutsche Kindertagesstätten aufgrund differierender Arbeits- und Ausgangsbedingungen kritisch zu betrachten ist (ebd., S. 31).

Hinzu kommt die Verwendung unterschiedlicher Termini für die Relation von Pädagog_innen und Kindern. Oftmals werden in den Studien die Begriffe Fachkraft-Kind-Relation, Betreuungsschlüssel oder Personalschlüssel synonym verwendet beziehungsweise keine genaue Definition der Begrifflichkeiten vorgenommen, was die Vergleichbarkeit einzelner Ergebnisse zunehmend erschwert (ebd., S. 46). In anderen Fällen wird ein neuer Terminus (z.B. Erzieher(_innen)-Kind-Schlüssel) angewendet, was wiederum irreführend sein kann (ebd., S. 45).

Nachfolgend werden einige Studien aus dem deutschsprachigen Raum aufgeführt und auf ihre Relevanz hinsichtlich der zu ergründenden Forschungsfrage betrachtet. Das Erscheinungsjahr spielt bei der Auswahl der Untersuchungen dabei eine nicht unerhebliche Rolle. Faktoren wie Arbeitsbedingungen, Betreuungsmerkmale Einstellungen des Personals, gesellschaftliche und politische Ansichten in Bezug auf die Betreuungssituation in Kindertagesstätten sowie weitere Faktoren unterlagen in den letzten Jahrzehnten, nicht zuletzt aufgrund des KiTa-Ausbaus, einem stetigen Wandel. Anzunehmen sind in diesem Zusammenhang unterschiedliche Einflussgrößen aufgrund der sich verändernden Bedingungen für die Mitarbeiter_innen. Zudem kommt, insbesondere in Bayern, eine Umgestaltung der Förderbedingungen von Kindertagesstätten (von der gruppenbezogenen Förderung zur kindbezogenen Förderung im Jahr 2006), was ebenfalls Auswirkungen auf die vorzufindenden Betreuungssituationen und somit auf das Personal gehabt haben könnte. Aus diesem Grund werden für vorliegende Arbeit insbesondere Studien neueren Datums herangezogen. Ältere, besonders relevante sowie für die Bearbeitung der Forschungsfrage interessante Forschungsergebnisse finden in den Vorüberlegungen ebenfalls ihren Platz. Folgende Kriterien wurden als Grundlage für die Bedeutsamkeit vorliegender Arbeit angenommen:

1. Der Betreuungsschlüssel respektive die Fachkraft-Kind-Relation gilt als strukturelles Merkmal. Diesbezüglich werden Studien, deren Inhalt sich auf strukturellen Gegebenheiten konzentrieren, in die Vorüberlegungen miteinbezogen.
2. Die strukturelle Qualität einer Kindertageseinrichtung befasst sich mit den zur Verfügung stehenden materiellen und personellen Faktoren (und somit auch mit dem Betreuungsschlüssel). Hieraus ergibt sich eine Relevanz für Untersuchungen, welche die Qualität in Kindertagesstätten, insbesondere die Strukturqualität, als Gegenstand haben.
3. Die Prozessqualität steht in Zusammenhang mit der Strukturqualität und kann je nach Wirkungsweise vorhandener Faktoren von den vorhandenen strukturellen Umständen beeinflusst werden. Hieraus erschließt sich ein Hinweis auf eine Verbindung zwischen der Güte gegebener Prozessqualität und der Personalsituation in Kindertagesstätten. Aus diesem Grund erscheinen auch empirische Befunde zur Prozessqualität interessant.
4. Die Orientierungsqualität befasst sich mit den persönlichen Merkmalen von KiTa-Mitarbeiter_innen sowie deren Gesinnung in Bezug auf die Arbeit am Kind. Zu hinterfragen ist in diesem Zusammenhang, ob und inwiefern sich die persönlichen Einstellungen der Pädagog_innen auf deren Arbeit auswirken und ob eine Verbindung zwischen der Orientierungsqualität und dem einrichtungsinternen Betreuungsschlüssel existiert. Studien mit diesem Thema werden ebenfalls herangezogen.
5. Die Beschäftigungsbedingungen des KiTa-Personals nehmen Einfluss auf deren Zufriedenheit im Beruf. Lassen diese Erkenntnisse auch Rückschlüsse auf die vorherrschenden Betreuungsgegebenheiten zu? Studien zur Mitarbeiter_innen-zufriedenheit in deutschen Kindertagesstätten werden zur Ergründung dieses Sachverhalts ebenfalls herangezogen.

7.1 Ergebnisse ausgewählter Studien

In einer Studie von 1998 mit dem Titel: ***„Wie gut sind unsere Kindergärten?: Untersuchungen zur pädagogischen Qualität in Kindertagesstätten“*** kam Tietze unter Berücksichtigung soeben genannter Parameter zu dem Ergebnis, dass die Qualität in Kindertageseinrichtungen Einfluss auf die kindliche Entwicklung haben kann. Insbesondere die Sprachentwicklung, die sozialen Kompetenzen sowie die Bewältigung von Lebenssituationen können zu Entwicklungsunterschieden von bis zu einem Jahr führen. Gleichzeitig merkt er jedoch an, dass die Zufriedenheit der Erzieher_innen sowie deren pädagogische Orientierung keinen nennenswerten Einfluss auf die Prozessqualität haben (Tietze, 1998, S. 354ff.). Laut Dartsch sollte diese Erkenntnis, aufgrund nicht ausreichend ergründeter Fragen bezüglich der Zufriedenheit von KiTa-Mitarbeiter_innen jedoch hinterfragt und nochmalig auf ihre Validität überprüft werden (Dartsch, 2001, S. 15). Die Forschung von Tietze zur **Qualität in Kindertagesstätten** zeigt einen Zusammenhang zwischen der Struktur- und der Prozessqualität auf. Diese Wechselwirkung zeigt sich vorwiegend innerhalb der einzelnen Gruppen und ist stark an Faktoren wie Gruppengröße, Betreuungsschlüssel, Berufserfahrung der Pädagog_innen, der zur Verfügung stehenden Vorbereitungszeit und anderen strukturellen Gegebenheiten gekoppelt (Tietze, 1998, S. 350f.). Aus Tietzes Untersuchungsergebnissen lässt sich schließen, dass zukünftige Forschungen sich mit den pädagogischen Ansätzen sowie der pädagogischen Ausrichtung der Erzieher_innen befassen sollten. Tietze deutet zudem auf ein Forschungsdefizit bezüglich des emotionalen Wohlergehens aus Sicht der Kinder hin. Abschließend verweist er auf vorhandene Unterschiede hinsichtlich der Qualität zwischen einzelnen Einrichtungen und der daraus resultierenden Chancenungleichheit in Bezug auf die Entwicklung der Kinder. Aus diesem Grund stellt er die Notwendigkeit heraus, allgemeingültige Qualitätsstandards für Kindertagesstätten zu entwickeln (ebd., S. 362). Die Ergebnisse dieser Studie haben sicherlich dazu beigetragen, die Qualitätsdebatte im Elementarbereich zu entfachen und die bereits heute gängigen Qualitätsstandards zu entwickeln. Gleichzeitig bleibt jedoch die Frage offen, ob und inwiefern sich die strukturellen Merkmale am Arbeitsplatz Kita auf die dort Beschäftigten auswirken.

In einer weiteren Untersuchung von Nickel et al. (**Erzieher- und Erzieherverhalten im Vorschulbereich**) stellten die Forscher eine defizitäre Interaktion zwischen dem KiTa-Personal und den Heranwachsenden fest. Lediglich knapp 8% der erzieherischen Kontakte waren speziell an ein einzelnes Kind gerichtet. Zielgerichtete und liebevolle interaktive Kontakte waren von Seiten der Erzieher_innen kaum vorhanden. Einen Großteil ihrer Zeit widmeten die Pädagog_innen mittelbaren pädagogischen Tätigkeiten (Nickel, Schenk, & Ungelenk, 1980, S. 31ff.). Weiterhin befanden die Forscher die von den Erzieher_innen angebotenen stimulierenden und lenkenden Aktivitäten für ausbaufähig (ebd., S. 87). Voraussetzung für die sozial-emotionale Entwicklung ist neben der Gewährung des Kindes zu eigener Aktivität eine geeignete Stimulierung durch die Pädagog_innen sowie liebevolle Zuwendung und Ermutigung zum eigenen Tun, so die Quintessenz der Forschergruppe um Nickel (ebd., S. 91ff.).

Die Forscher der **NUBBEK**-Studie kamen in Ihrer Untersuchung zu dem Ergebnis, dass sich durch eine Optimierung der Rahmenbedingungen auf der strukturellen Ebene die Prozessqualität positiv beeinflussen lässt. Allerding reicht hierbei die Verbesserung eines einzigen Strukturmerkmals (z.B. dem Betreuungsschlüssel) nicht aus. Vielmehr bedarf es eine generelle Anhebung der strukturellen Gegebenheiten. Die damit verbundenen Maßnahmen allerdings würden ein Einlenken der Politik voraussetzen und wären mit hohen Kosten verbunden, was ein Umdenken in Gesellschaft und Politik voraussetzt (Tietze et al., 2013, S. 14).

Ein weiterer nicht zu vernachlässigender Forschungsbefund richtet den Fokus auf die strukturellen Rahmenbedingungen in Kindertageseinrichtungen und deren Auswirkungen auf die Erzieher_innengesundheit. Die **STEGE**-Forscherinnen (Strukturqualität und Erzieher_innengesundheit in Kindertageseinrichtungen – eine Untersuchung in Nordrhein-Westfallen) fanden einen Zusammenhang zwischen der Strukturqualität in Kindertagesstätten und der Gesundheit der Pädagog_innen. Wenngleich die tatsächlichen Wirkmechanismen und Einflussgrößen auf das Belastungsempfinden der KiTa-Mitarbeiter_innen noch nicht abschließend erörtert scheinen, geht aus ihren Ergebnissen hervor, dass ein Großteil der von den Erzieher_innen benannten Belastungsfaktoren auf strukturelle Gegebenheiten zurückzuführen sind. Entsprechende Parameter, insbesondere unter Einbezug der individuellen Faktoren, bezüglich eines kausalen Wirkungszusammenhangs zwischen den strukturellen Rahmenbedingungen und dem Belastungsempfinden und somit der Gesundheit der Arbeitnehmer_innen bedürfen noch weiterer wissenschaftlicher Klärung, so die Forscherinnen (Viernickel & Voss, 2012, S. 114). Eine hohe zeitliche Belastung am Arbeitsplatz zwingt die Erzieher_innen zu Kompromissen unter anderem bei der Arbeit am Kind, der Pausengestaltung sowie der mittelbaren pädagogischen Arbeit und bedingt Einbußen im Privatleben, wenn daraus Überstunden oder eine ungewollte Aufstockung der wöchentlichen Arbeitszeit resultieren (ebd., S. 187). Der erlebte Personalschlüssel zwingt die Pädagog_innen zudem, oftmals die täglichen außerpädagogischen Arbeiten während der eigentlichen Arbeitszeit am Kind zu verrichten, was zu Kompromissen bei der Arbeit am Kind führt. Daraus resultieren Zeitmangel und Zeitdruck, was wiederum ein erhöhtes Belastungsempfinden beim Personal verursachen kann (ebd., S. 189).

Zu ähnlichen Ergebnissen kamen die Forscher der Untersuchung **DGB-Index „Gute Arbeit"**. Ihr Resultat weist auf Zusammenhänge zwischen der vorhandenen Zeit, dem zu bewältigenden Arbeitspensum und gesundheitlichen Auswirkungen auf das Personal hin. Aus dieser Zeitknappheit wiederum resultieren Einbußen hinsichtlich der Qualität der Arbeit. Die Erzieher_innen müssen, um das Arbeitspensum zu bewältigen, Abstriche bei der von ihnen selbst von sich erwarteten Qualität hinnehmen (Fuchs & Trischler, 2008, S. 18f.).

Honig et al. (2004) (**Was ist ein guter Kindergarten?** 2004) berichtet dagegen von den Auswirkungen arbeitsbedingten Zeitdrucks. Das Gros der befragten Erzieher_innen empfindet die ihnen zur Verfügung stehende Zeit in Verbindung mit dem von ihnen erwarteten Aufgabenspektrum als zu gering und berichten, dass sie den dadurch entstehenden Zeitmangel als stark bis sehr stark belastend empfinden (Honig, Joos, & Schreiber, 2004, S. 104).

Mit dem Thema „Zeit" beschäftigte sich auch die Untersuchung im Rahmen des Programms **„Qualität vor Ort"**, initiiert durch die Deutsche Kinder- und Jugendstiftung (DKJS), des Bundesministeriums für Familie, Senioren, Frauen und Jugend (BMFSFJ) und der Jacobs Foundation. Die Ergebnisse deuten auf ein Zeitdefizit hin. Die Quintessenz zeigt: Qualität braucht Zeit (DKJS; BMFSFJ; Jacobs Foundation, 2017, S. 14).

Für die KiTa-Mitarbeiter_innen selbst stehen vor der Bezahlung andere Aspekte im Vordergrund. Sie wünschen sich in erster Linie Zeit für die pädagogische Arbeit und ein gutes Teamklima. Diese Ergebnisse liefert die Studie **AUQA** (Arbeitsplatz und Qualität in Kindertagesstätten) (Schreyer, Krause, Brandl, & Nicko, 2014, S. 189).

7.2 Rückschlüsse für vorliegende Untersuchung

Diese und weitere Forschungsergebnisse lassen nun folgenden Rückschluss zu: Zuwendung im Sinne von Zeit erscheint für eine gesunde Entwicklung und die Chancengleichheit der Kinder unabdingbar zu sein. Während Nickel et al. (1980) in ihrer Studie einen nicht adäquaten Einsatz der zur Verfügung stehenden Zeit bemängeln, stellt Tietze einen Zusammenhang zwischen den strukturellen Gegebenheiten (Input) und den Orientierungen (Output) der Pädagog_innen dar. Bleibt nun zu hinterfragen, was die Erzieher_innen selbst unter Qualität verstehen und wie die Strukturen (insbesondere der Betreuungsschlüssel) den Einsatz der Zeit beeinflussen. Zugleich haben die strukturellen Arbeitsbedingungen (diese inkludieren den Betreuungsschlüssel) auch Einfluss auf die Erzieher_innen. Die Rahmenbedingungen am Arbeitsplatz und die Gesundheit der Pädagog_innen stehen in Zusammenhang. Dies stellt eine wichtige Erkenntnis in Bezug auf die Erörterung vorliegender Fragestellung dar und sollte deshalb in die Überlegungen miteinbezogen werden. Rückwirkend lässt sich somit folgende Überlegung anschließen: Der Betreuungsschlüssel und die Erzieher_innengesundheit stehen in Wechselwirkung zueinander. Ein ungünstiger Betreuungsschlüssel verursacht schlechtere Gesundheit, wodurch Ausfallzeiten der Pädagog_innen entstehen, Fehlzeiten der Pädagog_innen wiederum wirken sich negativ auf den Betreuungsschlüssel aus. Folgende Frage schließt sich schlussfolgernd an: Existiert die daraus resultierende Spirale in der Praxis und kann diese Überlegung einer Untersuchung standhalten? Ebenfalls zu einem erhöhten Belastungsempfinden der Arbeitnehmer_innen beitragen kann Zeitdruck am Arbeitsplatz. Hier drängt sich die Frage auf, ob der von den Pädagog_innen empfundene Zeitdruck Einfluss auf ihre Gesinnung im Sinne der Orientierungsqualität nimmt. Siehe hierzu die Studie von Tietze, dieser spricht in seiner Untersuchung zur Qualität in Kindertageseinrichtungen von einem Zusammenhang zwischen Struktur- und Orientierungsqualität (Tietze, 1998, S. 350). Zudem kann sich Zeitmangel negativ auf die Qualität in den Kindertagesstätten auswirken (DKJS; BMFSFJ; Jacobs Foundation, 2017, S. 14). Dies lässt die Vermutung zu, dass ein als defizitär empfundener Betreuungsschlüssel einen negativen Einfluss auf das pädagogische Handeln der Erzieher_innen haben kann. Dies bleibt jedoch noch zu belegen.

Tabelle 9: Auszüge relevanter Studien und Rückschlüsse für vorliegende Untersuchung

Studie	Erscheinungsjahr	Erkenntnisse	Rückschlüsse für vorliegende Untersuchung
Erzieher- und Erzieherverhalten im Vorschulbereich	1980	Defizite bei Interaktion zwischen Kindern und Erzieher_innen	Zeit wichtig für gesunde Entwicklung und Chancengleichheit
			Zeit ist seltenes Gut
		Viel Zeit für mittelbare päd. Arbeit notwendig	Erzieher_innen sind viel mit mittelbarer päd. Arbeit beschäftigt
			Wie beeinflussen strukturelle Merkmale den Einsatz der Zeit
Wie gut sind unsere Kindergärten	1998	Qualität in Kindertagesstätten nimmt Einfluss auf kindliche Entwicklung (Entwicklungsunterschiede)	Was verstehen Pädagog_innen selbst unter Qualität?
			Was ist ihnen in ihrer Arbeit wichtig?
		Zufriedenheit der Erzieher_innen sowie deren päd. Orientierung nimmt keinen Einfluss auf Prozessqualität	Unterschiede bei Orientierung können zu Qualitätsunterschieden führen
		Jedoch besteht ein Zusammenhang zwischen Struktur- und Prozessqualität	Haben strukturelle Merkmale Auswirkungen auf die Beschäftigten?
Was ist ein guter Kindergarten?	2004	Belastungen durch Zeitdruck	Schlechter Schlüssel erhöht Zeitdruck
DGB-Index „Gute Arbeit“	2008	Zusammenhang zwischen Arbeitspensum und Erzieher_innengesundheit	Schlechter Schlüssel führt zu erhöhtem Arbeitspensum ▸ vermehrter Krankenstand ▸ schlechterer Schlüssel
		Arbeitspensum führt zu Zeitdruck ▸ Qualitätseinbußen	▸ Erzieher sind mit Qualität ihrer Arbeit unzufrieden

Studie	Erscheinungsjahr	Erkenntnisse	Rückschlüsse für vorliegende Untersuchung
„Stege“	2012	Strukturqualität beeinflusst Erzieher_innen-gesundheit	Potentiell negativ empfundener Betreuungsschlüssel macht krank
		Mittelbare päd. Arbeit muss während der Arbeitszeit am Kind geleistet werden Führt zu Belastung und Zeitdruck	▸ Mehr Ausfallzeiten ▸ Kreislauf – schlechterer Betreuungsschlüssel (existiert dieser Kreislauf?)
„NUBBEK“	2013	Optimierung struktureller Merkmale beeinflusst Prozessqualität positiv	Als schlecht empfundener Schlüssel hat negativen Einfluss auf erzieherisches Handeln
		Verbesserung eines Strukturmerkmals ist dabei jedoch nicht ausreichend	Schlechter Schlüssel verursacht Zeitdruck ▸ wirkt sich dies auf Orientierung und Prozesse aus?
„AQUA“	2014	Teamklima ist ein wichtiger Grundstock für gute Arbeit	Teamarbeit hat hohe Priorität.
		Zeit für pädagogische Arbeit ist von hoher Priorität	Haben die Pädagog_innen im Alltag ausreichend Zeit für die Arbeit am Kind?
„Qualität vor Ort“	2017	Qualität benötigt Zeitressourcen	Zeitmangel beeinträchtigt die Qualität
		Eine Erhöhung des Betreuungsschlüssels führt zu mehr Zeit	Ein „schlechter“ Betreuungsschlüssel wirkt sich negativ auf die Qualität aus

(DKJS; BMFSFJ; Jacobs Foundation, 2017; Schreyer, Krause, Brandl, & Nicko, 2014; Tietze, et al., 2013; Viernickel & Voss, 2012; Fuchs & Trischler, 2008; Honig, Joos, & Schreiber, 2004; Tietze, 1998b; Nickel, Schenk, & Ungelenk, 1980)/ eigene Darstellung

8 Empirische Untersuchung

Abstrakt: Die Forschungshypothesen, der Forschungsaufbau und das Untersuchungskonzepts werden vorgestellt. Die Untersuchung basiert auf einem Methodenmix aus Expert_inneninterviews, Panelbefragung und vollstandardisiertem Fragebogen. Die genaue Vorgehensweise wird beschrieben und in Bezug auf die Entwicklung der Untersuchungsinstrumente und das Akquiseverfahren, erläutert.

Abstract: The research hypotheses, the research structure, and the research concept are presented. The study is based on a method mix of expert interviews, panel surveys and a fully standardized questionnaire. The exact procedure is described and explained in relation to the development of the research tools and the acquisition process.

Im Folgenden werden die forschungsleitenden Hypothesen dargestellt, die Methodik der empirischen Untersuchung erläutert sowie deren Untersuchungsergebnisse aufgezeigt. Die Erhebung besteht aus drei Teilen: (1) einer qualitativen Erhebung mittels Experteninterviews, (2) einer Panelbefragung (online) und (3) einer quantitativen Untersuchung mittels Fragebögen (Online und Paper-Pencil).

Vorliegende Forschungsarbeit beschäftigt sich mit der Fragestellung: „Die reelle Fachkraft-Kind-Relation in deutschen (bayerischen) KiTas während der Kernzeit und deren Auswirkungen auf das erzieherische Personal – welchen Einfluss hat der Betreuungsschlüssel auf das Personal".

Sie lässt sich durch zwei Hauptteile präzisieren:

1. „Gibt es einen Unterschied zwischen dem rechnerischen Betreuungsschlüssel des statistischen Bundesamtes und der tatsächlichen Betreuer-Kind-Relation?"
2. „Welche Auswirkungen hat der Betreuungsschlüssel auf das Personal"

Um im weiteren Verlauf dieser Arbeit dem Ursache-Wirkungszusammenhang zwischen dem Betreuungsschlüssel und dessen Einfluss auf das Personal zu ergründen, wurden aufgrund der theoretischen Vorüberlegungen dieser Untersuchung und der Fragestellung die im nachfolgenden Kapitel dargelegten Hypothesen aufgestellt.

8.1 Forschungshypothesen

Die nachfolgend aufgeführten Forschungshypothesen sind maßgeblich bei der Entwicklung des Erhebungsinstrumentes Fragebogen. Die daraus abgeleiteten Fragen dienen der Falsifizierung bzw. Verifizierung der Hypothesen. Die Entwicklung stützte sich zudem auf die Aussagen aus den Experteninterviews. Dabei haben die Hypothesen einen konkreten Bezug zum Hauptuntersuchungsgegenstand, der Betreuungsrelation und dessen Auswirkungen auf das erzieherische Personal in Kindertagesstätten.

Themenbereich Qualität

In Kapitel 3 wurde beschrieben, dass die Qualifikation des Personals in Kindertagesstätten einen hohen Stellenwert in der Qualitätsdebatte besitzt. Dabei fokussiert sich die Qualitätsdebatte in erster Linie auf die Qualifikation (Grundqualifikation und Nachqualifizierung des Personals). Hierbei geht es insbesondere in politischen Diskursen um die Umgestaltung der Erzieher_innenausbildung auf ein akademisches Niveau (von Ballusek, 2009, S. 16f.) und um diverse Nachqualifizierungsmaßnahmen von fachfremden sowie fachaffinen Personenkreisen. Diesen Debatten sind (wie in Kapitel 3.5 aufgeführt) in den letzten Jahren bereits zahlreiche Taten gefolgt. Der Betreuungsschlüssel hingehen ist in den letzten Jahren nur zögerlich angehoben worden. Dabei wirkt sich die Personal-Kind-Relation ebenfalls auf die Qualität in Kindertagesstätten aus (siehe hierzu Kapitel 7). Scheinbar wird der Qualifikation des Personals ein höherer Stellenwert zugeschrieben als der Fachkraft-Kind-Relation. Aus diesem Kontext gilt es zu ergründen, welchem der beiden Rahmenbedingungen die KiTa-Mitarbeiter_innen selbst einen höheren Stellenwert zuschreiben. Hieraus wurde folgende Hypothese abgeleitet:

(1) Der Betreuungsschlüssel hat für die KiTa-Mitarbeiter_innen eine höhere Gewichtung als die Qualifikation des Personals.

In Anbetracht der eben aufgestellten Hypothese stellt sich die Frage, ob sich die beiden Merkmale Qualität und Betreuungsschlüssel gegenseitig bedingen? Bereits in Kapitel 5.1 wird aufgeführt, dass die Trias aus Personalschlüssel, Gruppengröße und der Qualifikation des pädagogischen Personals

als das „Eiserne Dreieck der Strukturqualität" bezeichnet wird (Viernickel & Schwarz, 2009, S. 10). Hieraus lässt sich ein Zusammenhang zwischen den erwähnten Merkmalen ableiten. Trotz der gegenseitigen Einflussnahme ist davon auszugehen, dass sich die genannten Faktoren jedoch nicht zwangsläufig gegenseitig bedingen. Dem Betreuungsschlüssel als „elementares" Strukturmerkmal (ohne Personal keine Kinderbetreuung) kommt demnach ein höherer Stellenwert bei der Erreichung von Qualität in Kindertagesstätten zu. Demzufolge wird von folgender Hypothese ausgegangen:

(2) Die Fachkraft-Kind-Relation korreliert mit der Qualität in Kindertagesstätten – Je besser die Betreuungsrelation, desto besser die Qualität der pädagogischen Arbeit.

Aus den Fragen in den Experteninterviews nach dem Verständnis bzw. der Definition von Qualität in Kindertagesstätten (gesplittet nach der eigenen Meinung und der Ansicht was die KiTa-Mitarbeiter_innen unter Qualität verstehen) ergab sich eine interessante Erkenntnis, deren Überprüfung die Aufstellung einer Hypothese rechtfertigt. Die Mehrheit der Expert_innen ist der Meinung, dass die Durchführung von Programmen nicht mit Qualität gleichzusetzen sei. Vielmehr sei das Einbringen von Projekten ein Indikator für Qualität. Demgegenüber stellten sie die Einschätzung, was die KiTa-Mitarbeiter_innen unter Qualität verstehen, und äußerten hier häufig die Durchführung von Programmen. Interessant ist, ob diese Einschätzung einer Überprüfung standhält, zumal auch im bayerischen Bildungs- und Erziehungsplan eine kritische Anmerkung gegenüber der Durchführung von Programmen geäußert wird. Diese lautet: „Programme bergen stets die Gefahr, Kindern Themen „überzustülpen" (STMAS, 2012, S. 393), wohingegen die Projektarbeit explizit in vielen Bereichen hervorgehoben wird. Hieraus erschloss sich folgende Hypothesenformulierung:

(3) KiTa-Mitarbeiter_innen an der Basis (im Gruppendienst) verstehen unter Qualität in Kindertagesstätten eher die Umsetzung von Programmen als die Durchführung von Projekten.

Themenbereich Rahmenbedingungen

Der erlebte Personalschlüssel zwingt die Pädagog_innen zudem, oftmals die täglichen außerpädagogischen Arbeiten während der eigentlichen Arbeitszeit am Kind zu verrichten, was zu Kompromissen bei der Arbeit am Kind führt, so eine Erkenntnis aus der Studie STEGE (Viernickel & Voss, 2012, S. 189). Hinzu kommen die Aussagen der Experteninterviews auf die Frage, welche Aufgaben im Alltag mit den Kindern oft zu kurz kommen. Die Antworten der Frage (2.3) hätten fast ausschließlich unter der Überschrift *Kindzentriertheit* und Einzelkontakt zusammengefasst werden können. Weiterhin werden die Antworten auf die Fragen 1 & 1.1 (Definition von Qualität) berücksichtigt. Die *Kindzentriertheit/* der Einzelkontakt sticht als Antwort aus der qualitativen Befragung deutlich hervor. Die Hypothese wurde daher wie folgt formuliert:

(4) Die Fachkraft-Kind-Relation korreliert mit dem Anspruch an die eigene Arbeit. Je schlechter die Betreuungsrelation, desto weniger können KiTa-Mitarbeiter_innen ihren Ansprüchen an die eigene Arbeit gerecht werden.

Wenngleich der Qualifikation des Personals in den letzten Jahren scheinbar ein höherer Stellenwert als der Anhebung des Betreuungsschlüssels zugeschrieben wurde, gab es dennoch in der Vergangenheit immer wieder Anhebungen des gesetzlich vorgegebenen und auch refinanzierten Wertes, in Bayern zuletzt im Jahr 2008 (Bayerischer Landtag, 2014, S. 3). Dieser Umstand lässt die Vermutung zu, dass ältere KiTa-Mitarbeiter_innen mit dem derzeit vorgegebenen Personalschlüssel durchaus zufriedener sind als jüngere Mitarbeiter_innen, da diese aller Wahrscheinlichkeit nach im Laufe ihres beruflichen Lebens bereits mit schlechteren Betreuungsrelationen gearbeitet haben und die derzeitige Situation wertschätzen. Zudem können sie eventuell aufgrund ihrer Erfahrung bereits auf diverse Anhebungen zurückblicken und diese mit einer positiven Tendenz verknüpfen. Andererseits könnte jedoch aufgrund des Alters die Geduld und Toleranz abgenommen haben, was die Einschätzung des Betreuungsschlüssels in die gegenteilige Richtung bedingen könnte. Ausgehend von dieser Thematik wurde nachfolgend aufgeführte Hypothese formuliert:

(5) Ältere KiTa-Mitarbeiter_innen (Ü45) schätzen den gesetzlich vorgegebenen Betreuungsschlüssel (von 1:11) besser ein als ihre jüngeren Kolleg_innen.

Themenbereich Betreuungsschlüssel

Die Verfasser der Studie ***STEGE*** *(*Strukturqualität und Erzieher_innengesundheit in Kindertageseinrichtungen) plädieren für eine Verbesserung der Strukturqualität in Kindertagesstätten. In ihrer Untersuchung gab es Hinweise darauf, dass der Betreuungsschlüssel mit dem Belastungsempfinden der Mitarbeiter_innen korreliert (Viernickel & Voss, 2012, S. 189). Der **DGB-Index „Gute Arbeit"** weist ebenfalls auf Zusammenhänge zwischen der vorhandenen Zeit, dem zu bewältigenden Arbeitspensum und gesundheitlichen Auswirkungen auf das Personal hin (Fuchs & Trischler, 2008, S. 18f.).

Hieraus lässt sich schließen, dass ein defizitärer Betreuungsschlüssel zu Belastung und Zeitdruck führt. Ob diese Annahme einer weiteren Untersuchung standhält und inwiefern sich das pädagogische Personal vom Strukturmerkmal Betreuungsschlüssel in ihrem Wohlbefinden beeinflussen lässt, bleibt erst noch zu ergründen. Demzufolge wurde folgende Hypothese formuliert.

(6) Die jeweilige, in den Einrichtungen umgesetzte Fachkraft-Kind-Relation korreliert mit dem Wohlbefinden der KiTa-Mitarbeiter_innen – Je besser die Betreuungsrelation, desto besser das Wohlbefinden des Personals.

Die Forschungsergebnisse (u.a. aus den Studien **Qualität in Kindertagesstätten (1998) und NUBBEK (2013)**) verweisen auf einen Zusammenhang zwischen der Struktur- und der Prozessqualität. Dies lässt die Vermutung zu, dass ein als defizitär empfundener Betreuungsschlüssel einen negativen Einfluss auf das pädagogische Handeln der Erzieher_innen haben kann. Dies bleibt jedoch noch zu belegen. Ebenfalls defizitäre Prozessqualität stellten die Forscher rund um Nickel in ihrer Untersuchung (**Erzieher- und Elternverhalten im Vorschulbereich**) in Bezug auf die Interaktion zwischen dem KiTa-Personal und den Heranwachsenden fest. Lediglich knapp 8% der erzieherischen Kontakte waren speziell an ein einzelnes Kind gerichtet, zielgerichtete und liebevolle interaktive Kontakte waren von Seiten der Erzieher_innen kaum vorhanden. Einen Großteil ihrer Zeit widmeten die Pädagog_innen mittelbaren pädagogischen Tätigkeiten (Nickel, Schenk, & Ungelenk, 1980, S. 31ff.). Zu ergründen inwiefern dieses „antiquierte" Verhalten auch heute noch zutrifft, war ausschlaggebend für die Formulierung folgender Hypothese:

(7) Die Fachkraft-Kind-Relation korreliert mit der Kindzentriertheit – Je besser die Betreuungsrelation, desto besser lässt sich kindzentriertes Arbeiten umsetzen.

Plattformhypothese (Panel):

Die in der Praxis tatsächlich umgesetzte Betreuer-Kind-Relation (in der Kernzeit) weicht erheblich vom rechnerischen Wert des statistischen Bundesamtes ab.

Nullhypothese: Zwischen dem rechnerischen Wert und der tatsächlich umgesetzten Betreuer-Kind-Relation (in der Kernzeit) existiert kein Unterschied.

8.2 Untersuchungsaufbau

Die Verfasser der Studie **STEGE** *(*Strukturqualität *und* Erzieher_innengesundheit *in* Kindertageseinrichtungen) verweisen auf ein Verbesserungspotential hinsichtlich des Personalschlüssels. Sie merken an, dass trotz gestiegenem Anspruch an die Fachkräfte (durch den stetigen Ausbau der Kindertagesbetreuung, der Erweiterung einiger Kindertageseinrichtungen zu Familienzentren sowie der Einführung neuer Qualitätsstandards) keine nennenswerten Veränderungen auf struktureller Ebene zu verzeichnen seien. Eine besondere Bedeutung messen sie dabei dem Betreuungsschlüssel bei, der sich direkt auf die Fachkraft-Kind-Relation auswirkt und somit auf die Prozessqualität der KiTa. Zudem korreliert der Betreuungsschlüssel mit dem Belastungsempfinden der Mitarbeiter_innen, woraus sich Auswirkungen auf die Mitarbeiter_innengesundheit ergeben können (Viernickel & Voss, 2012, S. 189).

Um im weiteren Verlauf dieser Arbeit die Frage zu ergründen „welchen Einfluss der Betreuungsschlüssel (Strukturmerkmal) auf das pädagogische Personal hat?" (Ursache-Wirkungs-Zusammenhang), erscheint es daher aufgrund vorangegangener Ausführungen in Kapitel 7 sinnvoll, sich auf eine differenzierte Befragung des KiTa-Personals zu fokussieren, in dessen Mittelpunkt das strukturelle Merkmal „Betreuungsschlüssel" der verschiedenen Einrichtungen steht. Von besonderem Interesse ist in dieser Arbeit der

Zusammenhang zwischen dem Qualitätsverständnis der KiTa-Mitarbeiter_innen (Orientierungsqualität) und den gegebenen strukturellen Merkmalen am Arbeitsplatz. Der Einfluss des Betreuungsschlüssels auf das pädagogische Personal spiegelt sich mit großer Wahrscheinlichkeit auch auf die Mitarbeiter_innenzufriedenheit am Arbeitsplatz KiTa wider, weshalb die Komponente Teamzusammenarbeit eine nicht zu vernachlässigende Rolle bei der Ergründung vorab gestellter Fragestellung spielen dürfte. Die vorliegende Arbeit basiert jedoch zunächst auf einer Grundannahme: Die Ausprägungen der Strukturqualität, insbesondere die Fachkraft-Kind-Relation, stehen in direktem Zusammenhang mit der Mitarbeiter_innenzufriedenheit und beeinflussen demnach das Personal in Kindertagesstätten. Folglich soll die Wechselwirkung zwischen diesen Komponenten in vorliegender Arbeit thematisiert und näher erläutert werden.

Hieraus lässt sich für die vorliegende Untersuchung folgende Argumentationskette erschließen:

1. Als ersten Schritt auf dem Weg zur Ergründung der Forschungsfrage sollen im quantitativen Untersuchungsdesign mittels leidfadengestützten Interviews einschlägig qualifizierte Personengruppen befragt werden. Von besonderem Interesse in diesem Zusammenhang unterliegt das Verständnis von Qualität im Kontext der pädagogischen Arbeit. Ziel ist es hierbei zu ergründen, ob und inwiefern strukturelle Merkmale, insbesondere die Fachkraft-Kind-Relation, Einfluss auf das KiTa-Personal hat und die Qualität in Kindertagesstätten beeinflusst. Die Erkenntnisse aus diesen Interviews sollen im weiteren Verlauf der Untersuchung zur Generierung eines weiteren Forschungsinstruments, einem Fragebogen und der Kategorienbildung, dienen.
2. In einem zweiten Schritt soll die reelle Fachkraft-Kind-Relation mittels Panelbefragung ermittelt werden. Hierfür wird bayernweit die tatsächlich in den Einrichtungen vorherrschende Personal-Kind-Anwesenheit mithilfe einer eigens dafür erstellten Online-Plattform abgefragt. Als Untersuchungszeitpunkt wurde die Kernzeit gewählt, genauer gesagt elf Uhr vormittags. In diese Untersuchung werden die Gewichtungsfaktoren der Kinder miteinbezogen (da es um die in der Realität von den Pädagog_innen und den Kindern erlebte Betreuungsrelation geht), die Buchungsstunden sowie Personalstunden werden jedoch vernachlässigt.

3. Als dritter Schritt wird das quantitative Forschungsdesign angewendet. Der, aus den Erkenntnissen vorangegangener qualitativer Untersuchung, entwickelte Fragebogen soll der weiteren Ergründung der Fragestellung sowie der Validierung vorangegangener Erkenntnisse dienen. Hierbei wird versucht, den in der Praxis reell vorkommenden Betreuungsschlüssel zu ergründen sowie eine eventuell vorhandene Wechselwirkung zwischen der Fachkraft-Kind-Relation, dem Qualitätsverständnis und der Umsetzung der pädagogischen Arbeit in der Praxis sichtbar zu machen. Wie wirkt sich der Betreuungsschlüssel auf die Pädagog_innen aus?
4. Im nächsten Schritt steht der quantitative Forschungsabschnitt im Mittelpunkt. Die Untersuchung mittels standardisierten Fragebögen wurde in zufällig ausgewählten Kindertageseinrichtungen in Bayern durchgeführt. Zielpersonen der Befragung waren Fachkräfte, Ergänzungskräfte sowie weitere in bayerischen Kindertagesstätten angestellte Personen.
5. Ein weiterer Schritt bezieht sich auf die Auswertung der gesammelten Daten der Forschungsdesigns. Nach Darstellung der statistischen Datenauswertung und des Sichtbarwerdens eventueller zur Beantwortung der Fragestellung relevanter Zusammenhänge sollen nochmals explizit die Ist-Daten der einzelnen Bereiche aufgeführt und auf Beziehungen zu den übrigen Ergebnissen untersucht werden.
6. Abschließend werden die einzelnen Ergebnisse ausführlich vorgestellt und diskutiert. Die eventuell bestehende Wechselwirkung zwischen der Fachkraft-Kind-Relation, dem Qualitätsverständnis und der Umsetzung der pädagogischen Arbeit in der erzieherischen Praxis sind hierbei in der Argumentationskette von besonderer Relevanz und sollen herausgearbeitet werden.

8.3 Untersuchungskonzept

Die qualitative Sozialforschung inkludiert verschiedenste Erhebungsmethoden. Am weitesten verbreitet sind unterschiedlichste Arten von Interviews, beobachtende Verfahren oder die Auswertung von Film- und Fotoaufnahmen (Flick, von Kardorff, & Steinke, 2009, S. 332f.). „Welche Methode sich am besten eignet, hängt vom Untersuchungsziel, den Fragestellungen und den zur Verfügung stehenden Ressourcen ab“ (Berger-Grabner, 2016, S. 109). Demnach muss zunächst die Frage nach dem Vorgehen geklärt werden. Welches Forschungsdesign eignet sich am besten für die Beantwortung der Forschungsfrage (qualitativ oder quantitativ).

Welches Vorgehen sich am besten für die Beantwortung einer Fragestellung eignet, ist nicht immer einfach zu beantworten. Häufig empfiehlt sich deshalb eine Kombination verschiedener Forschungsdesigns. Diese Vorgehensweise wird „Triangulation" genannt. Sie bietet den Vorteil, die zugrundliegende Fragestellung aus unterschiedlichen Blickwinkeln zu betrachten und zu bearbeiten (Berger-Grabner, 2016, S. 109). Um den zu untersuchenden Gegenstand vollumfänglich zu ergründen, empfiehlt sich häufig eine Kombination aus qualitativen und quantitativen Methoden (Berger, 2010, S. 124). Zudem sollte für die Repräsentativität der Untersuchung die Wahl der Stichprobe vorab gründlich überlegt sein. „Idealerweise stellt die Stichprobe ein exaktes Miniaturabbild der Population dar: Die Merkmale und Effekte in der Population sollten sich im Kleinen 1:1 in der Stichprobe wiederfinden" (Döring & Bortz, 2016, S. 298). Im Hinblick auf die Komplexität des Themas wurde ein Forschungsdesign in Form einer Trias aus leitfadengestützten Interviews, standardisierten Fragebögen und einer Panelbefragung gewählt. Eine Begründung für die Auswahl des Forschungsdesigns findet sich u.a. in nachfolgenden Punkten:

Die Methodik des leitfadengestützten Experteninterviews ermöglicht es, „[...] einen Kommunikationsprozess zu planen und zu gestalten, der an den kulturellen Kontext des Befragten angepasst ist und alle Informationen erbringt, die für die Untersuchung benötigt werden" (Flick, 2009, S. 114). Allerdings fließen in diese Methode auch immer wieder die subjektiven Einflüsse der Forscherin mit ein (Baur & Blasius, 2014, S. 46), diese gilt es zu minimieren. Für vorliegende Untersuchung erlauben die Erkenntnisse aus den vorab geführten Interviews die Meinungen und Ansichten der „Betroffenen" aufzugreifen und im weiteren Verlauf der Untersuchung zur Generierung des Fragebogens heranzuziehen. Hierdurch wird eine möglichst detailgetreue Darstellung der Praxis gewährleistet. Die theoretischen Grundlagen sowie die Ansichten der Forscherin fließen demnach in die Forschung mit ein, sind jedoch nicht alleinige Grundlage für die Entwicklung des quantitativen Forschungsinstruments. Dieses Vorgehen ermöglicht ein breiteres Spektrum an Wissen als Basis für die Ergründung der Forschungsfrage.

Die Panelmethodik befragt die gleiche Stichprobe zu (mindestens zwei) unterschiedlichen Zeitpunkten zu genau dem gleichen Gegenstand (mit identischem Untersuchungsinstrument) (Jacob, Heinz, & Décieux, 2013, S. 86). Mittels der Panelbefragung soll bei vorliegender Untersuchung die in der Realität tatsächlich umgesetzte Fachkraft-Kind-Relation ermittelt und mit dem rechnerischen Wert des statistischen Bundesamtes verglichen werden. Die sogenannte „Zeitreihenuntersuchung" untersucht den gleichen Sachverhalt innerhalb einer identischen Personengruppe und erlaubt hierdurch, Veränderungen über die Zeit hinweg festzustellen (Lewin, 1986, S. 203). Dieses Vorgehen ermöglicht es etwaigen, durch Fehlzeiten des Personals oder/ und der Kinder, hervorgerufene Verzerrungen zu minimieren und ein möglichst plastisches Bild der Realität darzustellen. Allerdings birgt diese Art der Untersuchung auch die große Gefahr der „Panelmortalität". Das bedeutet, die Stichprobe dezimiert sich mit der Zeit. Dieses Phänomen wird umso größer, je länger der gesamte Untersuchungszeitraum angesetzt ist (Jacob, Heinz, & Décieux, 2013, S. 86). Um die „Panelmortalität" gering zu halten, wurden aus diesem Grund für vorliegende Untersuchung zwei Untersuchungszeiträume im Abstand von zwei Monaten festgelegt.

Zudem ermöglichen Umfragen mittels Fragebogen einen standardisierten Forschungsprozess in dessen Verlauf die subjektiven Einflüsse des Forschers nahezu ausgeschaltet werden können (Baur & Blasius, 2014, S. 46). Durch ein quantitatives Forschungsdesign mittels standardisiertem Fragebogen ist zudem die Untersuchung einer möglichst großen Stichprobe gegeben, wodurch die Repräsentativität der Ergebnisse steigt (Berger, 2010, S. 150). Ein quantitatives Forschungsdesign ermöglicht die Verifizierung oder Falsifizierung von Hypothesen, um die „Wahrheit" detailgetreu abzubilden (Reichertz, 2014, S. 72). In vorliegender Untersuchung bietet der Fragebogen überdies die Möglichkeit, die Erkenntnisse aus den Experteninterviews anhand einer Zufallsstichprobe zu bestätigen oder zu widerlegen.

Eben aufgeführte Sachverhalte begründen nochmals die Wahl des Forschungsdesigns aus der Trias Interview, Panel und Fragebogen.

Methodik Experteninterviews

Im Hinblick auf die für diese Forschungsarbeit sinnvollste Methodik wurde für die Auswertung der Interviews die Analysemethode nach Gläser und Laudel gewählt. Bei der qualitativen Inhaltsanalyse als Instrument für die Auswertung qualitativer Experteninterviews von Gläser und Laudel handelt es sich um eine modifizierte Version der qualitativen Inhaltsanalyse nach Mayring. Mayrings Inhaltsanalyse eignet sich besonders für die Auswertung von Experteninterviews. Gläser und Laudel haben diesen Ansatz aufgegriffen und weiterentwickelt. Das Verfahren der Inhaltsanalyse als Methode der Auswertung hat den Grundgedanken, „[...] den Texten inhaltliche Informationen zu entnehmen, diese Informationen in ein geeignetes Format umzuwandeln und sie in diesem Format, das heißt getrennt vom ursprünglichen Text, weiterzuverarbeiten" (Gläser & Laudel, 2010, S. 197). Ziel der Analyse ist demnach „[...] eine vom Ursprungstext verschiedene Informationsbasis, die nur noch die Informationen enthalten soll, die für die Beantwortung der Forschungsfrage relevant sind" (ebd., S. 197). Die qualitative Inhaltsanalyse wird dabei als Prozess verstanden, in dem relevante Informationen aus den zuvor exzerpierten Texten zugeordnet werden. Es handelt sich hierbei um eine Interpretation der Daten die „[...] durch inhaltsanalytische Regeln kontrolliert wird" (Mayring, 2008, S. 10).

Methodik Panelbefragung

Die Panel-Befragung gehört zur Gruppe der Längsschnittuntersuchungen, mit deren Hilfe Veränderungen im zeitlichen Verlauf dargestellt werden können. In der Praxis wird diese Art der Untersuchung eher selten eingesetzt, da sie mit einem vergleichbar hohen Kosten- und Zeitaufwand verbunden ist und die Rücklaufquote (durch die „Panelmortalität") im Zeitverlauf häufig abnimmt (Jacob, Heinz, & Décieux, 2013, S. 86f.).

Die Rücklaufquote bei einer Panelbefragung liegt in der Regel zwischen 40–60%, kann in Ausnahmefällen auch bis zu 80% betragen (Taddicken, 2013, S. 206). Hinzu kommt, dass Panelbefragungen eine überdurchschnittlich hohe Motivation der Teilnehmer_innen voraussetzt, damit sich diese an mehreren Erhebungsphasen beteiligen (Scherer & Naab, 2013, S. 113). Um die Rücklaufquoten möglichst hoch zu erhalten, sollten die Kontaktdaten der Teilnehmer_innen erfragt und gespeichert werden. Hierfür ist deren Einverständnis notwendig (ebd., S. 113).

Methodik Fragebogen

Im Gegensatz zur qualitativen Befragung lassen sich bei der Datenerhebung mittels Fragebogen „definierte Zahlenwerte" erhalten. Ein weiterer

Vorteil dieser Methode ist die einfachere Weiterverarbeitung der hierdurch gewonnenen Datensätze, was die Erhebung deutlich größerer Stichproben ermöglicht (Riesenhuber, 2009, S. 7).

Zunächst muss jedoch geklärt werden, welche Zusammenhänge erklärt werden sollen bzw. wozu Daten erhoben werden (Forschungsgegenstand), damit diese Daten später möglichst zielführend ausgewertet werden können (Burzan, 2015, S. 24).

Um mögliche Fehlerquellen im Vorfeld auszuschließen, muss bei der Konstruktion des Fragebogens besonders auf Aufbau, Form, Struktur und die Formulierung der Fragen geachtet werden. Zudem sollte das Befragungsinstrument so gestaltet sein, dass es für die Teilnehmer_innen leicht auszufüllen ist und keine Hürde bei der Teilnehmer_innenakquise darstellt. Hinzu kommt, dass jederzeit die Vorgehensweise und die Ergebnisgewinnung nachvollziehbar sein muss (Raithel, 2008, S. 67).

Die „Hypothesenprüfende Untersuchung" versucht Zusammenhänge zwischen zwei oder mehreren Merkmalsausprägungen oder Variablen zu bestätigen oder zu wiederlegen. Normalerweise werden die Hypothesen aus theoretischen Vorüberlegungen abgeleitet. Das Vorgehen ist demnach deduktiv („[...] d.h. es wird vom Allgemeinen auf das Besondere geschlossen"). (Berger-Grabner, 2016, S. 110).

Nach der Datenerhebung steht die Interpretation und Auswertung der erhobenen Daten an. Anschließend können die Daten gebündelt und ergebnisorientierte zielführende Schlussfolgerungen formuliert werden (Burzan, 2015, S. 26f.).

8.4 Empirisches Untersuchungsdesign

Um potentielle Teilnehmer_innen auf die vorliegende Untersuchung aufmerksam zu machen und zur Teilnahme zu gewinnen, wurden diese vor den Interviews und der Panelbefragung zunächst per Telefon und via Email über die Vorgehensweise der Untersuchung informiert (beigefügtes Anschreiben siehe Anhang 14.1).

Im Folgenden wird die Entwicklung der, zur Ergründung der Forschungsfrage, angewendeten Erhebungsmethoden näher erläutert und das Vorgehen vorliegender Untersuchung beschrieben.

8.4.1 Entwicklung des Interviewleitfaden & Durchführung der qualitativen Untersuchung

Für die Erstellung des Interviewleitfadens diente in erster Linie die vorab angestellte theoretische Analyse des Themas, kombiniert mit der Überlegung, welche Fragen der Ergründung der Forschungsfrage dienen. Ebenso soll ein Bezug zwischen der Theorie und der praktischen Untersuchung im weiteren Verlauf der Arbeit möglich sein. Gleichzeitig sollen die Ergebnisse der Interviews Kategorienbildend sein und der Generierung des Fragebogens dienen. Da vorab nicht genau abgeschätzt werden kann, in welche Richtung die Antworten abzielen, flossen alle Themenkomplexe der theoretischen Vorüberlegungen in den Leitfaden mit ein, selbst wenn diese auf den ersten Blick nicht unmittelbar der Beantwortung der Forschungsfrage dienen. Dennoch könnten diese zu wichtigen Erkenntnisse führen sowie im weiteren Verlauf der Forschung einen wertvollen Betrag zur Komplettierung des Forschungsthemas beitragen.

Der Interviewleitfaden gliederte sich in drei Hauptthemengebiete: (1) die Qualität in Kindertagesstätten, (2) die Arbeitsrahmenbedingungen allgemein und (3) der Betreuungsschlüssel. Zusätzlich wurde noch ein weiteres Thema aufgegriffen, (4) die Umstellung der Fördervoraussetzungen, da diese unmittelbar auf den Betreuungsschlüssel Einfluss nehmen. Zu jedem Hauptthema wurden verschiedene vertiefende Zusatzfragen formuliert. Um eventuell zu einem Thema Vergessenes aufzugreifen, ähnelten sich die Fragen der einzelnen Themenbereiche. Möglichst erzählgenerierend sollten die kurzen und prägnanten Fragestellungen wirken (Interviewleitfaden siehe Anhang 14.2).

Im ersten Themengebiet (Qualität in Kindertagesstätten) sollte der Frage nachgegangen werden, was unter Qualität in Kindertagesstätten verstanden wird, ob sie bereits in den Kindertagesstätten angekommen und im Arbeitsalltag umzusetzen ist. Ebenso interessant ist die Überlegung, ob Unterschiede zwischen dem Qualitätsverständnis der Interviewteilnehmer_innen und dem, was die KiTa-Mitarbeiter_innen „vermeintlich" selbst unter Qualität verstehen, vorhanden sind. Die Antworten aus dem ersten Themengebiet wurden nur zum Teil in die Hauptuntersuchung mittels Fragebogen mitaufgenommen. Sie dienten in erster Linie der Bestätigung der Vorabüberlegung, ob und inwiefern der Betreuungsschlüssel ein grundlegendes Element im Berufsalltag der KiTa-Mitarbeiter_innen darstellt.

Dem zweiten Themenbereich (Allgemeine Rahmenbedingungen) liegt die Überlegung zugrunde, welche Rahmenbedingungen KiTa-Mitarbeiter_innen benötigen, um für den Arbeitsalltag bestens gerüstet zu sein. Welche Arbeitsbedingungen machen den Arbeitsplatz KiTa interessant und welche Bedingungen erschweren die Arbeit? Hinzu kommt die Frage, ob das Gewünschte derzeit in der Praxis vorzufinden ist und ob die Arbeit der KiTa-Mitarbeiter_innen von den gegebenen Rahmenbedingungen beeinflusst wird bzw. welche Tätigkeitsbereiche der Arbeit durch negativ empfundene Rahmenbedingungen in Mitleidenschaft gezogen werden könnten. Die Antworten aus den Interviews dienen der Generierung des Themenkomplexes „Rahmenbedingungen“ in der Hauptuntersuchung.

Im dritten Themenbereich galt es zu ergründen, ob der Betreuungsschlüssel als alleiniges Merkmal Auswirkungen auf das KiTa-Personal hat. Viele der bereits durchgeführten Studien beschäftigen sich zwar bereits mit dem Zusammenhang zwischen den Strukturmerkmalen (diese inkludieren den Betreuungsschlüssel) und der Qualität oder den Auswirkungen auf das Personal, allerdings existiert bislang keine Forschung, in deren Mittelpunkt alleinig der Betreuungsschlüssel und dessen Auswirkungen auf das Personal stehen. Aus diesem Grund ist der dritte Themenkomplex zur Beantwortung der Forschungsfrage der elementarste. Die Antworten aus der qualitativen Untersuchung fließen umfassend in den Hauptteil mit ein.

Das vierte Thema (die Umstellung der Fördervoraussetzungen) wird ebenfalls nicht mit in die Hauptuntersuchung miteinbezogen. Diese Frage dient lediglich der Ergründung, ob und inwiefern sich die Umstellung in der Praxis bemerkbar macht und welche Einstellung die Interviewteilnehmer_innen hinsichtlich der Umstellung haben. Die KiTa-Mitarbeiter_innen selbst haben in die Hintergründe der KiTa-Förderung wahrscheinlich deutlich weniger Einblick als die in den Interviews befragten Berufsgruppen und werden dementsprechend hierzu auch kaum Aussagen treffen können. Aus diesem Grund wird die Förderung der Kindertagesstätten nicht Inhalt der Fragebogenerhebung sein.

Hieraus ergab sich der Grundstock für den qualitativen Untersuchungsteil. Der aus diesen theoretischen Vorüberlegungen entwickelte Leitfaden dient der Durchführung von Experteninterviews. Als Experten wurden für diese Untersuchung fachaffine Personen aus den Berufsgruppen pädagogische Qualitätsbegleitung, KiTa-Fachberatung und Leitungen von

Kindertagesstätten festgelegt. Die Akquise und die Terminabsprache erfolgten per Telefon oder Email. Die Termine richteten sich nach den Zeitplänen der Interviewten. Durchgeführt wurden die Interviews persönlich oder per Mobil-Telefon und mit dem Computerprogramm f4 oder der SmartPhone App „Smart Recorder" aufgezeichnet und im Anschluss extrahiert. Um ein plastischeres Bild des bayerischen Gebiets darzustellen wurden die Befragungen auf die drei Regionen Regensburg, München und Nürnberg ausgeweitet. Der Befragungszeitraum erstreckte sich vom 02.03.2017 bis 28.04.2017. Insgesamt wurden 26 fachaffine Personen aus den voran aufgeführten Berufsgruppen befragt.

8.4.2 Entwicklung & Durchführung der Panelbefragung

Die Panelbefragung wurde mittels einer eigens dafür entwickelten Homepage durchgeführt. Der Online-Link lautete: www.do-fe.de/kita. Dieser setzt sich aus den beiden Namen der Web-Space-Mieter (Dominick und Feder) zusammen und war im Nachhinein nicht mehr zu ändern. Glücklicherweise schien sich an der Namensgebung jedoch niemand zu stören.

Ziel der Panelbefragung sollte eine möglichst plastische Darstellung der vorherrschenden Betreuungssituation in bayerischen Kindertagesstätten sein. Eine Aussage einer KiTa-Mutter im Gespräch mit anderen Eltern in Bezug auf den Betreuungsschlüssel in der KiTa („Da kannst du vergessen, dass da jemals alle da sind!" (Gedächtnisprotokoll Zitat Brunner vom 22.06.2017)) zeigt nochmals die Dringlichkeit dieses Umfrageteils. Ziel war es, die tatsächlich anwesende Anzahl an Kindern der tatsächlich anwesenden Anzahl des Personals gegenüberzustellen und diese Daten im Anschluss mit dem rechnerischen Wert des statistischen Bundesamtes zu vergleichen.

Um ein möglichst klares Bild zu erhalten, wurde die Befragung auf zwei Wochen im Abstand von zwei Monaten, festgelegt. Die Zeiträume wurden jeweils so geplant, dass sie nicht in besonders stressige KiTa-Zeiten mit beispielsweise sehr vielen Festivitäten, Eingewöhnungen oder ähnlichem fallen. Zudem sollten sie außerhalb der Ferienzeiten stattfinden, da davon auszugehen ist, dass insbesondere in den Ferien auch große Urlaubszeit ist und demnach wahrscheinlich überdurchschnittlich viel KiTa-Personal aufgrund von Urlaub nicht in den Einrichtungen ist bzw. insbesondere in den Kindergärten auch weniger Kinder anwesend sind (ebenfalls aufgrund von Urlaub). Hierdurch käme es zu einer Verzerrung der Daten. Zudem sind eventuell Einrichtungen geschlossen und hätten deshalb nicht an der Umfrage teilnehmen können. Aus diesem Grund fiel die Wahl auf die Wochen 24.04–28.04.2017 und 26.06–30.06.

Um den KiTa-Mitarbeiter_innen einen Anreiz zur Teilnahme zu geben, war auf der Onlineplattform eine Dateneinsicht via Datengrafiken möglich. Um Datendiebstahl vorzubeugen, wurde darauf geachtet, dass die Daten nicht nach Kindergarten und Krippe getrennt sind. Wirklich aussagekräftig werden die Zahlen erst nach der Trennung zwischen den beiden KiTa-Bereichen, da die Faktoren der Kinder unterschiedlich sind. Vorab ist das Bild verzerrt und kaum aussagekräftigt. Die Darstellungen erfolgten mittels Boxplot. Dabei wurde zwischen zwei unterschiedlichen Darstellungen unterschieden. Die erste Darstellung zeigte den Betreuungsschlüssel unter Berücksichtigung der förderrelevanten Faktoren, die zweite die tatsächliche Fachkraft-Kind-Relation ohne Berücksichtigung der förderrelevanten Faktoren (tatsächlich anwesende Kinder und tatsächlich anwesendes pädagogisches Personal). Beide Diagramme wurden dabei unter Angabe des Mittelwertes, der Randzahlen des oberen und unteren Quartils, der „Whisker", der Ausreißer sowie des Median in Zahlenwerten, dargestellt.

Um die einzelnen Datensätze dem jeweiligen User zuordnen zu können, war zuerst eine Registrierung auf der Homepage notwendig. Abgefragt wurden zunächst die einrichtungsbezogenen Daten (Einrichtungsart, Arbeitsorganisation, Regierungsbezirk, Ortsgröße und Trägerart).

Bei der Entwicklung der Panelbefragung ging es in erster Linie um die Darstellung der tatsächlichen Betreuungssituation in bayerischen Kindertagesstätten. Wie viele pädagogische Personen arbeiten mit wie vielen tatsächlich anwesenden Kindern? Diese Art der Befragung ermöglicht die Ausfallzeiten des Personals aufgrund von mittelbarer pädagogischer Arbeiten sowie sonstigen Fehlzeiten, aber auch Abwesenheiten der Kinder darzustellen und somit die reelle Betreuungssituation aufzuzeigen.

Die Durchführung der Panelbefragung gestaltete sich schwieriger, als zuvor angenommen. Zunächst mussten mindesten 50 teilnahmebereite KiTa-Gruppen gefunden werden, die sich dazu bereit erklärten, zwei Wochen (jeweils an fünf aufeinanderfolgenden vorher festgelegten Tagen) die Anwesenheit der Kinder und des pädagogischen Personals auf die zur

Verfügung gestellte Onlineplattform einzutragen. Hieraus ergaben sich vielfältige ungeahnte Schwierigkeiten.

Die Daten aller Teilnehmer_innen an einem zuvor bestimmten Datum zu erhalten, gestaltete sich als erste Hürde. Hierfür war ein großer koordinativer Aufwand, bestehend aus unzähligen Anrufen, Emails und Erinnerungen, nötig. Eine Eingabe der Daten ist zwar auch zu einem späteren Zeitpunkt denkbar, jedoch für die Betroffenen mit einem größeren Aufwand verbunden (die Abwesenheiten des Personals und der Kinder werden in der Regel in unterschiedlichen Tabellen festgehalten und müssen im Nachhinein umständlich zusammengesucht werden, zudem birgt eine nachträgliche Eingabe ein größeres Fehlerpotential). Hinzu kamen die Eingabefehler. Bei nachträglicher Eingabe musste das Datum manuell eingestellt werden. Hierbei zeigte sich, dass bei insgesamt neun Datensätzen an mindestens einem Tag das Datum nicht korrekt eingestellt war. Diese Datensätze mussten aufgrund eines oder mehrerer nicht explizit zuzuordnenden Datensätze verworfen werden und waren für die Untersuchung nicht zu verwerten. Ebenfalls nicht zu bewerten waren Daten von Teilnehmer_innen, die sich nicht an allen fünf Tagen beteiligt hatten. Datensätzen mit weniger als fünf Teilnahmetagen wurden demnach auch nicht in die Auswertung mitaufgenommen. Datensätze außerhalb des angegebenen Zeitraums wurden gelöscht. Des Weiteren war zugunsten der Anonymität der Teilnehmer_innen auf einen Rückschluss auf deren persönliche Daten verzichtet worden, was sich im Nachhinein als Fehler erwies, da die Teilnehmer_innen nicht nochmals explizit an den Start der zweiten Befragungswelle erinnert werden konnten. Zwar stand das Datum (extra hervorgehoben in fetter Schrift und roten Buchstaben) auf der Startseite der Online-Plattform, allerdings schienen sich nicht alle Teilnehmer_innen der ersten Befragungswelle dieses Datum notiert zu haben (die Teilnahme an der zweiten Befragungswelle fiel deutlich geringer aus).

Um diesem Problem zukünftig vorbeugen zu können, wäre es denkbar (unter Zusicherung der Anonymitätswahrung) die Angabe einer Email-Adresse für die Teilnahme vorauszusetzen.

Hinzu kamen Probleme mit dem Server. Mehrfach musste der Betreiber des Servers per Mail angeschrieben werden, da die Homepage nicht erreichbar war und eine Fehlermeldung sendete. Möglicherweise sind hierin auch einige Ausfälle zu begründen.

8.4.3 Entwicklung des Fragebogens & Durchführung der quantitativen Untersuchung

Grundlegendes Instrument für die Entwicklung des Fragebogens war die Durchführung qualitativer Befragungen von Personen aus der Praxis mittels leitfadengestützter Interviews. Die Auswertung der Interviews ermöglicht einen Blick in die Problemansicht aus der Praxis und eröffnet damit eine explorative Verknüpfung aus theoretischen Vorüberlegungen und praxisnahen Aspekten. Aufgrund der verhältnismäßig geringen Stichprobengröße von insgesamt 26 Interviews erhebt der qualitative Teil dieser Arbeit nicht den Anspruch der Repräsentativität, leistet jedoch, hypothesenbildend, in Bezug auf die Entwicklung des Fragebogens einen wertvollen Beitrag.

Vor der Erstellung des Fragbogens ging es zunächst um die Formulierung der Forschungsfragen und der Überlegung, über welche Fragen und Strukturen der Fragebogen verfügen muss, um im weiteren Verlauf der Forschung zielführend den Forschungsgegenstand zu ergründen. Wird dieser Schritt der Vorüberlegung übersprungen oder nicht ausreichend durchdacht, kann dies dazu führen, dass die Untersuchung ihr Ziel, die Forschungsfrage zu beantworten, verfehlt (Baur & Blasius, 2014, S. 46). Hinzu kommt die Orientierung an den Erkenntnissen aus der qualitativen Erhebung.

Der Fragebogen untergliederte sich, ähnlich wie der Interviewleitfaden, in drei Themenbereiche (Qualität, Rahmenbedingungen, Betreuungsschlüssel). Zu Beginn wurden zudem die personen- und einrichtungsbezogenen Daten erfragt. Um möglichst viele interessierte Teilnehmer_innen zu erreichen und zum Mitmachen zu animieren, gab es die Möglichkeit sowohl online über das Web-Portal „Umfrage-Online.com“ oder per „Paper-Pencil-Methode“ teilzunehmen.

Der Fragebogen sollte in zehn bis fünfzehn Minuten zu beantworten sein, da die Leitungen bereits im Vorfeld (bzw. bei den Interviews Bedenken geäußert haben, dass die KiTa-Mitarbeiter_innen keine Zeit zur Beantwortung der Fragebögen finden würden. Eine Aussage hierzu: „Das dauert aber nicht länger als ungefähr 10 Minuten, oder?“ Um möglichst viele KiTa-Mitarbeiter_innen zur Teilnahme zu gewinnen, wurde deshalb ein möglichst kurzer, aber prägnanter, auf die Forschungsfrage abgestimmter und auf den Antworten der Interviews basierender Fragebogen entwickelt. Fragen und Antworten darüber hinaus (aus den Interviews) werden in der qualitativen Auswertung aufgeführt und können als Grundlage für weiterführende Forschungen dienen (detaillierte Entwicklung des Befragungsinstruments siehe Angang)

Ob die Ansichten und Meinungen der Interviewteilnehmer_innen einer quantitativen Überprüfung standhalten, ist Gegenstand dieser Hauptuntersuchung. Aus diesem Grund orientieren sich die jeweils vorgegebenen Antworten an den Tendenzen und der Wortwahl der Interviewteilnehmer_innen.

Zwar können negativ oder positiv ausgedrückte Sachverhalte die Antworttendenz der Befragten beeinflussen, jedoch birgt die Umformulierung von negativen und positiven Sachverhalten ins jeweilige Gegenteil die Gefahr, Inhalte zu verfälschen (Mummendey & Grau, 2014, S. 155f.), weshalb von einer tendenziösen Umformulierung abgesehen wurde.

8.5 Akquiseverfahren

Der Feldzugang unterteilte sich in mehrere teilweise voneinander unabhängige Ebenen:

1. **Telefonische Kontaktaufnahme mit verschiedenen bayerischen Kindertagesstätten:** Die bereits an der Panelbefragung teilnehmenden Kindertagesstätten sowie weitere zufällig ausgewählte Einrichtungen wurden telefonisch kontaktiert. Insgesamt erreicht werden konnten hierdurch 87 Kindertagesstätten. Die telefonische Kontaktaufnahme gestaltete sich schwierig. Viele Kindertagesstätten haben während ihrer Öffnungszeiten einen Anrufbeantworter angeschaltet, die Leitungen waren nicht zu sprechen oder wollten vor der Teilnahme noch die Genehmigung ihres Trägers einholen. Die Resonanz auf das telefonische Teilnahmegesuch war eher gering. Aus diesem Grund wurden parallel und nachfolgend weitere Feldzugänge erschlossen.
2. **Kontaktaufnahme mit einem der großen Dachverbände deutscher Kindertagesstätten:** Um möglichst viele Kindertagesstätten zu erreichen und einen Fürsprecher für die Studie zu gewinnen, erfolgte bereits während der Planungsphase des Vorhabens die Kontaktaufnahme mit einem der sechs „Spitzenverbände der Freien Wohlfahrtspflege". Die Mitarbeiter_innen der einzelnen Bezirksverbände befürworteten das Vorhaben und sicherten ihre Unterstützung zu. Nach der Fertigstellung des Fragebogens nahmen sie diesen (PDF und Online-Link) in ihren Email-Verteiler auf, mit der Bitte, sich an der Umfrage zu beteiligen.

3. **Kurzpräsentation des Vorhabens bei der Konferenz der freien Träger in Regensburg:** Auf der Konferenz der freien Träger bot sich die Möglichkeit, die Studie kurz vorzustellen. Bei dieser Gelegenheit konnte ein Großteil der freien Träger und/ oder deren Einrichtungsleitungen aus dem Raum Regensburg erreicht werden. Vor Beginn der Konferenz sowie in den Pausen bot sich die Gelegenheit, einige Einrichtungsleitungen persönlich anzusprechen und zur Teilnahme zu animieren. Die Leitung des Amtes für Tagesbetreuung wies zudem nochmals auf die Wichtigkeit solcher Studien hin. Der Fragebogen wurde an interessierte Personen ausgeteilt und im Anschluss über den Emailverteiler der freien Kindertagesstätten an alle versendet (PDF und Online-Link).
4. **Versendung des Links per Whats-App:** Des Weiteren erfolgte eine Versendung des Online-Links per Whats-App an insgesamt 25 Erzieher_innen mit der Bitte, diese Nachricht weiter zu verteilen. Hintergrundgedanke war eine Verbreitung des Links via „Schneeballsystems". Hierfür wurde eine Whats-App Gruppe erstellt. Voraussetzung für dieses Vorgehen war, dass sich die beteiligten Erzieher_innen vorab einverstanden erklärten und ihre Handynummer zur Verfügung stellten (Anschreiben siehe Anhang 14.6).
5. **Bayernweite Versendung des Fragebogens als PDF sowie des Online-Links an insgesamt 2.304 zufällig ausgewählte Kindertagesstätten und KiTa-Träger:** Die Emails, mit der Bitte um Teilnahme, beinhalteten sowohl den Online-Link zur Umfrage als auch den Fragebogen als PDF. Der Zeitraum des Versands erstreckte sich vom 03.07–17.07.2017. Einige KiTa-Leitungen und Trägervertreter meldeten sich daraufhin per Telefon oder Mail und teilten ihr Interesse mit. Teilweise boten sie an, den Aufruf in ihren Email-Verteiler mitaufzunehmen und an andere Kindertagesstätten weiterzuleiten (Anschreiben siehe Anhang 14.6).
6. **Aufruf zur Teilnahme in sozialen Netzwerken in speziellen Gruppen für Erzieher_innen und andere in bayerischen Kindertagesstätten tätige Personen:** Die Veröffentlichung der Umfrage auf der Online-Plattform eines sozialen Netzwerkes in insgesamt 15 Gruppen erfolgte als letzter Schritt. Vorsichtshalber erfolgten eine Duplizierung der Umfrage sowie die Erstellung eines neuen Zugangs-Links um bei etwaigem Missbrauch die beiden Zugangswege voneinander zu trennen. Der Aufruf, sich bei der Studie zu beteiligen, beinhaltete explizit den Hinweis, dass sich diese

Umfrage ausschließlich auf Bayern konzentriert und deshalb ein KiTa-Arbeitsplatz in Bayern als Teilnahmevoraussetzung gilt. Der Zeitraum der Posts erstreckte sich zwischen 07.07.2017 und 15.07.2017 (Anschreiben siehe Anhang 14.6).

Die Wahl des Befragungszeitraums richtete sich nach den Ferienzeiten in Bayern sowie anderen in Kindertagesstätten relevanten Zeiträumen. Gewählt wurde eine Phase mit möglichst wenigen stressigen Zusatzterminen außerhalb der Ferienzeiten. Hier bot sich der Zeitraum zwischen den Pfingst- und den Sommerferien an (das KiTa-Jahr ist fast zu Ende, keine große Urlaubszeit, kaum Eingewöhnungen, wenig Feste, etc.). Die Befragung begann am 28.06.2017. Da bereits nach zwei Wochen über 500 Rückläufe zu verzeichnen waren, wurde das Ende auf den 31.07.2017 festgelegt. Die Rücklaufzeit erstreckte sich insgesamt vom 28.06.2017 bis einschließlich 24.08.2017. Fragebögen, die nach dem 24.08.2017 eingingen, fanden in der Auswertung keine Berücksichtigung mehr.

Tabelle 10: Überblick Feldzugang der quantitativen Untersuchung

Feldzugang	**Methodisches Vorgehen**
Telefon	Telefonische Kontaktaufnahme mit 87 zufällig ausgewählten Kindertagesstätten
Dachverband	Kooperation mit einem der sechs Spitzenverbände der Freien Wohlfahrtspflege als Türöffner/ Verteiler
Kurzpräsentation	Vorstellung des Projektes auf der Konferenz der freien Träger, sowie Verteilung der Fragebögen mit frankiertem Rückumschlag
WhatsApp	Verteilung des Online-Links via WhatsApp (in einer eigens erstellten Gruppe und an separate Nummern (insgesamt 25))
Email	Versendung des Online-Links und des Fragebogens als PDF (mit Rücksendeadresse) an insgesamt 2.304 Kindertagesstätten
Soziale Netzwerke	Verbreitung des Online-Links auf sozialen Netzwerken in speziellen Gruppen für Erzieher_innen (insgesamt 15)

9 Auswertung der Untersuchungsergebnisse

Abstrakt: Die Forschungsergebnisse werden aufgesplittet nach den drei Untersuchungsmethoden ausgewertet. Die Auswertung ist überwiegend deskriptiv. Lediglich besonders herausstechende Ergebnisse werden ausführlicher dargelegt und interpretiert. Das gleiche gilt für Themenbereiche, welche in der Hauptbefragung nicht weiter behandelt wurden.

Abstract: The research results are split according to the three examination methods. The evaluation is predominantly descriptive. Only particularly outstanding results are presented and interpreted in more detail. The same applies to topics that were not dealt with in the main survey.

Nachfolgendes Kapitel beschäftigt sich mit der Auswertung der Untersuchungsergebnisse der drei Teilbereiche Experteninterviews, Panelbefragung sowie der quantitativen Befragung mittels Fragebögen. Die Auswertung in diesem Kapitel ist überwiegend deskriptiv. Lediglich besonders herausstechende Ergebnisse werden bereits ausführlicher dargelegt und interpretiert. Das gleiche gilt für Themenbereiche, welche in der Hauptbefragung nicht weiter behandelt wurden. Die Diskussion der übrigen Erkenntnisse sowie die Hypothesenprüfung finden in den darauffolgenden Kapiteln statt.

9.1 Auswertung der Experteninneninterviews

Im folgenden Teilkapitel werden die ausgewerteten Daten der qualitativen Erhebung (Experteninterviews) dargestellt. Die verwendeten Daten stützen sich auf insgesamt 26 mit fachaffinen Personen durchgeführte Interviews. Als fachaffine Personen wurden vorab die Berufsgruppen „Fachberatungen für Kindertagesstätten“, Leiter_innen von Kindertageseinrichtungen“ und „pädagogische Qualitätsbegleiter_innen (pQBs)“ definiert. Insgesamt wurden fünf pQBs, sechs Fachberatungen und 15 Einrichtungsleitungen interviewt. Die gewonnenen Daten sollen in erster Linie der Generierung des Fragebogens dienen.

9.1.1 Qualität

Die Qualitätsdebatte ist (wie beschrieben) ein derzeit stark debattiertes Thema. Wie Leitungskräfte und pädagogische Qualitätsbegleitungen Qualität in Kindertagesstätten definieren und welche Einschätzungen sie hinsichtlich des Qualitätsverständnisses der KiTa-Mitarbeiter_innen geben, soll nachfolgend erläutert werden. Hinzu kommen die Fragen, was KiTa-Mitarbeiter_innen selbst zur Qualität beitragen können und welche Rahmenbedingungen gegeben sein müssten, damit die pädagogischen Kräfte an der Basis qualitativ hochwertige Arbeit leisten können.

Als prägnantester Punkt ist der **Betreuungsschlüssel** anzuführen. Die Befragten benannten die Relation zwischen Pädagog_innen und Kindern als ein bedeutsames Qualitätsmerkmal. Hierbei bezogen sie sich auf den Betreuungsschlüssel an sich, aber auch auf die Notwendigkeit von Springern für Notsituationen, die Reduzierung der Gruppengrößen und die Berücksichtigung von Ausfallzeiten des Personals. Des Weiteren das Klientel der Einrichtung sollte in der Betreuungsrelation berücksichtigt werden.

Die **Qualifikation des Personals** stellt einen weiteren wichtigen Aspekt dar. Hierunter verstehen die Befragten die Fort- und Weiterbildung der Pädagog_innen sowie die Beschäftigung mit Fachliteratur. Ebenfalls wird unter Qualität eine gute Grundqualifikation/ Berufsabschluss der KiTa-Mitarbeiter_innen (beispielsweise das Niveau der Kinderpflegeausbildung anzuheben), die Fachlichkeit der Pädagog_innen sowie das persönliche Engagement der einzelnen Erzieher_in verstanden. Die Mitarbeiter_innen können bei einer guten Grundqualifikation/ Ausbildung eine qualitativ hochwertige Arbeit besser gewährleisten, so die Aussagen der fachaffinen Personen. Ausreichend Fortbildungsangebote, möglichst mit bezahlter Freistellung, wären wünschenswert. Zudem wäre eine Unterstützung durch (externe) Angebote, beispielsweise Supervision, Fachberatung und pQB, sinnvoll.

Die **Teamarbeit/ -organisation** wird ebenfalls als Qualitätsmerkmal genannt. Hierunter fallen eine gute Zusammenarbeit im Team, die Einplanung von Verfügungszeiten zur Vor- und Nachbereitung, Beratung und Supervision, Mitspracherecht bei Urlaubsplanung und Öffnungs- bzw. Schließzeiten, die Möglichkeit zum Austausch unter den Kolleg_innen, Feedback im Team, das Verfolgen gemeinsamer Ziele und Visionen, ein kooperativer und konstruktiver Umgang sowie eine Wohlfühlatmosphäre. Ebenfalls inkludiert diese Kategorie ein gutes Arbeitsklima, einen wertschätzenden Umgang, die Reflexion des Arbeitsalltags, ressourcenorientiertes Arbeiten, flache Hierarchien und die Verwirklichung eigener Vorstellungen. Wichtig sind zudem das Einhalten von Absprachen, die Interaktion im Team, der gegenseitige Wissensaustausch, die gegenseitige Unterstützung und eine gemeinsame pädagogische Linie. Ebenso relevant sind eine gute Personalführung bzw. ein partizipativer Umgang zwischen Leitung und Team. Gelingende Teamarbeit inkludiert zudem die Beständigkeit des Teams sowie beständige Personalstunden und ausreichend Freiraum zur Eigengestaltung.

Als weiterer wichtiger Aspekt wurde die ***Kindzentriertheit*** genannt. Dieser Punkt bezieht sich auf ausreichend Zeit, um auf die Bedürfnisse der einzelnen Kinder einzugehen, Zeit für Interaktion mit den Kindern, Partizipation, Kleingruppenangebote, individuelle Förderung, einen wertschätzenden und liebevollen Umgang mit den Heranwachsenden sowie eine Orientierung an deren Bedürfnissen und Interessen. Der Beziehungsaufbau zu den Kindern, Selbstständigkeitserziehung, ein wertschätzender Umgang und die Vermittlung des Lernens (dem Kind lernen, wie man lernt) sind hier ebenfalls inkludiert. Eine *kindzentrierte* Pädagogik zeichnet qualitative Arbeit aus, so die Quintessenz. Um dies zu gewährleisten, ist die pädagogische Sichtweise der KiTa-Mitarbeiter_innen wichtig. Hierunter verstehen die Leitungen und pädagogischen Qualitätsbegleitungen, sich auf das einzelne Kind einzulassen, liebvolles, emphatisches und achtsames Arbeiten, den Fokus auf den Kindern haben und persönliches Engagement in der Pädagogik.

Weitere Qualitätsaspekte sind eine gute **Elternarbeit/ Elternpartnerschaft** und der Informationsaustausch mit den Erziehungsberechtigten, soziale Kompetenz im Umgang mit den Eltern, ein wertschätzender Umgang, aber auch das Feedback von den Eltern (beispielsweise durch Umfragen) sowie die Anerkennung durch die Elternschaft. Zudem verstehen die Befragten hierunter, die Zufriedenheit der Eltern sowie deren Erwartungen gerecht zu werden, die Eltern zufriedenzustellen und „ins Boot holen“. Gelingende Elternarbeit inkludiert Empathie und Engagement, Kommunikation und Interaktion, einen guten Umgang mit den Eltern sowie diese in die KiTa-Arbeit miteinzubinden. Die Atmosphäre im Umgang mit den Eltern sollte so gestaltet sein, dass sich die Eltern in der Einrichtung wohlfühlen.

Des Weiteren definieren die Befragten die gegebenen **pädagogischen Rahmenbedingungen** als Qualitätsfaktor. Sie sehen die Rahmenbedingungen dabei als Grundvoraussetzung für eine gelingende FBBE. Weiterhin relevant ist der Tagesablauf, der sowohl auf die Pädagog_innen als auch auf die Kinder abgestimmt sein muss. Mit Abstand dominiert hierbei die Einrichtungsausstattung. Für qualitativ hochwertige Arbeit müssen ausreichend Räumlichkeiten zur Verfügung stehen, um auch Kleingruppenangebote umsetzen zu können und den Kindern Platz zu bieten. Die materielle Ausstattung der Einrichtung ist ebenfalls wichtig. Können die von außen vorgegeben Rahmenbedingungen nicht verändert werden, sollte versucht werden, das Beste aus den Gegebenheiten zu machen und evtl. negative Dinge auszublenden. Zudem können die KiTa-Mitarbeiter_innen selbst dazu beitragen, die Qualität in ihrer Einrichtung zu steigern, indem sie die Räumlichkeiten entsprechend gestalten und nutzen, versuchen, stressige Situationen zu entspannen und sich von „außen" nicht unter Druck setzen zu lassen (Vorstellungen der Gesellschaft, Konkurrenzdruck). Ebenfalls kann die Arbeit mit einem teiloffenen bzw. offenen Konzept den Stress etwas reduzieren, da hierdurch eine gegenseitige Unterstützung besser möglich ist.

Auch die **organisatorischen Rahmenbedingungen** werden als Qualitätsmerkmal verstanden. In diese Kategorie fallen die Anerkennung und Wertschätzung, ein gutes Gehalt und ein KiTa-Träger, der als guter Arbeitgeber hinter den Mitarbeiter_innen steht. Ebenso wichtig ist ausreichend Zeit zur Erholung und nur selten die Notwendigkeit, Überstunden leisten zu müssen. Als Basis für qualitativ hochwertige Arbeit sehen die Befragten ausreichend zur Verfügung stehende Verfügungszeiten und Teamtage. Zudem seien verbindliche Schließzeiten der Einrichtung zur gemeinsamen Erholung (ohne den Personalausfall durch Urlaub kompensieren zu müssen) wichtig. Ausreichend Zeit für die verschiedensten Tätigkeiten ist ein großes Kriterium für Qualität in Kindertagesstätten. Hierunter fallen Zeit für Teamsitzungen und -entwicklung, Reflexion und Evaluation, die Arbeit am Kind, Dokumentation, Portfolio und Konzeptionsarbeit sowie für Fortbildungen. Weitere wichtige Kriterien als Basis für Qualität sind Rückhalt und Unterstützung durch den Träger der Einrichtung sowie Gesprächsbereitschaft von Seiten des Trägers, vertrauensvolle Zusammenarbeit und Freiraum für individuelles Arbeiten.

Programme sind nicht gleich Qualität, so die Kernaussage der Interviewteilnehmerinnen. Unter Qualität verstehen sie vielmehr die **Ausgewogenheit pädagogischer Angebote**. Allerdings sieht eine Befragte, bedingt durch den

Konkurrenzdruck, auch die Notwenigkeit, sich durch spezielle Projekte von andern Einrichtungen abzuheben. Die Leitungskräfte und pädagogische Qualitätsbegleitungen äußerten die Meinung, dass KiTa-Mitarbeiter_innen die Umsetzung von Programmen im KiTa-Alltag als Qualitätsmerkmal ansehen. Ziel ist es dabei, möglichst viel Sichtbares zu „produzieren". Weiterhin wurden Projekte im KiTa-Alltag, die Akquise von Fördergeldern und das Freispiel als Zeichen von Qualität benannt.

Bestimmte **Persönlichkeitsmerkmale** von Erzieher_innen scheinen für die Befragten ein weiteres Qualitätsmerkmal in Kindertagesstätten zu sein. Hierunter fallen die Kritikfähigkeit, die persönliche Motivation, Engagement und Flexibilität, aber auch Offenheit, Humor sowie Spaß am Beruf und das Einbringen der eigenen Stärken. Motivierte Erzieher_innen mit Spaß an ihrer Tätigkeit leisten bessere Arbeit, so die Aussage.

Öffentlichkeits-/ und Konzeptionsarbeit wird ebenfalls als Qualitätsaspekt genannt. In diese Kategorie fällt eine gute, auf die Mitarbeiter_innen und das Klientel angepasste Konzeption. Zudem sollte sich die Arbeit der Pädagog_innen an der einrichtungsinternen Konzeption orientieren und diese repräsentieren. Auch die Öffentlichkeitsarbeit (insbesondere der Internetauftritt) wurde in diesem Zusammenhang genannt. Hinzu kommen auf das Klientel angepasste Öffnungszeiten der Einrichtung.

Die eigene Arbeit zu reflektieren bzw. durch **Selbst- und/ oder Fremdevaluation** zu überprüfen, wird ebenfalls als Möglichkeit der Qualitätssicherung angeführt.

Die Fachkraft-Kind-Relation steht bei dieser Frage eindeutig in Vordergrund. Qualitativ hochwertige Arbeit kann nur gelingen, wenn ausreichend Personal zur Verfügung steht. Die Trias der Strukturqualität aus Personalschlüssel, Gruppengröße und Qualifikation des Personals scheint auch den KiTa-Mitarbeiter_innen wichtig zu sein. Erst danach folgen organisatorische und finanzielle Aspekte, die Qualifikation des Personals sowie finanzielle und organisatorische Aspekte des Erzieher_innenalltags. Anschließend scheinen für die Befragten die Aspekte des Klientel im Vordergrund zu stehen. Die Leitungskräfte und pädagogischen Qualitätsbegleitungen erwarten zu großen Teilen, dass die KiTa-Mitarbeiter_innen bzgl. der Qualität in Kindertagesstätten ähnliche Ansichten wie sie selbst vertreten. Allerdings implizieren sie den KiTa-Mitarbeiter_innen das Umsetzen von Programmen und das Erzeugen von Vorzeigbarem (Bastelarbeiten, Arbeitsblätter) mit

Qualität gleichzusetzen, während sie selbst für eine ausgewogene Balance zwischen Anregung und Freispiel plädieren.

Überraschend ist in diesem Zusammenhang der Schwerpunkt auf den Persönlichkeitsmerkmalen der Erzieher_innen, um die Qualität in Kindertagesstätten zu sichern. Der Beruf als Berufung oder Erzieher_in werden lediglich Vertreter eines ganz bestimmten Persönlichkeitstyps. Hinzu kommt die Einstellung, negative Rahmenbedingungen einfach auszublenden, aus den gegebenen Rahmenbedingungen das Beste zu machen sowie sich selbst sowie die eigenen Gefühle und Bedürfnisse zurückzustellen. Eine Begründung könnte hier in der Persönlichkeits-Typologie des im sozialen Bereich tätigen Personenkreises zu finden sein. In sozialen Berufen arbeiten häufig Nähe-Typen (Riemann-Thomann-Modell), die dem Aufbau von zwischenmenschlichen Beziehungen eine große Bedeutung beimessen. Zudem zeichnen Charaktereigenschaften wie Ausgeglichenheit, Kontaktfreudigkeit und Teamfähigkeit diese Menschen aus (Feder & Fey S. 48ff.).

Bayerischer Bildungs- und Erziehungsplan (BEP):

„Der im Herbst 2005 eingeführte Bildungs- und Erziehungsplan (bayBEP) ist eine Erfolgsgeschichte." So lautet der erste Satz des Vorwortes von Frau Staatsministerin Emilia Müller im Vorwort des BEP. Seine Aufgabe ist es, den pädagogisch Tätigen und Trägern von Kindertageseinrichtungen als Orientierungsgrundlage ihrer Arbeit zu dienen (STMAS, 2012, S. IX). Im zweiten Vorwort äußert Herr Prof. Dr. Dr. Dr. Dr. h.c. mult. Wassilios E. Fthenakis, dass der bayerische Bildungs- und Erziehungsplan seine „Bewährungsprobe erfolgreich bestanden" hat (STMAS, 2012, S. XI).

Doch wie sieht die **Einführung und Umsetzung in der Praxis** aus? Insgesamt äußerten sich die Befragten kritisch über die Einführung des BEP's sowie dessen Umsetzbarkeit in der Praxis. Zwei Befragte drücken sogar ganz klar ihre Abneigung gegen den BEP aus. Hinzu kommen Stimmen, die nach kurzem Überlegen zugaben, sich mit dem BEP noch nicht, sehr wenig oder vor zu langer Zeit auseinandergesetzt zu haben, sodass sie zu dem Thema keine Angaben machen können. Zusammenfassend lässt sich festhalten, dass bei insgesamt 15 Personen keine Auseinandersetzung mit dem BEP stattgefunden hat bzw. diese derzeit keine Kenntnisse über die Inhalte des Orientierungswerkes besitzen. Zudem scheinen in der Praxis

Vorbehalte gegen den BEP zu existieren. Sieben Personen äußerten sich kritisch über die Einführung, Umsetzung und die im BEP verwendeten Formulierungen – diese seien zu hoch gegriffen und teilweise schwer verständlich, der BEP sei in den Einrichtungen noch nicht angekommen, der Bildungsgedanke zu hoch gesetzt und die Arbeit würde theoretisiert, so einige der Aussagen. Der Bildungsplan wird von einigen Pädagog_innen als „Regelwerk“ verstanden, das aufgrund seiner „hohen Anforderungen an die Betreuungseinrichtungen“ in der Praxis kaum umzusetzen sei. Zudem sei er für den Krippenbereich mit U3 Kindern nicht geeignet. Um dem entgegenzuwirken, wurden in den neueren Ausgaben auch verstärkt Beispiele aus dem U3-Bereich mitaufgenommen. Ergänzend existiert seit 2010 eine Handreichung für Kinder in den ersten drei Lebensjahren.

Der **Bildungsauftrag** ist für alle bayerischen Kindertageseinrichtungen gesetzlich vorgeschrieben. Verankert ist diese Maxime beispielsweise im BayKiBiG oder im BayEUG. Diese Vorgaben stützen sich auf die UN-Kinderrechtskonventionen in deren Statuten das Recht des Kindes auf Bildung verankert ist. Durch diese gesetzlichen Vorgaben sind die Kindertagesstätten verpflichtet, qualitativ hochwertige und für alle Kinder gleichermaßen zugängliche Bildungsangebote bereitzustellen (STMAS, 2012, S. XVIf.). Dass Bildung inhaltlich mit dem BEP in Zusammenhang steht, erwähnten zehn der Befragten in unterschiedlichen Ausprägungen. Lediglich vier Personen gingen inhaltlich detaillierter auf den Bildungsauftrag ein und erläuterten einige, der im BEP festgeschriebenen, Bildungsziele oder zu vermittelnden Basiskompetenzen (beispielsweise: Emotionalität (STMAS, 2012, S. 174ff.), Sprache (STMAS, 2012, S. 195ff.), Resilienz (STMAS, 2012, S. 7), Personale Kompetenzen (STMAS, 2012, S. 43ff.)).

Der BEP ist in drei große Teilkapitel untergliedert. Im ersten Teil wird beispielsweise das Bild vom Kind, das Verständnis von Bildung und die wichtigsten, dem Plan zugrundeliegenden, Prinzipen dargelegt. Das zweite Kapitel befasst sich mit dem Aufbau des BEP's, den Basiskompetenzen, themenübergreifende Bildungs- und Erziehungsperspektiven, themenbezogenen Bildungs- und Erziehungsbereichen sowie den Schlüsselprozessen für Bildungs- und Erziehungsqualität. Die einzelnen Bereiche werden innerhalb des BEP's erläutert und mit Anregungen und Praxisbeispielen untermauert. Der dritte Teil besteht aus dem ergänzenden Anhang. Die Aussagen in den Interviews ergaben teilweise ein diffuses Bild von **unspezifischen Angaben**

und im BEP nicht Erwähntes. Die Pädagog_innen aus der Praxis erläuterten einerseits pädagogische Grundprinzipien, die entweder sehr unspezifisch waren und auf den BEP oder auch andere Lehrbücher/ Fachartikel zutreffen könnten (Bsp.: Vermittlung von Inhalten, Verschiedene Förderbereiche umsetzen, was messbar ist, etc.). Andererseits trafen sie Aussagen, die nicht unmittelbar in Zusammenhang mit dem BEP stehen (Qualitätssicherung, Fachkraft-Kind-Relation, Arbeit nach Wochenplan, etc.).

Die Kinder entsprechend ihrer Entwicklung selbst entscheiden lassen und ihnen das Recht geben mitzuwirken, das bedeutet Partizipation. Ein großes Kapitel im BEP (S. 389–414), ein kleiner Teilbereich von nur vier Nennungen bei vorliegender Befragung. Inkludiert waren hier ebenso die Äußerung der „Sozialen Kompetenzen" (STMAS, 2012, S. 392) sowie der „Demokratischen Teilhabe" (STMAS, 2012, S. 392).

Der Bildungs- und Erziehungspartnerschaft zwischen Kindertageseinrichtung und Eltern wird ein positiver Einfluss für die kindliche Erziehung zugeschrieben. Eltern und KiTa gelten dabei als gleichberechtigte Kooperationspartner und tragen gemeinsam die Verantwortung für die Entwicklung der Kinder. Unter dem Begriff Erziehungspartnerschaft wird der gemeinsame Fokus auf den Erziehungsprozess verstanden. Er inkludiert die Bemühungen von KiTa und Eltern die Erziehungsziele, -methoden und gemeinsame –bemühungen miteinander abzustimmen (STMAS, 2012, S. XXI & 425ff.). Lediglich zwei Personen fanden den Aspekt der Elternpartnerschaft und Zusammenarbeit mit den Eltern als wesentlichen, aus dem BEP hervorgehenden, Aspekt der Qualität in Kindertagesstätten.

Ein Ergebnis, das zum Nachdenken anregen sollte. Die Einführung des BEP's liegt mittlerweile bereits über ein Jahrzehnt zurück (die Implementierung fand im Herbst 2005 statt). Demzufolge sollte man annehmen können, dass das Gros der in Kindertageseinrichtungen tätigen Personen sich bereits mit dem Erziehungsplan auseinandergesetzt hat. Auch in die Ausbildung an den Fachakademien für Sozialpädagogik (bayerische Erzieher_innenschulen) wurden die Inhalte des BEP's mitaufgenommen. In der GEW-Studie „Wie geht's im Job" berichten hingegen 97% der Befragten den Bildungsplan ihres Landes zu kennen und diesen in der täglichen Arbeit inhaltlich umzusetzen. Die Aneignung der Inhalte hat jedoch überwiegend durch Eigenlektüre stattgefunden (GEW & DJI, 2007, S. 47). In Bayern scheinen in der Praxis allerdings derzeit sehr große Vorbehalte gegen den bayerischen Bildungs- und Erziehungsplan zu existieren. Zu ergründen, welche Ursachen hier zugrunde liegen, wäre sicherlich ein interessantes und spannendes Thema. An dieser Stelle kann hier nur gemutmaßt werden. Folgende Ursachenergründung stützt sich auf die Aussagen vereinzelter Interviewpartner und ist deshalb nur exemplarisch: (1) der BEP ist in seiner Struktur zu unübersichtlich, (2) der Umfang des Buchs ist zu groß (immerhin knapp 500 Seiten), (3) der BEP wurde in der Praxis nicht richtig eingeführt und wurde deshalb bisher noch nicht richtig angenommen, (4) es fehlen passende Fortbildungen, insbesondere für dienstältere KiTa-Mitarbeiter_innen, (5) es fehlt die Zeit sich in das umfassende Werk einzuarbeiten, (6) es bestehen große Vorbehalte gegenüber dem BEP, der Praxis wird etwas „übergestülpt", sodass diese glaubt, in der Realität den Bildungsplan nicht umsetzen zu können. Diese und weitere Gründe könnten ursächlich für die fehlende Auseinandersetzung mit dem BEP sein. Die Ursachenforschung soll jedoch nicht Gegenstand dieser Untersuchung sein. Diese zu ergründen, bedarf weitergehender tieferer Forschung.

9.1.2 Rahmenbedingungen

Was verstehen Sie unter attraktiven Rahmenbedingungen am Arbeitsplatz von KiTa-Mitarbeiter_innen, wie können Politik und KiTa-Träger für attraktive Rahmenbedingungen sorgen und welche Aspekte tragen dazu bei, dass KiTa-Mitarbeiter_innen ihren Ansprüchen an die eigene Arbeit gerecht werden können? So lauteten die nächsten Fragen.

Die Antworten hierauf werden vom Faktor **Betreuungsschlüssel** dominiert. Immer wieder werden der Betreuungsschlüssel und damit eine gute personelle Ausstattung der Einrichtung genannt. Zudem gehören hierzu wieder kleine Gruppen bzw. eine geringere Kinderanzahl. „Qualität vor Quantität", so lautet die Aussage der Befragten. Sie wünschen sich von der Politik eine Erhöhung des gesetzlich vorgegeben Anstellungsschlüssels oder/ und eine Reduzierung der Gruppenstärken. Die Träger könnten diesen freiwillig anheben bzw. Drittkräfte und Springer bereitstellen. Unter den derzeit umgesetzten Betreuungsschlüssel sei es denkbar schwierig, den eigenen Ansprüchen an seine Arbeit gerecht zu werden, so die Quintessenz der Aussagen. Dies wäre ganz stark abhängig von der Fachkraft-Kind-Relation in den einzelnen Einrichtungen. Häufig allerdings gäbe es zu wenig Personal oder/ und zu hohe Kinderzahlen und der Krankenstand sei sehr hoch. Der Fachkraftmangel verstärke diesen Effekt. Hinzu kommt, dass sehr kleine Kinder häufig eine Person für sich beanspruchen (eine 1:1-Betreuung benötigen), die restlichen Kinder müssten dann von der anderen Person in der Gruppe allein betreut werden. Dieses Phänomen trifft sowohl auf den Kindergarten als auch auf die Krippe zu. Häufig könne deshalb lediglich Betreuung, aber keine Förderung stattfinden.

Die **organisatorischen Rahmenbedingungen** in den Kindertagesstätten tragen ebenfalls dazu bei, einen Arbeitsplatz attraktiv erscheinen zu lassen. In erster Linie nannten die Befragten hier die Bezahlung und ausreichend Verfügungszeit. Flexible Arbeitszeitmodelle, Entscheidungsfreiheit beim Überstundenabbau (auch tageweise), ausreichend Urlaubsanspruch und Mitspracherecht bei der Urlaubsplanung sowie Pausen einhalten können und feste Schließzeiten einer Einrichtung tragen zur Attraktivität bei. Immer wieder als äußerst wichtig angesprochen: die Erhöhung des Gehalts. Dies könnte den Beruf auch für Männer attraktiver werden lassen. Hinzu kommen der Wunsch nach einer Vergütung bereits in der Ausbildung, mehr Urlaub und ein früherer Renteneintritt sowie die Möglichkeit zu flexibleren Arbeitszeiten.

Die **Wertschätzung und Unterstützung** der Mitarbeiter_innen durch den Träger wird ebenfalls häufig genannt. Aber auch die bereits in Frage 1.3 aufgeführten Unterstützungsangebote insbesondere bei Problemen sind den Mitarbeiter_innen wichtig. Hier wird wieder Ruf nach mehr Wertschätzung geäußert, diesmal von Seiten der Gesellschaft. Wichtig wäre die Anerkennung des Elementarbereichs als Bildungsbereich. Zudem müsste das Berufsbild der Erzieher_in deutlich aufgebessert und bei wichtigen politischen Entscheidungen fachaffine Personen aus der Praxis miteinbezogen werden.

Ein ebenfalls wichtiges Kriterium stellt **die Qualifikation** des KiTa-Personals dar. Hierunter verstehen die Befragten die Fort- und Weiterbildungsmöglichkeiten zur Weiterentwicklung und die dafür zur Verfügung gestellte Zeit. Die Ausbildung zur Erzieher_in sollte bundesweit vereinheitlicht und die dafür benötigte Grundqualifikation angehoben (Abitur und für Kinderpflege: mittlere Reife) werden. Weiterhin wäre es denkbar, die Ausbildungszeit von derzeit fünf Jahren (in Bayern) auf die Studienzeiten der Bachelorstudiengänge zu verkürzen. Zudem wäre eine Modernisierung der Inhalte wünschenswert. Ferner wurde noch Kritik an dem Weiterbildungsprogramm „Fachkraft in

Kindertagesstätten" geäußert. Die Ausbildung zum „Crash-Erzieher/ der Crash-Erzieherin" würde aufgrund ihrer Komplexität Mängel aufweisen.

Die **Teamarbeit** ist ebenfalls eine wichtige Rahmenbedingung, insbesondere im sozialen Bereich (siehe hierzu Frage 1.). Ein gutes Arbeitsklima, die Möglichkeit zum selbstständigen Arbeiten, gemeinsame Zielsetzungen und Mitspracherecht sowie ein funktionierendes Team mit wenig Fluktuation sind hierbei die prägnantesten Aussagen.

Unter guten Rahmenbedingungen verstehen die Befragten zudem die **Einrichtungsausstattung** insbesondere ausreichend Räume (auch Nebenräume) sowie ein Teamzimmer, einen schönen großen Garten/ Außenbereich aber auch die materielle Ausstattung einer Einrichtung ist wichtig (erwachsenengerechte Möbel und die finanzielle Ausstattung der einzelnen Gruppen oder ein PC für die Mitarbeiter_innen).

Die Umsetzung des Anspruchs an die eigene Arbeit (**intrinsische Faktoren**) ist auch abhängig von der persönlichen Einstellung der Mitarbeiter_innen sowie von ihrer Motivation (Häufig wird vieles in der Freizeit erledigt!). Diese Einstellung kann jedoch auf Dauer auch dazu führen, dass sich die Pädagog_innen „auspowern". Zudem ist die Gefahr der Demotivation (bei nicht Erreichen der selbstgesteckten Ziele) hoch. Die Mitarbeiter_innen könnten dann Unzufriedenheit, Frustration und Selbstzweifel entwickeln. Als externe Gründe für das „Nicht-Gerecht-werden" des eigenen Anspruchs wurde in erster Linie die fehlende Zeit genannt, aber auch ein immer „schwieriger" werdendes Klientel, Stress und Lärm. Hinzu kommt, dass die Ansprüche der Eltern in den letzten Jahren deutlich gestiegen sind, gleichzeitig jedoch die Wertschätzung durch die Gesellschaft fehlt (**extrinsische Faktoren**). Zudem haben sich in den letzten Jahren die **Anforderungen** im Berufsfeld der Erzieher_in verändert. Der Erziehungspartnerschaft mit den Eltern wird ein immer höherer Stellenwert zugeschrieben, die Bürokratie und die Anforderungen an die Leitungen steigen. Unter all diesen Anforderungen und Zusatzaufgaben leidet die Qualität bei der Arbeit am Kind. Die Befragten wünschen sich eine **Verbesserung der allgemeinen Rahmenbedingungen**. Sie äußerten den Wunsch nach mehr Geld für die Ausstattung der Einrichtung. Zudem könnten die Elternbeiträge gesenkt werden. Auch eine Verbesserung der Arbeitsbedingungen wäre wünschenswert (beispielsweise hinsichtlich der hohen Lärmbelastung). Zudem äußerten einige der Befragten **Kritik an dem Finanzierungsmodell** der Kindertagesstätten. Dieses sollte nochmals überdacht werden. Die Förderfaktoren für Migrationskinder beispielsweise sollten auch in der Krippe Anwendung finden, im Kindegarten empfinden die Befragten den Faktor 1,3 (für Migrationshintergrund) als zu gering. Eventuell könnte eine Anpassung des Anstellungsschlüssels an die Entwicklung der Kinder Abhilfe schaffen. Zusätzliche Kritik befasste sich mit den Abrechnungstabellen. Hier scheint es Verbesserungspotential zu geben. Die Tabellen sollten von öffentlicher Seite besser kontrolliert werden (hinsichtlich der Anwesenheitszeiten des Personals: Ist das eingetragene Personal tatsächlich anwesend?).

Auf die Frage „Können die KiTa-Mitarbeiter_innen unter den derzeit gegebenen Rahmenbedingungen ihren eigenen Ansprüchen an ihre Arbeit gerecht werden?" antwortete lediglich eine der Befragten „Ja." allerdings mit dem Zusatz „Prinzipiell.". Das Gros der Antworten lag bei „Jein." und „Nein.".

Die Antworten fokussieren sich in erster Linie auf eine Anhebung des Betreuungsschlüssels, dicht gefolgt vom Wunsch nach einem besseren Gehalt und der Verbesserung des Ansehens in der Gesellschaft. Aber auch die Rahmenbedingungen, sowohl organisatorisch als auch allgemein, stehen auf der Wunschliste der Befragten. Zusätzlich sollte auch die Ausbildung in Bezug auf deren Inhalt und Dauer geprüft werden. Wiederum scheint der Betreuungsschlüssel die maßgebende Größe zu sein. Dennoch kommt es auch auf die persönliche Einstellung der einzelnen Erzieher_in an. Zudem spielen externe Faktoren (wie die gestiegenen Anforderungen) eine wichtige Rolle in der Qualitätsdiskussion.

Hinzu kommen Tätigkeiten, die laut den Befragten im Alltag mit den Kindern zu kurz kommen. In erster Linie wurde hier der **Einzelkontakt** zu den Kindern angeführt. Die Befragten äußerten Kritik an fehlender Zeit für das einzelne Kind und Zeit, um individuell auf das einzelne Kind eingehen zu können. Auch die Einzelförderung käme demnach zu kurz.

Des Weiteren sei für das **Zwischenmenschliche** zu wenig Zeit. Die Bedürfnisbefriedigung der Kinder kommt zu kurz! Hinzu kommen Körperkontakt, Trösten, Zuwendung, Aufmerksamkeit und Wertschätzung den Kindern gegenüber. Ferner haben es stille Kinder oft schwierig, da die Pädagog_innen zuerst damit beschäftigt sind, die Bedürfnisse der „fordernden" Kinder zu befriedigen. Einfach einmal Zeit für **Kommunikation/ Interaktion** und zum Zuhören finden, ist selten möglich. Ebenso die individuellen Gespräche mit den Kindern im 1:1 Dialog. Auch die **Aktivitäten** kommen oftmals zu kurz, insbesondere die Kleingruppenarbeit, aber auch Projektarbeiten, Ausflüge oder einfach einmal in den Garten gehen. Zudem könnten Bildungsangebote oftmals nicht wie geplant stattfinden.

Neben all den Zusatzaufgaben und gestiegenen Anforderungen leidet **das Spiel/ die Kontinuität** mit den Kindern. Sich in Ruhe hinsetzten und vorlesen oder mit den Kindern kontinuierlich an einer Sache zu arbeiten, kommt im Arbeitsalltag oft zu kurz.

Explizit noch einmal erwähnt wurde die **Arbeit am Kind**, die oft leidet. Sich auf die Kinder einlassen zu können, präsent zu sein, Konfliktsituationen ruhig bearbeiten zu können und Beobachtungen durchzuführen, gestaltet sich oft schwierig.

Der Einzelkontakt zu den Kindern scheint unter den derzeitigen Arbeitsbedingungen der Erzieher_innen schwer realisierbar zu sein, ebenso wie das Zwischenmenschliche und die Kommunikation zwischen den Pädagog_innen und den Kindern. Die gesamten Antwortkategorien beziehen sich ausschließlich auf die Aktionen zwischen den Pädagog_innen und den Kindern. Andere, außerpädagogische Tätigkeiten werden nicht angesprochen, wenngleich diese in vorangegangenen Fragen als Antworten genannt wurden. Dies impliziert die von den Befragten selbst gewählte Gewichtung zwischen den pädagogischen und den mittelbaren pädagogischen Tätigkeiten.

9.1.3 Betreuungsschlüssel

Ein unzureichender Betreuungsschlüssel führt zu **Beeinträchtigung der pädagogischen Arbeit**. Nicht auf die Kinder einlassen und nicht alle Aufgaben abdecken zu können, ist Belastungsfaktor Nummer eins in Bezug auf die pädagogische Arbeit. Durch die immens gestiegenen Anforderungen gestaltet sich die Organisation des Arbeitsalltags immer schwieriger. Verfügungszeiten können nicht genommen werden, Bildungsangebote leiden und das Personal befürchtet der Aufsichtspflicht nicht gerecht werden zu können. Erschwert wird diese Situation durch in Teilzeit eingestelltes Personal. Die Arbeit mit einem unzureichenden Betreuungsschlüssel kann die Qualität pädagogischer Arbeit negativ beeinflussen. Ideen können nicht umgesetzt werden, Kleingruppen- und Projektarbeit leiden, die Arbeit am einzelnen Kind ist kaum möglich, es entstehen Defizite in der Beziehungsarbeit. Für gute Arbeit ist ein guter Schlüssel nötig, so die Aussage der Interviewteilnehmerinnen.

Der Betreuungsschlüssel kann insbesondere Unzufriedenheit und **Demotivation** hervorrufen. Er kann dazu beitragen, dass Spaß, Freude und Motivation leiden sowie das Engagement schwindet. Frustration, Gereiztheit, Ungeduld und schlechte Laune können die Folgen einer als zu schlecht empfundenen Betreuungsrelation sein, so die Aussagen der Interviewteilnehmerinnen. Zudem kann unter Umständen auch das Privatleben der Mitarbeiter_innen in Mitleidenschaft gezogen werden. Arbeitszufriedenheit und Motivation können durch den Betreuungsschlüssel in Mitleidenschaft gezogen werden. Die Unzufriedenheit steigt und es kommt zu Frustration und Überforderung. Die Erzieher_innen sind schneller genervt und die Demotivation steigt, so die Quintessenz der Aussagen.

Infolgedessen kann es zu **gesundheitlichen Belastungen** kommen. Hier wird in erster Linie der Stress angeführt. Allgemein ist der Beruf bzw. der Arbeitsalltag von Erzieher_innen als belastend einzustufen, wodurch die Gesundheit leidet. Psychosomatische Krankheiten (Burnout/ ausgebrannt sein) und Überforderung, das sind die am häufigsten genannten Auswirkungen in Bezug auf den Betreuungsschlüssel. Die Mitarbeiter_innen kommen immer häufiger an ihre Belastungsgrenze wodurch es wiederum vermehrt zu krankheitsbedingten Ausfällen kommen kann. Oftmals entwickelt sich hieraus ein „Teufelskreis“ (Überbelastung führt zu Ausfällen – Ausfälle führen zu Überbelastung usw.).

Zudem gäbe es in den Einrichtungen zu wenig Personal und die **Personalausfälle/ Personalengpässe** wären sehr hoch, so lautet ein häufig genannter Belastungsfaktor. Das Auffangen dieser Ausfälle gestaltet sich oft schwierig. Auch die Suche nach neuem Personal ist nicht einfach. Gute Fachkräfte zu bekommen, sei fast unmöglich. Somit werden die Stellen (aus der Not heraus) häufig mit weniger guten Pädagog_innen besetzt. Verschärft wird diese Problematik noch durch das „Arbeitsplatzhopping“. Eine neue Stelle ist auf dem derzeitigen Stellenmarkt leicht gefunden, wodurch ein vermeintlich nicht den eigenen Wünschen entsprechender Arbeitsplatz schneller gekündigt wird.

Die Erfüllung des **eigenen Anspruchs** an die Arbeit wird ebenfalls vom Betreuungsschlüssel beeinflusst. Es ist schwierig, sich auf die Bedürfnisse der Kinder einzulassen. Dabei kann das Gefühl entstehen, keinem gerecht werden zu können, nur noch zu funktionieren und die Arbeitsaufgaben nicht zu schaffen.

Die **Teamarbeit** und der Austausch unter den Kolleg_innen kann in Mitleidenschaft gezogen werden. Hieraus können Konflikte im Team entstehen, zu deren Aufarbeitung wiederum die Zeit fehlt. Fehlzeiten (kurzzeitig durch Toilettengang, Pausen oder langfristig durch sonstige Fehlzeiten) bedingen häufiges „Alleinsein" in der Gruppe. Ebenso durch die Randzeitenabdeckung, die sich oftmals schwierig gestaltet. Häufig bleibt die Verfügungszeit auf der Strecke, Pausen können nicht eingehalten oder Urlaub muss verschoben werden. Ebenso schwierig ist es, Fortbildungen zu besuchen (Kolleg_in ist dann evtl. allein).

Die **Arbeitsorganisation** wird durch viele Zusatzaufgaben ebenfalls erschwert, so lautet die Kernaussage der Befragten. Hieraus resultiert oftmals ein Verschieben von Arbeiten auf später oder in die Freizeit. Die Arbeitsbelastung steigt, dennoch wird das Pensum nicht geschafft. Es kommt zu Überstundenaufbau (deren Abbau gestaltet sich schwierig).

Auch die Stunden der Pädagog_innen können durch den Betreuungsschlüssel in Mitleidenschaft gezogen werden, was zu **Unsicherheiten der Arbeitssituation** führen kann. Durch das bayerische Fördersystem der Kindertagesstätten (Personalstunden abhängig von den Buchungsstunden der Kinder) stehen die Leitungen oftmals unter dem Druck, die Stunden der Mitarbeiter_innen halten zu können. Somit kann auch dem Wunsch der Eltern nach einem niedrigen Stundenkontingent nicht immer entsprochen werden. Aus den eben genannten Gründen können sich **Kündigungsgedanken** entwickeln. Die KiTa-Mitarbeiter_innen überlegen, den Arbeitsplatz zu wechseln oder ganz aus dem Beruf auszusteigen.

Die Befragten empfinden den Betreuungsschlüssel als **unbefriedigend**. Dieser ist eine „Katastrophe", schlichtweg zu schlecht und es gibt zu wenig Personal. Insbesondere in den Krippen ist der Betreuungsschlüssel nicht gut genug. Der Schlüssel gehört sich auf jeden Fall verbessert, so die Forderung. Der derzeitige Betreuungsschlüssel wird als unbefriedigende Ersatzlösung und als **Provisorium** bezeichnet. Fehlzeiten können nur schwer aufgefangen werden, Zusatzaufgaben binden Personal anderweitig, Springer haben zu den Kindern keinen Bezug und die Hauptarbeit lastet auf dem Stammpersonal. Die Qualität der Arbeit ist abhängig vom tatsächlich in den Gruppen anwesenden Personal, häufig ist dieses jedoch mit Zusatzaufgaben beschäftigt. Zudem wurden Fehler in den Ausbildungskontingenten gemacht (die Kontingente wurden nicht rechtzeitig erhöht), es fehlt Nachwuchs. Der quantitative Ausbau der Kindertagesstätten verstärkt dieses Problem. Auch der „Crash-Erzieher/ die Crash-Erzieherin" ersetzt die reguläre Erzieher_innenausbildung nicht wirklich und kann nur als Provisorium angesehen werden. Der Betreuungsschlüssel (hier bezieht sich die Aussage auf das Verhältnis zwischen Anstellungsschlüssel und Fachkraft-Kind-Relation) ist ein rein **rechnerischer Wert**, der nicht viel mit der Realität zu tun hat. Er dient lediglich der Statistik und muss im Jahresmittel stimmen. Dies hat zur Folge, dass in den Listen (ADEBIS/ KiBiGWeb) getrickst wird. Fehlende Kolleg_innen werden scheinbar in den Schlüssel miteinberechnet, die tatsächliche Betreuungsrelation scheint in der Praxis häufig deutlich schlechter zu sein. Auf dem Papier ist der Schlüssel gut, in der Praxis häufig schlecht, so die Aussagen. Insbesondere in der Kernzeit ist aufgrund der Berechnung häufig zu wenig Personal vorhanden. Ein als schlecht empfundener Betreuungsschlüssel wirkt sich **personalbelastend** aus und verursacht bei den Pädagog_innen Druck. Durch die stetig steigenden Zusatzaufgaben arbeiten sie sich auf. Allerdings scheinen die in der Realität umgesetzten Betreuungsschlüssel **trägerabhängig** zu sein. Ist der Träger bereit, mehr Personal als gesetzlich gefordert einzustellen, kann der Betreuungsschlüssel bzw. die Betreuungsrelation auch sehr gut sein.

Als größte Belastungsfaktoren in Bezug auf den Betreuungsschlüssel nannten die Befragten die Fachkraft-Kind-Relation an sich, die gestiegenen Arbeitsanforderungen, den persönlichen Anspruch, die Ansprüche der Gesellschaft und den Lärmpegel.

Einstimmig erklärten die Interviewteilnehmerinnen, dass der gesetzlich vorgegebene Betreuungsschlüssel erhöht werden sollte. In erster Linie wünschen sich die Befragten mehr Personal (in einer normalen Kindergartengruppe sollten 3–4 Leute als Stammbesetzung die Regel sein) oder eine Reduzierung der Gruppenstärke. Zudem seien Praktikant_innen eine sehr große Unterstützung. Bei der Berechnung des Schlüssels sollten verschiedene Faktoren Berücksichtigung finden, u.a. können sich auf den Betreuungsaufwand folgende Umstände auswirken: Kinder unter einem Jahr haben einen deutlich höheren Betreuungsaufwand, das Klientel unterscheidet sich sehr stark (dies kann sich ebenfalls auf den Arbeits-/ Zeitaufwand auswirken und zusätzliches Personal notwendig machen). Hinzu kommt der Wunsch nach multidisziplinären Teams und der Orientierung an den Empfehlungen aus fachaffinen Kreisen hinsichtlich des Personalschlüssels.

Auffällig bei diesem Themenkomplex ist die deutlich negative Tendenz aller Antworten. Dies impliziert die Einstellung der Befragten hinsichtlich der in der Praxis umgesetzten Betreuungsrelation. Scheinbar wird diese als nicht besonders gut eingeschätzt. Insgesamt sehen die Befragten deutliche Zusammenhänge zwischen dem Betreuungsschlüssel und Einschnitten bei der Motivation. Des Weiteren kann eine als schlecht empfundene Fachkraft-Kind-Relation bei den Pädagog_innen Stress und Überforderung hervorrufen und infolge dessen deren Arbeit und somit die Qualität in den Kindertagesstätten negativ beeinflussen. Zudem scheint der BTS ursächlich dafür zu sein, dass die KiTa-Mitarbeiter_innen ihren Ansprüchen an die eigene Arbeit nicht gerecht werden können. Diese Faktoren können unter anderem dazu beitragen, die Berufswechselneigung der Betroffenen zu erhöhen.

Insgesamt lässt sich in Bezug auf den Betreuungsschlüssel eine deutliche Unzufriedenheit feststellen. Die Befragten sind überwiegend der Ansicht, dass die in der Praxis umgesetzte Betreuungsrelation unbefriedigend und verbesserungswürdig sei. Zudem können die Zusatzaufgaben bei der derzeit gegebenen Fachkraft-Kind-Relation kaum bewältigt werden. Bedingt durch den Betreuungsschlüssel und dessen Berechnung (Förderfaktoren der Kinder) kommt es im Arbeitsalltag oftmals zu Personalnotstand. Hinzu kommen die Fehlzeiten des Personals. Ebenfalls leiden die Pädagog_innen unter der Beeinträchtigung der pädagogischen Arbeit. Gesundheitliche Belastungen erschweren diese Situation.

9.1.4 Fördervoraussetzungen

Die im Jahr 2006 vollzogene Umstellung der Fördervoraussetzungen von der objekt- zur subjektbezogenen Förderung empfinden sieben Personen als **schlecht**. Die Befragten machten ihre Unzufriedenheit hinsichtlich der Umstellung der Fördervoraussetzungen deutlich. Ihre Antworten reichten von absolutem Unverständnis bis hin zu der Forderung nach einer erneuten Veränderung/ Überarbeitung der kindbezogenen Förderung. Allerdings sei sie prinzipiell ein **guter Ansatz**, wenngleich auch mit Schwächen. Durch die Berücksichtigung der Gewichtungsfaktoren können Kindertagesstätten mit beispielsweise einem hohen „Migrationsanteil" profitieren. Allerdings scheinen größere Einrichtungen einen deutlich größeren Nutzen aus dem neuen System ziehen zu können als kleinere.

Von einem kleinen Teil der Befragten wird das System grundsätzlich als derzeit gerechter und somit **positiv** eingeschätzt. Die Fördermittel werden mit der kindbezogenen Förderung nun fairer verteilt.

Scheinbar wirkt sich das neue Fördersystem auf die Verträge der KiTa-Mitarbeiter_innen aus und kann so zu einer **unsicheren Personalsituation** führen. Die Buchungsstunden der Kinder haben Einfluss auf die Personalstunden, was zu variierenden Personalstunden führt und befristete Verträge für die Arbeitnehmer zur Folge hat. Hieraus resultiert, dass die Mitarbeiter_innen einen sicheren Arbeitsplatz suchen, wodurch die Fluktuation in den Einrichtungen steigt. Die KiTa-Leitungen stehen vor der Herausforderung, die KiTa-Plätze in Abhängigkeit der Buchungsstunden/ Gewichtungsfaktoren zu vergeben, um nach Möglichkeit die Personalstunden der Mitarbeiter_innen konstant zu halten. Hierzu müssen nach Möglichkeit alle Plätze einer Einrichtung vergeben sein, um ein ausreichendes Stundenkontingent für das Personal zu erhalten. Die KiTa-Mitarbeiter_innen (in erster Linie die Leitungen) sind dem Druck ausgesetzt, möglichst alle Plätze das gesamte KiTa-Jahr durchgängig mit möglichst hohen Kinderbuchungsstunden zu vergeben. Dieses Vorgehen erweckt den Eindruck, dass die grundlegenden Aspekte der Pädagogik „Erziehung, Bildung, und Betreuung“ durch den Gedanken der **Wirtschaftlichkeit** abgelöst wurden. Diese Entwicklung ist nicht immer zum „Wohl des Kindes“.

Die Berechnung zur Ermittlung des Betreuungsschlüssels ist lediglich ein **fiktiver Wert** und hat mit der Realität nicht viel gemeinsam, so die Befragten. Hinzu kommt, dass für die Träger scheinbar ein gewisser Spielraum bei der Ausfüllung der Listen (ADEBIS/ KiBiGWeb) besteht (Personal steht in der Liste, fehlt jedoch in der Einrichtung). Hier müsste eine stärkere Kontrolle durch den Staat erfolgen. Zudem müssen die Fehlzeiten des Personals nicht mehr ins KiBiGWeb eingetragen werden.

Des Weiteren erhöhe das neue System (insbesondere für die Leitungen) den **Bürokratieaufwand** deutlich. Monatliche Umbuchungen bedeuten ein hohes Maß an Verwaltungsaufwand. Das Buchungssystem ist zeitaufwändig und anstrengend. Die Leitungen können dieses Mehr an Verwaltung neben dem Gruppendienst kaum bewältigen.

Um das volle Potential der kindbezogenen Förderung ausschöpfen zu können, wäre beispielsweise eine Mischung aus subjekt- und objektbezogenem Fördersystem wünschenswert. Ein anderer Ansatz könnte eine weitere

Differenzierung der Gewichtungsfaktoren der Kinder nach deren Förderaufwand darstellen (beispielsweise die Berücksichtigung des „Migrationsfaktors“ auch in der Krippe). Weiterhin wäre eine Förderformel nach der Anzahl der Plätze denkbar.

Auffällig ist, dass insbesondere die „älteren“ unter den befragten fachaffinen Personen mit der Umstellung von der objekt- zur subjektbezogenen Förderung nicht zufrieden sind. Ein Grund hierfür könnte das aktive Erleben der Umstellung im Jahr 2005/2006 sein. Personen mit einem späteren Berufseinstieg fehlt der bewusste Vergleich. Hinzu kommt, dass scheinbar sowohl die Lage der KiTa, das Klientel, der KiTa-Träger und die Mischung der Kinder hinsichtlich ihrer Gewichtungsfaktoren Einfluss auf die Zufriedenheit der Betroffenen hinsichtlich der Förderbedingungen nehmen können. Die Betroffenen sehen in der Umstellung jedoch sowohl Segen als auch Fluch. Nach dem neuen Fördersystem können Einrichtungen profitieren, wenn die Gewichtungsfaktoren und Buchungsstunden der Kinder und die Personalstunden geschickt die Waage halten. Dies zu arrangieren, ist in der Praxis jedoch mit einigen Schwierigkeiten verbunden. Zudem sind die Einrichtungen scheinbar deutlich stärker gezwungen, wirtschaftlich zu denken, als das vor der Umstellung der Fall war. Die Hintergründe als auch weiterführende Fragen zu dieser Thematik waren nicht Gegenstand vorliegender Forschung, können jedoch Anlass zu weiterführender Forschung geben.

9.1.5 Kategorienbildung

Auf Grundlage der 26 geführten Interviews wurden stichpunktartig Transkriptionen angefertigt. Sie stellten das Grundmaterial für die weitere Analyse dar. Die hierdurch gewonnen „Rohdaten“ enthalten Informationen, die anschließend aufbereitet und ausgewertet werden können (Gläser & Laudel, 2010, S. 199).

Die Antworten aus den Interviews wurden gemäß Gläser und Laudel extrahiert und in Kategorien zusammengefasst, um im Anschluss hieraus die Fragen für den Fragebogen zu generieren (Kategorien siehe Anhang 14.4).

9.2 Auswertung der Panelbefragung

Ziel der Untersuchung ist es herauszufinden, ob und inwiefern der rechnerische Betreuungsschlüssel des statistischen Bundesamtes von der in der

Praxis umgesetzten Betreuungsrelation (in der Kernzeit) abweicht, respektive um die tatsächliche Fachkraft-Kind-Relation in bayerischen Kindertagesstätten zu ergründen. Wie viele pädagogische Personen arbeiten mit wie vielen tatsächlich anwesenden Kindern? Die Befragung bezieht sich auf die beiden Zeiträume 24.04–28.04.2017 und 26.06–30.06.2017, jeweils in der Kernzeit um 11:00 Uhr (vormittags), Hortgruppen entsprechend nachmittags. Die Werte des statistischen Bundesamtes liegen aktuell bei 1:3,7 in Krippengruppen und 1:8,7 in Kindergartengruppen (Bock-Famulla, Strunz, & Löhle, 2017, S. 2).

In der Panelbefragung werden nur jene Personen aufgenommen, die tatsächlich an den entsprechenden Tagen anwesend waren bzw. nur für beide Befragungszeiträume vollständige Datensätze. Dies ermöglicht eine plastische Darstellung der Realität, da Ausfallzeiten, sowohl des Personals als auch Fehlzeiten der Kinder, Berücksichtigung finden. Die Auswertung erfolgte in drei Kategorien: (1) Kindergarten und Krippe zusammen, (2) Kindergarten und (3) Krippe. Reine Hortgruppen wurden aufgrund der geringen Teilnahme dieser Gruppe, vernachlässigt.

Die Darstellung erfolgt in Diagrammen mit Boxplots und jeweils zugehörigen Tabellen mit den Lageparametern „Mittelwert" und „Median". Aufgeführt sind die einzelnen Tageswerte, eine Mittelung über die gesamten Wochen hinweg wurde nicht vorgenommen (Beispielrechnung/Berechnungsgrundlage siehe Anhang 14.7. N bezieht sich auf die Anzahl der teilnehmenden KiTas. Nachfolgend beziehen sich Mittelwert und Median auf die Fachkraft-Kind-Relation (1:X) d.h. wieviele Kinder von einer Fachkraft betreut werden).

1. Kindergarten und Krippe:

Nachfolgendes Diagramm (Darstellung Boxplots) zeigt den Betreuungsschlüssel für beide Befragungszeiträume und stellt den gemittelten Wert der Summe aller Angaben, Kindergarten und Krippe zusammen, dar. Die Berechnung bezieht die Gewichtung der Kinder mit ein. Der höchste Einzelwert ergab sich am Donnerstag, den 27.04.2017, er liegt bei 1:26,5 (d.h. eine Pädagog_in auf 26,5 Kinder). Der niedrigste Wert wurde am Montag, den 26.06.2017 angegeben, er beträgt 1:4,3.

Abbildung 7: Darstellung des Betreuungsschlüssels unter Berücksichtigung der förderrelevanten Gewichtungsfaktoren (Krippe und Kindergarten) N = 53

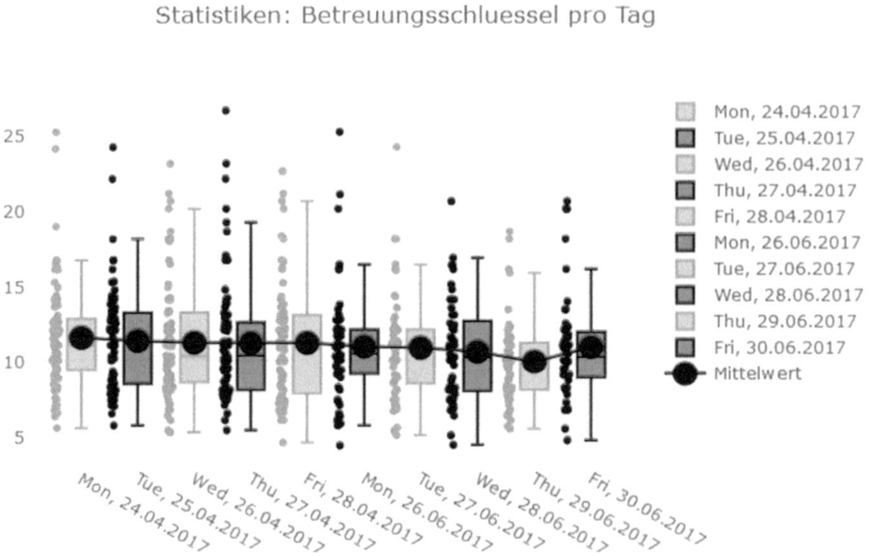

Tabelle 11: Mittelwert und Median zu Abbildung 7

Wochentag/ Datum	Mittelwert	Median
Mon, 24.04.2017	11,5	11,0
Tue, 25.04.2017	11,3	11,3
Wed, 26.04.2017	11,2	10,3
Thu, 27.07.2017	11,1	10,3
Fri, 28.04.2017	11,1	10,8
Mon, 26.06.2017	10,9	10,5
Tue, 27.06.2017	10,8	11,0
Wed, 28.06.2017	10,6	10,2
Thu, 29.0.2017	9,9	9,9
Fri, 30.06.2017	10,9	10,2

Nachfolgendes Diagramm zeigt sie Darstellung der tatsächlichen Fachkraft-Kind-Relation ohne Berücksichtigung der förderrelevanten Gewichtungsfaktoren, d.h. die tatsächlich anwesenden Kinder und das tatsächlich anwesende pädagogische Personal, ebenfalls die beiden Einrichtungsformen Kindergarten und Krippe zusammengefasst. Die Kurve in Lila zeigt den Mittelwert aller Fachkraft-Kind-Relationen pro Tag.

Abbildung 8: Darstellung der tatsächlichen Fachkraft-Kind-Relation ohne Berücksichtigung der förderrelevanten Gewichtungsfaktoren (Krippe und Kindergarten) N = 53

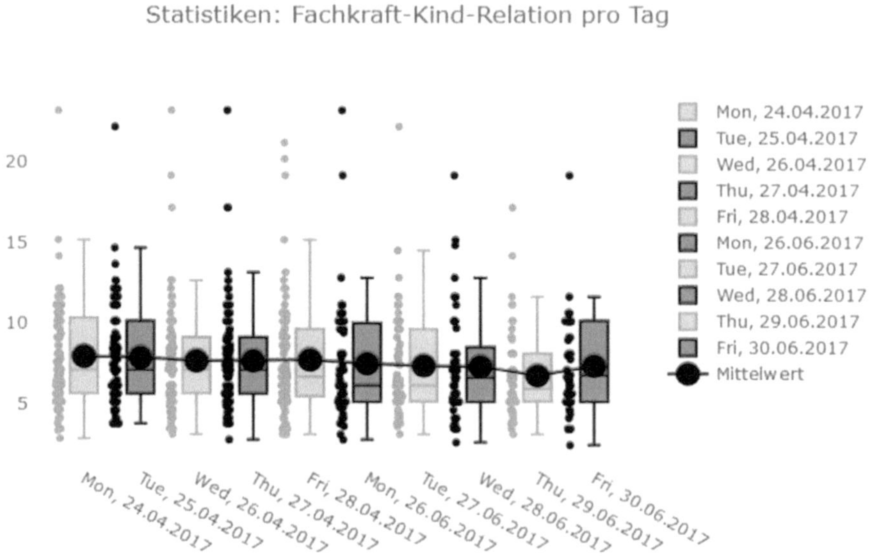

Tabelle 12: Mittelwert und Median zu Abbildung 8

Wochentag/ Datum	Mittelwert	Median
Mon, 24.04.2017	7,9	7,0
Tue, 25.04.2017	7,8	7,0
Wed, 26.04.2017	7,6	7,0
Thu, 27.07.2017	7,6	7,0
Fri, 28.04.2017	7,6	6,5
Mon, 26.06.2017	7,4	6,0
Tue, 27.06.2017	7,3	6,0
Wed, 28.06.2017	7,2	6,5
Thu, 29.0.2017	6,6	5,8
Fri, 30.06.2017	7,3	6,7

Der höchste Einzelwert ergab sich an insgesamt vier Tagen (Montag, den 24.04.2017, Mittwoch, den 26.04.2017, Donnerstag, den 27.04.2017 und Montag, den 26.06.2017), er liegt bei 1:23 (d.h. eine Pädagog_in auf 23 Kinder). Der niedrigste Wert wurde am Freitag, den 30.06.2017 angegeben, er beträgt 1:2,3.

2. Kindergarten:

Nachfolgendes Diagramm (Darstellung Boxplots) zeigt den Betreuungsschlüssel für beide Befragungszeiträume nur für die befragten Kindergartengruppen. Die Berechnung bezieht die Gewichtung der Kinder mit ein. Der höchste Einzelwert ergab jeweils an den beiden Montagen (24.04.2017 und 26.06.2017), er liegt bei 1:25,1 (d.h. eine Pädagog_in auf 25,1 Kinder). Der niedrigste Wert wurde am Mittwoch, den 28.06.2017 angegeben, er beträgt 1:4,4.

Abbildung 9: Darstellung des Betreuungsschlüssels unter Berücksichtigung der förderrelevanten Gewichtungsfaktoren (nur Kindergarten) N = 27

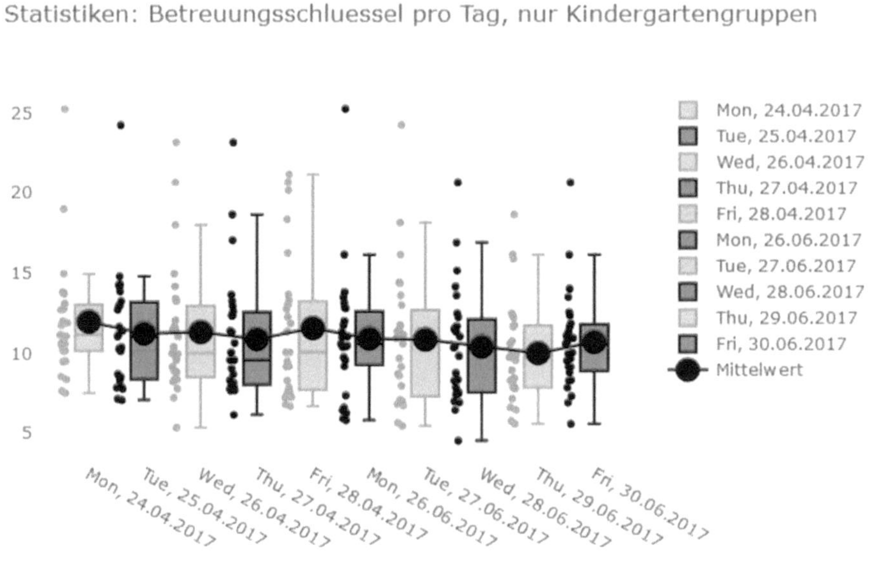

Tabelle 13: Mittelwert und Median zu Abbildung 9

Wochentag/ Datum	Mittelwert	Median
Mon, 24.04.2017	11,8	11,0
Tue, 25.04.2017	11,1	10,9
Wed, 26.04.2017	11,2	9,9
Thu, 27.07.2017	10,7	9,4
Fri, 28.04.2017	11,4	9,9
Mon, 26.06.2017	10,8	10,5
Tue, 27.06.2017	10,7	10,8
Wed, 28.06.2017	10,3	10,2
Thu, 29.0.2017	9,9	9,6
Fri, 30.06.2017	10,6	10,5

Nachfolgendes Diagramm zeigt sie Darstellung der tatsächlichen Fachkraft-Kind-Relation ohne Berücksichtigung der förderrelevanten Gewichtungsfaktoren, d.h. die tatsächlich anwesenden Kinder und das tatsächlich anwesende pädagogische Personal, nur für die Kindergartengruppen. Die Kurve in Lila zeigt den Mittelwert aller Fachkraft-Kind-Relationen pro Tag.

Abbildung 10: Darstellung der tatsächlichen Fachkraft-Kind-Relation ohne Berücksichtigung der förderrelevanten Gewichtungsfaktoren (nur Kindergarten) N = 27

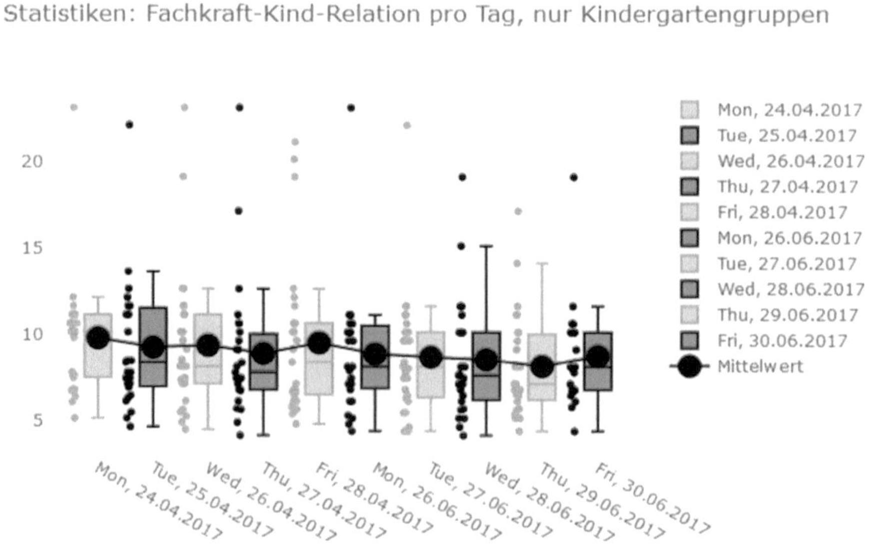

Tabelle 14: Mittelwert und Median zu Abbildung 10

Wochentag/ Datum	Mittelwert	Median
Mon, 24.04.2017	9,7	10,0
Tue, 25.04.2017	9,1	8,3
Wed, 26.04.2017	9,2	8,0
Thu, 27.07.2017	8,8	7,7
Fri, 28.04.2017	9,4	8,3
Mon, 26.06.2017	8,8	8,0
Tue, 27.06.2017	8,6	8,0
Wed, 28.06.2017	8,4	7,5
Thu, 29.0.2017	8,0	7,0
Fri, 30.06.2017	8,6	8,0

Der höchste Einzelwert ergab sich ebenfalls an insgesamt vier Tagen (Montag, den 24.04.2017, Mittwoch, den 26.04.2017, Donnerstag, den 27.04.2017 und Montag, den 26.06.2017), er liegt bei 1:23 (d.h. eine Pädagog_in auf 23 Kinder). Der niedrigste Wert wurde an den beiden Tagen Donnerstag, den 27.04.2017 und Mittwoch, den 28.06.2017 angegeben, er beträgt 1:4.

3. Krippe:

Nachfolgendes Diagramm (Darstellung Boxplots) zeigt den Betreuungsschlüssel für beide Befragungszeiträume nur für die befragten Krippengruppen. Die Berechnung bezieht die Gewichtung der Kinder mit ein. Der höchste Einzelwert ergab jeweils Donnerstag, den 27.04.2017, er liegt bei 1:26,5 (d.h. eine Pädagog_in auf 26,5 Kinder). Der niedrigste Wert wurde am Freitag, den 30.06.2017 angegeben, er beträgt 1:4,7.

Abbildung 11: Darstellung des Betreuungsschlüssels unter Berücksichtigung der förderrelevanten Gewichtungsfaktoren (nur Krippe) N = 26

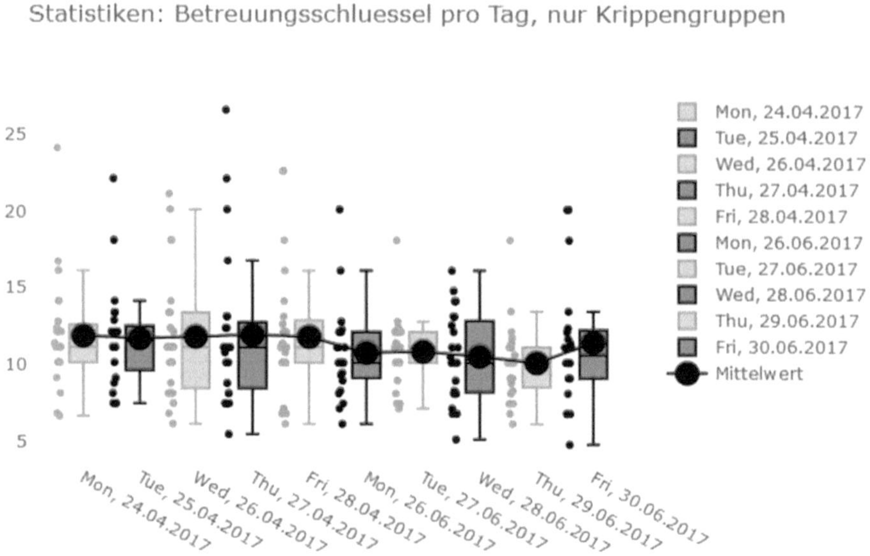

Tabelle 15: Mittelwert und Median zu Abbildung 11

Wochentag/ Datum	Mittelwert	Median
Mon, 24.04.2017	11,7	11,0
Tue, 25.04.2017	11,6	11,5
Wed, 26.04.2017	11,7	10,0
Thu, 27.07.2017	11,8	10,0
Fri, 28.04.2017	11,7	11,0
Mon, 26.06.2017	10,7	10,0
Tue, 27.06.2017	10,7	11,0
Wed, 28.06.2017	10,4	10,0
Thu, 29.0.2017	10,0	10,0
Fri, 30.06.2017	11,3	10,5

Nachfolgendes Diagramm zeigt sie Darstellung der tatsächlichen Fachkraft-Kind-Relation ohne Berücksichtigung der förderrelevanten Gewichtungsfaktoren, d.h. die tatsächlich anwesenden Kinder und das tatsächlich anwesende pädagogische Personal, nur für die Kindergartengruppen. Die Kurve in Lila zeigt den Mittelwert aller Fachkraft-Kind-Relationen pro Tag.

Abbildung 12: Darstellung der tatsächlichen Fachkraft-Kind-Relation ohne Berücksichtigung der förderrelevanten Gewichtungsfaktoren (nur Krippe) N = 26

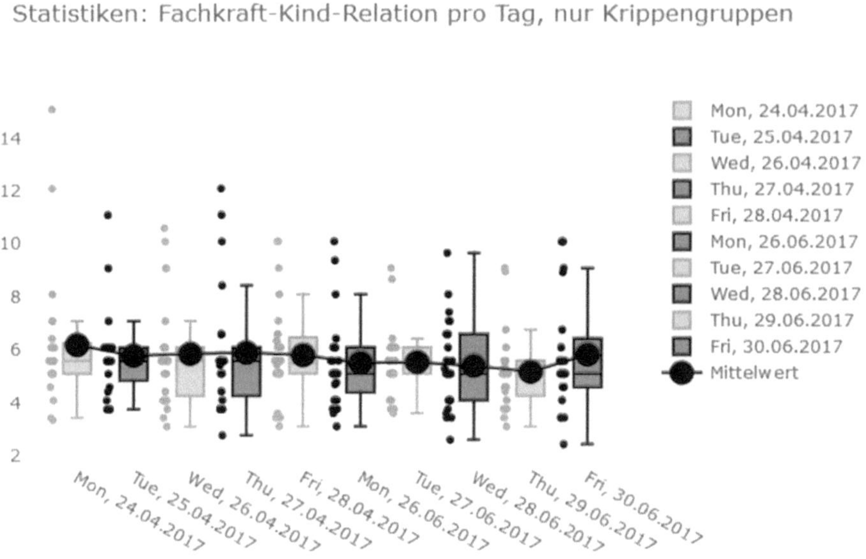

Tabelle 16: Mittelwert und Median zu Abbildung 12

Wochentag/ Datum	Mittelwert	Median
Mon, 24.04.2017	6,1	5,5
Tue, 25.04.2017	5,7	5,5
Wed, 26.04.2017	5,8	5,5
Thu, 27.07.2017	5,8	5,5
Fri, 28.04.2017	5,7	5,4
Mon, 26.06.2017	5,4	5,0
Tue, 27.06.2017	5,4	5,0
Wed, 28.06.2017	5,3	5,0
Thu, 29.0.2017	5,1	5,0
Fri, 30.06.2017	5,7	5,0

Der höchste Einzelwert ergab sich ebenfalls am Montag, den 24.04.2017, er liegt bei 1:15 (d.h. eine Pädagog_in auf 15 Kinder). Der niedrigste Wert wurde am Freitag, den 30.06.2017 angegeben, er beträgt 1:2,3.

Besonders auffällig in den Diagrammen (Abbildung 8 bis Abbildung 12) stellen sich die Ausreißer nach oben dar, während im unteren Bereich deutlich weniger Ausreißer festzustellen sind. Ursächlich für die besonders hohen Werte (Außreiser nach oben) könnten Fehlzeiten des Personals aufgrund von Krankheiten, Urlaub, Fortbildungen etc. sein, oder aber besonders hohe Gewichtungsfaktoren, die sich allerdings in der angegebenen Gruppe nicht in der Betreuungsrelation zeigen (aufgrund einrichtungsinterner Strukturen könnten die betreffenden Personalstunden anderweitig eingeteilt sein z.B. für Leitungstätigkeiten). Zudem sind in die Berechnung nur jene Personenkreise mitaufgenommen, welche auch in der offiziellen Statistik auftauchen. Ehrenamtlich tätige Personen (ohne entsprechenden Berufsabschluss) und Praktikant_innen wurden in der Berechnung nicht berücksichtigt. Eine Ausnahme bilden allerdings Berufspraktikant_innen. Diese gelten aufgrund der (Abschluss-)Prüfung nach dem zweiten Sozialpädagogischem Jahr (SPS II oder auch Vorpraktikum) als Kinderpfleger_in und wurden demnach entsprechend in die Berechnung miteingezogen. Demnach ist folgendes Szenario denkbar: Eine Gruppe wird von einer Erzieher_in (oder einer Kinderpfleger_in) und einer „ungelernten" Person betreut, auf dem Papier (errechneter Schlüssel) ist die Pädagog_in jedoch allein. Auch diese Möglichkeit ist eine denkbare Erklärung für die Ausreiser. Allerdings sollte, insbesondere in Bezug auf die Qualitätsdebatte, diese Konstellation keine Dauerlösung darstellen. Weiterhin könnten auch Leitungstätigkeiten ohne Leitungsfreistellung diesen Effekt verstärken. Insgesamt bleibt festzuhalten, dass insbesondere die Werte in der Krippe deutlich von den errechneten Werten des statistischen Bundesamtes abweichen. Die reelle Fachkraft-Kind-Relation (bezogen auf die Kernzeit) in den Einrichtungen hat mit den über den gesamten Tag, mithilfe der Vollzeitäquivalente, ermittelten Werten des statistischen Bundesamtes wenig gemeinsam. Lediglich im Kindergarten konnten (allerdings ohne die Berücksichtigung der Gewichtungsfaktoren) an neun Tagen die Werte des statistischen Bundesamtes unterschritten werden. Unter Berücksichtigung der Gewichtungsfaktoren der Kinder werden auch im Kindergarten die Werte des statistischen Bundesamtes an allen Tagen deutlich überschritten. Außerdem scheinen die

Pädagog_innen in den einzelnen Gruppen überdurchschnittlich oft allein für die gesamte Kinderanzahl zuständig zu sein. An nahezu allen Tagen sind in mindestens einer der befragten Gruppen Ausreißer zu beobachten. Bezogen auf den gesamten Freistaat muss davon ausgegangen werden, dass der Ausreißer-Effekt sich ebenfalls deutlich bemerkbar macht. Um diesem Effekt vorzubeugen, ist dringendst geboten, die Fördervoraussetzungen nochmals zu überdenken und einen „Puffer" (Erhöhung des gesetzlichen Schlüssels, Springer etc.) von Seiten des Staates miteinzuplanen, damit in Zukunft der Betreuung einer gesamten Gruppe durch eine Person vorgebeugt werden kann. Nur so kann zukünftig gleichbleibend hohe Qualität der FBBE in den Einrichtungen umgesetzt werden.

9.3 Auswertung der Fragebögen

Im folgenden Kapitel werden die ausgewerteten Daten der quantitativen Erhebung dargestellt. Die verwendeten Daten stützen sich alle auf die bereinigte Gesamtstichprobe von N = 619. Die Reihenfolge richtet sich dabei nach der Strukturierung des Interviewleitfadens. Bei der Datenauswertung wurde die Ergebnisauswertung zunächst explizit deskriptiv gehalten. Weiterführende Fragestellungen (Hypothesen) werden gesondert statistisch analysiert.

Für die Datenanalyse wurden alle Fragebögen berücksichtigt, die bis zum 24.08.2017 eingegangen waren. Im Zeitraum zwischen 26.06.2017 bis 24.08.2017 ein Rücklauf von insgesamt 709 Fragebögen zu verzeichnen. Die Mehrzahl der Fragebögen wurde online ausgefüllt. Lediglich 143 Fragebögen gingen auf dem Postweg ein. Demnach lag das Verhältnis von Online vs. Paper-Pencil-Methode bei 4:1. Allerdings musste aufgrund von teilweise fehlerhaft oder unvollständig aufgefüllten Rückläufern eine Bereinigung vorgenommen werden. 93 (überwiegend online ausgefüllte Fragebögen) konnten nicht in die Auswertung miteinfließen, da außer den demografischen Daten keine weiteren Angaben gemacht wurden. Sämtliche Paper-Pencil-Rückläufer wurden nach Eingang online erfasst, mit den bereits vorhandenen elektronischen Datensätzen zusammengeführt und anschließend in das Statistik-Programm SPSS übertragen.

Nachfolgend wird die Auswertung der verbleibenden 616 Fragebögen deskriptiv dargestellt.

9.3.1 Demographische Daten

Trägerschaft

Nachfolgendes Diagramm zeigt die Aufteilung der Teilnehmer_innen nach Art der KiTa-Trägerschaft in absoluten Zahlen. Deutlich wird bei der Betrachtung, dass die Kindertagesstätten in konfessioneller Trägerschaft dominieren (41,1%), dicht gefolgt von den Kindertagesstätten anderer freier Träger (21,1%) und denen in kommunaler Trägerschaft (20,8%). Sichtbar wird zudem, dass die teilnehmenden Kindertagesstätten in freier Trägerschaft (andere freie Träger, konfessionell gebunden, Elterninitiativen und privat gewerbliche zusammengefasst) mit N = 491, deutlich über der Teilnehmer_innenzahl der Kindertagesstätten in öffentlicher Trägerschaft N = 128 liegen. Das Verhältnis zwischen den beiden Gruppen liegt demnach bei knapp 1:4. Mit dem deutschlandweiten Verhältnis zwischen den in freier und öffentlicher Trägerschaft betriebenen Kindertagesstätten ist dieses Ergebnis nur bedingt zu erklären.

Laut statistischem Bundesamt lag das Verhältnis im Jahr 2012 knapp 1:3. Allerdings zeichnete sich für die kommenden Jahre eine steigende Tendenz zugunsten der freien Träger ab (Statistisches Bundesamt, 2012, S. 19). Lediglich 33% von 53.415 zum Stichtag 01. März 2014 betriebenen Kindertagesstätten befinden sich in öffentlicher Hand. Der Vergleich zwischen 2008 und 2014 zeigt zudem einen deutlichen Zuwachs privatwirtschaftlich geführter Kindertagesstätten. Während die öffentliche Hand 531 neue Einrichtungen eröffnete, gründete die private insgesamt 3.148 Kindertagesstätten, ein Trend der anzuhalten scheint (Eibeck, GEW, 2010). Diese Entwicklung könnte eine mögliche Erklärung für die Differenz zwischen den Zahlen des statistischen Bundesamtes von 2012 und den vorliegenden Teilnehmer_innenzahlen nach Trägerschaft darstellen. Zudem kam von einigen kommunal geführten Kindertagesstätten die Rückmeldung, dass diese vor einer Teilnahme an der Studie die Zustimmung ihres Trägers benötigen. Eventuell könnte auch hierin der Grund für die im Verhältnis geringere Teilnahmebereitschaft liegen. Die Einrichtungen in freier Trägerschaft werden im Bundesdurchschnitt zu 51% konfessionell betrieben (Statistisches Bundesamt, 2012, S. 19). Dies deckt sich mit den Zahlen der teilnehmenden Kindertagesstätten. Der Anteil der Kindertagesstätten in kirchlicher Trägerschaft liegt in der Gruppe der freien Träger bei 51,5%.

Abbildung 13: Art der teilnehmenden Kindertagesstätten aufgesplittert nach der Trägerschaft

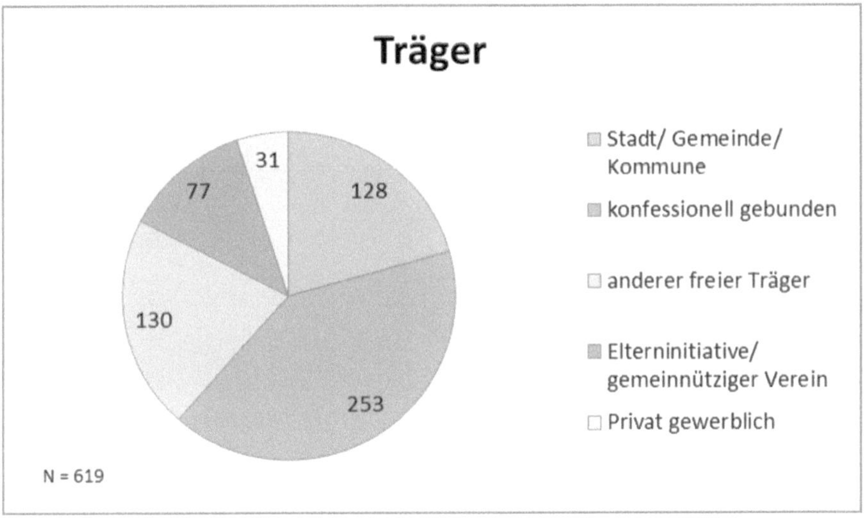

Lage der KiTa

Von den 619 Teilnehmer_innen gaben 31,5% an, dass ihre Einrichtung in Oberbayern liegt. Neben dem Regierungsbezirk Mittelfranken mit 28,0% stellt die Region Oberpfalz mit 15,5% ein weiteres großes Einzugsgebiet dar. Die restlichen Regierungsbezirke sind mit Werten zwischen 5,0% (Schwaben) und 7,3% (Oberfranken) deutlich seltener vertreten. Möglicherweise ist dieser Effekt durch die beiden einwohnerstärksten Städte in Bayern, München (Oberbayern) und Nürnberg (Mittelfranken) zu erklären.

Abbildung 14: Aufteilung der teilnehmenden Kindertagesstätten in Regierungsbezirke

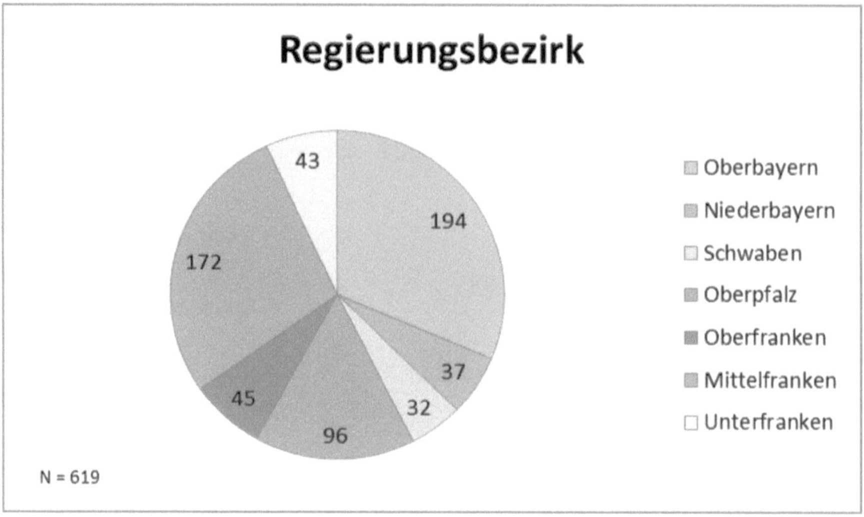

Allerdings zeigt sich bei der Größe des Ortes, dass lediglich 20,5% der Teilnehmer_innen aus Städten mit einer Einwohnerzahl >500.000 kommen. Aus diesem Grund können die beiden Städte München und Nürnberg nicht der alleinige Grund für die starke Teilnehmer_innenzahl aus Oberbayern und Mittelfranken sein. In Abbildung 15 wird sichtbar, dass die großen Städte mit mehr als 100.000 Einwohnern mit 41,4% am stärksten vertreten sind. Die Teilnehmer_innen aus Kommunen mit 20.000 bis 100.000 stellen mit 15,8% die kleinste Gruppe dar. Aus mittelgroßen Städten (5.000 bis 20.000) sind 23,5% vertreten und aus den ländlichen Gebieten (<5.000) stammen 19,8% der Teilnehmer_innen.

Abbildung 15: Aufteilung der teilnehmenden Kindertagesstätten nach der Einwohnerzahl des Ortes in dem sich die KiTa befindet

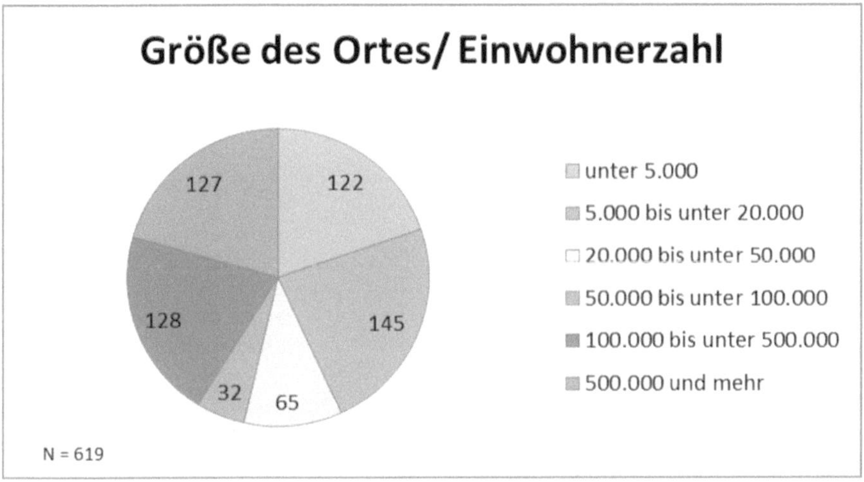

Einrichtungsart

Mehr als die Hälfte der Kindertagesstätten gab an, eine Einrichtung für unterschiedliche Altersklassen zu sein (N = 334; 54,2%). In diese Kategorie fallen die Kinderhäuser, die entweder nur Krippen- und Kindergartenkinder oder zusätzlich noch Hortkinder betreuen. In einem reinen Kindergarten (Kinder von drei Jahren bis zum Schuleintritt) zu arbeiten, gaben gut ein Drittel der Befragen an (N = 155; 25,6%) und in einer Kinderkrippe (Kinder bis zum dritten Lebensjahr) knapp ein Sechstel (N = 109; 17,7%). 3,4% der Befragten arbeiten in einem Hort (Mittags- und Nachmittagsbetreuung von Grundschulkindern).

Abbildung 16: Einteilung der Teilnehmer_innen nach Art der KiTa

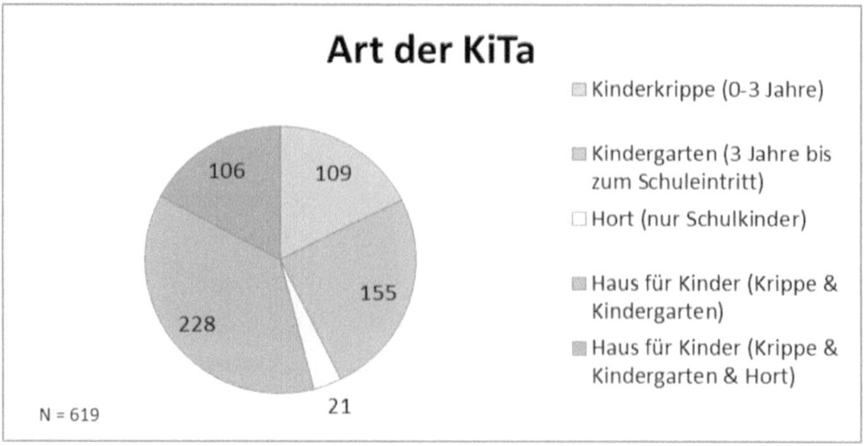

Qualifikation der Studienteilnehmer_innen

In der Studie wurden explizit nicht nur pädagogische Fachkräfte befragt. Die Befragung richtete sich an alle in pädagogischen Einrichtungen tätigen Personen, unabhängig von der Art ihrer Qualifikation. Hierdurch waren Praktikanten in pädagogischer Ausbildung und anderweitig in den Einrichtungen Tätige ebenfalls Teil des Studiendesigns. Der Berufsabschluss wurde erhoben und wird in Tabelle 17 dargestellt. Tabelle 18 schlüsselt nochmals weiter nach sonstiger beruflichen Qualifikation sowie den Studienabschlüssen auf. Aus den Tabellen wir ersichtlich, dass das Gros der Befragten (69,5%) die Ausbildung zur staatlich anerkannten Erzieher_in absolviert hat. Weitere teilnehmende Berufsgruppen sind Kinderpfleger_innen (15,4%), Heilerziehungspfleger_innen (2,0%). Über keine abgeschlossene Berufsausbildung verfügten lediglich 1,4%.

Tabelle 17: Überblick der teilnehmenden Berufsgruppen

Berufsabschluss	Anzahl
Staatlich anerkannte Erzieher_in	428
Kinderpfleger_in/ Sozialassistent_in	95
Heilpädagog_in/ Heilerziehungspflger_in	12
(noch) kein beruflicher Abschluss	7

Berufsabschluss	Anzahl
Sonstiger Abschluss	14
Studienabschluss (FH/ UNI)	63
	N = 616

Insgesamt gaben 2,2% an über sonstige Abschlüsse zu verfügen. Wobei bei fünf der sonstigen Abschlüsse davon auszugehen ist, dass diesen eine Erzieher_innenausbildung vorangegangen ist (siehe hierzu Tabelle 18[1]). Personen mit der Berufsbezeichnung „Fachkraft in Kindertagesstätten" dürfen (zumindest in Kindertagesstätten) als Erzieher_in eingesetzt werden. Dieser Abschluss kann in der Regel berufsbegleitend erworben werden, ihm geht häufig eine Kinderpflegeausbildung voraus.

Tabelle 18: Aufzählung der teilnehmenden Personen nach sonstigen Berufsgruppen

Sonstiger Abschluss (N = 14)	Fachkraft in Kindertagesstätten (n = 6)
	Fachwirt_in im Erziehungswesen[1] (n = 2)
	Fachkraft im Erziehungsdienst (n = 1)
	Pädagogische Assistent_in (n = 1)
	Sonderpädagog_in[1] (n = 1)
	Management soz. Berufe[1] (n = 1)
	Montessori Diplom[1] (n = 1)
	Berufsbegleitende Erzieher_innen-Ausbildung (n =1)
Studienabschluss (N = 63)	Sozialpädagog_in BA & Diplom (n = 35)
	Kindheitspädagog_in BA (n = 17)
	Pädagog_in BA & MA (n = 6)
	Elementar- und Familienpädagogik BA & MA (n = 2)
	Erziehungswissenschaft BA (n = 1)
	Frühpädagogik BA (n = 1)
	Volksschullehrer_in (n = 1)

Über einen pädagogischen Hochschulabschluss verfügen insgesamt 10,2%. Wobei das Gros das Studium der Sozialen Arbeit absolviert hat. Den noch verhältnismäßig neuen Studienabschluss der „Kindheitspädagog_in" haben

2,8% der Teilnehmer_innen abgeschlossen. Somit unterscheidet sich das Qualifikationsniveau der Teilnehmer_innen deutlich vom bayernweiten Qualifikationsdurchschnitt (Siehe hierzu Kapitel 3.5). Anscheinend erhielten von der Studie überwiegend höher qualifizierte Personen Kenntnis bzw. waren diese eventuell eher zur Teilnahme bereit.

Geschlechterverteilung

Die Mehrheit der Studienteilnehmer_innen ist weiblich (N = 600, 97,4%). Lediglich 19 (2,6%) Männer beteiligten sich an der Umfrage. Diese Verteilung deckt sich auch mit der Statistik des Männeranteils in diesem von Frauen dominierten Berufszweig. Überwiegend arbeiten nach wie vor Frauen in Kindertagesstätten. Der Männeranteil in den pädagogischen sowie leitenden Funktionen beschränkte sich im Jahr 2014 deutschlandweit auf gerade mal 4,8%. Zwar ist im Vergleich zwischen den letzten Jahrzehnten eine Zunahme des Männeranteils zu beobachten, allerdings in einem sehr geringen Ausmaß (Autorengruppe Fachkräftebarometer, 2014, S. 26). Somit liegt der Männeranteil der Studienteilnehmer_innen etwas unter dem deutschlandweiten Durchschnitt.

Altersverteilung

Das Durchschnittsalter der befragten KiTa-Mitarbeiter_innen liegt bei M = 36,6 Jahren. Die jüngste Teilnehmer_in gab ihr Alter mit 17 Jahren an, das Alter der ältesten Teilnehmer_in betrug 63 Jahre. Aus Abbildung 17 geht hervor, dass die Gruppe der 20- bis 29-Jährigen (32,6%) und die der 30 bis 39-Jährigen (28,6%) am stärksten vertreten sind.

Das durchschnittliche Alter der KiTa-Mitarbeiter_innen in Westdeutschland lag im Jahr 2014 bei 39,9 Jahren (Autorengruppe Fachkräftebarometer, 2014, S. 40). Somit im Durchschnitt drei Jahre älter als in vorliegender Untersuchung. Bei der Betrachtung der über 40-Jährigen und älter (Zusammenfassung der drei Klassen 40 bis 49, 50 bis 59, 60 und älter) fällt auf, dass diese mit N = 218 (35,2%) die größte Gruppe bilden. Dies deckt sich mit der Tendenz der letzten Jahre bei der Altersstruktur der KiTa-Mitarbeiter_innen. Hier geht hervor, dass immer weniger junge und immer mehr ältere Arbeitnehmer_innen in Kindertagesstätten beschäftigt sind (Autorengruppe Fachkräftebarometer, 2014, S. 26).

Abbildung 17: Einteilung der Teilnehmer_innen nach deren Alter

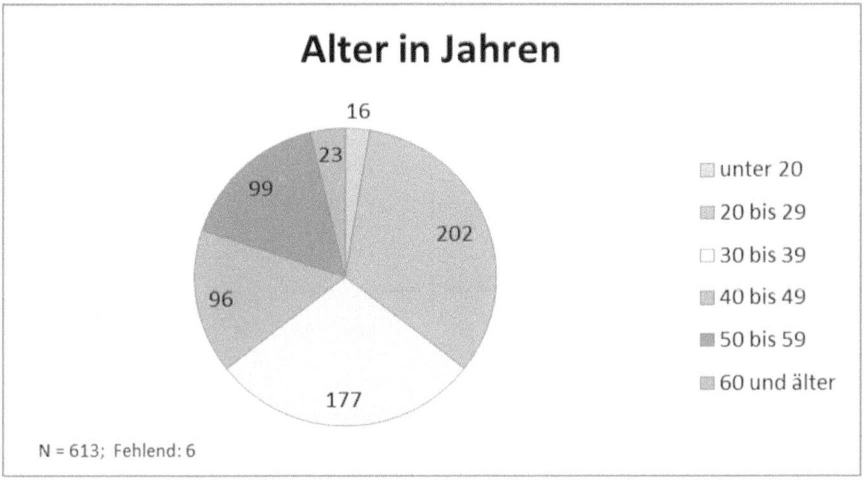

9.3.2 Themenbereich Qualität

In den vergangenen Jahrzehnten ist das Thema „Qualität in Kindertagesstätten“ in gesellschaftlichen und fachpolitischen Diskursen immer wieder verstärkt in den Vordergrund gerückt (Oberhuemer & Schreyer, 2010, S. 77). Aus diesem Grund wurden die in den Interviews genannten Qualitätsaspekte kategorisiert und in die quantitative Untersuchung miteinbezogen. Ergründet werden soll, ob es den KiTa-Mitarbeiter_innen unter den derzeit gegebenen Arbeitsbedingungen (in Bezug auf den vorherrschenden Betreuungsschlüssel) möglich ist, die genannten Qualitätsaspekte in ihrer Arbeit umzusetzen.

Nachfolgende Tabelle verdeutlicht, dass das Gros der Befragten die aufgeführten Qualitätsmerkmale im Arbeitsalltag teilweise umsetzen kann. Lediglich die beiden Aspekte „Teamarbeit“ und „eigene Stärken einbringen können“ werden häufiger mit einem „trifft zu“ beantwortet.

Tabelle 19: Umsetzbarkeit ausgewählter Qualitätsmerkmale in Abhängigkeit zum Betreuungsschlüssel. Angabe in absoluten Zahlen

	trifft gar nicht zu	trifft nicht zu	teils/ teils	trifft zu	trifft völlig zu
Kindzentriertheit	16	71	318	160	35
Partizipation	5	63	293	190	49
Beobachtungen	43	158	273	104	22
Ausgewogenheit päd. Angebote	11	76	256	207	50
Teamarbeit	12	42	171	246	129
Elternarbeit	3	41	238	237	81
regelmäßige Fortbildungen	35	98	192	195	80
Öffentlichkeitsarbeit	50	135	250	138	27
Konzeptionsarbeit	79	160	214	127	20
Durchführung von Programmen	83	117	221	132	47
Durchführung von Projekten	17	85	254	188	56
Zusammenarbeit Träger	37	103	221	161	78
Evaluation/ Reflexion	36	125	251	151	37
Einbringen eigener Stärken	5	30	145	270	150

(N = 600; fehlend = 19)

Die Gewichtung zwischen den beiden kann wie folgt sichtbar gemacht werden:

Eigene Stärken einbringen < Teamarbeit: n = 121
Eigene Stärken einbringen > Teamarbeit: n = 186
Eigene Stärken einbringen = Teamarbeit: n = 193

Tendenziell schlechter umzusetzen sind hingegen die Aspekte „Beobachtungen durchführen“ und „regelmäßige Konzeptionsarbeit“. Hier zeigt sich neben der häufigsten Antwortkategorie „teils/ teils“ eine negative Tendenz in Richtung „trifft gar nicht zu“. Scheinbar gestaltet sich die Umsetzung dieser beiden Aspekte im Arbeitsalltag eher schwieriger. Bei allen anderen Merkmalen ist eine leichte bis mittelstarke positive Tendenz zu erkennen. Die Umsetzbarkeit genannter Qualitätsmerkmale wird in nachfolgendem Diagramm ersichtlich.

Tabelle 20: Häufigkeit umgesetzter Qualitätsmerkmale. Darstellung in Mittelwert

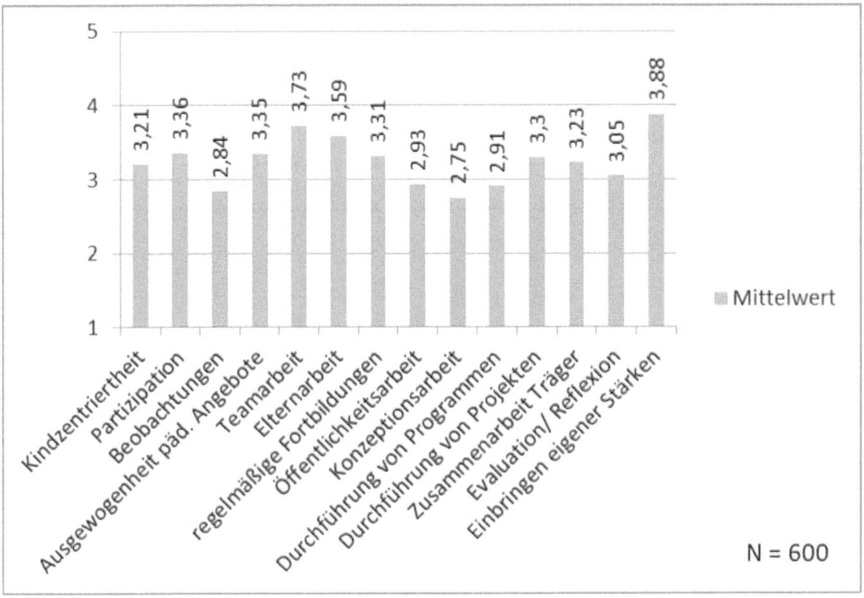

(fehlend: 3%)

Insgesamt gaben 70% (n = 420) Personen an, das Einbringen eigener Stärken ist ihnen im Arbeitsalltag möglich (Antwortkategorie „trifft zu" & „trifft völlig zu"). Bei der Teamarbeit gaben dies immerhin noch 62,5% (n = 375) der Befragten an.

9.3.3 Themenbereich Rahmenbedingungen

Ausgehend von der Annahme, dass die am Arbeitsplatz zur Verfügung stehenden Ressourcen maßgeblich die Qualität der Arbeit beeinflussen können (Tietze, 2008, S. 18), soll untersucht werden, welche Merkmale den Befragten am wichtigsten erscheinen. Grundlage für die Auswahl der Antwortmöglichkeiten sind die am häufigsten genannten Antworten bzw. die daraus gebildeten Kategorien der Interviewfrage (1.3): „Welche Rahmenbedingungen müssen für qualitative Arbeit vorhanden sein". Da alle der acht gewählten Rahmenbedingungen als wichtige Aspekte für die Arbeit von KiTa-Mitarbeiter_innen genannt wurden, fiel die Wahl auf eine

Rangfolge. Um die von den pädagogisch Tätigen vergebene Relevanz der Rahmenbedingungen zu erfragen, sollten diese in Reihe gebracht werden (1= am wichtigsten; 8 = am wenigsten wichtig).

Tabelle 21: Sortierung der Rahmenbedingungen nach ihrer Gewichtung in absoluten Zahlen

	1 am wichtigsten	2	3	4	5	6	7	8 am wenigsten wichtig
Einrichtungsausstattung	126	113	112	89	73	51	37	18
gute Teamarbeit	36	27	31	46	55	72	72	255
Qualifikation	3	53	71	92	90	94	117	67
Betreuungsschlüssel	18	29	29	35	68	124	151	165
Unterstützung durch Träger	66	100	112	92	98	78	54	19
gute Bezahlung	37	71	87	98	104	103	81	38
Vor- und Nachbereitungszeit	57	119	104	115	90	70	44	20
flexible Arbeitszeitmodelle	244	107	73	52	41	27	38	37

(N = 619)

Insgesamt haben 71% (N = 440) der Befragten den Betreuungsschlüssel als wichtige bis wichtigste (Kategorie 6–8) Rahmenbedingung gewichtet. Damit belegt die Bedingung „Betreuungsschlüssel“ den zweiten Platz bei der persönlichen Einschätzung der Teilnehmer_innen. Getoppt wird diese lediglich durch das Merkmal „gute Teamarbeit“. Die Teamarbeit wird von insgesamt 225 Personen als die wichtigste Rahmenbedingung am Arbeitsplatz KiTa eingeschätzt. Der Unterschied zwischen den beiden Strukturmerkmalen ist sehr gering und beträgt im Mittelwert: Betreuungsschlüssel M = 6,08 und Teamarbeit M = 6,13. Die Gewichtung kann wie folgt sichtbar gemacht werden:

Betreuungsschlüssel < Teamarbeit: n = 323
Betreuungsschlüssel > Teamarbeit: n = 296

Deutlich wird zudem: Als die am wenigsten wichtige Rahmenbedingung wurden die „flexiblen Arbeitszeitmodelle“ gewählt. Insgesamt haben 244 Personen (39,4%) die „flexiblen Arbeitszeitmodelle“ in die Kategorie am wenigsten wichtig eingruppiert. Lediglich 6% schätzten diese als am wichtigsten ein.

Nachfolgendes Diagramm zeigt die Kategorisierung der Rahmenbedingungen.

Abbildung 18: Rahmenbedingungen sortiert nach ihrer Gewichtung unter Verwendung des Mittelwertes

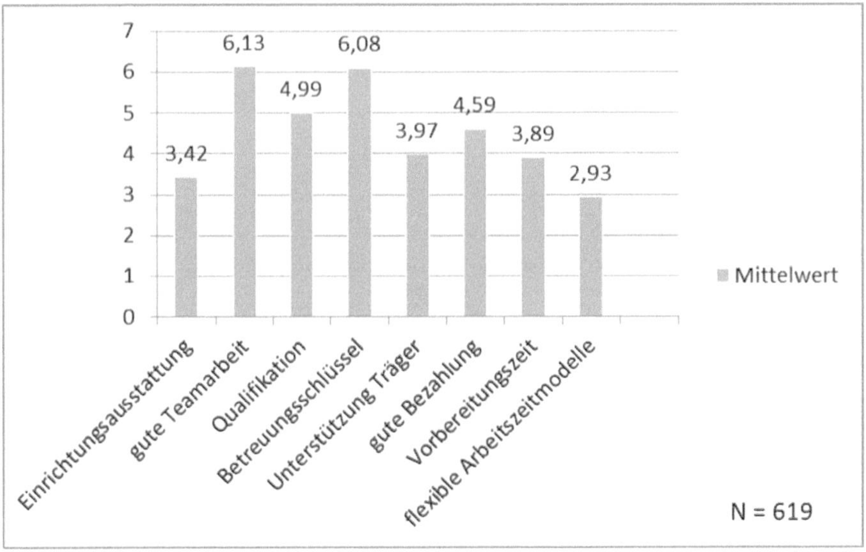

Deutlich wird nochmals, wie nah die beiden Rahmenbedingungen „Betreuungsschlüssel“ und „gute Teamarbeit“ beieinanderliegen. Das Merkmal „Qualifikation des Personals“ liegt an dritter Stelle. Allerdings stuften lediglich 10,1% (n = 67) diese in die Kategorie 8 (am wichtigsten) ein. Auch die Bezahlung ist ein nicht zu vernachlässigender Faktor. 35,9% (n = 222) schätzen diese Bedingung als wichtigen bis wichtigsten Faktor (Kategorie 6–8) ein.

Nachfolgend wird die Einschätzung des gesetzlichen sowie des einrichtungsinternen Betreuungsschlüssels dargestellt.

Abbildung 19: Darstellung der Einschätzung gesetzlich vorgegebenen gegenüber einrichtungsinternen Betreuungsschlüssel in absoluten Zahlen

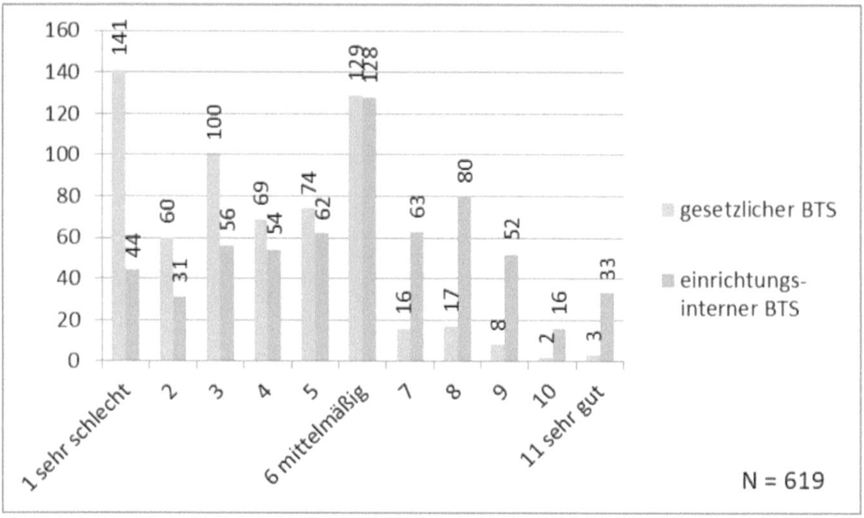

Deutlich zu erkennen ist, dass die Befragten insgesamt den in ihrer Einrichtung umgesetzten Betreuungsschlüssel besser einschätzen als den gesetzlich vorgegebenen BTS:

Einrichtungsinterner BTS < gesetzlich vorgegebener BTS: n = 77
Einrichtungsinterner BTS > gesetzlich vorgegebener BTS: n = 410
Einrichtungsinterner BTS = gesetzlich vorgegebener BTS: n = 132

22,8% (n = 141) empfinden den gesetzlichen BTS von 1:11 als sehr schlecht während lediglich 44 Personen (7,1%) den einrichtungsinternen BTS in diese Kategorie einordnen.

Personen, die den gesetzlich vorgegebenen Betreuungsschlüssel als eher schlechter einschätzen, betrachten auch den in ihrer Einrichtung umgesetzten Betreuungsschlüssel tendenziell eher als schlecht und umgekehrt ($r = 0,366$; $p = < 0,001$).

9.3.4 Themenbereich Betreuungsschlüssel

Bei der Ermittlung der reellen Fachkraft-Kind-Relation geht es in erster Linie um die Darstellung der tatsächlichen Betreuungssituation in bayerischen

Kindertagesstätten. Wie viele pädagogische Personen arbeiten mit wie vielen tatsächlich anwesenden Kindern. Abgefragt wurden die regelmäßig an den einzelnen Wochentagen anwesenden pädagogisch tätigen Personen und die regelmäßig anwesenden Kinder. Anders als bei der Panelbefragung werden weder kurzfristige Ausfallzeiten des Personals noch die Fehlzeiten der Kinder berücksichtigt. Längerfristige Ausfälle auf Seiten des Personals (z.B. unbesetzte Stellen) fließen in die Auswertung mit ein.

Berücksichtigung fanden die Werte ≥ 6,0 bis ≤ 17,5. Dieser Wertebereich lässt sich am ehesten in der Realität vermuten. Über bzw. unter diesem Level befindliche Werte können als wahrscheinlich nicht realistisch eingeschätzt werden und wurden deshalb von der Berechnung ausgenommen. Gefragt wurde nach den in der Kernzeit regelmäßig anwesenden Kindern und dem regelmäßig anwesenden Personal (Fach- und Ergänzungskräfte). Praktikant_innen und Personen ohne pädagogische Ausbildung wurden vernachlässigt.

Nachfolgendes Diagramm zeigt die Betreuungsrelation unter Berücksichtigung der förderrelevanten Faktoren der Kinder.

Abbildung 20: Betreuungsrelation in Abhängigkeit der Gewichtungsfaktoren (Mittelwert & Median)

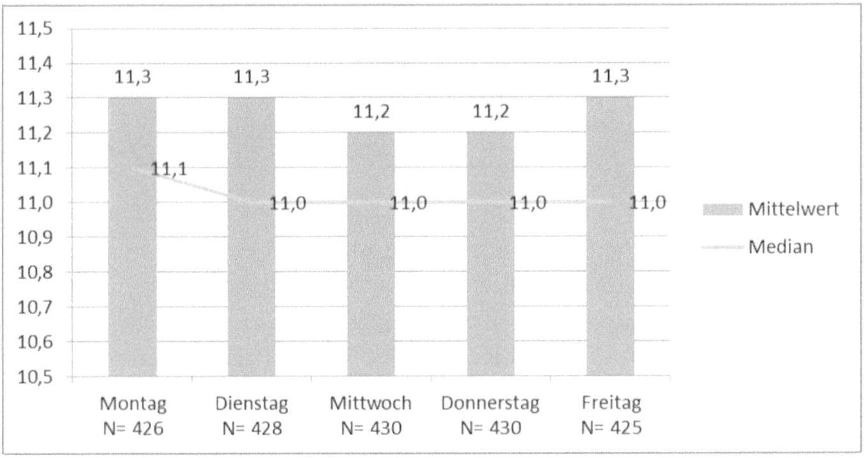

Relativ konstant pendelt sich der Wert an allen fünf Wochentagen bei 11,0–11,1 (Median) ein. Das bedeutet, in der Kernzeit ist eine Betreuungsperson für elf (rechnerische) Kinder zuständig. Die Berücksichtigung der Gewichtungsfaktoren (siehe hierzu Kapitel 4.2) der Kinder ist insofern von Bedeutung, da davon auszugehen ist, dass Kinder mit erhöhtem Faktor stärkere Zuwendung benötigen. Obiges Diagramm stellt beispielsweise ein Krippenkind mit seinem erhöhten Betreuungsaufwand (Faktor 2,0) dar.

Nachfolgendes Diagramm hingegen zeigt die Fachkraft-Kind-Relation ohne Berücksichtigung der der Gewichtungsfaktoren.

Abbildung 21: Fachkraft-Kind-Relation ohne Berücksichtigung der Gewichtungsfaktoren (Mittelwert & Median)

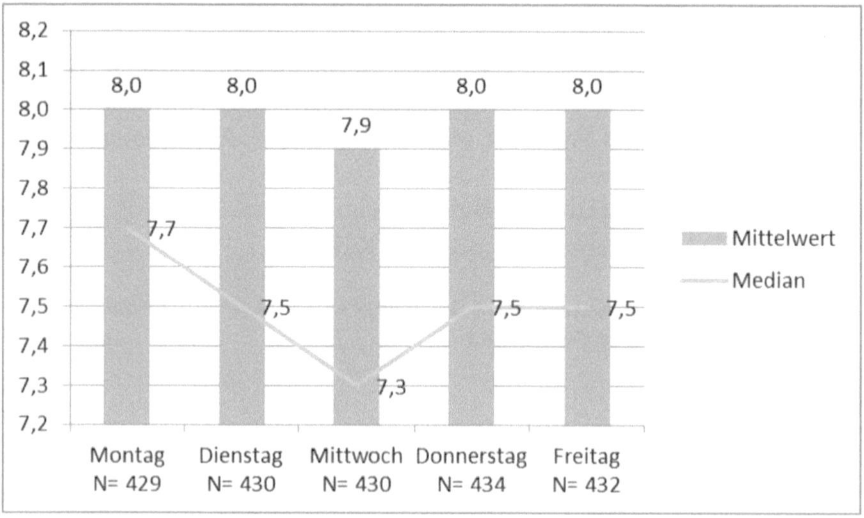

In vorangehendender Darstellung wird deutlich, dass die tatsächliche (reelle) Relation zwischen pädagogisch tätigen Personen und Kindern deutlich unter der rechnerischen Betreuungsrelation liegt. Werden allerdings die Gewichtungsfaktoren der Kinder nicht bedacht, zählen alle Kinder mit dem Faktor 1,0. D.h. Kinder mit erhöhtem Betreuungsfaktor zählen ebenso viel wie „normale Regelkinder". Bereits in der Krippe würde sich dieser Umstand deutlich bemerkbar machen. Bei den oben aufgeführten Werten käme demnach in Kindergarten und Krippe gleichermaßen eine betreuende Person auf 7,3–7,7 (Median) Kinder. Für den Kindergarten läge dieser Wert unterhalb des Wertes des statistischen Bundesamtes

(1:8,7) für die Krippe deutlich über dem offiziell errechneten Wert (3,7) (Bock-Famulla, Strunz, & Löhle, 2017, S. 2). Ebenso würden Integrativkinder (Faktor 4,5) als „normales Regelkind" gelten, wodurch der oftmals deutlich höhere Betreuungsaufwand nicht berücksichtigt wird. Demnach ist davon auszugehen, dass sich die Zahlen je nach Einrichtungs- bzw. Betreuungsform unterschiedlich aufsplitten. Im Kindergarten ist von einem höheren und in der Krippe (bzw. in Gruppen mit Integrativkindern) dementsprechend von einem niedrigeren Wert auszugehen. Aufgrund des Forschungsdesigns und der Fragestellung kann an dieser Stelle zwischen den beiden Betreuungsformen nicht weiter differenziert werden, weshalb eben gemachte Aussage nur als Vermutung verstanden werden sollte. In der Praxis kann jedoch von einer derartigen Aufteilung ausgegangen werden, insbesondere im Vergleich der eben errechneten Werte mit den Zahlen der Panelbefragung. Während die eben errechneten Werte für alle Betreuungsformen zusammen mit denen der Panelbefragung zu vergleichen sind (sowohl bei der Berücksichtigung der Faktoren als auch ohne), zeigte sich bei der Panelbefragung nach der Aufsplittung in Kindergarten und Krippe soeben beschriebener Effekt: Im Kindergarten eine höhere, in der Krippe (bzw. im Integrativbereich) eine niedrigere Betreuungsrelation. Folglich ist davon auszugehen, dass die gemittelten Zahlen des statistischen Bundesamtes mit der tatsächlichen Betreuungsrelation in der Praxis nicht übereinstimmen. Bereits in der Kernzeit lassen sich demnach Abweichungen feststellen. Unter Bezugnahme auf die Aussage des in Kapitel 6.3 beschriebenen Randzeiteneffektes (die Werte können insbesondere in den Randzeiten deutlich abweichen) könnten sich letztendlich in den Randzeiten nochmals deutlich veränderte Werte ergeben. Unter Berücksichtigung des Teilzeitarbeitskräfte-Effektes könnte der Wert in den Randzeiten nochmals deutlich negativer ausfallen.

Nachfolgendes Diagramm zeigt, welchen Betreuungsschlüssel die KiTa-Mitarbeiter_innen als notwendig erachten.

Abbildung 22: Vom Personal als notwendig erachteter Betreuungsschlüssel (Mittelwert & Median)

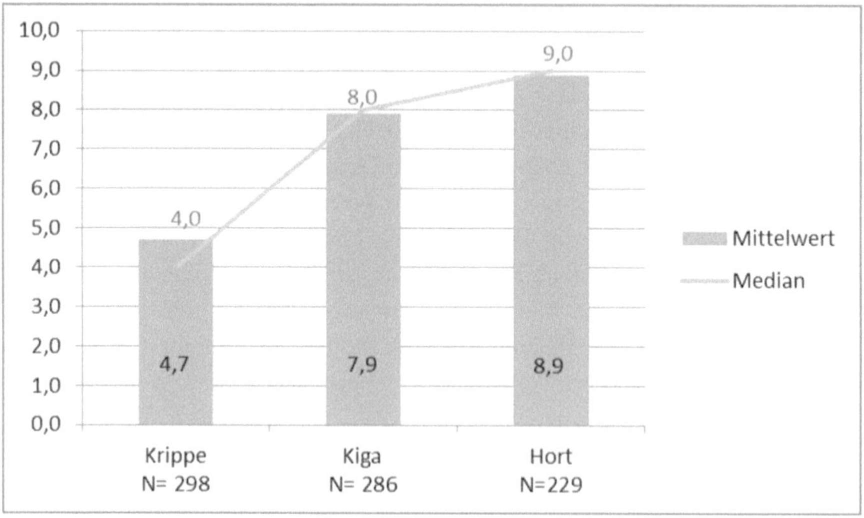

In vorangehendender Darstellung wird deutlich, dass der Unterschied zwischen den gewünschten und dem vom statistischen Bundesamt errechneten Wert marginal ausfällt. In den Krippen liegt die Differenz bei 0,3 (4,0 (Median gewünschter Wert) abzüglich 3,7 (Median statistischer Wert)) und im Kindergarten bei – 0,7 (8,0 Minus 8,7). Allerdings ist davon auszugehen, dass sich die KiTa-Mitarbeiter_innen auf den tatsächlich erlebten und nicht auf einen rechnerischen Wert beziehen (wahrscheinlich wünschen sie sich eine reelle Betreuungsperson auf vier bzw. acht reelle Kinder). Anderenfalls würden sie sich insbesondere im Krippenbereich eine Verschlechterung wünschen, wovon nicht auszugehen ist. (Diese Annahme kann in Bezugnahme zu vorangehenden Ergebnissen bestätigt werden. (Siehe hierzu Abbildung 20: die KiTa-Mitarbeiter_innen empfinden den gesetzlich vorgegebenen Betreuungsschlüssel tendenziell eher schlecht und knapp 40% der Befragten schätzen den in ihrer Einrichtung umgesetzten Betreuungsschlüssel mittelmäßig bis sehr schlecht ein.).

Mit diesem Wunsch liegen sie noch deutlich unter den Empfehlungen aus Fachkreisen. Die empfohlenen Betreuungsschlüssel liegen im Durchschnitt bei 1:3,25 (Krippe) und 1:7,75 (Kindergarten) (Viernickel &

Fuchs-Rechlin, Bock-Famulla & Strunz sowie dem Paritätischen Gesamtverband (in Anlehnung an Fthenakis) / teilweise eigene Berechnungen). Somit wären die KiTa-Mitarbeiter_innen selbst mit einer etwas geringeren Verbesserung der Betreuungsrelation zufrieden als die fachaffinen Kreise. Um diesen Wert dauerhaft in der Realität zu erreichen, müssten allerdings die Bruttowerte (rechnerische Werte) deutlich angehoben werden.

Kindzentriertheit:

Weiterhin soll ergründet werden, ob die KiTa-Mitarbeiter_innen mit dem derzeit gegebenen Betreuungsschlüssel in der Lage sind, ausgewählte Merkmale der „*Kindzentriertheit*" umzusetzen. Die gewählten Aspekte basieren auf den aus den Interviews gebildeten Kategorien (siehe hierzu Anhang 14.4). Gefragt wurde, inwiefern der in der jeweiligen Gruppe/ Einrichtung umgesetzte Betreuungsschlüssel es den Befragten ermöglicht, im Alltag mit den Kindern nachfolgende Merkmale umzusetzen.

Nachfolgende Tabelle verdeutlicht, dass das Gros der Befragten die aufgeführten *kindzentrierten* Merkmale im Arbeitsalltag nur teilweise umsetzen kann. Lediglich die beiden Aspekte „physische Bedürfnisse befriedigen" und „Zuwendung und Aufmerksamkeit geben" werden häufiger mit einem „trifft zu" beantwortet.

Tabelle 22: Umsetzbarkeit ausgewählter kindzentrierter Merkmale in Abhängigkeit zum Betreuungsschlüssel. Angabe in absoluten Zahlen

	trifft gar nicht zu	trifft nicht zu	teils/ teils	trifft zu	trifft völlig zu
BEP umsetzen	9	38	253	186	28
den Kindern gerecht werden	29	106	228	138	13
auf Gespräche d. Kinder eingehen	19	105	245	127	18
Zeit zum Zuhören	13	76	265	141	19
für Kinder präsent sein	4	48	205	219	38
Zeit für das Spiel mit Kindern	20	82	248	144	20
kontinuierlich an einer Sache arbeiten	29	141	251	82	11
Zeit für Einzelkontakt	18	93	255	127	21
Kleingruppenangebote umsetzen	16	58	231	169	40
Ausflüge unternehmen	28	64	201	174	47
emotionale Bedürfnisse der Kinder befriedigen	5	60	216	201	32
physische Bedürfnisse der Kinder befriedigen	3	29	210	216	56
Zuwendung und Aufmerksamkeit geben	3	23	216	225	46
Erziehungspartnerschaft gerecht werden	5	51	262	167	28

(N = 514; fehlend = 105)

Tendenziell schlechter umzusetzen sind hingegen die Aspekte „kontinuierlich an einer Sache arbeiten", „auf die Gespräche der Kinder eingehen" und „den Kindern gerecht werden". Hier zeigt sich neben der häufigsten Antwortkategorie „teils/ teils" eine negative Tendenz in Richtung „trifft gar nicht zu". Scheinbar gestalte sich die Umsetzung dieser Aspekte im Arbeitsalltag eher schwieriger. Bei allen anderen Merkmalen ist eine leichte bis mittelstarke positive Tendenz zu erkennen. Die Umsetzbarkeit genannter *kindzentrierter* Merkmale wird in nachfolgendem Diagramm ersichtlich.

Abbildung 23: Häufigkeit kindzentrierter *Merkmale. Darstellung in Mittelwert (fehlend: 17%)*

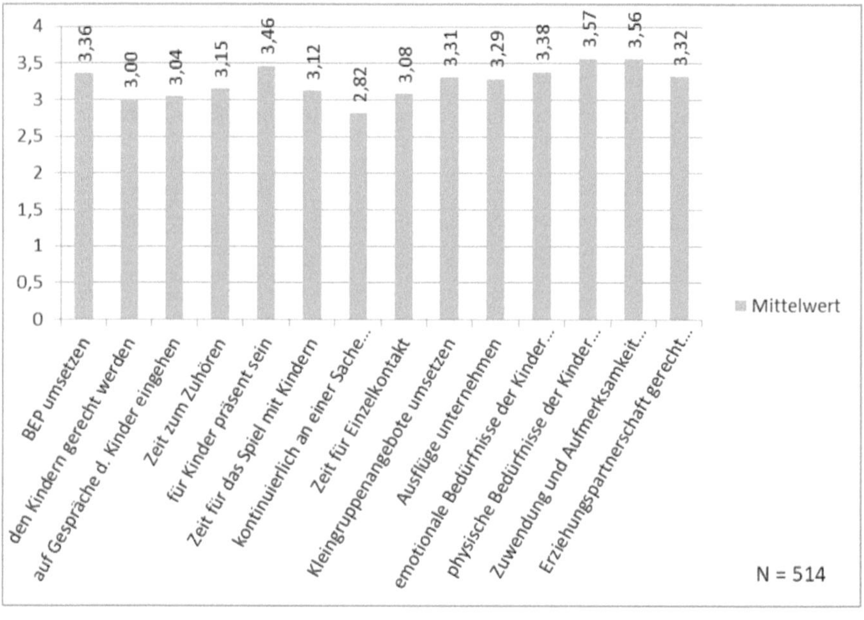

Insgesamt gaben 52,9% (n = 272) Personen an, die Befriedigung der physischen Bedürfnisse der Kinder sei ihnen im Arbeitsalltag möglich (Antwortkategorien „trifft zu" & „trifft völlig zu"). Bei der der Kategorie „Zuwendung und Aufmerksamkeit geben" gaben dies immerhin noch 52,7% (n = 271) der Befragten an.

Zeitkontingent:

Ursächlich für die gerade dargelegte schwierige Umsetzung der *kindzentrierten* Merkmale könnte ein Mangel an Zeit sein. Bereits in verschiedenen Studien hat sich die Zeit als wesentlicher Faktor im Arbeitsalltag von KiTa-Mitarbeiter_innen herausgestellt (u.a. DGB-Index „Gute Arbeit" (2004); Aqua (2014); Qualität vor Ort (2017) siehe hierzu Kapitel 7). In vorliegender Untersuchung soll ermittelt werden, welche Aspekte im Arbeitsalltag besonders unter mangelnder Zeit in Mitleidenschaft gezogen werden. Die aufgezählten Faktoren wurden zuvor aus den Antworten der Interviews generiert.

Nachfolgende Tabelle zeigt die Antworten auf die Frage: „Ich habe ausreichend Zeit für...". Deutlich wird, dass die Mehrheit der Befragten hier teilweise über Zeitmangel klagt. Nachfolgende Aspekte des Arbeitsalltags können aufgrund von Zeitmangel lediglich teilweise umgesetzt werden. Wobei für die Arbeit am Kind immer noch der Großteil der zur Verfügung stehenden Zeit verwendet bzw. hier der Zeitmangel am geringsten eingeschätzt wird.

Tabelle 23: Persönliche Einschätzung zur Verfügung stehender Zeit im Arbeitsalltag

Zeit für...	trifft gar nicht zu	trifft nicht zu	teils/ teils	trifft zu	trifft völlig zu
Teamarbeit	13	90	226	143	42
Vor- und Nachbereitung	78	142	183	80	31
Arbeit am Kind	4	34	201	229	46
Erholungsphasen	91	177	161	72	12
Pausen einhalten	38	80	172	166	58

(N = 514, fehlend = 105)

Insgesamt gaben 53,5% (n = 275) der Teilnehmer_innen an, dass für die Arbeit am Kind unter dem in ihrer Einrichtung umgesetzten Betreuungsschlüssel ausreichend Zeit vorhanden ist (Antwortkategorien „trifft zu" & „trifft völlig zu"), ebenso um Pausen einzuhalten 43,6% (n = 224) und für die Arbeit am Kind 53,5% (n = 275).

Abbildung 24: Zur Verfügung stehende Zeit für ausgewählte Aspekte im Arbeitsalltag

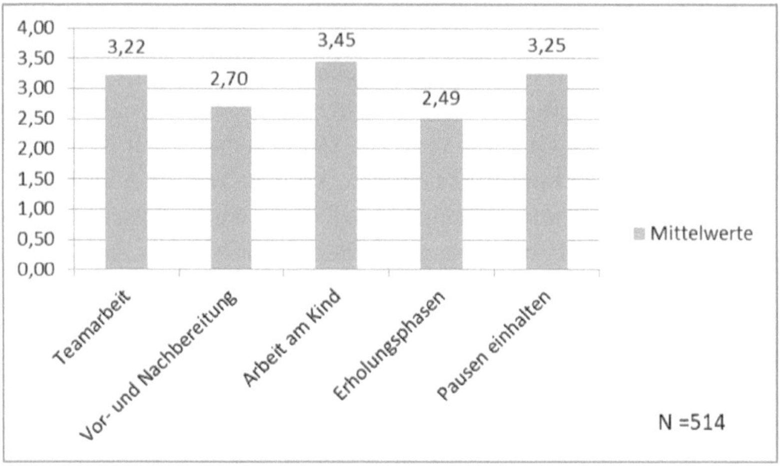

Tendenziell am wenigsten Zeit bleibt den Pädagog_innen für die Vor- und Nachbereitungszeit und für Erholungsphasen. Insgesamt klagen 42,8% (n = 220) (Antwortkategorien „trifft gar nicht zu“ und „trifft nicht zu“ zusammengefasst) der Befragten über zu wenig Zeit für die Vor- und Nachbereitung. Dieser hohe Wert könnte sich mit einer Erkenntnis der Studie STEGE erklären lassen. Die Forschergruppe verweist auf ein Defizit hinsichtlich der Regelungen zu den Verfügungszeiten. Demnach sind bei insgesamt 45% der Fachkräfte die Verfügungszeiten nicht vertraglich geregelt (Viernickel & Voss, 2012, S. 187ff.). Dieser Umstand könnte dazu führen, dass Vor- und Nachbereitungszeiten lediglich sporadisch genommen werden können, worin das Zeitdefizit dieses Aspektes begründet sein könnte. Ebenfalls zu kurz kommen die Erholungsphasen. 52,1% (n = 268) der Befragten bemängelten das Fehlen von Erholungsphasen.

Organisatorische und personelle Faktoren:

Inwiefern der Betreuungsschlüssel auf das Personal Einfluss nimmt, soll nachfolgend geklärt werden. Die gewählten Aspekte basieren auf den aus den Interviews gebildeten Kategorien (siehe hierzu Kapitel 9.1.5). Gefragt wurde, inwiefern der Betreuungsschlüssel Auswirkungen auf nachfolgende ausgewählte personelle Aspekte des Arbeitsalltags hat.

Nachfolgende Tabelle verdeutlicht, dass das Gros der Befragten den Betreuungsschlüssel ursächlich mit den aufgeführten Aspekten im Arbeitsalltag in Verbindung bringt. Insbesondere Auswirkungen auf die „Gesundheit der Mitarbeiter_innen“ (66,5%; n = 341), „Personalausfälle“ (65,7%; n = 337), „der Lärmpegel“ (63,0%; n = 323) und die „Motivation der Mitarbeiter_innen“ (61,0%; n = 313) sind laut den Pädagog_innen auf den Betreuungsschlüssel zurückzuführen (Die Prozentangaben beziehen sich auf die Summe der Antwortkategorien „trifft zu“ und „trifft völlig zu“).

Tabelle 24: Auswirkungen des Betreuungsschlüssels auf ausgewählte Merkmale des Arbeitsalltags einer KiTa-Mitarbeiter_in. Angabe in absoluten Zahlen

Der Betreuungsschlüssel hat Auswirkungen auf...	trifft gar nicht zu	trifft nicht zu	teils/ teils	trifft zu	trifft völlig zu
Bildungsangebote	16	76	158	174	89
Teamarbeit	19	90	172	158	74
Gesundheit der Mitarbeiter	14	47	111	156	185
Motivation der Mitarbeiter	12	45	143	156	157
pädagogische Angebote	23	79	171	153	87
Nachwuchsakquise	24	73	150	148	117
Mitarbeiterbindung/ Fluktuation	35	100	158	128	92
Arbeitsverträge	83	107	112	108	103
Personalausfälle	17	42	117	151	186
Urlaubsplanung	50	125	141	116	81
Privatleben	41	105	142	118	107
Qualität der päd. Arbeit	20	78	150	148	117
Lärmpegel	16	55	119	142	181

(N = 513; fehlend = 106)

Tendenziell weniger Einfluss nimmt der Betreuungsschlüssel hingegen auf die „Urlaubsplanung“. Lediglich 38,4% (n = 197) der Befragten bejahten die Aussage, dass der Betreuungsschlüssel Auswirkungen auf die Urlaubsplanung hat (Summe der Antwortkategorien „trifft zu“ und „trifft völlig zu“).

Bei allen Aspekten zeigt sich neben der häufigsten Antwortkategorie „teils/ teils“ eine negative Tendenz in Richtung „trifft völlig zu“. Scheinbar ist der Betreuungsschlüssel ein elementarer Faktor mit deutlichem Einfluss auf die Organisation des Arbeitsalltags.

Die Stärke der Auswirkung des Betreuungsschlüssels auf genannte organisatorische und personelle Faktoren wird in nachfolgendem Diagramm ersichtlich.

Abbildung 25: Auswirkungen des Betreuungsschlüssels auf ausgewählte Arbeitsaspekte. Angabe in Mittelwerten (fehlend = 106)

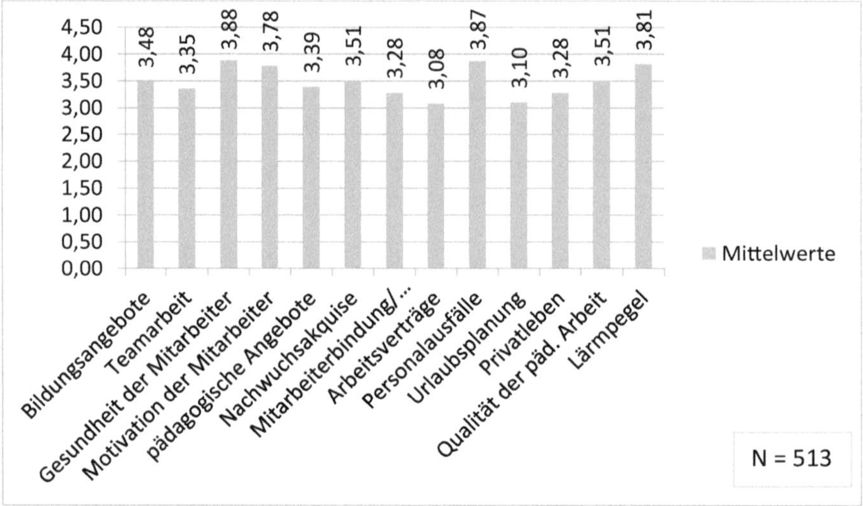

Oben angeführtes Diagramm verdeutlicht, dass der Betreuungsschlüssel einen nicht zu unterschätzenden Einfluss auf die angeführten personellen und organisatorischen Aspekte hat. Alle Aspekte liegen in ihrem Mittelwert zwischen drei und vier und weisen demnach in Richtung der Antwortkategorien „trifft zu" und „trifft völlig zu".

Um die Frage zu ergründen, ob der Betreuungsschlüssel tatsächlich in Zusammenhang mit den genannten Aspekten steht, wurden für die vier stärksten Ausprägungen Korrelationen mit dem rechnerischen und dem subjektiven Betreuungsschlüssel ermittelt.

Tabelle 25: Überprüfung der Zusammenhänge zwischen den Aspekten des Arbeitsalltags und der Betreuungsrelation

Korrelationen	rechnerischer BTS r	rechnerischer BTS s	sujektive FKR r	sujektive FKR s
Gesundheit der Mitarbeiter	0,112	< 0,05	0,364	< 0,01
Motivation der Mitarbeiter	0,128	< 0,01	0,393	< 0,01
Personalausfälle	0,091		0,330	< 0,01
Lärmpägel	0,132	< 0,01	0,364	< 0,01

Die Überprüfung der Korrelationen ergab, dass drei der Aspekte (die „Gesundheit der Mitarbeiter_innen“, „der Lärmpegel“ und die „Motivation der Mitarbeiter_innen“) in schwachem Zusammenhang mit dem Betreuungsschlüssel stehen. Bei der Kontrolle des subjektiven Betreuungsschlüssels konnte bei den vier Aspekten eine mittlere Korrelation festgestellt werden. Demzufolge kann die Vermutung, dass der Betreuungsschlüssel Auswirkungen auf die angeführten personellen und organisatorischen Aspekte des Arbeitsalltags hat, als zutreffend angenommen werden.

Wohlbefinden:

Unter anderem der Forschungsbefund der Studie STEGE zeigt einen Zusammenhang zwischen den strukturellen Rahmenbedingungen in Kindertageseinrichtungen (hierin ist der Betreuungsschlüssel inkludiert) und deren Auswirkungen auf die Erzieher_innengesundheit. Wenngleich die tatsächlichen Wirkmechanismen auf das Belastungsempfinden der KiTa-Mitarbeiter_innen noch nicht abschließend erörtert scheinen, geht aus ihren Ergebnissen hervor, dass ein Großteil der von den Erzieher_innen benannten Belastungsfaktoren auf strukturelle Gegebenheiten zurückzuführen sind (Viernickel & Voss, 2012, S. 114). Zu überprüfen bleibt nun, ob die Teilnehmer_innen vorliegender Untersuchung einen Zusammenhang zwischen dem einzelnen Strukturmerkmal „Betreuungsschlüssel“ und ausgewählten Aspekten des eigenen Wohlbefindens sehen.

Nachfolgende Tabelle verdeutlicht, dass das Gros der Befragten die aufgeführten Aspekte des Wohlbefindens teilweise als zutreffen, angaben. Lediglich der Aspekt „Frustration“ wird häufiger mit einem „trifft nicht zu“ beantwortet.

Tabelle 26: Auswirkungen des Betreuungsschlüssels auf Aspekte des Wohlbefindens. Angabe in absoluten Zahlen

Der Betreuungsschlüssel verursacht...	trifft gar nicht zu	trifft nicht zu	teils/ teils	trifft zu	trifft völlig zu
Stress	18	68	178	156	93
Ungedult	34	132	172	128	47
gesundheitliche Belastungen	33	116	152	124	88
an Belastungsgrenzen kommen	26	80	169	143	95
Demotivation	62	145	165	96	45
Spaß und Freude leiden	51	138	176	100	48
Überforderung	54	124	207	91	37
Frustration	43	112	185	116	57
Burnout (ausgebrannt sein)	106	167	135	68	37
Unzufriedenheit	49	90	181	128	65
Gereitzheit	46	125	177	114	51
Druck	35	79	151	156	92

(N = 513; fehlend = 106)

Tendenziell negativer eingeschätzt werden hingegen die Aspekte „Stress“ (48,5%; n = 249), „an die Belastungsgrenze kommen“ (46,4%; n = 238) und „Druck“ (48,3%; n = 248). Hier zeigt sich neben der häufigsten Antwortkategorie „teils/ teils“ eine negative Tendenz in Richtung „trifft gar nicht zu“ (Summe der Antwortkategorien „trifft zu“ und „trifft völlig zu“).

Scheinbar empfinden die KiTa-Mitarbeiter_innen die Belastungen in Bezug auf die eben erwähnten Aspekte am stärksten. Die Auswirkung des Betreuungsschlüssels auf genannte Aspekte des Wohlbefindens wird im nachfolgenden Diagramm ersichtlich.

Abbildung 26: Aspekte des Wohlbefindens. Auswirkungen in Bezug auf den Betreuungsschlüssel. Darstellung in Mittelwert (fehlend = 20,7%)

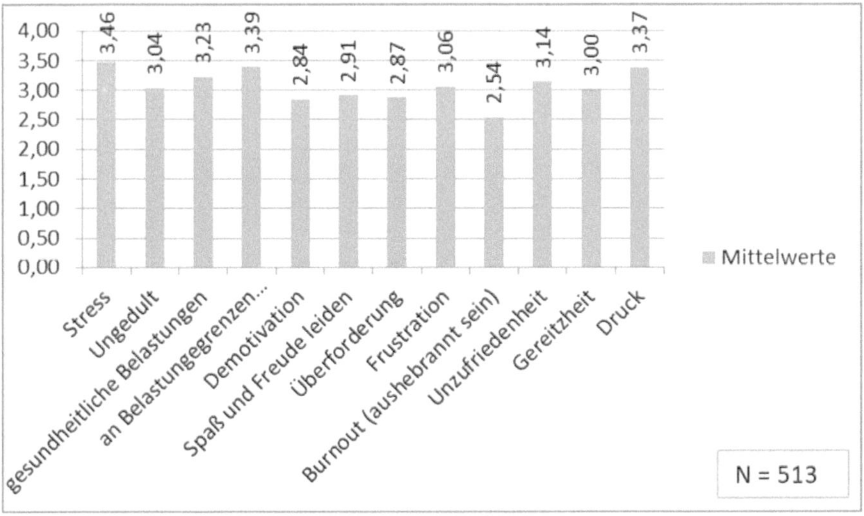

Bei den Aspekten „Demotivation“, „Spaß und Freude leiden“, „Überforderung“ und „Burnout“ ist eine leichte gegenteilige Tendenz festzustellen. Die Mitarbeiter_innen kategorisieren diese mehrheitlich in die Gruppen „trifft nicht zu“ und „trifft gar nicht zu“ ein. Bei dem Faktor „Gereiztheit“ hingegen ist keine Tendenz zu erkennen, die Antworten sind neben der häufigsten Antwortkategorie „teils/ teils“ in die negative und positive Richtung gleichmäßig verteilt. Festzuhalten bleibt, dass das strukturelle Merkmal „Betreuungsschlüssel“ einen nicht zu unterschätzenden Einfluss auf das Wohlbefinden der KiTa-Mitarbeiter_innen hat. Eine ungünstigere Betreuungsrelation scheint zu Belastungen zu führen und insbesondere Stress und Druck zu verursachen und dazu beizutragen, dass die Pädagog_innen an ihre Belastungsgrenzen kommen.

Anspruch an die eigene Arbeit:

Nachfolgendes Diagramm zeigt, inwiefern die befragten Pädagog_innen ihren Anspruch an die eigene Arbeit gerecht werden können. Die am häufigsten genannte Kategorie ist „mittelmäßig“. Die restlichen Antworten sind fast gleichmäßig sowohl in die negative als auch in die positive Richtung verteilt.

Abbildung 27: Darstellung der Einschätzung dem eigenen Anspruch gerecht werden auf einer Skala von 1–11. Angaben in absoluten Zahlen (fehlend = 106)

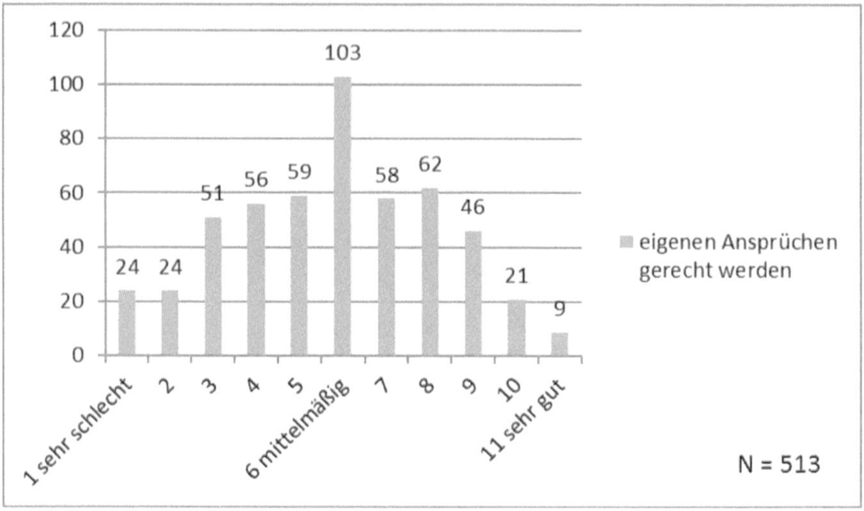

Die Verteilung stellt sich wie folgt dar:

Kategorie 1–5: n = 155 (30,2%)
Kategorie 6: n = 103 (20,1%)
Kategorie 7–11: n = 138 (26,9%)

Ersichtlich wird, dass der Großteil der Befragten (insgesamt 258 Personen) ihrem eigenen Anspruch sehr schlecht bis mittelmäßig gerecht werden kann. Lediglich ein marginaler Anteil von 14,8% (n = 76) berichtet, dies gut bis sehr gut (Kategorie 9–11) umsetzen zu können. Somit bleibt festzuhalten, dass sich die Ansprüche der Erzieher_innen an ihre Arbeit im Arbeitsalltag unter den derzeit gegebenen Voraussetzungen überwiegend nicht umsetzen lassen.

10 Hypothesenprüfung

Abstrakt: Die 13 Forschungshypothesen werden statistisch analysiert. Insgesamt zeigt sich, dass der rechnerische Betreuungsschlüssel und der subjektiv empfundene Betreuungsschlüssel unterschiedliche Auswirkungen auf die gleichen Merkmale besitzt.

Abstract: The 13 research hypotheses are analyzed statistically. Overall, it has been shown that the mathematical proportions of specialists to children and the subjectively perceived proportions of specialists to children have different effects on the same characteristics.

Im Folgenden werden die Forschungshypothesen statistisch analysiert und auf ihre Signifikanz überprüft. Das Signifikanzniveau wurde vorab auf 95% festgelegt. In vorliegender Untersuchung wird die Betreuungsrelation in der Kernzeit (vormittags) analysiert. Die zugrundeliegende Berechnung der Betreuungsrelation (Hypothese H2, H4, H6, H7) basiert auf der Berücksichtigung aller in der KiTa angestellten qualifizierten Personen und der anwesenden Kinder, unabhängig von den Buchungsstunden der Kinder bzw. dem Stundenkontingent des Personals. Die Gewichtungsfaktoren der Kinder (siehe Kapitel 4.2) werden in die Berechnung miteinbezogen, da diese Faktoren einen Ausgleich für einen höheren Pflege- bzw. Betreuungsaufwand darstellen sollen und somit als entscheidender Aspekt bei der Betreuungsrelation fungieren (zugrundeliegende Beispielrechnung siehe Anhang 14.7).

(H1) Der Betreuungsschlüssel hat für die KiTa-Mitarbeiter_innen eine höhere Gewichtung als die Qualifikation des Personals

Die derzeitige Qualitätsdebatte fokussiert sich in erster Linie auf die Qualifikation (Grundqualifikation und Nachqualifizierung des KiTa-Personals, dabei wirkt sich der Betreuungsschlüssel ebenfalls auf die Qualität in Kindertagesstätten aus (siehe hierzu Kapitel 7)). Zu ergründen gilt es nun, welche der beiden Rahmenbedingungen beim KiTa-Personal selbst einen höheren Stellenwert besitzt. Da beide Merkmale sicherlich wichtig sind und einen hohen Stellenwert in der Befragung einnehmen, wurde als Fragetyp eine Rangfolge gewählt. Die Studienteilnehmer_innen mussten die vorgegebenen Rahmenbedingungen nach ihrer persönlichen Präferenz gewichten, wobei die Zahl 1 für „am wenigsten wichtig“ und die Zahl 8 für „am wichtigsten“ steht.

Folgendes Diagramm zeigt die Antworttendenz des Personals in absoluten Zahlen. Sichtbar wird, dass deutlich mehr als doppelt so viele Teilnehmer_innen den Betreuungsschlüssel als wichtigste Rahmenbedingung einschätzen.

Abbildung 28: Gewichtung zwischen den Rahmenbedingungen Qualifikation und Betreuungsschlüssel in absoluten Zahlen (N = 600; fehlend = 19)

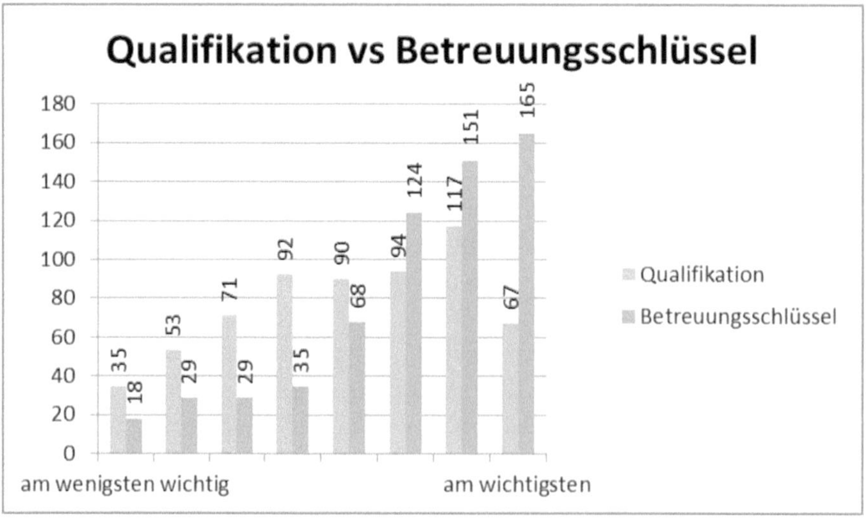

Von den befragten KiTa-Mitarbeiter_innen haben deutlich mehr als die Hälfte (60,1 %) den Betreuungsschlüssel in der Kategorie 6–8 eingruppiert und somit als „eher wichtig“ bis „am wichtigsten“ eingeschätzt, wohingegen für die Qualifikation des Personals die höheren Ränge lediglich bei 44,9% vergeben wurden.

Der Betreuungsschlüssel (M = 6,1; m = 7,0) ist den Befragten signifikant wichtiger als die Qualifikation des Personals (M = 5,0; m = 5,0) (asymptotischer Wilcoxon-Test: z = 9,49, p = < 0,001, N = 619). Die Effektstärke nach Cohen (1992) liegt bei d = -0,56 r = -0,27 und entspricht einem mittleren Effekt.

Nachfolgende Tabelle 27 zeigt deutlich die Unterschiede in der Gewichtung der beiden Rahmenbedingungen.

Tabelle 27: Unterschiede in der Gewichtung zwischen den Rahmenbedingungen Qualifikation und Betreuungsschlüssel

	Qualifikation	Betreuungsschlüssel
1 am wenigsten wichtig	5,7	2,9
2	8,6	4,7
3	11,5	4,7
4	14,9	5,7
5	14,5	11,0
6	15,2	20,0
7	18,9	24,4
8 am wichtigsten	10,8	26,7
gesamt	100 (N=619)	100 (N=619)

(Angabe in Prozent) N = 600; fehlend: 19

Hier wird nochmals sichtbar, dass das Gros der Befragten den Betreuungsschlüssel deutlich wichtiger einschätzt als die Qualifikation. Die Hypothese H1 kann demnach als bestätigt gelten. Der Betreuungsschlüssel wird von den KiTa-Mitarbeiter_innen selbst als deutlich wichtiger eingeschätzt als die Qualifikation des Personals. Im Hinblick auf die weiteren abgefragten Rahmenbedingungen belegt die Qualifikation den dritthöchsten Rang (nach der Teamarbeit (Rang 1) und dem Betreuungsschlüssel (Rang 2).

Bei den Befragten mit sehr gutem Betreuungsschlüssel sind die Prioritäten anderweitig ausgeprägt, wohingegen bei schlechtem Betreuungsschlüssel in der Gruppe/ Einrichtung der Wunsch nach Verbesserung des Betreuungsschlüssels stärker ausgeprägt ist.

(H2) Die Fachkraft-Kind-Relation korreliert mit der Qualität in Kindertagesstätten – Je besser die Betreuungsrelation desto, besser die Qualität der pädagogischen Arbeit

Hinsichtlich der untersuchten Fachkraft-Kind-Relation ist grundsätzlich zwischen der (theoretischen) Berechnung und dem (tatsächlichen) Erleben (d.h. der Einschätzung/ dem Empfinden des Personals bzgl. der Betreuungsrelation) zu unterscheiden. Daraus resultiert eine Zweiteilung der Hypothese 2 in H2a und H2b.

Hypothese 2a: *Die jeweilige in den Einrichtungen umgesetzte Fachkraft-Kind-Relation korreliert mit der Qualität in Kindertagesstätten – Je besser die Betreuungsrelation desto besser die Qualität der pädagogischen Arbeit*
Hypothese 2b: *Das Erleben des Personals hinsichtlich der Fachkraft-Kind-Relation korreliert mit der Qualität in Kindertagesstätten – Je besser die Betreuungsrelation eingeschätzt wird desto besser die Qualität der pädagogischen Arbeit*

Die Teilung der Hypothesen basiert auf der Überlegung, dass rein rechnerische Werte nicht unbedingt mit dem Erleben des Einzelnen gleichzusetzen sind. Ein besonders guter rechnerischer Wert kann im Erleben zwischen den Personen unterschiedlich interpretiert und wahrgenommen werden. Dementsprechend könnten sich Unterschiede bei den erwarteten Zusammenhängen ergeben.

H2a:

Für die Überprüfung von H2a wurden die Angaben der rechnerischen Betreuungsrelation hierfür in sieben Klassen zusammengefasst. Diese staffeln sich von Klasse 0, was einem errechneten Wert von 6,0–7,5 und somit einer sehr guten Betreuungsrelation entspricht, bis Klasse 6 (15–17,5 – dieser Wert wird als sehr schlecht definiert). Der Abstand zwischen den einzelnen Klassen erfolgt jeweils in 1,5'er Schritten. Die Werte < 6 und > 17,5 wurden vernachlässigt, da davon auszugehen ist, dass es sich dabei mit großer Wahrscheinlichkeit um fehlerhafte Angaben seitens der Teilnehmer_innen handeln muss.

Bei vier von 14 Qualitätskriterien existiert eine (geringe) negative Korrelation zwischen dem Qualitätsmerkmal und der rechnerischen Betreuungsrelation. Die Hypothese kann demnach bei den Kriterien *Kindzentriertheit*/ Einzelkontakt, Partizipation, Zeit für Beobachtung/ Beobachtungsbögen sowie Ausgewogenheit pädagogischer Angebote bestätigt werden. Somit verschlechtert sich die Qualität der vier aufgeführten Merkmale, je höher die Fachkraft-Kind-Relation ansteigt. Das heißt: Die

Qualität der Merkmale nimmt mit Ansteigen der Betreuungsrelation ab. Siehe hierzu Tabelle 28.

Tabelle 28: Korrelation – Qualität in Abhängigkeit zur rechnerischen Fachkraft-Kind-Relation

Mittelwerte	BTS Klassen							r	p
	0 N_{gesamt} = 15 ... 2,5	1 = 62 2,5 ... 5	2 = 94 5 ... 7,5	3 = 112 7,5 ... 10	4 = 65 10 ... 12,5	5 = 39 12,5 ... 15	6 = 42 15 ... 17,5		
Kindzentriertheit/Einzelkontakt	3,40	3,50	3,45	3,31	3,11	2,85	3,12	0,208	<0,01
Partizipation V27	3,60	3,60	3,48	3,28	3,23	3,26	3,48	0,100	<0,05
Zeit für Beobachtung/ Beobachtungsbögen	3,27	3,00	3,02	2,80	2,74	2,38	2,67	0,197	<0,01
Ausgewogenheit pädagogischer Angebote	3,87	3,53	3,51	3,35	3,14	3,31	3,38	0,135	<0,01

Zur Vereinfachung und einer besseren Übersichtlichkeit stellt Tabelle 28 lediglich die mit der Betreuungsrelation signifikant korrelierenden Qualitätsmerkmale dar. Aus Tabelle 28 geht hervor, dass die Mittelwerte bei allen Kriterien zwischen den Bereichen „trifft nicht zu" (2) und „trifft zu" (4) liegen.

Bei den anderen Qualitätskriterien (gute Elternarbeit, regelmäßige Fort- und Weiterbildung, Öffentlichkeitsarbeit, Konzeptionsarbeit, Durchführung von Programmen, Durchführung von Projekten, gute vertrauensvolle Zusammenarbeit mit dem Träger, Evaluation und Reflexion sowie eigene Stärken einbringen) lässt sich kein Zusammenhang nachweisen. Die Teilhypothese H2a ist demnach als widerlegt zu betrachten. Aus diesem Grund muss für sie die Nullhypothese angenommen werden. Auffällig ist in diesem Zusammenhang, dass insbesondere die Qualitätskriterien in Verbindung mit der Arbeit am Kind in der Hypothesenprüfung bestätigt werden konnten. Diese Erkenntnis lässt den Rückschluss zu, dass insbesondere die auf das einzelne Kind bezogenen Merkmale unter einer schlechten oder schlechteren Betreuungsrelation leiden.

H2b:

Weiter erfolgte die Überprüfung von H2b. Wie in Abbildung 30 dargestellt, nimmt bei allen 14 überprüften Qualitätskriterien die Qualität mit der Verbesserung der Betreuungsrelation zu.

Abbildung 29: Qualitätsmerkmale in Abhängigkeit der Fachkraft-Kind-Relation. Darstellung der Mittelwerte (0 = sehr schlecht, 6 = mittelmässig, 11 = sehr gut) N = 619; fehlend = 0

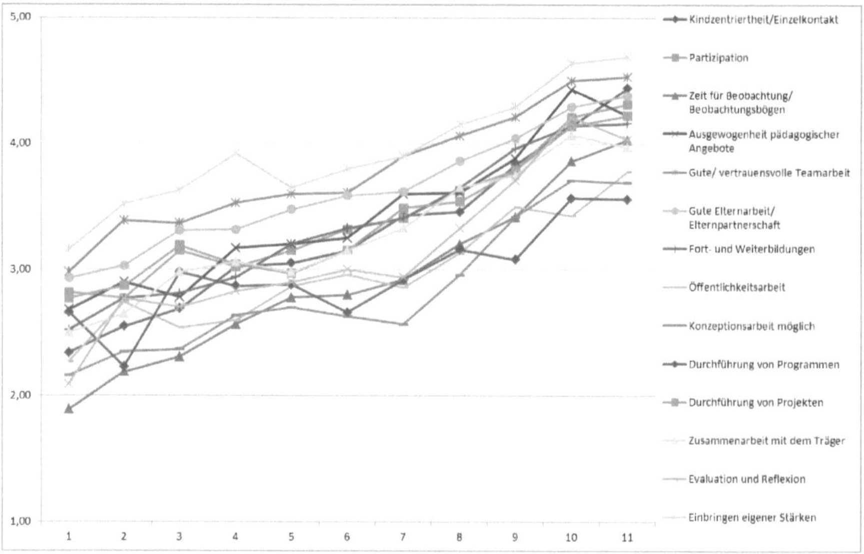

Die Korrelationskoeffizienten bei der Untersuchung des Zusammenhangs zwischen der empfundenen Fachkraft-Kind-Relation und den Qualitätsmerkmalen bewegen sich dabei zwischen r = 0,191 und r = 0,597 (gering bis mittelstarke Korrelation).

Die durchgängig hohe Signifikanz (p = < 0,01, zweiseitig) beschreibt einen gesicherten Zusammenhang der untersuchten Merkmale.

Tabelle 29: Darstellung der Korrelationskoeffizienten und des Signifikanzniveaus der Qualitätsmerkmale in Abhängigkeit der Fachkraft-Kind-Relation

	r =	p =
Kindzentriertheit/Einzelkontakt	0,597	< 0,01
Partizipation	0,456	< 0,01
Zeit für Beobachtung/ Beobachtungsbögen	0,550	< 0,01
Ausgewogenheit pädagogischer Angebote	0,475	< 0,01
Gute/ vertrauensvolle Teamarbeit	0,402	< 0,01
Gute Elternarbeit/ Elternpartnerschaft	0,435	< 0,01
Fort- und Weiterbildungen	0,411	< 0,01
Öffentlichkeitsarbeit	0,349	< 0,01
Konzeptionsarbeit möglich	0,352	< 0,01
Durchführung von Programmen	0,191	< 0,01
Durchführung von Projekten	0,378	< 0,01
Zusammenarbeit mit dem Träger	0,364	< 0,01
Evaluation und Reflexion	0,447	< 0,01
Einbringen eigener Stärken	0,385	< 0,01

Die Hypothese H2b gilt demnach als bestätigt. Es besteht ein gesicherter Zusammenhang zwischen dem Empfinden der Fachkraft-Kind-Relation und den Qualitätsmerkmalen. Je besser die Betreuungsrelation von den Mitarbeiter_innen eingeschätzt wird, desto höher bewerten diese die Umsetzung der Qualitätsmerkmale in ihrer Einrichtung.

Ausschlaggebend scheint demzufolge nicht allein die rechnerische Komponente zu sein. Vielmehr spielt das Erleben und Empfinden der einzelnen Mitarbeiter_in hinsichtlich der Betreuungsrelation eine entscheidende Rolle.

Abschließend bleibt noch zu überprüfen, ob die Betreuungsrelation in der Realität mit dem Empfinden der KiTa-Mitarbeiter_innen übereinstimmt. Schätzen die KiTa-Mitarbeiter_innen mit einer rechnerisch „guten Betreuungsrelation“ diese auch als besser ein bzw. stimmen Empfinden und Realität sowohl in negativer als auch in positiver Richtung überein? Das Schaubild in Abbildung 31verdeutlich nochmals anschaulich die Zusammenhänge zwischen den einzelnen Komponenten.

Abbildung 30: Schaubild – Korrelationen zwischen Qualitätsmerkmalen, rechnerischer und empfundener Fachkraft-Kind-Relation

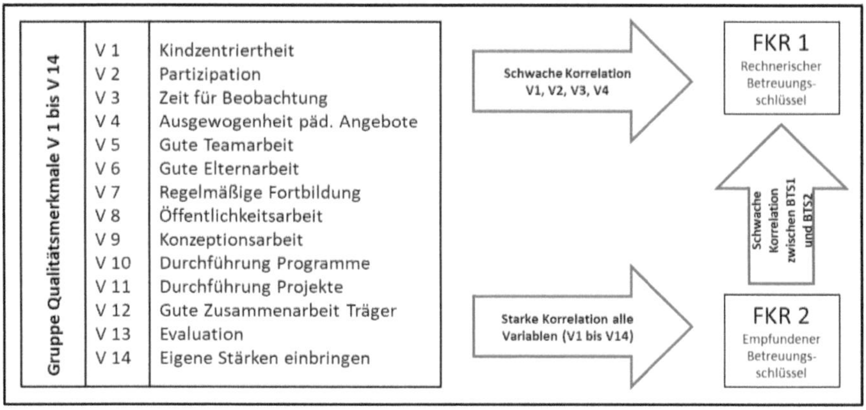

Zwischen der rechnerischen und der erlebten Betreuungsrelation lässt sich ein schwacher negativer Zusammenhang nachweisen (r = 0,242; p = <0,01). Dementsprechend schätzen die KiTa-Mitarbeiter_innen mit einer ungünstigeren Betreuungsrelation diese auch als schlechter ein und umgekehrt.

(H3) KiTa-Mitarbeiter_innen an der Basis (im Gruppendienst) verstehen unter Qualität in Kindertagesstätten eher die Umsetzung von Programmen als die Durchführung von Projekten

Ausgehend vom Ergebnis des qualitativen Forschungsteils vorliegender Untersuchung mit der Einschätzung der Befragten, Programme seien ein wichtiger Bestandteil in der pädagogischen Arbeit vieler (vielleicht zu vieler) KiTa-Mitarbeiter_innen, bleibt nun zu überprüfen, welches Qualitätsmerkmal für die Studienteilnehmer_innen wichtiger erscheint. Ausgehend von der Annahme, dass das als bedeutsamer empfundene Merkmal häufiger im Alltag umgesetzt wird, soll nun überprüft werden, inwiefern Programme und/ oder Projekte im Arbeitsalltag Anwendung finden. Welches der beiden Kriterien wird häufiger in der Praxis realisiert?

Folgendes Diagramm zeigt die Antworttendenz des Personals in absoluten Zahlen.

Abbildung 31: Gewichtung zwischen den Rahmenbedingungen Programme und Projekte umsetzen in absoluten Zahlen (N = 619; fehlend = 0)

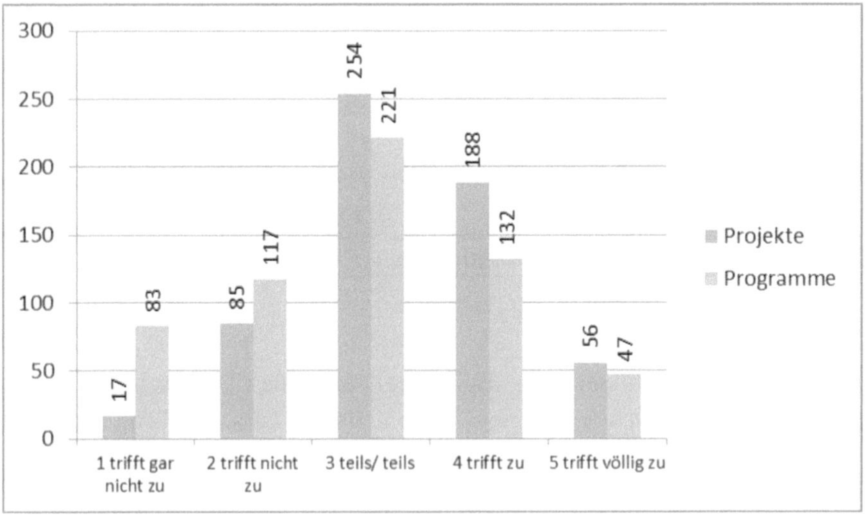

Sichtbar wird, dass die am häufigsten genannten Antworten in der Kategorie „teils/ teils“ zu finden sind (Projekte 42,3%; Programme 36,8%). Insgesamt verorteten 40,7% der Teilnehmer_innen die Durchführung von Programmen im Arbeitsalltag in den Kategorien „trifft zu“ und „trifft völlig zu“, wohingegen Programme lediglich von 29,8% in den beiden Kategorien angegeben wurden. Somit staffelt sich die Antworttendenz folgendermaßen:

Programme > Projekte: n = 85
Projekte > Programme: n = 218

Die Umsetzung von Projekten (M = 3,3; m = 3,0) ist den Befragten signifikant wichtiger als die Umsetzung von Projekten (M = 2,9; m = 3,0) (asymptotischer Wilcoxon-Test: z = 8,60, p = < 0,001, N = 600). Die Effektstärke nach Cohen (1992) liegt bei d = 0,38; r = 0,19 und entspricht einem schwachen Effekt.

Nachfolgende Tabelle 30 zeigt die Unterschiede in der Gewichtung der beiden Qualitätsmerkmale.

Tabelle 30: Unterschiede in den Antworttendenzen zwischen den Rahmenbedingungen Programme und Projekte umsetzen

Umsetzen möglich	Projekte	Programme
1 trifft gar nicht zu	2,7	13,4
2 trifft nicht zu	13,7	18,9
3 teils/ teils	41,0	35,7
4 trifft zu	30,4	21,3
5 trifft völlig zu	9,0	7,6
Gesamt	96,9 (N=600)	96,9 (N=600)

(Angabe in Prozent) N = 600; fehlend: 19

Hier wird nochmals deutlich, dass die prozentualen Unterschiede in den Antworttendenzen zwar marginal, aber dennoch aussagekräftig sind. Die Umsetzung von Programmen dominiert in den negativen Antwortkategorien („trifft gar nicht zu“ und „trifft nicht zu“), während die Umsetzung von Projekten in allen übrigen Antwortkategorien überwiegt. Nach der Auswertung der Daten kann davon ausgegangen werden, dass die Präferenz des KiTa-Personals, im Arbeitsalltag Programme umzusetzen deutlich schwächer ausgeprägt zu sein scheint, wohingegen die Umsetzung von Projekten eine stärkere Präferenz besitzt. Somit kann der Einschätzung der Interviewteilnehmer_innen widersprochen und die Hypothese als wiederlegt gelten.

Diese Tendenz ist ganz im Sinne neuerer pädagogischer Ansätze. Gisela Lück schreibt hierzu beispielsweise: „Betrachtet man Bildung nicht im Sinne von Bildungsziel, sondern als Aktivität, die vom Kind ausgeht, so kann man diese auch als ‚Aneignung von Welt‘ im Sinne von Selbstbildung verstehen, wobei dem Elementarbereich die Aufgabe zukommt, bei diesem Prozess helfend die Hand auszustrecken.“ (Lück, 2015, S. 23).

(H4) Die Betreuungsrelation korreliert mit dem Anspruch an die eigene Arbeit. Je schlechter die Betreuungsrelation, desto weniger können KiTa-Mitarbeiter_innen ihren Ansprüchen an die eigene Arbeit gerecht werden.

Der von den Pädagog_innen erlebte Personalschlüssel kann in der Praxis häufig zu Kompromissen in der Arbeitsumsetzung führen, so eine Erkenntnis der Studie STEGE (Viernickel & Voss, 2012, S. 189). Zudem zeigte der quantitative Teil vorliegender Untersuchung, dass insbesondere bei der Arbeit am Kind Abstriche gemacht werden müssten, um den insgesamt gestiegenen Anforderungen gerecht zu werden. Die Hypothese 2 bestätigt diese Aussage. Zudem hätten andererseits (so die Aussage der Interviewteilnehmer_innen) die Erzieher_innen aufgrund der „ungünstigen" Betreuungsrelation oftmals (aufgrund hoher Kinderanzahl oder vielen Kindern mit erhöhtem Faktor/ Betreuungsaufwand) gar nicht die Chance, ihren eigenen Ansprüchen an ihre Arbeit gerecht zu werden. Anschließend soll nun kontrolliert werden, ob diese Aussagen einer Überprüfung standhalten. Nachfolgende Darstellung zeigt die Kreuzung der beiden Merkmale „Betreuungsrelation" vs. „eigenem Anspruch gerecht werden können" („Können Sie ihren Ansprüchen an die eigene Arbeit gerecht werden?" 1 = überhaupt nicht, 6 = mittelmäßig; 11 = voll und ganz). Für die Überprüfung von H4 wurde die Klassifikation der Betreuungsrelation von H2a zugrunde gelegt. Diese staffeln sich von Klasse 0, was einem errechneten Wert von 6,0–7,5 und somit einer sehr guten Betreuungsrelation entspricht, bis Klasse 6 (15–17,5 – dieser Wert wird als sehr schlecht definiert). Der Abstand zwischen den einzelnen Klassen erfolgt jeweils in 1,5'er Schritten. Die Werte < 6 und > 17,5 wurden vernachlässigt, da davon auszugehen ist, dass es sich dabei mit großer Wahrscheinlichkeit um fehlerhafte Angaben seitens der Teilnehmer_innen handeln muss.

Abbildung 32: Betreuungsrelation vs. eigenem Anspruch an die Arbeit gerecht werden können. Darstellung in absoluten Zahlen. (N = 429; fehlend 190)

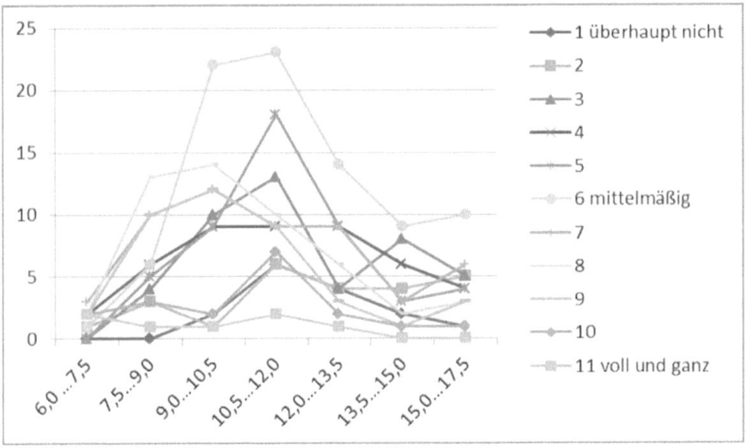

Zwischen der „Betreuungsrelation“ und dem „eigenem Anspruch gerecht werden können“ wurde ein Chi-Quadrat-Test durchgeführt. Insgesamt zeigte sich bei 44 Zellen eine erwartete Zellhäufigkeit von kleiner als 5. Die statistische Überprüfung lässt den Rückschluss zu, dass zwar ein geringer negativer Zusammenhang zwischen den beiden Faktoren vorhanden ist, dieser jedoch nahezu gegen Null geht ($x^2(60) = 75{,}39$, $p = < 0{,}001$; $C_v = 0{,}171$, $r = -0{,}237$). Demnach scheinen Erzieher_innen in Arbeitsverhältnissen mit einer schlechteren Betreuungsrelation tendenziell eher der Ansicht zu sein, ihren eigenen Anspruch an ihre Arbeit nicht erfüllen zu können und umgekehrt. Allerdings ist der Zusammenhang so schwach ausgeprägt, dass die Hypothese verworfen werden sollte. Das Gros der Befragten scheint unabhängig von der vorherrschenden Betreuungsrelation ihren eigenen Anspruch lediglich in einem mittleren Maß erfüllen zu können mit der Tendenz je besser, desto besser.

(H5) Ältere KiTa-Mitarbeiter_innen (Ü45) schätzen den gesetzlich vorgegebenen Betreuungsschlüssel (von 1:11) besser ein als ihre jüngeren Kolleg_innen

Die Überlegung, dass ältere KiTa-Mitarbeiter_innen im Laufe ihres Berufslebens schon einige Anhebungen des Betreuungsschlüssels erlebt haben und somit auf eine positive Tendenz zurückblicken können, soll nun einer Prüfung unterzogen werden.

Für die Hypothesenprüfung wurde zunächst die Variable Alter transformiert. Für das Lebensalter der Teilnehmer_innen wurden zwei Klassen gebildet (1: U 45 = < 45 Jahre & 2: Ü 45 = 45 Jahre und älter).

Tabelle 31: Kreuztabelle Einschätzung des Betreuungsschlüssel in Abhängigkeit des Alters

Betreuungsschlüssel	Alter in Jahren U 45	Ü 45	Gesamt
1 sehr schlecht	22,0	25,9	22,8
2	10,0	8,4	9,6
3	15,0	18,8	16
4	12,0	9,1	11,3
5	12,4	10,4	11,9
6 mittelmässig	20,5	22,1	20,9
7	3,1	1,3	2,6
8	2,6	3,2	2,8
9	1,5	0,6	1,3
10	0,4	0,0	0,3
11 sehr gut	0,4	0,6	0,5
Gesamt	100 (N = 459)	100 (N = 154)	100 (N = 613)

($x^2(10) = 6{,}27$; $p = 0{,}792$; $C_v = 0{,}101$) Angabe in %; fehlend: 1,0%

Wie aus Tabelle 31 zu entnehmen, besteht kein Zusammenhang zwischen dem Alter und der persönlichen Einschätzung des Betreuungsschlüssels. Die Zahlen lassen vielmehr darauf schließen, dass das Alter keinen signifikanten Einfluss auf die Empfindung hinsichtlich des Betreuungsschlüssels hat. Demnach kann die, in der Hypothese angenommene, Vermutung, dass ältere KiTa-Mitarbeiter_innen den in Bayern gesetzlich vorgegebenen Betreuungsschlüssel von 1:11 besser einschätzen als ihre jüngeren Kolleg_innen, nicht bestätigt werden. Die Hypothese (H5) muss verworfen werden.

(H6) Die jeweilige, in den Einrichtungen umgesetzte Fachkraft-Kind-Relation korreliert mit dem Wohlbefinden der KiTa-Mitarbeiter_innen – Je besser die Betreuungsrelation, desto besser das Wohlbefinden des Personals

Die Hypothese (H6) bezieht sich in erster Linie auf die in den Einrichtungen umgesetzte Betreuungsrelation. Um zu ergründen, ob und inwiefern der Aspekt der Betreuungsrelation Einfluss auf das Wohlbefinden hat, wird sowohl der rechnerische Wert als auch der empfundene in die Prüfung mitaufgenommen. Hierfür erfolgt eine Teilung der Hypothese in H6a und H6b.

Hypothese 6a: *Die jeweilige in den Einrichtungen umgesetzte Fachkraft-Kind-Relation korreliert mit dem Wohlbefinden der KiTa-Mitarbeiter_innen – Je besser die Betreuungsrelation, desto besser das Wohlbefinden des Personals*
Hypothese 6b: *Das Erleben des Personals hinsichtlich der Fachkraft-Kind-Relation korreliert mit dem Wohlbefinden der KiTa-Mitarbeiter_innen – Je besser die Betreuungsrelation, desto besser das Wohlbefinden des Personals*

H6a:

Für die Überprüfung von H6a fanden die für H2a und H2b verwendete Klassifizierung Anwendung (die Werte wurden hierfür in 7 Klassen zusammengefasst, diese staffeln sich von Klasse 0, was einem errechneten Wert von 6,0–7,5 und somit einer sehr guten Betreuungsrelation entspricht bis Klasse 6 (15–17,5 – dieser Wert wird als sehr schlecht definiert)). Der Abstand zwischen den einzelnen Klassen erfolgt jeweils in 1,5'er Schritten. Die Werte < 6 und > 17,5 wurden vernachlässigt, da davon auszugehen ist, dass es sich dabei mit großer Wahrscheinlichkeit um fehlerhafte Angaben seitens der Teilnehmer_innen handeln muss.

Aus Tabelle 32 geht hervor, dass alle 12 Aspekte des Wohlbefindens mit der Betreuungsrelation (schwach) korrelieren (Pearsons Korrelationskoeffizient zwischen 0,198 (Burnout) und 3,06 (Stress) bei einem durchgehenden Signifikanzniveau von p = <0,01). Hieraus lässt sich schließen, dass mit einer Verschlechterung der Betreuungsrelation auch das Wohlbefinden in Mitleidenschaft gezogen wird. Die Teilhypothese H6a kann somit bestätigt werden.

Tabelle 32: Korrelation – Wohlbefinden in Abhängigkeit zur rechnerischen Betreuungsrelation (Angabe der Mittelwerte)

Mittelwerte	BTS Klassen							r	p
	0 N_{gesamt} = 15 6 … 7,5	1 = 62 7,5 … 9	2 = 94 9 … 10,5	3 = 112 10,5 … 12	4 = 65 12 … 13,5	5 = 39 13,5 … 15	6 = 42 15 … 17,5		
Stress	2,80	2,95	3,29	3,49	3,72	3,90	3,88	0,306	<0,01
Ungeduld	2,67	2,73	2,91	3,06	3,12	3,38	3,45	0,211	<0,01
gesundheitliche Belastungen	2,73	2,81	2,97	3,35	3,25	3,62	3,67	0,236	<0,01
an Belastungsgrenze kommen	2,87	2,94	3,18	3,52	3,58	3,72	3,64	0,227	<0,01
Demotivation	2,53	2,39	2,63	2,92	3,11	3,13	3,17	0,225	<0,01
Spaß und Freude leiden	2,27	2,58	2,71	3,06	2,97	3,26	3,26	0,217	<0,01
Überforderung	2,60	2,60	2,68	2,91	2,86	3,28	3,24	0,201	<0,01
Frustration	2,53	2,68	2,89	3,16	3,17	3,15	3,36	0,222	<0,01
Burnout (ausbrennen)	2,07	2,24	2,37	2,49	2,49	2,85	2,98	0,193	<0,01
Unzufriedenheit	2,60	2,79	2,97	3,15	3,40	3,77	3,36	0,229	<0,01
Gereiztheit	2,47	2,66	2,84	3,04	3,06	3,28	3,45	0,221	<0,01
Druck	2,67	3,11	3,16	3,44	3,58	3,85	3,67	0,222	<0,01

Die aufgeführten Daten in Tabelle 32 zeigen nochmals anschaulich die Antworten aller 12 Aspekte des Wohlbefindens auf die Frage: „Der in meiner Einrichtung umgesetzte Betreuungsschlüssel verursacht bei mir…“. Die vorgegebenen Antwortkategorien staffelten sich von 1 ≙ „trifft gar nicht zu“ bis 5 ≙ „trifft völlig zu“. Vorangehende Tabelle zeigt deutlich, dass die bei schlechterem bis schlechtem Schlüssel am stärksten auftretenden Belastungsfaktoren „Stress“, „Druck“, „gesundheitliche Belastungen“, „an die Belastungsgrenze kommen“ und „Unzufriedenheit“ sind. Die eben genannten Faktoren scheinen am ehesten mit einer „Verschlechterung“ der Betreuungsrelation einherzugehen.

H6b:

Weiter erfolgte die Überprüfung von H6b. Wie in Abbildung 34 dargestellt, nimmt bei allen 12 überprüften Aspekten des Wohlbefindens die Belastung mit einer Verschlechterung der Betreuungsrelation zu.

Abbildung 33: Merkmale des Wohlbefindens in Abhängigkeit zur empfundenen Betreuungsrelation N = 513; fehlend = 106 (1= trifft gar nicht zu; 5 = trifft völlig zu) x-Achse: 0 = sehr schlecht, 6 = mittelmässig, 11 = sehr gut

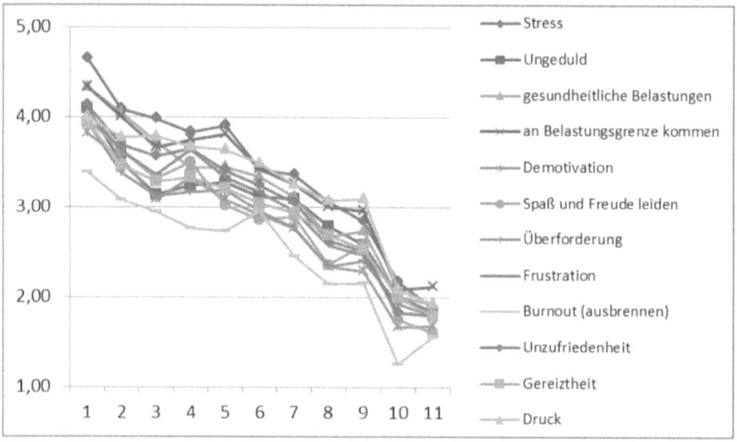

Die Korrelationskoeffizienten bei der Untersuchung des Zusammenhangs zwischen der empfundenen Fachkraft-Kind-Relation und den Qualitätsmerkmalen bewegen sich dabei zwischen r = 0,377 und r = 0,572 (mittelstarke Korrelation, Tabelle 33). Die durchgängig hohe Signifikanz (p = < 0,01, zweiseitig) beschreibt einen gesicherten Zusammenhang der untersuchten Merkmale.

Tabelle 33: Darstellung der Korrelationskoeffizienten und des Signifikanzniveaus des Wohlbefindens in Abhängigkeit der Betreuungsrelation

	r	p
Stress	0,572	< 0,01
Ungeduld	0,395	< 0,01
gesundheitliche Belastungen	0,477	< 0,01
an Belastungsgrenze kommen	0,443	< 0,01
Demotivation	0,447	< 0,01
Spaß und Freude leiden	0,480	< 0,01
Überforderung	0,449	< 0,01
Frustration	0,477	< 0,01
Burnout (ausbrennen)	0,373	< 0,01
Unzufriedenheit	0,483	< 0,01
Gereiztheit	0,402	< 0,01
Druck	0,377	< 0,01

Die Hypothese H6b gilt demnach als bestätigt. Es besteht ein gesicherter Zusammenhang zwischen dem Empfinden der Fachkraft-Kind-Relation und dem Wohlbefinden. Je besser die Betreuungsrelation von den Mitarbeiter_innen eingeschätzt wird, desto niedriger werden die Belastungen für die Pädagog_innen eingeschätzt.

H6:

Im Vergleich zwischen den beiden Hypothesen (H6a & H6b) wird deutlich, dass die rechnerische Komponente nicht allein ausschlaggebend zu sein scheint. Das Erleben und Empfinden der einzelnen Mitarbeiter_in hinsichtlich der Betreuungsrelation scheint das Wohlbefinden noch deutlich stärker zu beeinflussen.

Insgesamt kann die Gesamthypothese H6 als bestätigt gelten.

(H7) Die Fachkraft-Kind-Relation korreliert mit der Kindzentriertheit – Je besser die Betreuungsrelation, desto besser lässt sich kindzentriertes Arbeiten umsetzen.

In einer Untersuchung von Nickel et al. (**Erzieher- und Elternverhalten im Vorschulbereich**) stellten die Forscher eine defizitäre Interaktion zwischen dem Kitapersonal und den Heranwachsenden fest (Nickel, Schenk, & Ungelenk, 1980, S. 31ff.). Bleibt nun zu ergründen, ob ein Zusammenhang zwischen der Betreuungsrelation und der „*Kindzentriertheit*" existiert.

Angesichts der Differenzierung zwischen der rechnerischen und der empfunden Fachkraft-Kind-Relation erschien an dieser Stelle ebenfalls eine Teilung der Hypothese in H7a und H7b sinnvoll.

Hypothese 7a: *Die jeweilige in den Einrichtungen umgesetzte Fachkraft-Kind-Relation korreliert mit der Kindzentriertheit der KiTa-Mitarbeiter_innen – Je besser die Betreuungsrelation, desto besser lässt sich kindzentriertes Arbeiten umsetzen*

Hypothese 7b: *Das Erleben des Personals hinsichtlich der Fachkraft-Kind-Relation korreliert mit der Kindzentriertheit der KiTa-Mitarbeiter_innen – Je besser die Betreuungsrelation, desto besser lässt sich kindzentriertes Arbeiten umsetzen*

Zunächst erfolgt die Überprüfung von H7a:

H7a:

Für die Überprüfung von H7a findet ebenfalls wieder die bereits in H2 und H6 angewandte Klassifizierung der Betreuungsrelation Anwendung (Klasse 0, was einem errechneten Wert von 6,0–7,5 und somit einer sehr guten Betreuungsrelation entspricht bis Klasse 6 (15–17,5 – dieser Wert wird als sehr schlecht definiert)).

Aus Tabelle 34 geht hervor, dass zehn der 12 Aspekte der „*Kindzentriertheit*“ mit der Betreuungsrelation (schwach) korrelieren. Der Pearsons Korrelationskoeffizient liegt zwischen r = 0,111 (kontinuierlich an einer Sache arbeiten) und r = 2,09 (Zeit für Gespräche mit den Kindern) bei einem durchgehenden Signifikanzniveau von p = < 0,01. Lediglich bei den Aspekten „kontinuierlich an einer Sache arbeiten“ und „die physischen Bedürfnisse der Kinder befriedigen“ lag das Signifikanzniveau bei p < 0,05 (was einer Irrtumswahrscheinlichkeit von kleiner 5% entspricht und sich demnach bei einem festgelegten Signifikanzniveau von 95% noch im festgelegten Rahmen befindet). Hieraus lässt sich schließen, dass mit einer Verschlechterung der Betreuungsrelation auch das „*kindzentrierte*“ Arbeiten in Mitleidenschaft gezogen wird. Die Teilhypothese H7a kann somit bestätigt werden.

Tabelle 34: Korrelation – Merkmale der Kindzentriertheit in Abhängigkeit zur rechnerischen Fachkraft-Kind-Relation

Mittelwerte	BTS Klassen							r	p
	0	1	2	3	4	5	6		
	N_{gesamt} = 15	= 62	= 94	= 112	= 65	= 39	= 42		
	6 … 7,5	7,5 … 9	9 … 10,5	10,5 … 12	12 … 13,5	13,5 … 15	15 … 17,5		
den Kindern gerecht werden	3,40	3,24	3,16	3,05	2,92	2,56	2,83	-0,206	< 0,01
Zeit für Gespräche mit Kindern	3,47	3,34	3,15	3,02	2,89	2,79	2,83	-0,209	< 0,01
Zeit zum Zuhören	3,53	3,35	3,28	3,08	3,05	3,13	2,93	-0,171	< 0,01
für Kinder präsent sein	3,53	3,71	3,65	3,32	3,43	3,33	3,36	-0,146	< 0,01
Zeit für das Spiel mit Kindern	3,00	3,32	3,29	3,04	3,09	3,03	3,14	-0,072	
kontinuierlich an einer Sache arbeiten	3,00	3,06	2,99	2,97	2,68	2,82	2,83	-0,111	< 0,05
Zeit für Einzelkontakt	3,13	3,39	3,20	3,07	3,00	2,77	2,95	-0,172	< 0,01
Kleingruppenangebote umsetzen	3,53	3,56	3,55	3,21	3,26	3,00	3,24	-0,172	< 0,01
Ausflüge unternehmen	3,67	3,44	3,37	3,04	3,32	3,44	3,24	-0,054	
emotionale Bedürfnisse der Kinder befriedigen	3,73	3,52	3,35	3,38	3,49	3,21	3,12	-0,127	< 0,01
physische Bedürfnisse der Kinder befriedigen	3,67	3,79	3,54	3,58	3,72	3,41	3,33	-0,115	< 0,05
Zuwendung und Aufmerksamkeit geben	3,80	3,76	3,62	3,51	3,52	3,34	3,43	-0,156	< 0,01

Die aufgeführten Daten in Tabelle 34 zeigen nochmals anschaulich die Antworten aller 12 Aspekte der *Kindzentriertheit* auf die Frage: „Der in meiner Einrichtung/ Gruppe umgesetzte Betreuungsschlüssel ermöglicht es mir im Alltag mit den Kindern…“. Die vorgegebenen Antwortkategorien staffelten sich von 1 ≙ „trifft gar nicht zu“ bis 5 ≙ „trifft völlig zu“. Vorangehende Tabelle zeigt deutlich, dass die Aspekte „die physischen Bedürfnisse befriedigen“, „Zuwendung und Aufmerksamkeit geben“ und „für die Kinder präsent sein“, am deutlichsten unter einer schlechteren Betreuungsrelation leiden.

Für die Aspekte „Ausflüge unternehmen“ und „Zeit für das Spiel mit den Kindern“ konnte kein Zusammenhang mit der rechnerischen Betreuungsrelation festgestellt werden.

H7b:

Weiter erfolgte die Überprüfung von H7b. Wie in Abbildung 35 dargestellt, nimmt die Möglichkeit der Umsetzung bei allen 12 überprüften Aspekten der *Kindzentriertheit* mit einer Verschlechterung der Betreuungsrelation ab.

Abbildung 34: Merkmale der Kindzentriertheit *in Abhängigkeit zur Betreuungsrelation N = 429 (1 = trifft gar nicht zu; 5 = trifft völlig zu)*

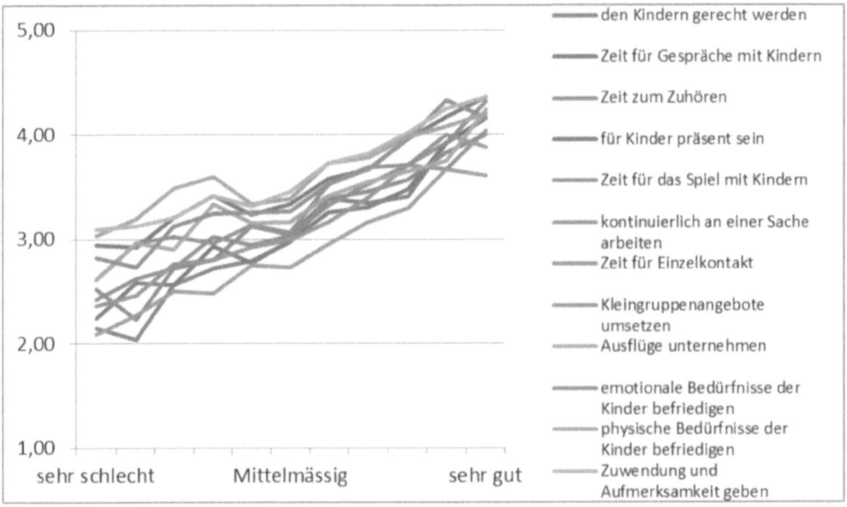

Die Korrelationskoeffizienten bei der Untersuchung des Zusammenhangs zwischen der empfundenen Fachkraft-Kind-Relation und den *kindzentrierten* Merkmalen bewegen sich dabei zwischen r = 0,334 und r = 0,547 (mittelstarke Korrelation, Tabelle 35). Die durchgängig hohe Signifikanz (p = < 0,01, zweiseitig) beschreibt einen gesicherten Zusammenhang der untersuchten Merkmale.

Tabelle 35: Darstellung der Korrelationskoeffizienten und des Signifikanzniveaus der Kindzentriertheit in Abhängigkeit der Betreuungsrelation

	r	p
den Kindern gerecht werden	0,547	< 0,01
Zeit für Gespräche mit Kindern	0,490	< 0,01
Zeit zum Zuhören	0,497	< 0,01
für Kinder präsent sein	0,420	< 0,01
Zeit für das Spiel mit Kindern	0,474	< 0,01
kontinuierlich an einer Sache arbeiten	0,458	< 0,01
Zeit für Einzelkontakt	0,474	< 0,01
Kleingruppenangebote umsetzen	0,456	< 0,01
Ausflüge unternehmen	0,334	< 0,01
emotionale Bedürfnisse der Kinder befriedigen	0,423	< 0,01
physische Bedürfnisse der Kinder befriedigen	0,334	< 0,01
Zuwendung und Aufmerksamkeit geben	0,448	< 0,01

Die Hypothese H7b gilt demnach als bestätigt. Es besteht ein gesicherter Zusammenhang zwischen dem Empfinden der Fachkraft-Kind-Relation und dem *kindzentrierten* Arbeiten. Je besser die Betreuungsrelation von den Mitarbeiter_innen eingeschätzt wird, desto besser lässt sich *kindzentriertes* Arbeiten umsetzen.

H7:

Im Vergleich zwischen den beiden Hypothesen (H7a & H7b) wird deutlich, dass bei beiden Komponenten (rechnerisch und empfunden) mit einer Verschlechterung der Betreuungsrelation auch das *kindzentrierte* Arbeiten leidet. Allerdings scheinen die Empfindungen des Personals hinsichtlich des Schlüssels deutlich stärker auf die *Kindzentriertheit* auszuwirken.

Insgesamt kann die Gesamthypothese H7 als bestätigt gelten.

Tabelle 36: Zusammenfassende Darstellung der Hypothesenprüfung

(H1) Der Betreuungsschlüssel hat für die KiTa-Mitarbeiter_innen eine höhere Gewichtung als die Qualifikation des Personals.	Verifiziert
(H2) Die Fachkraft-Kind-Relation korreliert mit der Qualität in Kindertagesstätten – Je besser die Betreuungsrelation, desto besser die Qualität der pädagogischen Arbeit.	Teilweise Verifiziert (siehe H2a & H2b)
(H2a) Die jeweilige in den Einrichtungen umgesetzte Fachkraft-Kind-Relation korreliert mit der Qualität in Kindertagesstätten – Je besser die Betreuungsrelation, desto besser die Qualität der pädagogischen Arbeit.	Falsifiziert
(H2b) Das Erleben des Personals hinsichtlich der Fachkraft-Kind-Relation korreliert mit der Qualität in Kindertagesstätten – Je besser die Betreuungsrelation eingeschätzt wird, desto besser die Qualität der pädagogischen Arbeit.	Verifiziert
(H3) KiTa-Mitarbeiter_innen an der Basis (im Gruppendienst) verstehen unter Qualität in Kindertagesstätten eher die Umsetzung von Programmen als die Durchführung von Projekten.	Falsifiziert
(H4) Die Betreuungsrelation korreliert mit dem Anspruch an die eigene Arbeit. Je schlechter die Betreuungsrelation, desto weniger können KiTa-Mitarbeiter_innen ihren Ansprüchen an die eigene Arbeit gerecht werden.	Falsifiziert
(H5) Ältere KiTa-Mitarbeiter_innen (Ü45) schätzen den gesetzlich vorgegebenen Betreuungsschlüssel (von 1:11) besser ein als ihre jüngeren Kolleg_innen.	Falsifiziert
(H6) Die jeweilige, in den Einrichtungen umgesetzte Fachkraft-Kind-Relation korreliert mit dem Wohlbefinden der KiTa-Mitarbeiter_innen – Je besser die Betreuungsrelation, desto besser das Wohlbefinden des Personals.	Verifiziert
(H6a) Die jeweilige in den Einrichtungen umgesetzte Fachkraft-Kind-Relation korreliert mit dem Wohlbefinden der KiTa-Mitarbeiter_innen – Je besser die Betreuungsrelation, desto besser das Wohlbefinden des Personals.	Verifiziert
(H6a) Das Erleben des Personals hinsichtlich der Fachkraft-Kind-Relation korreliert mit dem Wohlbefinden der KiTa-Mitarbeiter_innen – Je besser die Betreuungsrelation, desto besser das Wohlbefinden des Personals.	Verifiziert
(H7) Die Fachkraft-Kind-Relation korreliert mit der *Kindzentriertheit* – Je besser die Betreuungsrelation, desto besser lässt sich *kindzentriertes* Arbeiten umsetzen.	Verifiziert

(H7a) Die jeweilige in den Einrichtungen umgesetzte Fachkraft-Kind-Relation korreliert mit der *Kindzentriertheit* der KiTa-Mitarbeiter_innen – Je besser die Betreuungsrelation, desto besser lässt sich *kindzentriertes* Arbeiten umsetzen.	Verifiziert
(H7b) Das Erleben des Personals hinsichtlich der Fachkraft-Kind-Relation korreliert mit der *Kindzentriertheit* der KiTa-Mitarbeiter_innen – Je besser die Betreuungsrelation, desto besser lässt sich *kindzentriertes* Arbeiten umsetzen.	Verifiziert

11 Diskussion der Ergebnisse

Abstrakt: Die Forschung zeigt im Hinblick auf die Betreuungsrelation eine Differenz zwischen den formalen und realen Werten. Zudem kann die zumeist in den öffentlichen Diskursen debattierte Annahme, dass die Qualifikation des Personals den wichtigsten Faktor für die Qualität der Kinderbetreuung darstellt aus Sicht des Personals nicht bestätigt werden. Die individuellen Qualitätsansprüche beeinflussen eine gelingende Teamarbeit und eine gute Betreuungsrelation. Weiterhin zeigt sich das subjektive Erleben der KiTa-Mitarbeiter_innen als ein nicht zu unterschätzter Faktor in Bezug auf die Umsetzung der Qualität, die Arbeit am Kind (Kindzentriertheit) und das Wohlbefinden der Mitarbeiter_innen.

Abstract: The research shows that in regards to the proportions of children specialists to children, there is a difference between the theoretical and actual value. Although it is often postulated in open discourse that the qualification of staff is the most important factor for the quality of childcare, in the view of the childcare specialists this is not the case. The individual quality demands are affected by successful teamwork and good proportions of specialists to children.

Am besten in den Einrichtungen umzusetzen, scheinen die beiden Qualitätsaspekte „Teamarbeit“ und „eignen Stärken einbringen können“ zu sein, zwei Punkte die miteinander in Verbindung stehen. Bereits in den Interviews stellte sich die Teamarbeit als wichtiger Aspekt der Qualität dar. Eine gelingende Teamarbeit inkludiert hierin die Interaktion im Team, den gegenseitigen Wissensaustausch, die gegenseitige Unterstützung und ausreichend Freiraum zur Eigengestaltung. Dieser Aspekt beinhaltet die Faktoren „ressourcenorientiertes Arbeiten im Team“ und „die Möglichkeit, die eigenen Stärken einzubringen“. Spekuliert werden kann jedoch bei der Gewichtung der unterschiedlichen Qualitätsaspekte. Sind genannte Punkte tatsächlich tendenziell eher umzusetzen oder messen die KiTa-Mitarbeiter_innen diesen persönlich einen höheren Stellenwert bei. Insbesondere in Bezug auf das Modell der Persönlichkeitstypologien nach Thomann-Riemann (in sozialen Berufen arbeiten überwiegend Nähe-Typen) und dem Ergebnis der Rangfolge bei den Rahmenbedingungen (die wichtigste Bedingung ist die Teamarbeit), könnte darauf geschlossen werden, dass die hohe Gewichtung (bei der „Teamarbeit“ und „sich selbst einbringen zu können“) in der Typologie von Erzieher_innen begründet ist. Die Ergründung dieses Zusammenhangs war nicht Gegenstand vorliegender Untersuchung, könnte jedoch Anstoß für weiterführende Forschung geben.

Die Umsetzung der Qualitätsaspekte ist scheinbar abhängig von den in den Betreuungseinrichtungen umgesetzten Schlüsseln. Wenngleich die rechnerische Betreuungsrelation lediglich einen marginalen und auf einige wenige Merkmale beschränkten Einfluss zu haben scheint, kann der Empfindung hinsichtlich der FKR eine deutlich negative Beeinflussung zugeschrieben werden. Zu einem ähnlichen Ergebnis kamen die Forscher der *NUBBEK*-Studie. Sie beschreiben, dass sich durch eine Optimierung der Rahmenbedingungen auf der strukturellen Ebene die Prozessqualität positiv beeinflussen lässt. Allerdings würde hierfür die Verbesserung eines einzigen Strukturmerkmals (z.B. dem Betreuungsschlüssel) nicht ausreichen. Vielmehr bedarf es eine generelle Anhebung der strukturellen Gegebenheiten (Tietze, et al., 2013, S. 14). In vorliegender Untersuchung kann jedoch ein Zusammenhang zwischen dem einzelnen Strukturmerkmal „Betreuungsschlüssel“ und ausgewählten Aspekten der Prozessqualität festgestellt werden. Die Betreuer selbst fühlen sich bei einem guten Schlüssel eher in der Lage die abgefragten „*kindzentrierten*“ Aspekte umzusetzen, als dies bei einer schlechter definierten FKR der Fall ist. Dabei spielt die Differenzierung zwischen der rechnerischen und der empfundenen Betreuungsrelation nur eine geringe Rolle.

Die als am wichtigsten eingeschätzte Rahmenbedingung ist die Teamarbeit, dicht gefolgt vom Betreuungsschlüssel. Bereits bei den Interviews war die Betreuungsrelation durchgehend (sowohl bei den Fragen nach dem Qualitätsverständnis als auch bei den Rahmenbedingungen) von hoher oder höchster Relevanz. Für die Interviewteil-nehmer_innen stand der Betreuungsschlüssel deutlich vor der Teamarbeit. In der quantitativen Befragung hat sich eine leichte gegenteilige Tendenz gezeigt. Im Betreuungsschlüssel inkludiert sind die personelle Ausstattung, die Gruppengrößen und die Berücksichtigung der Ausfallzeiten des Personals. Die Teamarbeit ist, insbesondere im sozialen Bereich, eine wichtige Rahmenbedingung. Sie umfasst ein gutes Arbeitsklima, die Möglichkeit zum selbstständigen Arbeiten, gemeinsame Zielsetzungen und Mitspracherecht sowie ein funktionierendes Team mit wenig Fluktuation. Teamarbeit scheint für die KiTa-Mitarbeiter_innen selbst von hoher bis höchster Relevanz zu sein. Diese Erkenntnis bestätigt somit die Ergebnisse der Studie *AQUA*, (das Teamklima spielt für KiTa-Mitarbeiter_innen eine elementare Rolle) (Schreyer, Krause, Brandl, & Nicko, 2014, S. 101), ein verhältnismäßig neuer Aspekt in der Diskussion um die Qualität in Kindertagesstätten, der jedoch künftig unbedingt in dieses Thema inkludiert werden sollte. Verfolgt man die Qualitätsdebatte, scheinen Aspekte der Teamarbeit bislang keine oder nur eine geringe Rolle zu spielen. Im Vordergrund dieser Diskurse stehen in erster Linie das Wohlbefinden des Kindes (Becker-Stoll, Niesel, & Wertfein, 2015, S. 14), die Qualifikationen der Erzieher_innen, die ihnen zur Verfügung stehenden zeitlichen Ressourcen (Tietze, 2008, S. 18) und die Interaktionsgüte zwischen KiTa-Mitarbeiter_innen und Kindern (Strehmel & Uhlber, 2014, S. 11). Das „Eiserne Dreieck der Strukturqualität" besteht dabei aus der Trias aus Personalschlüssel, Gruppengröße und der Qualifikation des pädagogischen Personals (Viernickel & Schwarz, 2009, S. 10). Der Teamarbeit, als eine vom Personal besonders wichtig bezeichnete Größe, wird dabei kein hoher Stellenwert zugeschrieben. Zwar gibt es Forschungsergebnisse, die einen Zusammenhang zwischen den persönlichen Eigenschaften und Einstellungen der Pädagog_innen und deren individuelle Umsetzung der pädagogischen Arbeit aufzeigen (Becker-Stoll, Niesel, & Wertfein, 2015, S. 20f.), allerdings kann die pädagogische „Gesinnung" nicht mit Teamarbeit an sich verglichen werden. Einen Zusammenhang zwischen den Persönlichkeitsmerkmalen von Erzieher_innen und Unterschieden in der Qualität zeigt auch Tietze in seiner *„Untersuchungen zur pädagogischen Qualität in Kindertagesstätten"* (Tietze, 1998, S. 356). Maßgeblich entscheidend ist hierbei der große persönliche Gestaltungsspielraum der Pädagog_innen (bei vorliegender Untersuchung inkludiert die Teamarbeit diesen Aspekt), der ungeachtet gleicher Ausgangsbedingungen divergierende Outputs der pädagogischen Arbeit zur Folge haben kann. Ausschlaggebend sind in diesem Prozess der Einsatz der zur Verfügung stehenden strukturellen Merkmale, speziell mit den vorhandenen Personal- und Zeitressourcen sowie das persönliche Verständnis von Qualität. Messbar wird dies insbesondere in Bezug auf die individuelle Bedürfnisbefriedigung der Kinder/ Gruppe, was oftmals eine flexible Gestaltung des pädagogischen Alltags voraussetzt. Uneinigkeit zwischen Pädagog_innen, Erziehungs-berechtigten und Trägervertreter_innen kann unter Umständen die Vereinheitlichung sowie Umsetzung von

Qualitätsstandards selbst innerhalb einer einzigen KiTa erschweren oder gar unmöglich machen (Becker-Stoll, Niesel, & Wertfein, 2015, S. 20f.). Der Personalschlüssel (dieser inkludiert in vorliegender Untersuchung die Gruppengröße, da in der quantitativen Befragung von den Teilnehmer_innen häufig als Synonym verwendet wurde) und die Qualifikation des Personals können neben der Teamarbeit auch in vorliegender Untersuchung als wichtigstes Kriterium charakterisiert werden.

Die Umsetzung einer *kindzentrierten* Arbeitsweise ist auch in vorliegender Arbeit ein Teilaspekt. Hier zeigte sich, dass sich die Arbeit am Kind überwiegend lediglich teilweise umsetzen lässt. Der subjektive Betreuungsschlüssel spielt dabei eine entscheidende Rolle. Je besser die KiTa-Mitarbeiter_innen den in ihrer Einrichtung umgesetzten Betreuungsschlüssel empfinden, umso eher lässt sich eine *kindzentrierte* Pädagogik umsetzen. Bereits in den Interviews zeigte sich die Relevanz dieses Themas. Die Teilnehmer_innen bezogen sich hierbei auf ausreichend Zeit für das einzelne Kind und eine Orientierung an dessen Bedürfnissen und Interessen. Der Beziehungsaufbau zu den Kindern, Partizipation, Selbstständigkeitserziehung, ein wertschätzender Umgang und die Vermittlung des Lernens sind Aspekte die ausreichend Zeit benötigen. In der quantitativen Umfrage zeigte sich, dass insbesondere die Aspekte „auf die Gespräche der Kinder eingehen“ und „kontinuierlich an einer Sache arbeiten“ unter einem schlechteren Schlüssel leiden. Mangelnde Zeit scheint hierbei ein wichtiger und nicht zu unterschätzender Faktor zu sein. Bereits in den Studien *DGB-Index „Gute Arbeit“* (Fuchs & Trischler, 2008, S. 18f.), und *Qualität vor Ort* (DKJS; BMFSFJ; Jacobs Foundation, 2017, S. 14) verweisen die Forscher auf eine Verbindung zwischen einem Mangel an Zeit und daraus resultierenden negativen Auswirkungen auf die pädagogische Arbeit (siehe hierzu Kapitel 7). Die KiTa-Mitarbeiter_innen in vorliegender Arbeit sehen die größten Zeitdefizite allerdings in zu wenig Zeit für Erholung und für die Vor- und Nachbereitung. Über ein Zeitdefizit für die Arbeit am Kind klagt lediglich ein marginaler Teil von 7,4%. Zumindest teilweise (so 39,1% der Befragten) seien hier ausreichend Zeitkontingente vorhanden. An dieser Stelle lässt sich über die Prioritätensetzung der Pädagog_innen spekulieren. Scheinbar verzichten sie zugunsten der Kinder auf mittelbare pädagogische Tätigkeiten (Tätigkeiten neben der Arbeit am Kind) und auf ihre Erholung, um den Kindern gerecht werden zu können. Hier kann auf den *DGB-Index „Gute Arbeit“* verwiesen werden, der einen Zusammenhang zwischen Zeitdefizit, Arbeitspensum und Erzieher_innengesundheit herausstellt (Fuchs & Trischler, 2008, S. 18f.). Zudem, so die Forscher der *AQUA*-Studie, ist die Zeit für pädagogische Arbeit von hoher Priorität für die KiTa-Mitarbeiter_innen (Schreyer, Krause, Brandl, & Nicko, 2014, S. 189). Diese Erkenntnis lässt sich mit den Ergebnissen vorliegender Untersuchung bestätigen. Die Forschergruppe der Studie *STEGE* macht zudem darauf aufmerksam, dass eine hohe zeitliche Belastung am Arbeitsplatz die Erzieher_innen zu Kompromissen bei der Arbeit am Kind, der Pausengestaltung, der mittelbaren pädagogischen Arbeit etc. zwingt und Einbußen im Privatleben bedingt, wenn daraus Überstunden oder eine ungewollte Aufstockung der wöchentlichen Arbeitszeit resultieren (Viernickel & Voss, 2012, S. 187). Dies kann nur zum Teil bestätigt werden. Tendenziell verneinen die befragten KiTa-Mitarbeiter_innen die Zeitdefizite insbesondere bei der Einhaltung der Pausen und bei der Arbeit am Kind. Zudem kann die Mehrheit auch keine negativen Auswirkungen auf das Privatleben verzeichnen. Auswirkungen auf die mittelbare pädagogische Arbeit hingegen können auf ein Zeitdefizit und einen tendenziell eher schlechteren Betreuungsschlüssel zurückgeführt werden. Ihrem Anspruch an die eigene Arbeit „gut bis sehr gut“ (Antwortkategorie 8–11) können dennoch lediglich 26,8% gerecht werden, während 30,2% angaben, diesen lediglich „schlecht bis sehr schlecht“ (Antwortkategorie 1–4) erfüllen zu können.

Hieraus lässt sich schließen, dass nicht allein mangelnde Zeit für die Umsetzung *kindzentrierten* Arbeitens verantwortlich gemacht werden kann, vielmehr scheint der Einfluss der Betreuungsrelation eine entscheidende Rolle zu spielen.

Die Strukturqualität (respektive der Betreuungsschlüssel) kann Einfluss auf das Wohlbefinden des Personals nehmen. Vorliegende Untersuchung zeigt klar einen Zusammenhang zwischen den aus den Interviews erarbeiteten Aspekten des Wohlbefindens und dem Betreuungsschlüssel. Bereits in der Studie *STEGE* (Strukturqualität und Erzieher_innengesundheit in Kindertageseinrichtungen – eine Untersuchung in Nordrhein-Westfallen) fanden die Forscher_innen einen Zusammenhang zwischen der Strukturqualität in Kindertagesstätten und der Gesundheit der Pädagog_innen. Wenngleich die tatsächlichen Wirkmechanismen und Einflussgrößen auf das Belastungsempfinden der KiTa-Mitarbeiter_innen noch nicht abschließend erörtert scheinen, geht aus ihren Ergebnissen hervor, dass ein Großteil der von den Erzieher_innen benannten Belastungsfaktoren auf strukturelle Gegebenheiten (diese inkludieren den Betreuungsschlüssel) zurückzuführen sind. Entsprechende Parameter, insbesondere unter Einbezug der individuellen Faktoren bezüglich eines kausalen Wirkungszusammenhangs zwischen den strukturellen Rahmenbedingungen und dem Belastungsempfinden und somit der Gesundheit der Arbeitnehmer_innen, bedürfen noch weiterer wissenschaftlicher Klärung, so die Forscher_innen (Viernickel & Voss, 2012, S. 114). Auch in dieser Forschung können die kausalen Wirkungszusammenhänge nicht näher erläutert werden. Allerdings scheint sich die Annahme der Forschergruppe um Viernickel und Voss zu bestätigen. Scheinbar existiert ein Zusammenhang zwischen der (subjektiv empfundenen) Betreuungsrelation und arbeitsplatzbedingtem Stress und Druck bis hin zur persönlichen Belastungsgrenze. Hinzu kommen gesundheitliche Belastungen und Unzufriedenheit, welche ebenfalls mit der Betreuungsrelation in Verbindung gebracht werden können.

In Bezug auf den Anspruch an die eigene Arbeit zeigt sich ein diffuses Bild. Die Mitarbeiter_innen gaben zu einem Großteil an, unter den derzeit gegebenen Rahmenbedingungen (insbesondere dem Betreuungsschlüssel) ihren Ansprüchen lediglich schlecht bis mittelmäßig gerecht werden zu können. Dies ist insbesondere in Bezug auf die Qualitätsdebatte eine sehr wichtige Erkenntnis. Scheinbar steckt in den Einrichtungen deutlich mehr Potential. Zur Entfaltung benötigt dieses allerdings eine Aufwertung und ein Überdenken der Rahmenbedingungen. Diese Erkenntnis deckt sich mit dem Ergebnis der *NUBBEK*-Studie. Die Forscher_innen kamen in Ihrer Untersuchung zu dem Ergebnis, dass sich durch eine Optimierung der Rahmenbedingungen auf der strukturellen Ebene die Prozessqualität positiv beeinflussen lässt. Allerding reicht hierbei die Verbesserung eines einzigen Strukturmerkmals (z.B. dem Betreuungsschlüssel) nicht aus. Vielmehr bedarf es einer generellen Anhebung der strukturellen Gegebenheiten. Die damit verbundenen Maßnahmen allerdings würden ein Einlenken der Politik voraussetzen und wären mit hohen Kosten verbunden, was ein Umdenken in Gesellschaft und Politik voraussetzt (Tietze, et al., 2013, S. 14). Die genauen Parameter konnten in dieser Studie jedoch nicht abschließend geklärt werden. Denn ein eindimensionaler Zusammenhang zwischen der Betreuungsrelation und dem Anspruch an die eigene Arbeit ließ sich nicht explizit herausarbeiten. Welche Faktoren hierbei noch eine entscheidende Rolle spielen, bedarf dringend weiterer Klärung.

Der rechnerische Anstellungsschlüssel entspricht nicht der reellen Fachkraft-Kind-Relation. Obwohl das statistische Bundesamt über den gesamten Tag „mittelt“, existiert in der Praxis (u.a. durch die Vorgabe der Kernzeit) kaum die Möglichkeit für eine gleichmäßige Verteilung der Kinderbuchungsstunden über den gesamten Tag. Um den in Kapitel 6.3 beschriebenen Fall (Abweichungen v.a. in den Randzeiten (Statistisches Bundesamt, 2015, S. 4)) in der Praxis abzubilden, müssten überwiegend Teilzeitkräfte eingestellt werden, welche ihre Arbeitszeit in die Kernzeit legen. Dann könnte in den Kernzeiten die Fachkraft-Kind-Relation annähernd dem Personalschlüssel (Anstellungsschlüssel) entsprechen. Bei überwiegend Vollzeitarbeitskräften und vielen Kindern mit kürzeren Buchungszeiten stellt sich die Lage genau andersherum dar (FKR hoch in den Randzeiten und in den Kernzeiten niedrig ≙ viele Kinder, wenig Betreuer (siehe hierzu auch Beispielrechnung in Kapitel 6.3)).

Um diese Erläuterung nochmals zu verdeutlichen, wird im Folgenden ein kurzes Beispiel aus der Praxis dargestellt:

Abbildung 35: FKR, BTS & Betreuungsschlüssel anhand eines realen Beispiels

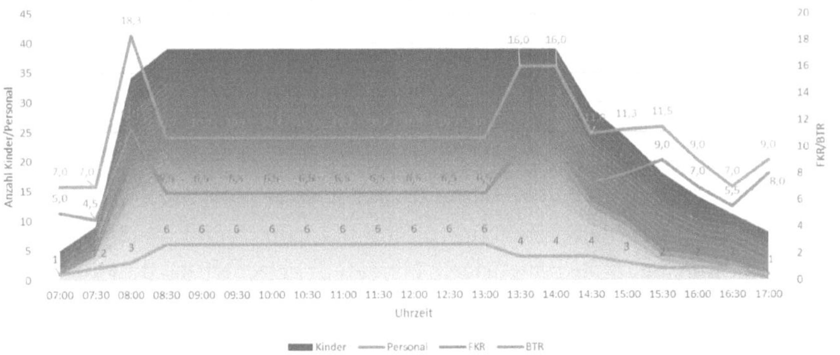

Das Beispiel zeigt eine Einrichtung mit drei Gruppen (zwei Krippengruppen und eine Kindergartengruppe). Die graue Fläche stellt die Anzahl der Kinder dar, sie nimmt entsprechend der Buchungszeit zu, bis in der Kernzeit alle Kinder anwesend sind, am Nachmittag (während der Abholzeit) ist dieser Effekt rückläufig. Die unterste Linie zeigt das tatsächlich anwesende Personal (reelle Personen), die mittlere Linie entspricht der Fachkraft-Kind-Relation ohne Berücksichtigung der Gewichtungsfaktoren (d.h. ein Krippenkind zählt genauso wie ein Kindergartenkind 1,0) und die oberste Linie bezieht die Faktoren der Kinder mit ein (allerdings in diesem Beispiel nur den 2,0'er Faktor der Krippenkinder, die anderen Gewichtungsfaktoren wurden zur Vereinfachung vernachlässigt). Deutlich wird, dass der Schlüssel in der Kernzeit mit 1:10,7 gerade noch die gesetzliche Vorgabe von 1:11,0 einhält. Der in Bayern empfohlene Schlüssel von 1:10,0 wird nicht erreicht und vom statistischen Wert von derzeit 1:7,8 ist dieses Beispiel weit entfernt, wenngleich die Berechnung in ADEBIS (Abrechnungsprogramm unter Berücksichtig der Vollzeitbuchungs- und der Vollzeitarbeitsäquivalente (siehe hierzu Kapitel 6.3) einen Wert von 1:9,4 ausweist. Dieses Szenario wird in den unterschiedlichen Einrichtungen sicherlich unterschiedlich ausfallen, Einrichtungen mit deutlich mehr Teilzeitkräften sind vermutlich in der Lage, in der Kernzeit personell besser aufgestellt zu sein. Allerdings könnten sich dann Defizite in den Randzeiten ergeben. Diese Annahme müsste jedoch erst ergründet werden. Vorliegendes Beispiel jedoch verdeutlicht nochmals, dass der statistische Wert nicht mit der reellen Betreuungssituation in den Einrichtungen gleichzusetzen ist und hier dringend eine Differenzierung vorgenommen werden muss.

Unlängst sind die fach- und bildungspolitischen Diskurse geprägt von der Diskussion, die Qualität in Kindertagesstätten durch eine bessere Qualifikation des Personals zu erhöhen. Hierbei geht es nicht zuletzt um die Akademisierung des Erzieher_innenberufs bzw. um eine Angleichung an die europäischen Nachbarn. Schmidt und Förster verweisen auf den Umstand, dass die Erzieher_innenausbildung in Deutschland im europäischen Vergleich auf einem eher niedrigen Niveau angesiedelt ist (Förster, 2014, S. 14; Schmidt, 2005, S. 720).

Ungeachtet der bildungspolitischen Qualitätsdebatten (siehe hierzu ebenfalls Kapitel 3 & 5) scheint den KiTa-Mitarbeiter_innen selbst der Betreuungsschlüssel wichtiger als die Qualifikation des Personals zu sein. Im direkten Vergleich zwischen den beiden Merkmalen wurde die Betreuungsrelation von mehr als doppelt so vielen Teilnehmer_innen als wichtiger eingeschätzt. Auf die Frage nach der wichtigsten Rahmenbedingung konnte ebenfalls ein Unterschied zwischen den beiden Aspekten festgestellt werden.

Der Betreuungsschlüssel ist den KiTa-Mitarbeiter_innen selbst demnach deutlich wichtiger als die Qualifikation des Personals. Dennoch zeigt sich die Relevanz der Personalqualifikation auch in vorliegender Untersuchung. Auf die Frage nach der wichtigsten Rahmenbedingung belegt die Qualifikation (M = 4,99) den dritten Platz (hinter Teamarbeit M = 6,13 und Betreuungsschlüssel M = 6,08).

Der in den jeweiligen Einrichtungen umgesetzte Betreuungsschlüssel wird von den KiTa-Mitarbeiter_innen als besser wahrgenommen als die gesetzliche Vorgabe von 1:11 diesen vorschreibt. Scheinbar sind die KiTa-Träger dazu bereit, die Fachkraft-Kind-Relation selbst zu erhöhen. Andere denkbare Gründe hierfür könnten unter anderem Teilzeitarbeitskräfte und „Niedrigbucher" (Kinder mit niedriger täglicher Buchungszeit) sein. Darüber hinaus erscheinen auch die Gewichtungsfaktoren der Kinder relevant, die sich zwar auf den rechnerischen Betreuungsschlüssel, jedoch aufgrund des individuellen Verhaltens und der Integration der Kinder in der jeweiligen Gruppe nicht unbedingt in einem erhöhten Betreuungsaufwand zeigen. Ein weiterer Aspekt stellt die Unterstützung durch Praktikant_innen oder anderweitige Kräfte, die im Alltag eine große Hilfe darstellen, jedoch nicht in den rechnerischen Betreuungsschlüssel miteinbezogen werden, dar.

Insgesamt scheint das Empfinden des Personals in Bezug auf die Betreuungsrelation einen deutlich stärkeren Einfluss auf die Qualität, das Wohlbefinden und die Umsetzung *kindzentrierten* Arbeitens zu haben als die rechnerische Betreuungsrelation. Eine mögliche Ursache könnte in den Fehlzeiten des Personals für mittelbare pädagogische Arbeiten und sonstigen Ausfallzeiten (siehe hierzu Kapitel 6.4) liegen. Durch die Ausfallzeiten des Personals verschlechtert sich die reelle (und somit auch die empfundene) Fachkraft-Kind-Relation während der rechnerische Wert stabil bleibt. Hierfür kommen unter anderem folgende mögliche Begründungen in Betracht:

1. **Leitungsfreistellung:** Leitungen benötigen ein spezielles Zeitkontingent für ihre Managementtätigkeiten. Um ihre Aufgaben fernab des Kindes erledigen zu können, ist je nach Einrichtungsgröße eine teilweise oder vollständige Freistellung empfehlenswert. Leitungen ohne Freistellung sind oft im „Kinderdienst" eingeteilt und müssen für die Erledigung der Leitungstätigkeiten ihre Kolleg_innen oftmals alleine lassen. Sie befinden sich in einem Spagat zwischen den beiden Tätigkeiten, erfüllen oftmals

die Position eines Springers, müssen bei Personalengpässen in den Randzeiten aushelfen und werden dabei mit ihrem gesamten Stundenkontingent in den Anstellungsschlüssel gerechnet. Laut dem Länderreport der Bertelsmann Stiftung verfügen derzeit lediglich 6% der Einrichtungsleiter_innen in Bayern über ein empfohlenes Zeitkontingent von 20 Wochenstunden plus 0,35 Stunden pro Ganztagsbetreuungsäquivalent (Bock-Famulla, Strunz, & Löhle, 2017, S. 2).

2. **Lange Öffnungszeiten:** Um ein an den Arbeitszeiten der Eltern angepasstes Betreuungssystem vorzuhalten, sind lange KiTa-Öffnungszeiten vom bayerischen Staat erwünscht. Einrichtungen, deren Öffnungszeiten 45 Std/ Woche überschreiten, werden dementsprechend extra gefördert (STMAS-Bayern, 2016b). Allerdings können sich, bedingt durch diese verlängerten Öffnungszeiten, Probleme beim Personaleinsatz ergeben. Die Folgen könnten geteilte Dienste, verlängerte Pausen oder Schichtdienst sein. Hinzu können, abhängig vom Personalkontingent, Defizite in den Rand- oder Kernzeiten kommen.
3. **Teilzeitkräfte:** Verstärkt werden kann dieser Effekt zusätzlich durch viele Teilzeitkräfte. Um in der Kernzeit ausreichend Personal vorzuhalten, werden diese nicht selten vormittags eingesetzt. Dies kann unter Umständen zu einer schlechteren Betreuungssituation in den Randzeiten beitragen. Denkbar ist zudem, dass Teilzeitkräfte aufgrund ihrer familiären Situation (eigene Kinder etc.) den Vormittag als Arbeitszeit präferieren und gerade in den Randzeiten weniger flexibel Vertretungsdienste übernehmen. Besonders lange Öffnungszeiten sollten demnach in der Berechnung des Betreuungsschlüssels Berücksichtigung finden.
4. **Fachkräftemangel:** Mit dem stetig wachsenden Ausbau der Kindertagesstätten wächst auch der Bedarf an Fachkräften in diesem Bereich. Insbesondere durch den im August 2013 verabschiedeten Rechtsanspruch auf einen KiTa-Platz für Kinder ab einem Jahr steigt auch die Nachfrage nach KiTa-Plätzen weiterhin. In diesem Zusammenhang wird in Medien, Politik und in Fachkreisen immer häufiger von einem Fachkräftemangel in Kindertagesstätten gesprochen. Eine Prognose der Bundesregierung geht von einem Defizit von bundesweit rund 80000 Erzieher_innen und Tagespflegepersonen aus, um das Betreuungsangebot für Kinder unter einem Jahr auf 35 Prozent auszubauen (Bundesdrucksache 17/714, 2010,

S. 8). Die Neubesetzung offener Stellen könnte hierdurch deutlich erschwert und die Betreuungsrelation verzerrt werden.

5. **Regionale Unterschiede:** Laut dem Bertelsmann Länderreport existieren bayernweite regionale Unterschiede bei der Betreuungsrelation (Bock-Famulla, Strunz, & Löhle, 2017, S. 2). Demnach scheint der Betreuungsschlüssel in Abhängigkeit der Wohnorte der Kinder zu differieren. Auch hierin könnte ein Grund für die deutlich abweichenden Werte zwischen Realität und Statistik gefunden werden. Die Ergebnisse vorliegender Untersuchung könnten demnach scheinbar abhängig vom Wohn- und Arbeitsort der Teilnehmer_innen sein.
6. **Beschäftigungsverbote:** Ein Großteil der pädagogisch tätigen Frauen bekommt aufgrund des Infektionsrisikos in Kindertagesstätten bei einer Schwangerschaft unverzüglich ein Beschäftigungsverbot, ausgenommen sie verfügen über einen ausreichenden Immunschutz. Tritt ein Beschäftigungsverbot in Kraft, fällt die betreffende Pädagog_in sofort aus (Röder, 2011, S. 1ff.). Hieraus ergibt sich die Problematik, die Stelle schnellstmöglichst nachzubesetzen. In Bezug auf den Fachkräftemangel ist dies nicht immer eine leichte Aufgabe. Hieraus resultiert ebenfalls ein möglicher Erklärungsansatz für die abweichenden Werte.

Um dem Effekt der Differenz zwischen Betreuungsschlüssel und Betreuungsrelation zu minimieren, sollte eine Überarbeitung der Förderbedingungen und eine Angleichung der Gewichtungsfaktoren unter Berücksichtigung eben aufgeführter Parameter in Betracht gezogen werden. Nur so ist eine gleichbleibend hohe Qualität in Kindertagesstätten dauerhaft zu gewährleisten. Die Fokussierung auf nur einen Teilaspekt (hier der Betreuungsschlüssel, in der Diskussion die Qualifikation des Personals) scheint nach bisheriger Erkenntnis nicht sinnvoll. Um grundlegende Änderungen zu bewirken, müssen vielmehr die gesamten Strukturen in ihrer Komplexität Teil des Diskurses werden.

12 Zusammenfassung

Wichtigster Aspekt einer guten Betreuung und Qualität in Kindertagesstätten ist die Teamarbeit, dicht gefolgt vom Betreuungsschlüssel. Die Relevanz dieser beiden Bedingungen zeigt sich sowohl in der qualitativen als auch in der quantitativen Befragung.

Gute Teamarbeit ist der wichtigste Aspekt im Arbeitsalltag der KiTa-Mitarbeiter_innen. Ein gutes Teamklima und die interne Teamorganisation sowie ein kooperativer und konstruktiver Umgang miteinander zeichnet Qualität in Kindertagesstätten aus. Die KiTa-Mitarbeiter_innen bezeichnen eine gute Teamarbeit als wichtigste Rahmenbedingung an ihrem Arbeitsplatz. Eine Verknüpfung zwischen den Aspekten „gutes Teamklima", einem überdurchschnittlichen „Arbeitsengagement" und „Qualität" zeigte sich bereits in der Studie *AQUA*. Ein gutes Klima im Team kann wie ein „Puffer" gegen Belastungen des Arbeitslebens wirken (Schreyer, Krause, Brandl, & Nicko, 2014, S. 101). Mit dieser Erkenntnis lassen sich die beobachteten Unterschiede zwischen dem rechnerischen Betreuungsschlüssel und dem empfundenen FKR-Wert hinsichtlich der Qualitätsaspekte, der *Kindzentriertheit* sowie des Wohlergehens zusätzlich erklären. Demnach sollte die Qualitätsdebatte um diesen wichtigen Aspekt erweitert werden. Die Relevanz dieses Themas zeigt sich ebenfalls in der Umsetzung im KiTa-Alltag, die am besten umsetzbaren Merkmale sind die Teamarbeit und „eigene Stärken einbringen können". Spekulieren lässt sich hierbei über eine mögliche Kopplung an die persönlichen Prioritäten. Ob und inwiefern sich gute Teamarbeit in den Einrichtungen umsetzen lässt, war nicht Gegenstand vorliegender Untersuchung (eine Auseinandersetzung mit dieser Thematik erfolgte bereits in der Studie *AQUA*), könnte jedoch Anstoß für weiterführende Studien geben.

Die rechnerische Größe „Betreuungsschlüssel" des statistischen Bundesamtes ist nicht mit der reellen „Betreuungsrelation" gleichzusetzen!

Die in der Kernzeit ermittelte Fachkraft-Kind-Relation weicht erheblich vom rechnerischen Betreuungsschlüssel (Anstellungsschlüssel) ab. Demnach ist die tatsächlich von den Kindern und dem Personal erlebte Betreuungsrelation separat vom statistischen Wert zu betrachten. Die Gründe hierfür lassen sich vermutlich in den Berechnungsgrundlagen des statistischen Bundesamtes finden. Dennoch hat der rechnerische Betreuungsschlüssel (Wert des statistischen Bundesamtes) durchaus seine Berechtigung: als Referenzwert zur rechnerischen Vergleichbarkeit zwischen den einzelnen Einrichtungen, Bundesländern etc. Zudem ist er als Richtwert anzusehen, der eingehalten werden muss, um eine der Fördervoraussetzungen zu erfüllen bzw. um die Höhe der Fördergelder zu ermitteln. Er ist demnach als Vorgabewert anzusehen, um festzulegen, wieviel Personal (in Stunden) eingestellt werden muss. Er sagt jedoch nichts darüber aus, wie viele Betreuer tatsächlich pro Kind anwesend sind. Insbesondere in den Kernzeiten kann dieser Wert erheblich vom rechnerischen Betreuungsschlüssel (Anstellungsschlüssel) abweichen.

Die Erkenntnisse vorliegender Untersuchung decken sich demnach mit den Ergebnissen von Viernickel und Voss (Studie *STEGE)*. Die Forschergruppe hat insbesondere in der Kernzeit sowie in den Nachmittagsstunden in über 40% eine schlechtere Fachkraft-Kind-Relation (im Vergleich zu den Werten des statistischen Bundesamtes) nachgewiesen (Viernickel & Voss, 2012, S. 52).

Die „fiktive“ Zahl hat demnach für die Regelung, wieviel Personal vorgehalten werden muss, und die Vergleichbarkeit durchaus ihre legitime Berechtigung. Jedoch muss ganz klar zwischen den beiden Größen „Betreuungsschlüssel“ und „Fachkraft-Kind-Relation“ differenziert werden. Zudem ist es dringend erforderlich, einen einheitlichen Terminus für die unterschiedlichen Bedeutungen hinter den verschiedenen Begriffen zu verwenden, um Missverständnisse in fachaffinen und politischen Kreisen sowie beim KiTa-Personal und den Eltern zu vermeiden. Derzeit existiert noch keine einheitliche Begriffsdefinition hinsichtlich des Betreuungsschlüssels, demnach können die einzelnen Begriffe noch synonym verwendet werden, was in Theorie und Praxis zu Unstimmigkeiten führen kann.

Die Auswirkungen des Betreuungsschlüssels auf das KiTa-Personal sind vielfältig und decken sich weitestgehend mit vorausgehenden Forschungsergebnissen. Die *STEGE*-Forscher_innen verwiesen auf den erlebten Personalschlüssel, der die Pädagog_innen oftmals zu Kompromissen bei der Arbeit am Kind zwingt (Viernickel & Voss, 2012, S. 189). Dieses Ergebnis kann auch in vorliegender Forschung bestätigt werden. **Insbesondere der empfundene (erlebte) Betreuungsschlüssel scheint sich auf die Umsetzung**

der Qualität, die Arbeit am Kind (*Kindzentriertheit*) und das Wohlbefinden der Mitarbeiter_innen auszuwirken. Untersucht wurde zudem, ob sich Unterschiede bei der Korrelation eben genannter Aspekte hinsichtlich der (theoretischen) Berechnung und dem (tatsächlichen) Erleben (d.h. der Einschätzung/ dem Empfinden des Personals bzgl. der Betreuungsrelation) ergeben. Die Ergebnisse zeigen eindeutig, dass rein rechnerische Werte nicht unbedingt mit dem Erleben des Einzelnen gleichzusetzen sind. Denn je besser die Betreuungsrelation von den Mitarbeiter_innen eingeschätzt wird, desto höher bewerten diese die Umsetzung der Qualitätsmerkmale sowie des Wohlbefindens und desto besser können Sie *kindzentriertes* Arbeiten umsetzten. Ausschlaggebend scheint demzufolge nicht allein die rechnerische Komponente zu sein. Vielmehr spielt das Erleben und Empfinden der einzelnen Mitarbeiter_in hinsichtlich der Betreuungsrelation eine entscheidende Rolle. Eine Erkenntnis, die Grund zum Nachdenken gibt und gleichzeitig für Stoff zu weiterführender Forschung sorgt.

13 Literaturverzeichnis

Aktionsrat Bildung. (2012). *Professionalisierung in der Frühpädagogik. Qualifikationsniveau und -bedingungen des Personals in Kindertagesstätten.* (b. –V. V., & V. u. http://www.aktionsrat-bildung.de/fileadmin/Dokumente/Gutachten_Professionalisierung_in_der_Fruehpaedagogik.pdf, Hrsg.) Münster: Waxmann.

Altermann, A., & Holmgaard, M. (2015). *Der Akademisierungsprozess im Arbeitsfeld Kita aus Sicht der Träger* (Bd. 26). München: WIFF. Weiterbildungsinitiative Frühpädagogische Fachkräfte.

Altermann, A., Holmgaard, M., Klaudy, E., & Stöbe-Blossey, S. (2015). *Kindheitspädagoginnen und -pädagogen im Kita-Team. Neue Qualifikationsprofile in der Kindertagesbetreuung* (Bd. 25). München: WIFF. Weiterbildungsinitiative Frühpädagogische Fachkräfte.

Altgeld, K., & Stöbe-Blossey, S. (2009). Qualitätsmanagement in Kindertageseinrichtungen: Trends, Perspektiven und Lösungsansätze. In K. Altgeld, S. Stöbe-Blossey, K. Altgeld, & S. Stöbe-Blossey (Hrsg.), *Qualitätsmanagement in der frühkindlichen Bildung, Erziehung und Betreuung. Perspektiven für eine öffentliche Qualitätspolitik* (S. 7–20). Wiesbaden: VS Verlag für Sozialwissenschaften.

Amthor, R. C. (2003). *Die Geschichte der Berufsausbildung in der Sozialen Arbeit. Auf der Suche nach Professionalisierung und Identität.* Weinheim: Beltz Juventa.

Autorengruppe Berufsfachschule. (2013). *Qualifikationsprofil Frühpädagogik Berufsfachschule* (Bd. 4). München: Weiterbildungsinitiative Frühpädagogische Fachkräfte. WiFF Kooperationen.

Autorengruppe Fachkräftebarometer. (2014). *Fachkräftebarometer Frühe Bildung 2014.* München: Weiterbildungsinitiative Frühpädagogische Fachkräfte (WIFF).

Autorengruppe Qualifikationsprofile. (2011). *Qualifikationsprofile in Arbeitsfeldern der Pädagogik der Kindheit. Ausbildungswege im Überblick.* Stuttgart: Robert Bosch Stiftung GmbH.

Baader, M. S., Eßer, F., & Schröer, W. (2014). *Kindheiten in der Moderne. Eine Geschichte der Sorge.* Frankfurt am Main: Campus.

Baader, M., Cloos, P., Hundertmark, M., & Volk, S. (2011). *Frühkindliche Bldung, Betreuung und Erziehung aus der Perspektive sozialer Ungleichheit.* Bildung und Qualifizierung. Düsseldorf: Hans-Böckler-Stiftung.

BAG. (2000). *Qualität in Kindertageseinrichtungen.* Halle/Saale: Bundesarbeitsgemeinschaft der Landesjugendämter.

BAG BEK e.V. (2017). *Wissenschaftlerinnen und Wissenschaftler rufen auf: Qualitätsstandards in der frühen Erziehung und Betreuung jetzt angleichen, dauerhaft zu verbessern und finanziell sichern.* (B. B. Kindheit, Herausgeber) Abgerufen am 22. 11 2017 von https://www.weiterbildungsinitiative.de/fileadmin/download/Meldungen/2017-08-28_Aufruf_Qualita_tsgesetz.pdf.

Bahle, T. (2007). *Wege zum Dienstleistungsstaat: Deutschland, Frankreich und Großbritannien im Vergleich.* Wiesbaden: VS Verlag für Sozialwissenschaften.

Barth, H. (2006). Familienpolitik als Standortfaktor im internationalen Wettbewerb. In S. Empter, R. Vehrkamp, S. Empter, & R. Vehrkamp (Hrsg.), *Wirtschaftsstandort Deutschland* (S. 387–408). Wiesbaden: VS Verlag für Sozialwissenschaften.

Bauer, P., & Wizorek, C. (2007). Zwischen Elternrecht und Kindeswohl. In J. Ecarius, & J. Ecarius (Hrsg.), *Handbuch Familie* (S. 614–634). Wiesabden: Verlag für Sozialwissenschaften.

Baur, N., & Blasius, J. (2014). Methoden der empirischen Sozialforschung. In N. Baur, & J. Blasius (Hrsg.), *Handbuch Methoden der empirischen Sozialforschung* (S. 41–62). Wiesbaden: Springer.

Bayerischer Landtag. (22. 10 2014). Drucksache 17/4009 (17. Wahlperiode) Antwort des Staatsministeriums für Arbeit und Soziales, Familie und Integration – Schriftliche Anfrage der Abgeordneten Christine Kamm, Kerstin Celina BÜNDNIS 90/DIE GRÜNEN vom 10.09.2014. *Fachkräftemangel und Fachkräftebedarf in bayerischen Kindertageseinrichtungen.* Bayerischer Landtag.

Bayerisches Landesjugendamt. (kein Datum). *Bayerisches Landesjugendamt – Zentrum Bayern Familie und Soziales.* Abgerufen am 19. Dezember 2016 von http://www.blja.bayern.de/unterstuetzung/kindertagesbetreuung/paedagogisches-personal/.

Becker-Stoll, F., Niesel, R., & Wertfein, M. (2015). *Handbuch Kinderkrippe: So gelingt Qualität in der Tagesbetreuung.* Freiburg im Breisgau: Herder.

Behring, A. (2010). Kommunale Handlungsspielräume in der Kinder- und Jugendpolitik. In C. Schrenk, & M. Soldner (Hrsg.), *Analyse demokratischer regierungssysteme* (S. 443–463). Wiesbaden: VS – Verlag für Sozialwissenschaften.

Berger, D. (2010). *Wissenschaftliches Arbeiten in den Wirtschafts- und Sozialwissenschaften. Hilfreiche Tipps und praktische Beispiele.* Wiesbaden: Gabler/ Springer.

Berger-Grabner, D. (2016). *Wissenschaftliches Arbeiten in den Wirtschafts- und Sozialwissenschaften. Hilfreiche Tipps und praktische Beispiele.* Wicsbaden: Springer Gabler.

Bertelsmann Ländermonitor. (01. 03 2015a). *Ländermonitor Frühkindliche Bildungssysteme.* Abgerufen am 11. Dezember 2016 von http://www.laendermonitor.de/uebersicht-grafiken/indikator-9a-personalschluessel-in-kitas/indikator/16/indcat/9/indsubcat/50/index.nc.html.

Bertelsmann Ländermonitor. (01. 03 2015b). *Ländermonitor Frühkindliche Bildungssysteme.* Abgerufen am 17. Dezember 2016 von http://www.laendermonitor.de/uebersicht-grafiken/indikator-10-verteilung-der-kinder-auf-verschiedene-gruppentypen-in-kitas/indikator/13/indcat/10/indsubcat/49/index.nc.html.

Bertelsmann Ländermonitor. (01. März 2015c). *Ländermonitor Frühkindliche Bildungssysteme.* Abgerufen am 19. Dezember 2016 von http://www.laendermonitor.de/uebersicht-grafiken/indikator-11a1-qualifikationsniveaus/indikator/9/indcat/11/indsubcat/5/index.nc.html.

Bertelsmann Länderreport. (2015). Frühkindliche Bildungssysteme. *Trends der FBBE in Deutschland – Zentrale Ergebnisse des Länderreports.* Bertelsmann Stiftung.

Bertelsmann Stiftung. (2013). *Qualität für Kinder unter DREI in Kitas. Empfehlungen an Politik, Träger und Einrichtungen.* Gütersloh: Bertelsmann Stiftung.

Bertelsmann Stiftung. (01. 03 2015). *Ländermonitor Frühkindliche Bildungssysteme.* Abgerufen am 10. Dezember 2016 von http://www.laendermonitor.de/uebersicht-grafiken/indikator-9a-personalschluessel-in-kitas/indikator/16/indcat/9/indsubcat/50/index.nc.html.

Bertelsmann Stiftung. (01. März 2015d). *Bertelsmann Ländermonitor.* Abgerufen am 26. Dezember 2016 von http://www.laendermonitor.de/

uebersicht-grafiken/indikator-2-betreuungsplaetze-fuer-unter-dreijaehrige-ausbauentwicklung/indikator/2/indcat/2/indsubcat/38/index.nc.html.

Bertelsmann Stiftung. (2016). *Projektbeschreibung KiTaZoom.* Abgerufen am 29. Dezember 2016 von http://www.bertelsmann-stiftung.de/de/unsere-projekte/kita-zoom-ressourcen-wirksam-einsetzen/projektbeschreibung/.

BeWAK-Studie. (2015). *2015 Befragung zur Wertschätzung und Anerkennung von Kitaleitungen. Von der Gesellschaft unterschätzt, von der Politik vernachlässigt?* Köln: Deutsche Kinderhilfe e. V. und Wolters Kluwer Deutschland.

BeWAK-Studie. (2016). *2016 Trotz mangelnder Ressourcen – Leitungskräfte als Motor für Integration?* Köln: Deutsche Kinderhilfe e. V. und Wolters Kluwer Deutschland.

Bien, W., Rauschenbach, T., & Riedel, B. (April 2007). *Wer betreut Deutschlands Kinder? DJI-Kinderbetreuungsstudie.* Abgerufen am 13. März 2017 von http://www.dji.de/fileadmin/user_upload/dasdji/home/Kurzfassung_KBS.pdf.

BKK Dachverband. (2014). BKK-Gesundheitsreport. Gesundheit in Regionen – Zahlen, daten, Fakten. Berlin: Medizinisch Wissenschaftliche Verlagsgesellschaft.

Blaeschke, F., Brugger, P., & Schneider, B. (2016). *Bildungs- Finanzbericht 2016. Im Auftrag des Bundesministeriums für Bildung und Forschung und der Ständigen Konferenz der Kultusminister der Länder in der Bundesrepublik Deutschland.* Wiesbaden: Statistisches Bundesamt.

BMFSFJ. (2015a). *BMFSFJ – Mehr Mittel: Kita-Ausbau geht weiter.* Abgerufen am 29. Dezember 2016 von http://www.bmfsfj.de/BMFSFJ/Kinder-und-Jugend/kinderbetreuung.html.

BMFSFJ. (2015b). *Fünfter Bericht zur Evaluation des Kinderförderungsgesetzes. Kurzfassung.* Berlin: Bundesministerium für Familie, Senioren, Frauen und Jugend.

BMFSFJ. (2015c). *Bundesministerium für Familie, Senioren, Frauen und Jugend. Frühe Bildung: Gleiche Chancen.* Abgerufen am 02. Januar 2017 von http://www.fruehe-chancen.de/ausbau/kinderfoerderungsgesetz/.

BMFSFJ. (2016a). *Bundesministerium für Familie, Senioren, Frauen und Jugend – Frühe Bildung. Gleiche Chancen.* Abgerufen am 25. Dezember

2016 von http://www.fruehe-chancen.de/ausbau/daten-und-fakten/betreuungsquoten-2016/.

BMFSFJ. (2016b). *Kindertagespflege: die familiennahe Alternative. Ein Leitfaden für Tagespflegepersonen.* Berlin: Bundesministerium für Familie, Senioren, Frauen und Jugend.

BMI. (2011). *Demografiebericht. Bericht der Bundesregierung zur demografischen Lage und künftigen Entwicklung des Landes.* Berlin: Bundesministerium des Innern.

BMJV. (23. Mai 1949). *Juris.* Abgerufen am 10. Januar 2017 von https://www.gesetze-im-internet.de/gg/BJNR000010949.html.

Bock, K. (2005). Die Kinder- und Jugendhilfe. In W. Thole (Hrsg.), *Grundriss Soziale Arbeit: ein einführendes Handbuch* (S. 299–216). Wiesbaden: VS Verlag für Sozialwissenschaften.

Bock-Famulla, K. (2012). Finanzierung und Qualität des Frühkindlichen Bildungssystems. (H. von Balluseck, Interviewer, & n. -N. Entwicklung, Herausgeber) erzieherin.de.

Bock-Famulla, K., & Strunz, E. (2016). *Qualitätsausbau in KiTas 2016. 7 Fragen zur Personalausstattung in deutschen KiTas – 7 Antworten der Bertelsmann Stiftung.* Gütersloh: Bertelsmann Stiftung.

Bock-Famulla, K., Strunz, E., & Löhle, A. (2017). *Länderreport Frühkindliche Bildungssysteme 2017.* Bertelsmann Stiftung.

Borg, K., Hoffmann, H., Kubandt, M., & Nolte, D. (2011). *Gemeinsame Ausbildung elementar- und primarpädagogischer Fachkräfte. Eine Studie zur Entscheidungsbedarfen bei der Konzeption und Implementierung einer gemeinsamen akademischen Ausbildung von Erzieherinnen und Erziehern und von Lehrkräften an Grundschule.* Forschungsstelle Elementarpädagogik. Osnabrück: Niedersächsisches Institut für frühkindliche Bildung und Entwicklung (nifbe) e.V.

Borsche, S. (2006). Politik für Kinder in Deutschland – Versuch einer Zwischenbilanz. In S. Andresen, & I. Diehm (Hrsg.), *Kinder, Kindheiten, Konstruktionen: Erziehungswissenschaftliche Perspektiven und sozialpädagogische Verortungen* (S. 173–200). Wiesbaden: VS Verlag für Sozialwissenschaften.

Brezinka, W. (1990). *Grundbegriffe der Erziehungswissenschaft. Analyse, Kritik, Vorschläge.* München und Basel: Ernst Reinhardt Verlag.

Brinck, C. (27. Dezember 2012). *Tagesspiegel*. Abgerufen am 09. Januar 2017 von http://www.tagesspiegel.de/meinung/kinderbetreuung-das-kindeswohl-sollte-uns-wichtiger-sein-als-der-arbeitsmarkt/7562090.html.

Brockmann, S. (2014). *Diversitätsbewusstes Denken und Handeln von Pädagogischen Fachkräften in Kindertagesstätten*. Münster: Waxmann.

Bundesdrucksache 17/714. (2010). *Stand und Zukunft des qualitativen und quantitativen Ausbaus der Kinderbetreuung*. Berlin: Heenemann GmbH & Co.,.

Burzan, N. (2015). *Quantitative Methoden kompakt*. Konstanz und München: UVK Verlagsgesellschaft mbH.

Butterwegge, C. (2014). *Krise und Zukunft des Sozialstaates* (Bd. 5. Auflage). Wiesbaden: Springer.

Dartsch, M. (2001). *Erzieherinnen in Beruf und Freizeit: Eine Regionalstudie zur Situation von Fachkräften in Tageseinrichtungen für Kinder*. Wiesbaden: Springer.

Dettenborn, H. (2008). Kindeswohl. In R. Volbert, & S. Max (Hrsg.), *Handbuch der Rechtspsychologie* (S. 574–582). Göttingen: Hogrefe.

DJI. (2014). *Die öffentliche Kinderbetreuung für unter Dreijährige: (Eltern-) Bedarfe 2013 und ihre Veränderungen zwischen 2012 und 2013*. München: BMFSFJ.

DKJS; BMFSFJ; Jacobs Foundation. (2017). *Stimmen für Qualität in der frühen Bildung – Auswertung der 50 Dialoge und der Online-Umfrage im Rahmen des Programms Qualität vor Ort*. Berlin: Deutsche Kinder- und Jugendstiftung.

Döring, N., & Bortz, J. (2016). *Forschungsmethoden und Evaluation in den Sozial- und Humanwissenschaften*. Berlin, Heidelberg: Springer.

Ebert, S. (2006). *Erzieherin – Ein Beruf im Spannungsfeld von Gesellschaft und Politik*. Freiburg, Basel, Wien: Herder.

Eibeck, B. (2010). *GEW*. Abgerufen am 18.. 04. 2016 von https://www.gew.de/tarif/aktuelles/detailseite/neuigkeiten/vomtraumjob-erzieherin-kann-noch-keine-rede-sein/.

Esch, K., Klaudi, E.-K., Micheel, B., & Stöbe-Blossey, S. (2006a). *Qualitätskonzepte in der Kindertagesbetreuung. Ein Überblick*. Wiesbaden: VS Vrlag für Sozialwissenschaften.

Esch, K., Klaudy, E.-K., Micheel, B., & Stöbe-Blossey, S. (2006b). Fünf Sterne für den Kindergarten. In I. A. Nordrhein-Westfalen, & I. A. Nordrhein-Westfalen (Hrsg.), *Jahrbuch 2006* (S. 65–18). Gelsenkirchen: Institut Arbeit und Technik im Wissenschaftszentrum Nordrhein-Westfalen.

Fachkräftebarometer, A. (2014). *Fachkräftebarometer Frühe Bildung*. München: Weiterbildungsinitiative Frühpadagogische Fachkräfte.

Falterer, M., Fleck, H.-H., Harth, V., Hintz, R., Rinberger, P., & Zwenger-Balink, B. (2015). Verbesserung der Rahmenbedingungen für frühkindliche Bildung. *Anlage zur Petition „Verbesserung der Rahmenbedingungen für frühkindliche Bildung" vom 16. September 2014*. München: Forum Bildungspolitik in Bayern.

Feder, T., & Fey, A. (2016). *Arbeitszufriedenheit von KitamitarbeiterInnen in Berlin und Regensburg: Eine empirische Untersuchung*. Masterthesis, Potsdam.

Flick, U. (2009). Von der Theorie zum Text. In *Qualitative Forschung. Ein Handbuch* (S. 71–120). Reinbek bei Hamburg: Rowohlt Taschenbuch Verlag.

Flick, U., von Kardorff, E., & Steinke, I. (Hrsg.). (2009). *Qualitative Forschung. Ein Handbuch*. Reinbek bei Hamburg: Rohwohlt.

Förster, C. (2014). Professionalisierung in der Frühpädagogik: Potentiale, Probleme, Perspektiven. In C. Förster, H.-D. Bernardo, & Eva (Hrsg.), *Qualifikation in der Frühpädagogik. Vor welchen Anforderungen stehen Aus-, Fort- und Weiterbildung* (S. 12–18). Freiburg, Basel, Wien: Herder.

Franke-Mayer, D., & Reyer, J. (2015). *Klassiker der Pädagogik der frühen Kindheit. Ideengeber und Vorläufer des Kindergartens*. Weilheim & Basel: Juventa/ Belz.

Freifrau von Hirschberg, K.-R., Kähler, B., & Remé, T. (2012). *Kinder- und Jugendhilfe in Deutschland Daten-Fakten-Entwicklungen. Ein Trendbericht*. Hamburg: BGW.

Fröhlich-Gildhoff, K., Weltzien, D., Kirstein, N., Pietsch, S., & Rauh, K. (März 2014). *Kompetenzen früh-/kindheitspädagogischer Fachkräfte im Spannungsfeld von normativen Vorgaben und Praxis*. Abgerufen am 26. 11 2017 von https://www.fruehe-chancen.de/fileadmin/PDF/Archiv/Expertise_Kompetenzen_final.pdf.

Fuchs, S. (2014). *Gesellschaft ohne Kinder: Woran die neue Familienpolitik scheitert*. Wiesbaden: Springer.

Fuchs, T., & Trischler, F. (2008). Arbeitsqualität aus Sicht von Erzieherinnen und Erziehern. Ergebnisse aus der Erhebung zum DGB-Index Gute Arbeit. (G. G. Wissenschaft, Hrsg.) Frankfurt am Main.

Fuchs-Rechlin, K., Kammermeyer, G., Roux, S., & Züchner, I. (2017). Was kommt nach Ausbildung und Studium? – Eine Einleitung. In K. Fuchs-Rechlin, G. Kammermeyer, S. Roux, & I. Züchner (Hrsg.), *Was kommt nach Ausbildung und Studium?: Untersuchungen zum Übergang von Erzieherinnen und Kindheitspädagoginnen in den Arbeitsmarkt* (S. 1–8). Wiesbaden: Springer.

Fuchs-Rechlin, K., Kaufhold, G., Thuilot, M., & Webs, T. (2014). *Der U3-Ausbau im Endspurt. Analysen zu kommunalen Betreuungsbedarfen und Betreuungswünschen von Eltern.* Dortmund: Eigenverlag Forschungsverbund DJI/TU Dortmund an der Fakultät 12 der Technischen Universität Dortmund.

Fuhs, B. (2007). Zur Geschichte der Familie. In J. Ecarius (Hrsg.), *Handbuch Familie* (S. 17–35). Wiesbaden: VS Verlag für Sozialwissenschaften.

Gasteiger-Klicpera, B. (2011). *Evaluation und Qualitätsentwicklung im Kontext frühpädagogischer Interventionsprogramme: Chancen und kritische Aspekte.* München: Weiterbildungsinitiative Frühpädagogische Fachkräfte (WiFF).

GEW & DJI. (2007). *Wie gehts im Job? KiTa-Studie der GEW.* (G. E. Wissenschaft, Hrsg.) Frankfurt am Main: Rita Spitzer Druck, Darmstadt.

GEW; Ver.di. (August 2011). Gemeinsam geht es los: Wir wollen gemeinsam die die Arbeitsbedingungen der Erzieher/innen verbessern. Berlin, Berlin-Brandenburg: GEW & Ver.di.

Gläser, J., & Laudel, G. (2010). *Experteninterviews und qualitative Inhaltsanalyse.* Wiesbaden: VS Verlag für Sozialwissenschaften.

Göbel-Reinhardt, A., & Lundbeck, N. (2015). *Erziehungs- und Bildungspartnerschaften in Kitas: Qualitative Forschungsergebnisse für eine erfolgreiche Praxis.* Wiesbaden: Springer.

Goers, B. (September 2009). Eine Erzieherin – wie viele Kinder. Was Sie über die Fachkraft-Kind-Relation wissen müssen. *Kindergarten heute. Das Fachmagazin für Frühpädagogik.*

Grell, F. (2013). Frühkindliche Bildung in historischer Perspektive. In M. Stamm, & D. Edelmann (Hrsg.), *Handbuch frühkindliche Bildungsforschung* (S. 147–164). Wiesbaden: Springer.

Grgic, M., Matthes, B., & Stüber, H. (2014). Die Fachkräftereserve in der Kinderbetreuung und -erziehung. *Ergebnisse für Deutschland und die Bundesländer. IAB Kurzbericht: Aktuelle Analysen aus dem Institut für Arbeitsmarkt- und Berufsforschung (26/2014)*. (I. f.-u. Arbeit, Hrsg.).

Grgic, M., Rauschenbach, T., & Schilling, M. (2010). Nachwuchs im Nachteil. Wie die große Kluft zwischen Auf- und Absteigern im deutschen Bildungssystem verkleinert werden kann. DJI – Bulletin. In H. 90, *Die soziale Seite der Bildung. Wie benachteiligte Kinder und Jugendliche in Deutschland gefördert werden – und welche Konzepte zukunftsfähig sind. Eine Analyse anlässlich der Prognosen im Nationalen Bildungsbericht 2010* (S. 4–7). München: Deutsches Jugendinstitut e. V.

Grochla, N. (2008). *Qualität und Bildung: eine Analyse des wissenschaftlichen Diskurses in der Frühpädagogik*. Berlin: LIT Verlag Dr.W.Hopf.

Große, C., & Roßbach, H.-G. (2015). Frühpädagogik. In H. Reinders, H. Ditton, C. Gräsel, & B. Gniewosz (Hrsg.), *Empirische Bildungsforschung: Gegenstandsbereiche* (S. 91–106). Wiesbaden: Springer.

(2015). Die „gebrochene" Professionalisierung der Kinderbetreuung. In G. Hammer, I. Heja Kostov, I. Medjedovi'c, I. Dingeldey, A. Holtrup, & G. Warsewa (Hrsg.), *Wandel der Governance der Erwerbsarbeit* (S. 301–314). Wiesbaden: Springer.

Heeg, S. (2012). Professionalisierung der Kindertagespflege. In R. Reichwald, M. Frenz, S. Hermann, & A. Schipanski (Hrsg.), *Zukunftsfeld Dienstleistungsarbeit: Professionalisierung – Wertschätzung – Interaktion* (S. 371–388). Wiesbaden: Springer Gabler.

Hemmerling, A. (2007). *Der Kindergarten als Bildungsinstitution. Hintergründe und Perspektiven*. Wiesbaden: Vs für Sozialwissenschaften.

Hinke-Ruhnau, J. (2013). *Fachberatung für die Kita-Praxis: Vom Bildungsplan zur Konzeption*. Göttingen: Vanderhoeck & Ruprecht.

Hollstein, M., & Brühl, C. (24. November 2010). *Die Welt – Politik*. Abgerufen am 22. 11 2017 von https://www.welt.de/print/die_welt/politik/article11184853/Albtraumjob-Erzieherin.html.

Honig, M.-S., Joos, M., & Schreiber, N. (2004). Was ist ein guter Kindergarten? Theoretische und empirische Analysen zum Qualitätsbegriff in der Pädagogik. Weinheim, München.

Hörner, W. (2008). Der Bildungsbegriff. In W. Hörner, B. Drinck, & S. Jobst (Hrsg.), *Bildung, Erziehung, Sozialisation. Grundbegriffe der Erziehungswissenschaft* (S. 9–72). Opladen, Berlin, Toronto: Barbara Budrich.

Höynck, T., & Haug, M. (2012). Kindeswohlgefährdung – Rechtliche Konturen eines schillernden Begriffs. In T. Marthaler, P. Bastian, I. Bode, & M. Schrödter (Hrsg.), *Rationalitäten des Kinderschutzes. Kindeswohl und soziale Interventionen aus pluraler Perspektive* (S. 19–46). Wiesbaden: Springer.

IFP. (2016). *Bayerisches Staatsinstitut für Fühpädagogik*. Abgerufen am 23. Januar 2017 von http://www.ifp.bayern.de/projekte/qualitaet/tq_informationen.php.

IWD-Köln. (30. Dezember 2016). *Institut der deutschen Wirtschaft Köln*. Abgerufen am 30. Dezember 2016 von https://www.iwd.de/artikel/bund-muss-kita-luecken-schliessen-319262/.

Jacob, R., Heinz, A., & Décieux, J. P. (2013). *Umfrage: Einführung in die Methoden der Umfrageforschung*. München: Oldenbourg Wissenschaftsverlag.

Janssen, R. (2010). *Die Ausbildung Frühpädagogischer Fachkräfte an Berufsfachschulen und Fachschulen. Eine Analyse im Ländervergleich*. München: DJI – Weiterbildungsinitiative Frühpädagogische Fachkräfte (WiFF).

Kettner, A. (2012). *Warum wir mehr und bessere Kitas brauchen: Zum Zusammenhang von frühkindlicher Betreuung und Fachkräftepotentialen* (Dissertation Ausg., Bd. 338 Teil 2). Bielefeld: Bertelsmann Verlag GmbH.

KiTaG. (11. Januar 2014). *dejur.org*. Abgerufen am 15. Februar 2017 von https://dejure.org/gesetze/KiTaG/7.htmlKiTaG.

Klammer, U., Neukirch, S., & Weßler-Poßberg, D. (2012). *Wenn Mama das Geld verdient. Familienernährerinnen zwischen Prekarität und neuen Rollenbildern.* (Hans-Böckler-Stiftung, Hrsg.) Scheßlitz: Rosch-Buch.

Klaudy, E. K., Köhling, K., Michaeel, B., & Stöbe-Blossey, S. (2016). Nachhaltige Personalwirtschaft in Kindertageseinrichtungen. *Bd 336 der Reihe Study der Hans-Böckler- Stiftung*. Stuttgart: Doppelpunkt.

Klein, U. (2013). *Geschlechterverhältnisse, Geschlechterpolitik und Gleichstellungspolitik in der europäischen Union* (2. aktualisierte Auflage). Wiesbaden: Springer.

König, A. (2008). Pädagogik der frühen Kindheit. In T. Coelen, & H.-U. Otto (Hrsg.), *Grundbegriffe Ganztagsbildung: Das Handbuch* (S. 311–320). Wiesbaden: Verlag für Sozialwissenschaften.

König, A. (2009). *Interaktionsprozesse zwischen ErzieherInnen und Kindern: Eine Videostudie aus dem Kindergartenalltag* (Dissertation Ausg.). Wiesbaden: VS Verlag für Sozialwissenschaften.

Kreyenfeld, M., & Krapf, S. (2016). Soziale Ungleichheit und Kinderbetreuung – Eine Analyse der sozialen und ökonomischen Determinanten der Nutzung von Kindertageseinrichtungen. In R. Becker, W. Lauterbach, R. Becker, & W. Lauterbach (Hrsg.), *Bildung als Privileg. Erklärungen und Befunde zu den Ursachen der Bildungsungleichheit* (S. 119–144). Wiesbaden: Springer.

Kröger, M. (13. Mai 2015). *Sag mir, wo die Erzieher sind.* Abgerufen am 28. November 2016 von http://www.spiegel.de/wirtschaft/soziales/kita-streik-die-wahrheit-hinter-dem-betreuungsschluessel-a-1033489.html.

Krone, S., & Stöbe-Blossey, S. (2010). Die Entwicklung der Frauenerwerbsarbeit und die Anforderungen an eine nachhaltige Familienpolitik. In S. Stöbe-Blossey (Hrsg.), *Kindertagesbetreuung im Wandel: Perspektiven für die Organisationsentwicklung* (S. 17–32). Wiesbaden: VS Verlag für Sozialwissenschaften.

Küfner, M. (2012). Kindeswohl. In K.-P. Horn, H. Kemnitz, W. Marotzki, & U. Sandfuchs (Hrsg.), *Klinkhardt Lexikon Erziehungswissenschaft* (S. 201). Bad Heilbrunn: Julius Klinkhardt.

Künemund, H. (2013). Demografie, Politik und Generationsbeziehungen. In M. Hüther, & G. Naegele (Hrsg.), *Demografiepolitik: Herausforderungen und Handlungsfelder* (S. 164–178). Wiesbaden: Springer.

Landtag von Baden-Württemberg. (12. März 2013). Drucksach 15/3209 (15. Wahlperiode) Gesetzentwurf der Landesregierung. *Gesetz zur Änderung des Kindertagesbetreuungsgesetzes.* Landtag von Baden-Württemberg.

Larrá, F. (2005). Ansätze zur Steuerung pädagogischer Qualität in vorschulischen Einrichtungen. In S. 1. Jugendbericht, & S. 1. Jugendbericht (Hrsg.), *Entwicklungspotentiale institutioneller Angebote im Elementarbereich* (S. 235–268). München.

Lehweß-Litzmann, R. (2012). Flexibilität und Sicherheit – Deutschland im europäischen Vergleich. In F. S. Umbruch (Hrsg.), *Berichterstattung zur sozioökonomischen Entwicklung in Deutschland* (Bd. Zweiter Bericht, S. 243–285). Wiesbaden: Springer.

Leitner, S., Ostner, I., & Schatzenstaller, M. (2004). Was kommt nach dem Ernährermodell? Sozialpolitik zwischen Re-Komodifizierung und Re-Familisierung. In S. Leitner, I. Ostner, M. Schatzenstaller, S. Leitner, I. Ostner, & M. Schatzenstaller (Hrsg.), *Wohlfahrtsstaat und Geschlechterverhältnis im Umbruch. Was kommt nach dem Ernähermodell?* (S. 9–27). Wiesbaden: Springer.

Lenbet, A. (2014). *Kita, Krippe, Tagesmutter: Die beste Betreuung für glückliche Kinder und entspannte Eltern.* Stuttgart: trias.

Leu, H. R., & Prein, G. (2010). Arm, ausgegrenzt, abgehängt. Mangelt es den Eltern an Geld, Bildung und an Arbeit, benötigen Kinder besondere Unterstützung. DJI Bulletin. In *Die soziale Seite der Bildung. Wie benachteiligte Kinder und Jugendliche in Deutschland gefördert werden – und welche Konzepte zukunftsfähig sind. Eine Analyse anlässlich der Prognosen im Nationalen Bildungsbericht 2010* (Heft 90 Ausg., S. 18–20). München: Deutsche Jugendinstitut e. V.

Leu, H., & Prein, G. (2010). Arm, ausgegrenzt, abgehängt. Mangelt es Eltern an Geld, Bildung und an Arbeit, dann haben Kinder besonders schlechte Aussichten auf einen erfolgreichen Start ins Leben. Warum gute Bildungspolitik nicht an der Schulpforte enden darf. In H. 90, *Die soziale Seite der Bildung. Wie benachteiligte Kinder und Jugendliche in Deutschland gefördert werden – und welche Konzepte zukunftsfähig sind. Eine Analyse anlässlich der Prognosen im Nationalen Bildungsbericht 2010* (S. 18). München: Deutsches Jugendinstitut e. V.

Lewin, M. (1986). *Psychologische Forschung im Umriß.* Berlin/ Heidelberg/ New York/ Tokyo: Springer.

Liebig, M. (2016). *Die Fachschulausbildung zur Erzieherin/ zum Erzieher unter Druck: Entwicklungslinien in der Ausbildung frühpädagigischer Fachkräfte*, Ausgabe 31, 1–20. Abgerufen am 23. 11 2017 von bwp@ Berufs- und Wirtschaftspädagogik – online: http://www.bwpat.de/ausgabe31/liebig_bwpat31.pdf.

Liegle, L. (2006). *Bildung und Erziehung in früher Kindheit.* Stuttgart: Kohlhammer.

Lück, G. (2015). *Handbuch der naturwissenschaftlichen Bildung: Theorie und Praxis für die Arbeit in Kindertageseinrichtungen.* Freiburg im Breisgau: Herder.

Mayer-Ahuja, N., Bartelheimer, P., & Kädtler, J. (2012). Teilhabe im Umbruch – Zur sozioökonomischen Entwicklung Deutschlands. In F. S. Berichtserstattung (Hrsg.), *Berichterstattung zur sozioökonomischen Entwicklung in Deutschland* (S. 15–39). Wiesbaden: VS Verlag für Sozialwissenschaften.

Mayring, P. (2008). Neuere Entwicklungen in der qualitativen Forschung und derQualitativenInhaltsanalyse. In P. Mayring, & M. Gläser-Zikuda (Hrsg.), *Die Praxis der Qualitativen Inhaltsanalyse* (S. 7–20). Weinheim und Basel: Beltz Pädagogik.

Mayring, P. (2010). *Qualitative Experteninterviews- Grundlage und Techniken.* Weinheim und Basel: Beltz Pädagogik.

Maywald, J. (2013). *Kinderschutz in der Kita. Ein praktischer Leitfaden für Erzieherinnen und Erzieher.* Freiburg im Breisgau: Herder.

Maywald, J. (2016). *Kinderrechte in der Kita: Kinder schützen, fördern, beteiligen.* Freiburg, Basel, Wien: Herder.

Menkens, S. (15. November 2016). *Weniger Kita-Gebühren, bessere Betreuung – bundesweit.* Abgerufen am 28. November 2016 von https://www.welt.de/politik/deutschland/article159521957/Weniger-Kita-Gebuehren-bessere-Betreuung-bundesweit.html?utm_source=hp-facebook&utm_medium=social&utm_content=post.

Merkens, H. (2006). *Pädagogische Institutionen: Pädagogisches Handeln im Spannungsfeld von Individualisierung und Organisation.* Wiesbaden: VS-Verlag für Sozialwissenschaften.

Meyn, K., & Walther, J. (2014). Der Kindergarten im Wandel: Aktuelle Rahmenbedingungen und Herausforderungen für Kindertageseinrichtungen. In F. Dickbreder, S. M. Koschmieder, & M. Sauer (Hrsg.), *Kita-Management: Haltungen – Methoden – Perspektiven* (S. 11–2). Göttingen: Vandenhoeck & Ruprecht.

Mummendey, H. D., & Grau, I. (2014). *Die Fragebogen-Methode: Grundlagen und Anwendung in Persönlichkeits-, Einstellungs-, und Selbstkonzeptforschung.* Göttingen: Hogrefe.

Münder, J. (2013). Die Finanzierung der Förderung von Kindern in Kindertageseinrichtungen durch den Staat. In J. Münder, I. Wehrmann, & V.-B. W. Consulting (Hrsg.), *Förderung in Kindertageseinrichtungen. Rechtsanspruch, Finanzierung, Bedarfsplanung, Chancengerechtigkeit* (Bd. 2, S. 11–24). Ibbembüren: Münstermann.

Nave-Herz, R. (2014). *Familiensoziologie: Ein Lehr- und Studienbuch.* München: OldenbourgWissenschaftsverlag GmbH.

Nave-Herz, R., & Onnen-Isemann, C. (2007). Familie. In H. Joas (Hrsg.), *Lehrbuch Soziologie* (Bd. 3. überarbeitete und erweiterte Auflage, S. 313–336). Frankfurt am Main: Campus Verlag.

Nickel, H., Schenk, M., & Ungelenk, B. (1980). *Erzieher – und Elternverhalten im Vorschulbereich. Empirische Untersuchungen in Kindergärten und Initiativgruppen.* München: Reinhardt.

Oberhuemer, P., & Schreyer, I. (2010). *KiTa-Fachpersonal in Europa. Ausbildungen und Professionsprofile.* Obladen & Farmington Hiils: Barbara Budrich.

OECD. (2016). *Bildung auf einen Blick 2016. OECD-INDIKATOREN.* OECD, Paris: OECD & Bertelsmann.

Otto, J. (8. August 2013). *Die Zeit – Online.* Abgerufen am 23. 11 2017 von http://www.zeit.de/2013/33/kita-ausbau-erzieher-krank.

Paritätischer Gesamtverband. (2008). *Paritätischer Anforderungskatalog für die Strukturqulität in Kindertagesstätten.* Paritätischen Gesamtverband.

Paritätischer Wohlfahrtsverband. (2015). *Rahmenbedingungen für inklusiv arbeitende Kindertageseinrichtungen.* Berlin: Deutscher Paritätischer Wohlfahrtsverband – Gesamtverband e.V.

Pasternack, P. (2008). Die Akademisierung der Frühpädagogik. Dynamik an Hochschulen und Chancen für Fachschulen. In H. von Balluseck, & H. von Balluseck (Hrsg.), *Professionalisierung der Frühpädagogik. Perspektiven, Entwicklungen, Herausforderungen* (S. 37–50). Opladen: Barbara Budrich.

Pasternack, P. (Januar 2013). Von der Kryptoprofessionalisierung zur Teilakademisierung. *Die Hochschule. Journal für Wissenschaft und Bildung*, S. 57–77.

Peuckert, R. (2007). Zur aktuellen Lage der Familie. In J. Ecarius (Hrsg.), *Handbuch Familie* (S. 36–56). Wiesbaden: VS Verlag für Sozialwissenschaften.

Pfau-Effinger, B. (2009). Unterschiede in der Kinderbetreuung im Ländervergleich im Rahmen kultureller und familienpolitischer Kontextbedingungen. In O. Kapella, C. Rille-Pfeiffer, M. Rupp, N. Schneider, O. Kapella, C. Rille-Pfeiffer, M. Rupp, & N. Schneider (Hrsg.), *Die Vielfalt der*

Familie. Tagungsband zum 3. Europäischen Fachkongress Familienforschung (S. 113–132). Opladen & Farmington Hills: Barbara Budrich.

Preissing, C., Heller, E., Köpnick, J., Schallenberg-Diekmann, R., & Urban, M. (2003). *Qualität im Situationsansatz. Einführung in die interne Evaluation.* Berlin: Internationale Akademie (INA) gGmbH an der Freien Universität Berlin.

(1997). Öffentliche Kindererziehung: Kinderkrippe, Kindergarten, Hort. In U. Rabe-Kleberg, H.-H. Krüger, & T. Rauschenbach (Hrsg.), *Einführung in die Arbeitsfelder der Erziehungswissenschaft* (S. 89–106). Opladen: Barbara Budrich.

Raithel, J. (2008). *Quantitative Forschung. Ein Praxiskurs.* Wiesbaden: VS Verlag für Sozialwissenschaften.

Raithel, J., Dollinger, B., & Hörmann, G. (2009). *Einführung Pädagogik: Begriffe – Strömungen – Klassiker – Fachrichtungen.* Wiesbaden: Verlag für Sozialwissenschaften.

Rauschenbach, T. (2007). Wer betreut Deutschlands Kinder? Eine einleitende Skizze. In W. Bien, T. Rauschenbach, & B. Riedel (Hrsg.), *Wer betreut Deutschlands Kinder? DJI Kinderbetreuungsstudie* (S. 9–24). Mannheim: Cornelsen.

Rauschenbach, T., & Schilling, M. (2010). *Der U3-Ausbau und seine personellen Folgen. Empirische Analysen und Modellrechnungen.* München: WIFF – Deutsches Jugendinstitut e. V. (DJI).

Reichertz, J. (2014). Empirische Sozialforschung und soziologische Theorie. In N. Bauer, & B. Jörg (Hrsg.), *Handbuch Methoden der empirischen Sozialforschung* (S. 65–80). Wiesbaden: Springer.

Reyer, J. (2006). *Einführung in die Geschichte des Kindergartens und der Grundschule.* Bad Heilbrunn: Klinkhardt.

Riesenhuber, F. (2009). Großzahlige empirische Forschung. In *Methodik der empirischen Forschung* (S. 1–16). Wiesbaden: Gabler GWV Fachverlage GmbH.

Röder, K. (2011). *Gesundheitsschutz bei schwangeren Erzieherinnen.* Frankfurt a.M.: GEW – Gewerkschaft Erziehung und Wissenschaft.

Rossbach, H.-G. (März 2004). Kognitiv anregende Lernumwelten im Kindergarten. In D. Lenzen, J. Baumert, R. Watermann, & U. Trautwein (Hrsg.), *P.I.S.A. und die Konsequenzen für die erziehungswissenschaftliche Forschung* (S. 9–25). Wiesbaden: VS Verlag für Sozialwissenschaften.

Rossbach, H.-G., & Roux, S. (2007). Soziale Ungleichheit in der Früherziehung – Beteiligung, frühe Selektion und gesellschaftliche Implikationen. In M. Brumlik, & H. Merkens (Hrsg.), *Bildung, Macht, Gesellschaft: Beiträge zum 20. Kongress der Deutschen Gesellschaft für Erziehungswissenschaft.* Opladen & Farmington Hills: Barbara Budrich.

Rudolph, B. (2012). *Das Berufsbild der Erzieherinnen und Erzieher im Wandel – Zukunftsperspektiven zur Ausbildung aus Sicht der Fachschulleitungen. WIFF Studien* (Bd. 14). München: Weiterbildungsinitiative Frühpädagogische Fachkräfte.

Rühl, M., & Seehausen, H. (1999). Flexibilisierung von Arbeits- und Betreuungszeiten – Chancen und Risiken für Kinder, Eltern und Unternehmen. In U. Hagemann, B. Kreß, & H. Seehausen (Hrsg.), *Betrieb und Kinderbetreuung: Kooperation zwischen Jugendhilfe und Wirtschaft* (S. 77–98). Opladen: Barbara Budrich.

Rupp, H. (2007). Bildung in der frühen Kindheit und des Profil des evangelischen Kindergartens. In W. Schwendemann, & R. Marquard (Hrsg.), *450 Jahre Refrmation in Baden. Bildung und Sozialgestaltung des Protestantismus* (Festgabe für Prof. Dr. Christoph Schneide-Harpprecht Ausg., Bd. 29. Schriftreihe der Evangelischen Fachhochschule Freiburg). Berlin: LIT Verlag.

Scheiwe, K. (2013). Das Kindeswohl als Grenzobjekt – die wechselhafte Karriere eines unbestmmten Rechtsbegriffs. In R. Hörster, S. Köngeter, & B. Müller (Hrsg.), *Grenzobjekte: Soziale Welten und ihre Übergänge* (S. 209–232). Wiesbaden: Springer.

Schelle, R. (2011). *Die Bedeutung der Fachkraft im Die Bedeutung der Fachkraft im frühkindlichen Bildungsprozess. Didaktik im Elementarbereich.* München: Weiterbildungsinitiative Frühpädagogische Fachkräfte (WiFF).

Scherer, H., & Naab, T. (2013). Messen im Zeitverlauf. In W. Möhring, & D. Schlütz (Hrsg.), *Handbuch standardisierte Erhebungsverfahren in der Kommunikationswissenschaft* (S. 103–123). Wiesbaden: Springer VS.

Schieren, S. (04. September 2014). TAG und KiFöG im Vergleich. Über die Leistungen und Grenzen informellen Regierens im Dickicht des sozialen Bundesstaats in Deustchland. (S. Bröchler, & H.-J. A. Lauth, Hrsg.) *Zeitschrift für vergleichende Politikwissenschaft. Von Goverment zu Governance. Informales Regieren im Vergleich, 4*, S. 287–231.

Schilling, M. (2012). Fachkräftebedarf in Kindertageseinrichtungen bis zum Jahr 2020. *Expertise zum Gutachten „Professionalisierung in der Frühpädagogik"*. (v. –V. e.V., Hrsg.) München.

Schmidt, T. (2005). Entwicklungen in der Ausbildung von Erzieherinnen. *Zeitschrift für Pädagogik*(51), S. 713–730.

Schneewind, J. (Juli 2011). Gesamtbericht Zukunftskonzept Kita 2020. Osnabrück: Im Auftrag des Bundesministeriums für Familie, Senioren, Frauen und Jugend, Referat 513 Ausbau und Qualität der Kinderbetreuungv.

Schneider, H. (März 2017). Kndheitspädagoginnen und Kindheitspädagogen im Arbeitsfeld Kita. Eine Information für Anstellungsträger. München: Bundesarbeitsgemeinschaft Bldung und Erziehung in der Kindheit e.V.

Schreyer, I., Krause, M., Brandl, M., & Nicko, O. (2014). AQUA – Arbeitsplatz und Qualität in Kitas. Ergebnisse einer bundesweiten Befragung. München: Staatinstitut für Frühpädagogik.

Sell, S. (2013). *Die Finanzierung der Kindertagesbetreuung vom Kopf auf die Füße stellen. Das Modell eines „KiTa-Fonds" zur Verringerung der erheblichen Unter- und Fehlfinanzierung der Kindertagesbetreuung in Deutschland.* Berlin: Hochschule Koplenz.

SGB VIII. (kein Datum). *Kinder- und Jugenhilfegesetz.* Abgerufen am 05. 12 2017 von dejure.org: https://dejure.org/gesetze/SGB_VIII/22.html.

Siraj-Blatchford, I., Moriarty, & Viv. (2004). Pädagogische Wirksamkeit in der Früherziehung. In W. Fthenakis, & P. Oberhuemer (Hrsg.), *Frühpädagogik international: Bildungsqualität im Blickpunkt* (S. 87–104). Wiesbaden: Verlag für Sozialwissenschaften.

Smidt, W. (2012). Zielkindbezogene pädagogische Qualität im Kindergarten. *564*. Münster: Waxmann.

Stadt Regensburg. (2016). *Bedarfsplan zur vorschulischen Kinderbetreuung 2016 bis 2020.* Regensburg: Planungs- und Baureferat, Amt für Stadtentwicklung.

Statistisches Bundesamt. (6.. November 2012). Kindertagesbetreuung in Deutschland 2012. (S. Bundesamt, Hrsg.) Wiesbaden.

Statistisches Bundesamt. (01. März 2014). Statistiken der Kinder und Jugendhilfe – Kinder und tätige Personen in Kindertageseinrichtungen und in öffentlich geförderter Kindertagespflege am 01.03.2016. (S. Bundesamt, Hrsg.) Wiesbaden.

Statistisches Bundesamt. (30. September 2014). *Destatis*. Abgerufen am 26. Januar 2017 von: https://www.destatis.de/DE/Publikationen/STATmagazin/Soziales/ 2014_09/2014_09PersonalKitas.html.

Statistisches Bundesamt. (18. Dezember 2015). Der Personalschlüssel in Kindertageseinrichtungen – Methodische Grundlagen und aktuelle Ergebnisse. Wiesbaden.

Statistisches Bundesamt. (28. September 2016). Statistiken der Kinder und Jugendhilfe – Kinder und tätige Personen in Kindertageseinrichtungen und in öffentlich geförderter Kindertagespflege am 01.03.2016. (S. Bundesamt, Hrsg.) Wiesbaden.

StatistischesBundesamt. (01. Dezember 2017). *destatis*. Abgerufen am 04. Dezember 2017 von https://www-genesis.destatis.de/genesis/online;jsessionid=B3D2FB2EFCD99AC82EF3F2D9936DDA1A.tomcat_GO_2_2?operation=previous&levelindex=2&levelid=1480592417287&step=2.

Stein, M. (2017). *Allgemeine Pädagogik* (Bd. 3. überarbeitete Ausgabe). München: Ernst Reinhardt Verlag.

Steuerwald, C. (2016). *Die Sozialstruktur Deutschlands im internationalen Vergleich* (Bd. 3. Auflage). Wiesbaden: Springer.

STMAS. (2012). *Der Bayerische Bildungs- und Erziehungsplan für Kinder in Kindertageseinrichtungen bis zur Einschulung*. (F. u. Bayerisches Staatsministerium für Arbeit und Sozialforschung, Hrsg.) Berlin: Cornelson.

STMAS-Bayern. (2005). *Das Bayerische Kinderbildungs und -betreuungsgesetz (BayKiBiG) mit Ausführungsverordnung (AVBayKiBiG)*. München: Bayerisches Staatsministerium für Arbeit und Sozialordnung, Familie und Frauen.

STMAS-Bayern. (04.. Juli 2006). *40. Newsletter zum BayKiBiG – Der Anstellungsschlüssel*. Abgerufen am 13.. April 2017 von http://www.stmas.bayern.de/kinderbetreuung/service/news-archiv.php.

STMAS-Bayern. (2016a). *Bayerisches Staatsministerium für Arbeit und Soziales, Familie und Integration*. Abgerufen am 10. Dezember 2016 von http://www.stmas.bayern.de/kinderbetreuung/finanzierung/kinder.php.

STMAS-Bayern. (16. Dezember 2016b). 232. Newsletter. Informationen zur Umsetzung des Bayerischen Kinderbildungs- und -betreuungsgesetzes (BayKiBiG), des Kinderförderungsgesetzes (KiföG) und der Ausführungsverordnung (AVBayKiBiG). Bayerisches Staatsministerium für Arbeit und Soziales, Familie und Integration.

Stöbe-Blossey, S. (2010). Kindertagesbetreuung im Wandel. Perspektiven für die Organisationsentwicklung. In S. Stöbe-Blossey (Hrsg.), *Kindertagesbetreuung im Wandel. Perspektiven für die Organisationsentwicklung* (S. 9–15). Wiesbaden: VS – Verlag für Sozialwissenschaften.

Stöbe-Blossey, S., Mierau, S., & Tietze, W. (2008). Von der Kindertageseinrichtung zum Familienzentrum – Konzeption, Entwicklungen und Erprobung des Gütesiegels „Familienzentrum NRW". In H.-G. Roßbach, & H.-P. Blossfeld (Hrsg.), *Frühpädagogische Förderung in Institutionen: Zeitschrift für Erziehungswissenschaft* (Bd. Sonderheft 11/2008, S. 105–122). Wiesbaden: VS Verlag für Sozialwissenschaften.

Stramer-Brandt, P., & Tofern, F. (2013). *Leitungswissen Kita.* Freiburg im Breisgau: Herder.

Strehmel, P. (2016). Leitungsfunktion in Kindertageseinrichtungen: Aufgabenprofile, notwendige Qualifikationen und Zeitkontingente. In S. Viernickel, K. Fuchs-Rechlin, P. Strehmel, C. Preissing, J. Bensel, & G. Haug-Schnabel (Hrsg.), *Qualität für alle. Wissenschaftlich begründete Standards für die Kindertagesbetreuung* (S. 131–252). Freiburg: Herder.

Strehmel, P., & Kiani, H. (2016). *Personalausfälle in Kindertageseinrichtungen in Schleswig-Holstein.* Kiel & Hamburg: DISW – Deutsches Institut für Sozialwirtschaften e.V.

Strehmel, P., & Uhlber, D. (2014). *Leitung von Kindertageseinrichtungen.* München: Weiterbildungsinitiative Frühpädagogische Fachkräfte (WiFF).

Taddicken, M. (2013). Online-Befragung. In *Handbuch standardisierte Erhebungsverfahren in der Kommunikationswissenschaft* (S. 201–218). Wiesbaden: Springer VS.

Textor, M. (1999). *Das KiTa-Handbuch – Qualität der Kindertagesbetreuung: Ziele des Netzwerks Kinderbetreuung der Europäischen Kommission.* Abgerufen am 24. Januar 2017 von http://www.kindergartenpaedagogik.de/360.html.

Textor, M. (2009). Freispiel, Beschäftigung, Projekt – drei Wege zur Umsetzung der Bildungspläne der Bundesländer. In H. Knauf (Hrsg.), *Frühe Kindheit gestalten: Perspektiven zeitgemäßer Elementarbildung* (S. 17–29). Stuttgart: Kohlhammer.

Tietze, W. (1998). Wie gut sind unsere Kindergärten?: Untersuchungen zur pädagogischen Qualität in Kindertagesstätten. Neuwied, Berlin: Luchterhand.

Tietze, W. (1998b). *Wie gut sind unsere Kindergärten?: Untersuchungen zur pädagogischen Qualität in Kindertagesstätten.* Neuwied, Berlin: Luchterhand.

Tietze, W. (2008). Qualitätssicherung im Elementarbereich. In E. Klieme, & R. Tippelt (Hrsg.), *Qualitätssicherung im Bildungswesen. Eine aktuelle Zwischenbilanz* (Bd. 53; Beiheft, S. 16–36). Weinheim u.a.

Tietze, W. (2012). Frühpädagogik. In K.-P. Horn, H. Kemnitz, W. Marotzki, & U. Sandfuchs (Hrsg.), *Klinkhardt Lexikon Erziehungswissenschaft (KLE)* (S. 435–437). Bad Heilbrunn: Julius Klinkhardt.

Tietze, W., & Lee, H.-J. (2009). Evaluation, Verbesserung nd Zertifizierung pädagogischer Qualität von Kindertageseinrichtungen in Deutschland. In K. Altgeld, S. Stöbe-Blossey, K. Altgeld, & S. Stöbe-Blossey (Hrsg.), *Qualitätsmanagement in der frühkindlichen Bildung, Erziehung und Betreuung. Perspektiven für eine öffentliche Qualitätspolitik* (S. 43–62). Wiesbaden: VS Verlag für Sozialwissenschaften.

Tietze, W., Becker-Stoll, F., Bensel, J., Eckhardt, A. G., Haug-Schnabel, G., Kalicki, B., et al. (2013). NUBBEK – Nationale Untersuchung zur Bildung, Betreuung und Erziehung in der frühen Kindheit. Forschungsbericht. (W. Tietze, F. Becker-Stoll, J. Bensel, A. G. Eckhardt, G. Haug-Schnabel, B. Kalicki, et al., Hrsg.) Weimar, Berlin: Verlag das Netz.

Träger, J. (2006). Soziale Gerechtigkeit für Familien und Frauen in Deutschland – umdenken im Bereich der staatlichen Förderungspolitik. In A. Grasse, C. Ludwig, & B. Dietz (Hrsg.), *Soziale Gerechtigkeit: Reformpolitik am Scheideweg* (S. 179–190). Wiesbaden: VS Verlag für Sozialwissenschaften.

Ver.di. (06. Mai 2015). *Soziale Berufe aufwerten. Nach der Urabstimmung.* Abgerufen am 22. 11 2017 von http://www.verdi.de/themen/geld-tarif/soziale-berufe-aufwerten/++co++e5ff7934-f3c9-11e4-823a-52540059119e.

Ver.di. (29. Oktober 2015). *Tarifnews.* Abgerufen am 26. Juni 2016 von https://www.verdi.de/themen/nachrichten/++co++90c189d8-7e27-11e5-b193-5254008a33df.

Viernickel, S. (November 2008). Reformmodelle für die Ausbildung des frühpädagogischen Fachpersonals. *Zeitschrift für Erziehungswissenschaft. Frühpädagogische Förderung in Institutionen*, S. 123–138.

Viernickel, S., & Fuchs-Rechlin, K. (2016). Fachkraft-Kind-Relationen und Gruppengrößen in Kindertageseinrichtungen. Grundlagen, Analysen,

Berechnungsmodell. In S. Viernickel, K. Fuchs-Rechlin, P. Stremel, C. Preissing, J. Bensel, & G. Hausg-Schnabel (Hrsg.), *Qualität für alle. Wissenschaftlich begründete Standards für die Kindertagesbetreuung* (S. 11–131). Freiburg im Breisgau: Herder.

Viernickel, S., & Schwarz, S. (2009). *Schlüssel zu guter Bildung, Erziehung und Betreuung – Wissenschaftliche Parameter zur Bestimmung der pädagogischen Fachkraft-Kind-Relation.* (P. Gesamtverband, Diakonie, & GEW, Hrsg.) Berlin: GEW.

Viernickel, S., & Voss, A. (2012). STEGE – Wissenschaftlicher Abschlussbericht. *Strukturqualität und Erzieherinnengesundheit in Kindertageseinrichtungen.*

Viernickel, S., Nentwig-Geseman, I., Nicolai, K., Schwarz, S., & Zenker, L. (2013). *Schlüssel zu guter Bildung, Erziehung und Betreuung – Bildungsaufgaben, Zeitkontingente und strukturelle Rahmenbedingungen in Kindertageseinrichtungen.* Berlin: Der Paritätische Gesamtverband, Diakonie; GEW.

von Balluseck, H. (2008). Frühpädagogik als Beruf und Profession. In H. von Balluseck (Hrsg.), *Professionalisierung der Frühpädagogik: Perspektiven, Entwicklungen, Herausforderungen* (S. 15–36). Opladen & Farmington Hills: Barbara Budrich.

von Ballusek, H. (2009). *Erzieher/in – Geschichte des Berufs und seiner Ausbildung – Der Kontext der akademischen Erzieher/innenausbildung.*

von Derschau, D. (1987). Entwicklung der Ausbildung und der Personalstruktur im Kindergarten. In G. Erning, K. Neumann, J. Reyer, G. Erning, K. Neumann, & J. Reyer (Hrsg.), *Geschichte des Kindergartens. Band II: Institutionelle Aspekte, systematische Perspektiven, Entwicklungsverläufe* (Bd. 2, S. 67–81). Freiburg: Lambertus.

Wallnöfer, G. (2008). Professionalisierung durch Akademisierung. In H. von Balluseck (Hrsg.), *Professionalisierung der Frühpädagogik: Perspektiven, Entwicklungen, Herausforderungen* (S. 65–76). Opladen & Farmington Hills: Barbara Budrich.

Wiesner, R., Rauschenbach, T., & Bergmann, C. (2013). Frühkindliche Bildung zwischen Politik und Recht. In M. Stamm, & D. Edelmann (Hrsg.), *Handbuch frühkindliche Bildungsforschung* (S. 131–146). Wiesbaden: Springer.

14 Anlagen

14.1 Anschreiben für die erste Teilnehmer_innenakquise

Forschungsprojekt: „Die reelle Fachkraft-Kind-Relation in bayerischen Kindertagesstätten und deren Auswirkungen auf das erzieherische Personal."

Sehr geehrte Damen und Herren,

mit diesem Schreiben möchte ich Sie auf das oben genannte Forschungsprojekt zur reellen Betreuungssituation in bayerischen Kindertagesstätten aufmerksam machen und Ihnen einige wichtige Informationen zur Verfügung stellen.

Informationen zur Studie:
Die Studie wird von einer Enrichtungsleiterin (Kiga und Krippe) aus Regensburg durchgeführt. Das Interesse liegt dabei auf den tatsächlich von den Kindern (und dem Personal) im KiTa-Alltag erlebten Betreuungsschlüssel. Genauer gesagt geht es um die Ermittlung der realen Betreuungsrelation und deren Auswirkungen auf das Personal. Was macht der Betreuungsschlüssel mit den KiTa-Mitarbeiter_innen und wie sieht der Personalschlüssel tatsächlich aus. Gibt es in der Realität eine Differenz zwischen dem durch die Studie ermittelten und dem rechnerischen Anstellungswert?

Zielsetzung:
Ziel ist die Auswirkung der vorherrschenden Betreuungssituation auf das erzieherische Personal aus Sicht der Praxis darzulegen sowie eine eventuelle Differenz zwischen dem fiktiven Wert und der tatsächlichen Fachkraft-Kind-Relation aufzuzeigen. Die gewonnenen Erkenntnisse könnten der Argumentation von Befürwortern der Anhebung des Personalschlüssels dienen und somit zukünftig zu einer Verbesserung der Betreuungsrelation beitragen.

Vorgehensweise:
Das Forschungsdesign ist in drei Bereiche untergliedert. Die Daten sollen mittels einer Panelbefragung, Interviews und Fragebögen erhoben werden.

1. **Panelbefragung:** Für diese Art der Befragung werden KiTa-Mitarbeiter_innen gesucht, die sich bereit dazu erklären, zwei Wochen im Jahr (jeweils eine Woche am Stück) die tägliche Anzahl der Kinder in Ihrer Gruppe/ Einrichtung sowie das anwesende Personal zu notieren und diese Zahlen in ein online zur Verfügung gestelltes Programm zu übertragen. Wichtig ist hierbei, dass diese Personen an allen zwei Befragungswellen teilnehmen, da die Daten sonst nicht in die Auswertung miteinfließen können. Die Befragung findet in den Zeiträumen vom 24.04–28.04.2017 und 26.06–30.06 2017 statt. (Die Teilnahme an allen 5 Tagen und an beiden Zeiträumen ist wichtig! – Die Daten können auch rückwirkend eingegeben werden). Ziel ist die Ermittlung der tatsächlichen Fachkraft-Kind-Relation in den bayerischen Kindertagesstätten. Die Abfrage erfolgt online unter dem Link: www.do-fe.de/kita (Der Username ist frei wählbar und muss für beide Zeiträume gleich bleiben).
2. **Interviews:** Hierzu werden KiTa-Leiter_innen, KiTa-Fachberatungen und pädagogische Qualitätsbegleiter_innen (pQB's) gesucht, die sich bereit dazu erklären, an einem einmaligen Interview (ca. 30–60 min) teilzunehmen. Das Interview kann telefonisch erfolgen. Die Terminvereinbarung erfolgt mit Ihnen gemeinsam. Die Erkenntnisse aus den Interviews sollen in die Fragebögen einfließen.
3. **Fragebögen:** Für den dritten Bereich der Untersuchung werden min. 600 KiTa-Mitarbeiter_innen gesucht, die einen online zugänglichen Fragebogen ausfüllen. Die Erhebung mittels Fragebogen soll in erster Linie die Auswirkungen des vorherrschenden Betreuungsschlüssels auf das KiTa-Personal aufzeigen. Aus diesem Grund wäre eine rege Teilnahme von mehr als 600 KiTa-Mitarbeiter_innen wünschenswert.

Datenschutz & Freiwilligkeit:
Diese Studie richtet sich an freiwillige Teilnehmer_innen. Sollten Sie während der Teilnahme an der Forschung Bedenken haben, können Sie sich jederzeit gegen eine weitere Mitwirkung entscheiden. Zudem wird die Studie unter geltenden Datenschutzbestimmungen durchgeführt. Die von Ihnen angegebenen Werte und Daten werden zu jederzeit vertraulich behandelt und nicht an Dritte weitergegeben. Die Angaben zu Teilnehmende/weitere Personen/Einrichtungen/Standorte etc. werden anonymisiert, um Rückschlüsse auf die befragten Personen, Organisationen oder Regionen zu verhindern.

Im Anschluss an die Erhebung wird die Studie in Teilergebnissen/ sowie das Gesamtergebnis als Dissertation an der Universität Vechta veröffentlicht.

Bei Fragen können Sie sich jederzeit per Mail oder auch telefonisch an mich wenden. Die Kontaktdaten finden Sie im Anschluss.

Für ein verwertbares Forschungsergebnis benötige ich ausreichend motivierte Teilnehmerinnen und Teilnehmer, die gerne über aktuelle die Betreuungssituation berichten möchten. Nur gemeinsam können wir uns für eine Verbesserung des Personalschlüssels einsetzen. Aus diesem Grund würde ich mich freuen, Sie als Interviewpartner_in oder als Teilnehmer_in an der Panelbefragung und dem Fragebogen zu gewinnen. Bereits heute möchte ich mich an dieser Stelle für Ihre Mitwirkung bedanken.

Mit freundlichen Grüßen

14.2 Interviewleitfaden

Name:
Geburtsdatum:
Berufsabschluss:
Derzeitige Tätigkeit:

1. **Zunächst würde ich gerne von Ihnen wissen, wie Sie Qualität in Kindertagesstätten definieren bzw. was verstehen Sie unter qualitativ hochwertiger Arbeit in Kindertagesstätten?**
   1.1 Was verstehen Ihrer Meinung nach KiTa-Mitarbeiter_innen unter Qualität in Kindertagesstätten?
   1.2 Was können Ihrer Meinung nach die KiTa-Mitarbeiter_innen selbst zur Qualität beitragen?
   1.3 Welche Rahmenbedingungen müssten hierfür vorhanden sein?
   1.4 Was versteht der Staat (Bundesland Bayern) mit seinen Formulierungen im BayBEP (Bayerischer Bildungs- und Erziehungsplan) unter Qualität in Kindertagesstätten?
   1.5 Was benötigen KiTa-Mitarbeiter_innen, um diesen Erwartungen gerecht zu werden?

2. **Was verstehen Sie unter attraktiven Rahmenbedingungen am Arbeitsplatz einer KiTa-Mitarbeiter_in?**
   2.1 Was sollte Ihrer Meinung nach von Seiten der Politik und der KiTa-Träger unternommen werden um die Rahmenbedingungen attraktiver zu gestalten?
   2.2 Was meinen Sie, können KiTa-Mitarbeiter_innen unter den derzeit gegebenen Rahmenbedingungen ihren Ansprüchen an die eigene Arbeit gerecht werden? – welche Aspekte tragen hierfür bei?
   2.3 Wenn Sie heute eine KiTa-Mitarbeiter_in fragen würden, welche Aufgaben würde sie Ihnen nennen, die im Alltag mit den Kindern zu kurz kommen?

3. **Glauben Sie, dass der Betreuungsschlüssel Auswirkungen auf das KiTa-Personal hat? – Inwiefern?**
   3.1 Wie schätzen Sie den derzeit in der Praxis umgesetzten Betreuungsschlüssel ein?

3.2	Was meinen Sie, welchen Einfluss hat der Betreuungsschlüssel auf die Arbeit der KiTa-Mitarbeiter_innen?
3.3	Was meinen Sie, welchen Einfluss hat der Betreuungsschlüssel auf die KiTa-Mitarbeiter_innen als Person?
3.4	Was stellt Ihrer Meinung nach die größten Belastungsfaktoren in Bezug auf den Betreuungsschlüssel für die KiTa-Mitarbeiter_innen dar?
3.5	Sollte Ihrer Meinung nach der derzeit gesetzlich vorgegebene (und refinanzierte) Betreuungsschlüssel verändert werden? – In welchem Ausmaß? (Richtung)
4.	**Wie bewerten Sie die Umstellung der Fördervoraussetzungen (im Jahr 2005/ 06)?**

14.3 Tabellen Interviewauswertung

1. Zunächst würde ich gerne von Ihnen wissen, wie Sie Qualität in Kindertagesstätten definieren bzw. was verstehen Sie unter qualitativ hochwertiger Arbeit?	
Betreuungsschlüssel 1,3,4,7,13,14,15,20,24 Springer 4,7 Gruppengröße 1	Betreuungsschlüssel (10)
Interaktion (Kind/Erzieher) 1 Kleingruppenangebote 5 Zuwendung für das einzelne Kind 5 Zeit für das einzelne Kind 9,13,16 Zeit auf die Bedürfnisse der Kinder einzugehen 10,15,21,22,24,26 Individuelle Förderung 10 Orientierung an Themen der Kinder 1,14,20 Situationen des Alltags aufgreifen 11 Partizipation 2,5,14,22,26 Kindzentrierte Grundhaltung 1,2,3,6,9,11,12,14 Was in Kindertagesstätten gelebt wird/ Umgang mit den Kindern 2,12 Personal in der Lage auf Bedürfnisse Kinder einzugehen 15, 22,24 Wertschätzender Umgang mit Kindern 22,26 Zeit für Beobachtung 11	*Kindzentriertheit/* Einzelkontakt (18)

Programme sind nicht Qualität 14 Zu viele Programme 1,20 Basteln nur bei Bedarf 5 Spracherziehung 5 Projektarbeiten 5 Freies Spielen was Kind möchte 5,7 Gleichgewicht zwischen Anregung und Freispiel 8 Hervorheben durch besondere Angebote (Konkurrenz) 17	Ausgewogenheit pädagogischer Angebote (7)
Teamsitzungen, Austausch Kolleg_innen 2 Mitspracherecht bei Öffnungszeiten/ Schließzeiten/ Urlaubsplanung 4 Gute Zusammenarbeit Team 8,13,26 Gemeinsame Ziele/ Visionen im Team 11 Wohlfühlen in Arbeit 11 Feedback vom Team 17 VZ 2,4 Supervision/ Beratung 2,4,11 Qualitätskontrolle 11 Mitarbeiter_innengespräche 11 Reflexion und Evaluation 6,11,17 Arbeit nach BayBEP 22 Ressourcenorientiertes Arbeiten 2 Entspanntes Arbeiten 3 Ausreichen Urlaub/ Erholung 4 Hoher Krankenstand laugt aus, gute Arbeit kaum möglich 1	Teamarbeit (11)
Herzlicher Umgang mit Eltern 3 Hohe soziale Kompetenz mit Eltern 8 Gute Elternarbeit/ Elternpartnerschaft/ Elterninformation 4,5,6,12,14,17,19,26 Feedback von Eltern 17 Wertschätzender Umgang mit Eltern 22 Eltern ins Boot holen (Elternbefragung/ -abende/ -interviews) 23 Anerkennung durch Träger/ Eltern 13	Elternarbeit (13)
Berufsabschluss/ Qualifikation 4,13,15,16,19 Persönliches Engagement 4,5,6,7 Fort-& Weiterbildung, Fachliteratur 2,4,5,7,16, 17,22,23 Budget für Fortbildungen 4 Fachlichkeit 6,8,13,15	Qualifikation (13)

Ruhe und Rückzug für Kind 5 Ausreichend Räume 8,15 Austattung 13,19,25 Bewegung 5,8 Gestaltung der Räume 23 Material 4,5	Einrichtungsausstattung (8)
Gute auf Einrichtung und Klientel angepasste Konzeption 13,22 Nach Konzeption arbeiten/ diese repräsentieren 17,25 Öffentlichkeitsarbeit (Internetauftritt) 23 Öffnungszeiten 4	Öffentlichkeitsarbeit/ Konzeption (7)

1.1 Was verstehen Ihrer Meinung nach die KiTa-Mitarbeiter_innen unter Qualität in Kindertagesstätten?	
Programme 1,6,12,14,15,21,24,26 Projekte 1,6,14 Akquise Fördergelder 1 Viel produzieren/ viel vorzuzeigen 6,8,12,20,25 Freispiel 8	Pädagogische Angebote (11)
Guter Betreuungsschlüssel 1,3,4,13,20 Kleine Gruppen 5,13	Betreuungsschlüssel (6)
Rahmenbedingungen vor Pädagogik 1 Tagesablauf 1 Wenig Anforderungen von außen 5 Rahmenbedingungen müssen stimmen 20 Ausstattung 13 Räume 15	Pädagogische Rahmenbedingungen (5)
Qualifizierte Betreuer 13,15,16,25 Fort- und Weiterbildung 16,17,26	Qualifikation (6)
Orientierung an den Interessen des Kindes 1,14 Orientierung an den Bedürfnissen der Kinder 14,15 Beziehungsarbeit Kinder 2,15,9 Kindzentriertes Arbeiten 2,6 Zeit für das einzelne Kind 5,9,10,13,16 Partizipation 2,8 Kind als Individuum sehen 9 Das Kinder selbstständig werden 8 Dem einzelnen Kind gerecht werden 10 Wertschätzender Umgang 11 Kinderkonferenzen 14 Kind zeigen wie man Wissen erwirbt 14,25	*Kindzentriertheit/* Einzelkontakt (13)

Eltern in Boot holen 1,14 Erwartungen den Eltern gerecht werden 1,12 Zufriedenheit der Eltern 7,23 Zusammenarbeit Eltern 15 Eltern müssen brav sein (manchmal Störfaktor) 3 Erwartungen der Schule gerecht werden 1	Elternarbeit (7)
Guter Arbeitgeber 3 Träger steht hinter dem Personal 15 Möglichkeit zur Fortbildung 4,14 Wenig Überstunden 4 Kein Aufarbeiten/ ausreichend Erholung 4 Freie Urlaubsplanung 4 Anerkennung/ Wertschätzung 3,13 Gutes Gehalt 3	Organisatorische Rahmenbedingungen (5)
Gutes Arbeitsklima 3 Kooperativer, konstruktiver Umgang 10,13 Ressourcenorientiertes Arbeiten 11 Wenig Hierarchie 11 Wertschätzender Umgang 11 Reflexion Arbeitsalltag 17 Gegenseitiger Austausch/ Ratschläge Team 17 Arbeiten nach eigenen Vorstellungen 19	Teamarbeit (7)

1.2 Was können Ihrer Meinung nach die KiTa-Mitarbeiter_innen selbst zur Qualität beitragen?	
Selbst- und Fremdevaluation 1,13 Reflexionsvermögen 6,23,26	Evaluation (5)
Teambildung 1 Gemeinsame Pädagogik 1 Gute Zusammenarbeit Team 5,26 Einhalten von Absprachen 11, 17 Interaktion Team 14,17 Alle Mitarbeiter_innen an einem Strang ziehen 14 Gutes Miteinander im Team 15,26 Partizipative Grundhaltung zwischen Leitung und Team 15 Gute Personalführung 15 Gegenseitig Wissen austauschen 17 Gegenseitige Unterstützung 24	Teamarbeit (9)

Humor 2 Spaß am Beruf 15 Eigene Stärken einbringen 4 Kritikfähigkeit 4,22,15 Engagement 4,14 Flexibilität 6,22 Motivation 9,16,25 Offenheit 26	Persönlichkeitsmerkmale/ eigene Stärken (11)
Partizipation 1,2 Liebevolles achtsames Arbeiten 2 Jedes Kind so nehmen wie es ist 2 Kindorientiertes Arbeiten 3,21 Fokus auf den Kindern haben 3 Engagement in Pädagogik 4 Interessen der Kinder beachten 5 Empathie Kinder 6,14 Sich auf die Kinder einlassen 12,14 Die Zeit mit den Kindern nutzen 12 Interaktion Kinder 14	Pädagogische Sichtweise/ *Kindzentriertheit* (9)
Eltern miteinbinden 3 Engagement in Elternarbeit 4 Gute Zusammenarbeit Eltern 5 Empathie Eltern 6,14 Elternarbeit/ Kommunikation Eltern 10 Elternarbeit 13 Eltern sollen sich in Einrichtung wohlfühlen 14 Interaktion Eltern 14 Guter Umgang mit den Eltern 15	Elternarbeit (8)
Fortbildungen 4,6,13,15,16,17,19,20,22,23 Gute Grundqualifikation/ Ausbildung 4,22	Qualifikation (11)
Negative Rahmenbedingungen ausblenden 9 Von außen nicht unter Druck setzen lassen (Vorstellungen Gesellschaft/ Konkurrenz) 10 Das Beste aus den Gegebenheiten machen (z.B. Räume) 19 Gestaltung der Räume 23 Offenes/ teiloffenes Konzept 21,24 Stress aus Situationen rausnehmen 24	Umgang mit Rahmenbedingungen (6)

1.3 Welche Rahmenbedingungen müssten hierfür vorhanden sein?	
Ausreichend Räume 1,5,15,19,22,25 Platz für Kinder 8 Materielle Ausstattung 2	Einrichtungsausstattung (8)
Kinderpflegeausbildung muss hochwertiger werden 21 Qualifiziertes Personal 24 Fortbildungsangebote 1,15,21,26 Supervisionsangebote 1 Unterstützung von Fachberatung und Qualitätssicherung 15 Bezahlte Freistellung für Fobi 23	Qualifikation (7)
Zeit für Teamsitzungen 1,26 Zeit für Austausch unter den Kolleg_innen 2 Zeit für Fobi 2 Zeit für Konzeptionsarbeit 2 Zeit für Doku/ Portfolio 2 Zeit für Reflexion 6,13 Zeit für Arbeit am Kind 6,19 Zeit für Evaluation 6 Zeit für Teamentwicklung 13 Zeit für Einrichtungsentwicklung 13 Zeit um alles in Ruhe erledigen zu können 16	Zeit (8)
VZ 1,2 Teamtage 1,4 Schließtage 1 Verpflichtende Schließtage 21 Ausreichend Schießtage zur Erholung 4 Konzeption, wie arbeitet eine Einrichtung 17	Vorbereitung/ Erholung (5)
Personelle Ausstattung 2,3,4,5,7,9,10,12,14,17,19, 20,21,22,24,25,26 Wenig Krankheitsausfälle 5 Springer 12 Kleine Gruppen 20 Fobi-Zeiten im Personalschlüssel berücksichtigen 21 Berücksichtigung des Klientel bei Personalschlüssel 22	Betreuungsschlüssel (17)
Gute Zusammenarbeit mit Verwaltung/ Träger 4 Träger muss Personal Vertrauen/ Rücken stärken 15,23 Träger, die individuelles Arbeiten zulassen 20 Gesprächsbereitschaft Träger 23	Kooperation Träger (4)

Vertrauensvolle Arbeit Team 4 Gutes Teamklima 7 Zuverlässiges beständiges Personal 8 Beständige Personalstunden 8 Genügend Spielraum zur Eigengestaltung 3 Gegenseitige Unterstützung Team 24 Ressourcenorientiertes Arbeiten 24	Teamarbeit (5)
Mehr Wertschätzung des Berufs 5 Gute Bezahlung 15,20,26	Gesellschaftliche Rahmenbedingungen (3)
Motivierte Erzieher 21 Spaß am Beruf 21 Wertschätzende Haltung gegenüber den Kindern 21 Reflexion 21	Persönlichkeitsmerkmale (1)

1.4 Was versteht der Staat (Bundesland Bayern) mit seinen Formulierungen im BayBEP unter Qualität in Kindertagesstätten?	
Staat gibt Bildungsziele vor (Sozialkompetenz, emotionale Kompetenz, sprachliche Bildung, Medienerziehung, Partizipation, soziale Teilhabe) 1 Bildung 2,9 Bildungsziele 6 Bildung für alle zu öffnen 4 Niederschwellig auch für Bildungsferne Schichten 4 Resilienz 7 Partizipation 15,26 Selbstständigkeitserziehung 15,25 Förderbereiche (Sprache, Feinmotorik etc) 15,26 Förderung in einzelnen Bereichen 4 Individuelle Förderung (Förderfaktoren) 4 Kompetenzen die die Kinder erreichen sollen 6,7 Kompetenzen der Kinder stärken/ fördern 14 Das Förderung der Kinder gewährleistet und umgesetzt wird 15 Kompetenzen die die Kinder erlernen sollen 20 Werteerziehung kirchlich (negativ!) 21 Interaktion Erzieher/ Kind 12 Ko-Konstruktion Erzieher/ Kind 12	Bildungsauftrag/ Kompetenzerwerb/ Förderung (13)
BayBEP ist nicht in allen Kindertagesstätten angekommen 1 Wurde nicht richtig eingeführt 1 Staat versucht etwas zu implementieren, was in Praxis noch nicht angekommen ist 1	Einführung und Umsetzung in der Praxis (14)

Ca. 30-45% arbeiten danach, Rest zum Teil gar nicht 1 Wird den Einrichtungen übergestülpt 7 Widerstand und Vorbehalte gegen BEP 1 Stellt sich die Frage wie gut er derzeit umzusetzen ist 2 Vieles wird unbewusst umgesetzt 1 Bin kein Freund vom BEP 10 Zu hoch gegriffen manche Formulierungen 10 Bildungsgedanke zu hoch gehängt 10 Nicht geeignet für Krippe 10 In der Krippe sind andere Dinge wichtig (Nähe, Zeit) 13 k.A. 3,8,14,22,24 haben uns noch nicht viel mit dem BEP auseinandergesetzt 9 schwer zu sagen 16 das müsste ich nachschlagen 17 das ist schon etwas länger her, dass ich den gelesen habe 19 oh, das weiß ich jetzt nicht aus dem Kopf 20	
Vorbereitung auf Schule 2 Vorschulerziehung nicht erwähnt 21 BEP ist wie ein Lehrplan 7 Arbeit nach Wochenplan 7 Arbeit ist theoretischer (viel außen rum) 7 Hohe Erwartungen an Betreuungseinrichtungen 9 Fachkraft-Kind-Relation 6 Ausreichend Personal vorhalten 16	Angaben die nicht im BEP erwähnt sind (6)
Viele verschieden Themenbereiche, die nicht genauer spezifiziert sind 5,25 Vermittlung von Inhalten 13 Verschiedene Förderbereiche umsetzten 19 Was messbar ist (Entwicklungsbögen, Regelwerk, Teamprotokolle, Elternbefragung, Transparenz) 11	Unspezifische Angaben (5)
Ganzheitlicher Blick 7 Ganzheitliche Förderung 14 Päd. Arbeit auf Beobachtungen basieren 16 Kompetenzen der Kinder erkennen 21 Situationsorientiertes Arbeiten 25	Ganzheitlichkeit (5)
Elternpartnerschaft 9 Zusammenarbeit mit Familien 11	Elternarbeit (2)

1.5 Was benötigen KiTa-Mitarbeiter_innen um den Erwartungen des BEP gerecht zu werden?	
Evaluation 1 Zeit für Auseinandersetzung 1	Evaluation (1)
Impulse von außen z.B. pQB 1 Fortbildungen zum BEP 1,7,10,11,12,15,19,23,25,26 Gespräch und Begleitung 2 Praxisnahe Erläuterungen 5 Heranführen an BEP 1 Viele Kolleg_innen können damit nichts anfangen 5 MA brauchen Anleitung 6,25 Zugang muss geschaffen werden 6 Unterstützung bei Einarbeitung wie er konkret umgesetzt wird 12 Gute Anleitung durch Leitung 23,25	Anleitung/ Einarbeitung (13)
Rahmenbedingungen so anpassen, dass BEP umgesetzt werden kann 1 Zeit 2,7,10,11,13,16,20 VZ 2,13,20 Räumlichkeiten 10,13 Material/ Ausstattung 11 Struktur, Arbeit einteilen, Freiräume schaffen 16 Ressourcenorientiertes Arbeiten (offene Arbeit gut) 21	Rahmenbedingungen (9)
Ausreichend Personal 2,4,16,26 Qualifiziertes Personal 4,10 Fundierte Ausbildung 14 Ausbildung an FAKS ausweiten 15 Kipfl.-Ausbildung vermittelt Inhalte BEP nicht 14,15 Fachwisssen 23	Qualifikation/ Personaldichte (8)
Standards und Unterstützung durch Träger 2 Qualitätsbegleitung durch Träger 2 Größere finanzielle Anreize 9	Unterstützung durch Träger (2)
Keine Aussagen dazu 3,8,17,22,24	Keine Angaben (5)
Einstellung und Leistungsbereitschaft der MA auschlaggebend 2 Emphatie für Kinder/ Eltern 4 BEP bei vielen negativ behaftet 6 Angst davor sich damit auseinanderzusetzen (dickes Buch) 6 Eigene Auseinandersetzung mit dem BEP 7	Persönlichkeitsmerkmale (8)

Kurse und Programme auf Eis legen 12 Eignen Haltung/ Persönlichkeit (Beruf oder Berufung) 14 Haltung gegenüber den Kindern (Wissen allein ist nicht auschlaggebend) 15 Arbeit an sich selbst, auf Neues einlassen/ Flexibel sein 19	

2. Was verstehen Sie unter attraktiven Rahmenbedingungen am Arbeitsplatz einer KiTa-MitarbeiterIn	
Gruppenräume (gut ausgestattet/ nicht reizüberflutend) 1,19 Finanzielle Ausstattung Gruppe 2 Ausreichend Etat 16 Schönes Arbeitsumfeld (Ausstattung Haus) 2 Nebenräume (Kleingruppen) 1,8,10,13,21,22,24 Teamzimmer 7,10,13,19 PC für Mitarbeiter_innen 7 Erwachsenengerechte Möbel 13 Garten/ Außenbereich 10,15,24 Turnhallen 15	Einrichtungsausstattung (12)
Teamtage 1,4 Mitspracherecht 19,20 Zeit für Teamentwicklung 6 Leitungssitzungen 1 Austausch untereinander (andere Einrichtungen kennenlernen) 3,17 Freiheiten, Selbstständiges Arbeiten 2,11,14,25 Funktionierendes Team 3 Festes Stammteam/ wenig Fluktuation 14 Offenes Klima zur Selbstreflexion 3 Gutes Arbeitsklima/ Gute Teamarbeit 16, 17,20,21	Teamarbeit (12)
Vertrauensvolle Arbeit Team 4 Zeit für Reflexion 6 Keine Hierarchie 11 Klare Struktur/ Gemeinsame Zielsetzung 11,14 Sicherheit 14 Gemeinsame Zielsetzung 11,14 Offenheit der Leitung 14 Offenheit im Team/ Wohlfühlen in Arbeit 19 Ressourcenorientiertes Arbeiten 25	

Weiterentwicklungsmöglichkeiten 1,17,20 Fort- und Weiterbildungsmöglichkeiten 2,25 Zeit für Fortbildungen 8	Qualifikation (6)
Guter Betreuungsschlüssel, ausreichend Personal 1,4,7,12,16,17,20,24,25,26 Kinderanzahl Gruppe/ kleinere Gruppen 2,7,12,22,23,26	Betreuungsschlüssel (12)
Gesundheitsprogramme, Prävention 1,20,21 Wertschätzung der Arbeit durch Träger 1,2 Wertschätzung durch Leitung/ Kolleg_innen 2 Wertschätzung 3 Wertschätzung durch Eltern 21 Wertschätzung durch Gesellschaft/ Politik 5 Gute Zusammenarbeit mit Träger/ Verwaltung 4,19 Interesse von Träger an Mitarbeiter_innen 9,25 Träger steht hinter Ma 20 Rückmeldung von Träger 9 Mitarbeiter_innengespräche 9 Unterstützung bei Problemen 1 Gesprächsangebote 2 Supervision 3,9 pQB 3,9 Teambegleitung 6 Stärkung Leitung und Team 6 Unterstützung durch, vom Träger angestellte Heilpädagog_innen/ Psycholog_innen 22	Unterstützung durch Träger (12)
Gute Bezahlung 1,2,5,20,23,25 Ausreichend VZ 2,5,7,8,10,13,17,21 Urlaubsanspruch 2 Urlaubszeitplanung/ auf Bedürfnis der MA achten 13 Ausreichend Schließtage zur Erholung 4 Ausreichend Pausen/ Erholung 17 Pausenzeiten müssen genommen werden können 20 Flexible Arbeitszeitmodelle 11,19,20,26	Organisatorische Rahmenbedingungen (16)
Überstunden abbauen können wenn MA das braucht (auch am Stück, evtl ganzer Tag 11,13	
Kooperative, engagierte Eltern 16 Mit Eltern Hand in Hand arbeiten 21 Vertrauensvolle Arbeit Team/ Eltern 4	Elternarbeit (3)

2.1 Was sollte Ihrer Meinung nach von Seiten der Politik und der KiTa-Träger unternommen werden, um die Rahmenbedingungen attraktiver zu gestalten?	
Elementarbereich als Bildungsbereich anerkennen 1,22 Wertschätzung 1,2,11,22 Berufsbild Erzieher aufwerten 12,14,17,20 Bei politischen Entscheidungen Personen aus Praxis miteinbeziehen 15	Aufwertung Arbeitsfeld (9)
Qualität vor Quantität 1 Betreuungsschlüssel erhöhen 2,3,5,7,9,12,14,15,16, 17,19,24,25,26 Gruppengrößen reduzieren 5,7,23 Drittkräfte Standard 7,9 Springer für Notsituationen 24	Betreuungsschlüssel (16)
Besseres Gehalt 1,2,3,4,9,11,14,16,17,20,22,23, 25,26 Vergütung Ausbildung 2,17 Früher in Rente 4 Mehr Urlaub 4 Flexiblere Arbeitszeiten bieten 4 Männer in Kindertagesstätten – Gehalt 8,14,17	Organisatorische Rahmenbedingungen (15)
Ausbildung modernisieren 2,4,8 Grundqualifikation Abi (Erzieher) 4 Grundqualifikation mittlere Reife (Kipfl.) 4,8 Crash-Erzieherausbildung wertet reguläre Ausbildung ab 15 Zusätzliche Ausbildungsplätze an Faks schaffen 15 Ausbildungszeit an Studienzeiten anpassen 15 Ausbildung in den Bundesländern vereinheitlichen 17 Teambegleitung, pQB 6 Fort- und Weiterbildungen 11,21	Qualifikation (8)
Finanzierungsmodell überdenken 8,25 Migrationsfaktor auch in Krippe berücksichtigen 10 Migranten höheren Faktor 14 Klientel berücksichtigen bei Finanzierung 14 Kontrolle der Adebis-Tabellen (Personal tatsächlich anwesend?) 10,14 Buchungszeiten für U3-Kinder begrenzen 10 Personalschlüssel an Alter und Entwicklung der Kinder anpassen 24	Förderbedingungen (5)

Arbeitsschutzbestimmungen (Lärm) 11,21 Fokus auf MA lenken 13 Arbeitsbedingungen verbessern 14 Elternbeiträge senken 3 Mehr Gelder für Ausstattung 5,6,19,21	Allgemeine Rahmenbedingungen (8)

2.2 Können KiTa-Mitarbeiter_innen unter den derzeit gegebenen Rahmenbedingungen ihren Ansprüchen an die eigene Arbeit gerecht werden?	
Nein 1,5,7,8,13,17,19,20,22,24,26	Nein (11)
Sie probieren es 2 Bei Unterstützung durch den AG – Ja – Nur mit gesetzlich vorgegebenem Betreuungsschlüssel – Nein 3 Schaffen es nur selten 4 Teils ja, teils nein 6,25 Kaum 9 Nicht immer 10 Wahrscheinlich nicht 12 Nur bedingt 11,14 Sehr schwierig 21	Jein (11)
Prinzipiell Ja 16	Ja (1)
Jeder setzt seine eigenen Prioritäten 2 Abhängig von Motivation (vieles wird in der Freizeit erledigt) 11,23,25 Auspowern auf Dauer 2,20 Frustration, Arbeit leidet 4 Unzufriedenheit 6,8,12 Selbstzweifel 12 Überforderung 20 Motivation leidet 21	Individuelle/ persönliche/ intrinsische Faktoren (11)
Anforderungen gestiegen (Umsetzung BEP, Erziehungspartnerschaft, Buchungszeiten, Eltern gerecht werden, etc.) 1,3,5,12,21,24 Qualität am Kind und der Zusatzaufgaben kaum möglich 2 Bürokratie 7 Anforderungen an Leitung gestiegen 1 Bedingungen schwierig 22	Gestiegene Anforderungen (9)

Abhängig vom Personalschlüssel 10,14,15,25,26 Zu wenig Personal 3,6,9,14,19 Zu viele Krankheitstage 3,20 Erziehermangel (deshalb nur Betreuung, keine Förderung 4,17,20 In Kernzeiten zu wenig Personal 26 In Praxis oft Personalmangel 16 Mit Teilzeitkräften schwierig 17 Räumlichkeiten 6,19 Zu große Kinderanzahl 7,12,19,22 sehr kleine Kinder binden eine Person 24	Betreuungsschlüssel (17)
Stress 3 Fehlende Zeit 5,13,17 Schwieriges Klientel 5,22 Lärm 12 Eltern als Störfaktor 6 Eltern sind anspruchsvoller geworden 7 Geringe Wertschätzung durch die Gesellschaft 8	Äußere/ extrinsische Faktoren (9)

2.3 Wenn Sie heute eine KiTa-Mitarbeiter_in fragen würden, welche Aufgaben würde sie Ihnen nennen, die im Alltag mit den Kindern zu kurz kommen?	
Gespräche mit den Kindern 1,16 Interaktion mit den Kindern 15 Zeit zum Zuhören 19,20,22 1:1 Dialog 20 Individuelle Gespräche mit dem einzelnen Kind 21	Kommunikation/ Interaktion
Sich auf die Kinder einlassen 1 Arbeit am Kind 3,6 Beobachtung 11 Konfliktsituationen ruhig bearbeiten können 14 Präsenz 15	Arbeit am Kind
Spiel mit den Kindern 1,11,12,14,19,23 Freispiel 4 Vorlesen 8,22 Kontinuierlich mit den Kindern an einer Sache dranbleiben 14 Ruhe mit den Kindern 14	Spiel/ Kontinuität
Zeit mit dem einzelnen Kind 1,3,7,8,10,12,20,21,23 Spiel mit dem einzelnen Kind 7 Individuell auf das einzelne Kind eingehen 7,8,9,15,24,26 Einzelförderung 10	Einzelkontakt

Ausflüge 5,26 In den Garten gehen 13 Kleingruppenarbeit 4,13,14,26 Projekte 5,17 Förderung/ Bildungsangebote 25	Aktivitäten
Aufmerksamkeit/ Wertschätzung 6 Körperkontakt 9,16 Trösten 9 Stille Kinder kommen zu kurz 10 Zuwendung 13,22 Bedürfnisbefriedigung 14,15,19,24,26 Kontakt zu den Kinder 25	Zwischenmenschliches

3. Glauben Sie das der Betreuungsschlüssel Auswirkungen auf das KiTa-Personal hat? Inwiefern?	
Ja 1,2,3,4,5,6,7,8,9,10,11,12,13,14,15,16,17,20, 21,22,23,24,25,26 Kann Auswirkungen haben 19	Ja (25)
Beruf ist belastend 2 Personal brennt aus 3,4 Erschöpfung 4 Stress 9,12,13,15,23,24 Gesundheit leidet 9,23 Buornout 19,26	Gesundheitliche Belastungen (11)
Gibt keinen Nachwuchs 2 In Einrichtungen zu wenig Personal 2,10,17,20,25 Arbeitsplatzhopping 4 Weniger gute Kolleg_innen bekommen eine Stelle 4 Personalausfälle 5,14,15 In Krippe oft 1:1 Betreuung benötigt 10 Bei 1:1 Betreuung eines Kindes ist die Kollegin mit den restlichen Kindern allein 11 Pausenzeiten Unterbesetzung 12 Fehlzeiten auffangen oft schwierig 14 Fachkräftmangel – Akquise schwierig 14 Urlaub und Fahlzeiten müssen ausgeglichen werden 16	Personalnotstand (12)

Gestiegene Anforderungen 1,11 Nicht alle Aufgaben können abgedeckt werden 2,21,24 Bildungsangebote leiden 2 Angst Aufsichtspflicht zu verletzen 4 Man kann sich nicht auf die Kinder einlassen 12,21,24,25 Aufgabenverteilung nicht möglich 13 Durchführung mittelbarer päd. Arbeit schwierig 14 VZ kann häufig nicht genommen werden 14 Organisation Arbeitsalltag schwierig 16 Teilzeitarbeitskräfte erschweren Situation 16	Beeinträchtigung der pädagogischen Arbeit (11)
Motivation leidet 4,9 Schneller genervt sein 4 Unzufriedenheit 4 Arbeitszufriedenheit leidet 9,22 Überforderung 21 Frustration 22 Deprimiert 25 Überlastung 26	Demotivation des Personals (6)
Personalstunden abhängig von Buchungsstunden-> Befristungen 8 Leitung steht unter Druck Stunden halten zu können 8 Betreuungsschlüssel sagt nichts über Alter/ Entwicklungsstand/ besondere Förderbedarfe aus -> deshalb gefälscht 11 Mittelbare päd. Arbeit zählt in den Betreuungsschlüssel 11 Schlüssel fiktive Zahl 11	Unsichere Arbeitssituation (2)

3.1 Wie schätzen Sie den in der Praxis umgesetzten Betreuungsschlüssel ein?	
Nicht gut 1 Schlüssel ist schlecht 2,3,6,8,14,15,17,26 Schlechter als vor 10 Jahren 4 Zu hoch 10,19,20,23 Zu wenig Personal 1,6,12,17,25 Zu hohe Kinderanzahl 1,12,17,23,25 Schlüssel passt v.a. in der Krippe nicht 14,21 Sehr kleine Kinder benötigen besseren Schlüssel oft 1:1 Betreuung 17,19 Ist eine Katastrophe 21 Gehört auf jeden Fall verbessert 22,24,25,26	Unzufriedenstellender Betreuungsschlüssel

Arbeitgeberfreundlich 3 Mit Liste wird getrickst (Personal hin-und hergeschoben) 3 Statistischer Wert 3 Hat nichts mit Realität zu tun (Statistik) 8,13,24 Fehlende Kolleg_innen werden in Schlüssel miteingerechnet 8 Fehlzeiten des Personals müssen nicht mehr in Liste eingetragen werden (lediglich Jahresmittel muss stimmen)9 In Praxis Schlüssel häufig deutlich schlechter als in Tabelle 9 Auf Papier ist Schlüssel gut – in Realität schlecht 13 In Kernzeit zu wenig Personal aufgrund der Berechnung 13 Tatsächliche Anwesenheit des Personals schlecht 14	Rechnerischer Wert
Unterschiedlich – abhängig vom Träger 5 Besetzung bei uns sehr gut/ bei anderen oft schlecht 11 Bin sehr zufrieden im Moment 16 Träger ist bereit mehr Personal einzustellen – gesetzlich vorgegebener Schlüssel kann häufig unterschritten werden 16	Trägerabhängig
Kolleg_innen arbeiten sich auf 2 Druck 6 Immer mehr Zusatzaufgaben – jedoch nicht mehr Personal 25	Personalbelastend
Quantitativer Ausbau verstärkt Fachkräftemangel 4 Verpasst rechtzeitig Ausbildungskontingente zu erhöhen 4 Crah-Erzieher ersetzt nicht Erzieherausbildung 4 Flüchtlingsproblematik zieht Erzieher als Arbeitsfeld KiTa ab 4	Ausbildungskontingentabhängig
Springer haben zu Kindern keinen Bezug 3 Wenig Zeit fürs Kind 6 Qualität abhängig vom tatsächlich anwesenden Personal 11 Springer entlasten nur bedingt -> Hauptarbeit lastet auf Stammpersonal 11	Provisorium

Fehlzeiten können nur schwer aufgefangen werden 6,24,25 Bei Krankheiten oftmals erst nach 6 Wochen Ersatz -> Rattenschwanz -> Aufarbeitung -> Krankheiten 11 Teilzeitkräfte fehlen oft wegen Krankheit/ Stundenabbau (Teamsitzungen/ Zusatzaufgaben) 8	Unbefriedigende Ersatzlösung

3.2 Was meinen Sie, welchen Einfluss hat der Betreuungsschlüssel auf die Arbeit der KiTa-Mitarbeiter_innen und auf die KiTa-Mitarbeiter_innen als Person?	
Austausch unter den Kolleg_innen leidet 1,21 Kolleg_innen sind häufig allein 2 Randzeitenabdeckung 1,2 Aufsichtspflicht, wenn Kolleg_in allein (z.B. Toilettengang) 7 VZ bleibt auf der Strecke 11,15 Urlaubsplanung (muss oft verschoben werden) 13 Pausenplanung 13 Fehlzeiten 13 Aufgabenverteilung/Ressourcenorientierung nicht möglich 14 Fortbildungen schwierig möglich 15 Atmosphäre in der Arbeit leidet 15,17 Teamarbeit (Konflikte besprechen) leidet 15 Streitigkeiten/ Unstimmigkeiten im Team 17	Teamarbeit/ -organisation (8)
Arbeitsbelastung 2 Viele Zusatzaufgaben 4,12,21 Krankheitstage der anderen müssen aufgefangen werden 19 Arbeitspensum wird nicht geschafft 24 Überstundenaufbau 24 Arbeit in Freizeit 24 Aufschieben von Arbeiten 26	Arbeitsorganisation (7)
Stress 1,2,4,5,7,11,12,15,17,20 Überforderung 2,10,13,21,22 Team wird verbraucht/ Burnout/ ausbrennen 2,6,7,9,10,17 Krankheiten (Burnout/ Psychosomatik) 2,7,8,13,15,17 Kommen an Belastungsgrenze 5,6,7 Krankheitstage/ Ausfälle 6,25,26	Gesundheitliche Belastungen (19)

Druck 7 Früher Renteneintritt (kaum eine Erzieherin ist über 60) 7 Früher Verschleiß (ab 50 öfter krank) 8 Bei Krankheit beruhigt mal zuhause bleiben können (schleppen sich oft krank in Arbeit) 11 Müde/ kaputt/ Überarbeitung/ Überlastung 25,26	
Gereiztheit 2 Spaß/ Freude leidet/ geht verloren 2,9,11,15 Leichtigkeit/ Gelassenheit geht verloren 2,19 Frustration 4,10,14 Genervt 4,8 Motivation leidet/ Demotivation 4,17,21,22,25 Schlechte Laune 4 Wirkt sich auf Privatleben aus/ leidet auch 4,15,26 Unzufriedenheit 5,6,7,8,9,11,13,15,16,23,24 Ungeduld 7,8,15 Lustlos/ Engagement schwindet 25,26	Demotivation des Personals (21)
Einfluss auf Beziehungsqualität 1 Qualität sinkt 2,8,20,21,22 Kind/ Pädagogik/ Elternarbeit leiden 4 Ideen können nicht umgesetzt werden 4,5,7,16,19 Gute Arbeit nur bei gutem Schlüssel 5,6,20 Keine Kleingruppenarbeit 5,14 Pädagogische Arbeit leidet 7,17 Arbeit am Kind leidet/ weniger Zeit am Kind 12,22 Projektarbeit kaum möglich 14,25	Beeinträchtigung der pädagogischen Arbeit (16)
Arbeitsplatzwechsel 5 Aus Beruf aussteigen 9	Kündigungsgedanken (2)
Keinem gerecht werden können 10 Nur noch funktionieren 11 Erfüllung eigener Anspruch kaum möglich 11,23,24 Kann nicht allem gerecht werden 12 Auf Bedürfnisse der Kinder einlassen schwierig 14,17 Kinderthemen aufgreifen (Partizipation) kaum möglich 14 Entsprechend auf die Kinder eingehen 17 Zugewandtheit zu den Kindern 21	Persönlicher Anspruch (9)

Kann nicht alles geschafft werden 23 Kinder leiden 24 Kaum Zeit für das einzelne Kind 25	

3.4 Was stellt Ihrer Meinung nach die größten Belastungsfaktoren in Bezug auf den Betreuungsschlüssel für die KiTa-Mitarbeiter_innen dar?	
Stress 1,3,23 hohe Anforderungen 1 Zu viel zu tun in zu wenig Zeit 2,16 Hohe Anforderungen BEP 4 Hohe Anforderungen Eltern 4 Hohe eigene Ansprüche 4,6,15 Schwieriges Klientel 5 Druck Kindern gerecht zu werden 6 Druck Arbeit 6 Qualität nicht gerecht werden 6 Dokumentation 11 Beobachtungsbögen 11 Druck von Seiten der Eltern 15 Überbelastung bis hin zum Burnout 22	Arbeitsanforderungen (11)
Zu wenig Kolleg_innen/ zu wenig Personal 2,4,17 Arbeit kann nicht verteilt werden 2 Gruppen können nicht geteilt werden, sonst einer allein 7 Zu viele Kinder 8,17,25 Schlüssel zu hoch 8,19 Sehr kleine Kinder brauchen 1:1 10 Überbrücken personeller Untersetzung 12,15,17 Personeller Ausfall (Krankheit/ Urlaub) 13 Zu große, zu volle Gruppen 19 Permanentes Alleinsein in der Gruppe 20 Hoher Krankenstand 21 Überstundenabbau 26 Permanente Vertretungen 26 Hohe Fluktuation/ wenig Kontinuität 4 Schwangerschaften/ Beschäftigungsverbot 4	Betreuungsschlüssel (13)
Wenig Wertschätzung durch die Gesellschaft/ Träger 4 Unzufriedenheit Eltern 9 Eltern wünschen sich weniger Schließtage, geht an Kindern und Personal aus -> Verschlechterung Schlüssel 13 Unzufriedenheit der Kinder 24	Ansprüche der Gesellschaft (4)

Arbeiten die nebenherlaufen, gehen am Kind aus 7 Zeit am Kind leidet 7 Wirkt sich auf Qualität aus 9 Den Kindern gerecht werden (Emotionalität) 9,24,25 Dem einzelnen Kind gerecht werden können 10 Arbeit kann nicht geplant werden, vieles muss gestrichen werden 26	Persönlicher Anspruch (6)
Eigene Arbeitszufriedenheit 9 Schneller ungeduldig 9	Zufriedenheit (1)
Lärmpegel 12,19,20	Lärm (3)

3.5 Sollte Ihrer Meinung nach der gesetzlich vorgegebene (und refinanzierte) Betreuungsschlüssel verändert werden? – In welchem Ausmaß (Richtung)?	
Ja 1,2,3,4,5,6,7,8,9,10,11,12,13,14,15,16,17, 19,20,21,22,23,24,25,26	Ja (25)
Höher 1 Muss besser werden 3 Deutlich nach unten schrauben 4 Weiter senken 5 Mehr Personal 6 Besserer Schlüssel 6 Im Kiga min 3–4 Leute Stammpersonal 2,7,11,24 Gruppenstärke reduzieren 7,10,11 Drittkräfte in den Gruppen 9,17 Praktikanten sind notwendig 9 Weniger Kinder 10,12,17,26 Mehr Personal 12,17,24,26	Anhebung des Schlüssels (15)
Weniger Schlupflöcher für Träger in Tabelle zu mogeln 4 Keine Sondergenehmigungen mehr Gruppenstärke zu erhöhen 7	Vorgaben verstärken (2)
Super wären verschiedene Berufsgruppen 3 Faktoren berücksichtigen gut 5 Kinder unter einem Jahr sollten doppelt zählen 10 Empfehlungen aus Fachkreisen sollten eingehalten werden (v.a. in Krippe) 13	Lösungsvorschläge zur Verbesserung (7)

Anhebung Einrichtungsspezifisch/ zu große Unterschiede bsp. Klientel 22 Alter der Kinder berücksichtigen (Kinder unter einem Jahr benötigen 1:2) 24,25	
Kiga: 1:4 15 1:5 19,21 1:5,5 1 1:6 20 1:5-7 2 1:7 8 1:8-9 23 1:9 14	Vorschläge für Betreuungsschlüssel Kiga (9)
Krippe: 1:2-3 21,24 1:3 15 1:3-4 20,25 1:4 14,19	Vorschläge für Betreuungsschlüssel Krippe (7)

4. Wie bewerten Sie die Umstellung der Fördervorausstellung von der objekt- zur subjektbezogenen Förderung?	
Es ist eine Schande 1 Funktioniert nicht gut 8 Bin total unzufrieden 11 Kindbezogene Förderung ist nachteilig/ muss verändert werden 13 Vieles hat sich dadurch verschlechtert (Zeit/ Ausstattung/ Personal) 20 Sehe ich negativ 25 Ich halte gar nichts davon 26	Schlecht (7)
War gut gedacht (Buchungsumfang/ Förderfaktoren) 4 Zwiegespalten 5 Ländliche Gebiete sind Verlierer/ städtische Gewinner 14 Hat Entwicklungspotential 14 Grundsätzlich nicht schlecht (aber in Praxis oft schlechter) 19 Zum Teil positiv – aber zwiegespalten 22	Zwiegespalten (5)
Subjektbezogen ist fairer für Einrichtungen 2 Grundsätzlich gerecht 14 Positiv (jetzt personell und finanziell besser) 16	Gut (3)

VZ kommt zu kurz 1 Kommunikation/Planung/Besprechungen kommen zu kurz 1 Spielraum für Qualität du Teamfortbildungen fehlt 8	Organisation leidet (2)
Befristete Verträge (Kündigung vor Unbefristung) – Unsicherheit bei MA – Fluktuation 1 Max. Stundenzahl (Plätze belegen) -> Personalstunden halten 9,26 Personalstunden abhängig von Buchungsstunden 13,2 Hat zu Personalkürzungen geführt 15 Personalstunden variieren -> Personal kann nicht gehalten werden 21 Personalstunden müssen immer angepasst werden 25	Unsichere Personalsituation (8)
Kindertagesstätten in Brennpunkten können profitieren 2 Kindertagesstätten mit vielen Migrationskindern und anderen Faktoren können profitieren 2 Berücksichtigung der Förderfaktoren (z.B. Migration) gut 4,6 Berücksichtigung der Förderfaktoren hat Sinn 5 Unsere Einrichtung hat durch viele Migrationskinder profitiert 14 Ansatz mehr auf die Einrichtungen einzugehen (lange Öffnungszeiten/ viel Migration) 14 Große Einrichtungen können profitieren/ für kleine nicht so gut 19	Gewichtungsfaktoren sind guter Ansatz (6)
Nachteil: Einrichtung muss voll besetzt sein mit Kindern um ausreichend Fördergelder zu erhalten/ war früher nicht so 4 Mischung aus Förderkonzepten wäre super (Förderung Gruppe & Berücksichtigung besonderer Förderbedarfe) 4 Stärkere Strukturierung der Faktoren nach Förderaufwand nötig 6 Kindertagesstätten sollten nach Plätzen in der Betriebserlaubnis gefördert werden 8 Migrationsfaktor sollte auch in der Krippe berücksichtigt werden 10 Zu sehr Schema F. 24	Lösungsvorschläge zur Verbesserung (5)

Hoher Verwaltungsaufwand 5 KiTa-Leitung kann Büroaufwand und Gruppendienst nicht stemmen 5 Monatliche Umbuchungen sind eine Katastrophe 8 Buchungssystem ist anstrengend 10	Bürokratie (3)
Ist lediglich eine Rechnung (fiktiver Wert) 8 Benötigt mehr Kontrolle durch den Staat wer in den Listen steht 10 Trägerfreundlich (Fehlzeiten müssen nicht mehr in KiBiGWeb eingetragen werden) -> keine Kontrolle wann Personal fehlt 11 Statistiken werden gefälscht/ getrickst (Personal steht in Liste/ fehlt jedoch in Einrichtung) 11 Schlüssel in Realität deutlich schlechter als auf dem Papier (insbesondere in der Kernzeit nicht gut) 24,25,26	Fiktion vs. Realität (6)
Kinder kommen zu kurz 1 Einrichtungen müssen wirtschaftlich denken 9 Zwiespalt zwischen Pädagogik und Wirtschaftlichkeit 9 Es geht um Geld und nicht um die Kinder 10 Druck Kinder aufnehmen zu müssen um ausreichend Geld zu bekommen 12 Setzt Personal unter Druck 15 Erst wenn Kind da ist, bekommt Träger Geld (Einrichtungen müssen immer vollgemacht werden) 21 Alle Eingewöhnungen zum September > schwierig, keine Staffelung möglich – schlecht für Kinder 21 Geht an den Kindern aus 26	Wirtschaftlichkeit vs. Kindeswohl (7)
Flexibilität kommt den Eltern zugute 23 Eltern kennen die Hintergründe nicht, wären nicht zufrieden wenn sie die Berechnung wüssten 25	Zufriedenheit Eltern (2)

14.4 Kategorien aus den Interviews

Folgende Kategorien ergaben sich aus den Antworten der Experteninterviews (die Zahl in den Klammern = Anzahl der Nennungen):

	Hauptfrage	Zusatzfragen
Qualität in Kindertagesstätten	1. *Kindzentriertheit*/ Einzelkontakt (18) Elternarbeit (13) Qualifikation (13) Teamarbeit (11) Betreuungsschlüssel (10) Einrichtungsausstattung (8) Ausgewogenheit pädagigischer Angebote (7) Öffentlichkeits- und Konzeptionsarbeit (7)	1.1 *Kindzentriertheit*/ Einzelkontakt (13); Pädagogische Angebote (11); Elternarbeit (7); Teamarbeit (7); Qualifikation (6); pädagogische Rahmenbedingungen (5) Organisatorische Rahmenbedingungen (5)
		1.2 Qualifikation (11); Persönlichkeitsmerkmale (11); pädagogische Sichtweise/ *Kindzentriertheit* (9); Teamarbeit (9); Elternarbeit (8); Umgang mit den Rahmenbedingungen (6); Evaluation (5)
		1.3 Betreuungsschlüssel (17); Einrichtungsausstattung (8); Zeit (8); Qualifikation (7); Teamarbeit (5); Vorbereitung/ Erholung (5); Kooperation Träger (4); Gesellschaftliche Rahmenbedingungen (3); Persönlichkeitsmerkmale (1)
		1.4 Einführung und Umsetzung in der Praxis (14); Bildungsauftrag/ Kompetenzerwerb/ Förderung (13); Angaben de nicht im BEP erwähnt sind (6); Unspezifische Angaben (5); Ganzheitlichkeit (5); Elternarbeit (2)

	Hauptfrage	Zusatzfragen
		1.5 Anleitung/ Einarbeitung (13); Rahmenbedingungen (8); Qualifikation/ Personaldichte (8); Persönlichkeitsmerkmale (8); Unterstützung Träger (2)
Allgemeine Rahmenbedingungen	2. Organisatorische Rahmenbedingungen (16) Betreuungsschlüssel (12) Einrichtungsausstattung (12) Teamarbeit (12) Unterstützung durch Träger (12) Qualifikation (6) Elternarbeit (3)	2.1 Betreuungsschlüssel (16); Organisatorische Rahmenbedingungen (15); Aufwertung Arbeitsfeld (9); Allgemeine Rahmenbedingungen (8); Qualifikation (8); Förderbedingungen (4)
		2.2 Betreuungsschlüssel (17); Gestiegene Anforderungen (9); Individuelle/ persönliche/ intrinsische Faktoren (7); extrinsische Faktoren (6); Persönlichkeit (4); Gesellschaftliche Rahmenbedingungen (3)
		2.3 Einzelkontakt (12); Zwischenmenschliches (11); Kommunikation/ Interaktion (7); Aktivitäten (7); Spiel/ Kontinuität (7); Arbeit am Kind (6)

	Hauptfrage	Zusatzfragen
Betreuungsschlüssel	3. Personalnotstand (12) Gesundheitliche Belastungen (11) Beeinträchtigung der päd. Arbeit (11) Demotivation (6) Unsichere Arbeitssituation (2)	3.1 Unzufriedenstellender Betreuungsschlüssel (19); Unbefriedigende Ersatzlösung (8); rechnerischer Wert (6); Personalbelastend
		3.2 & 3.3 Demotivation (21); Gesundheitliche Belastungen (19); Beeinträchtigung der päd. Arbeit (16); persönlicher Anspruch (9); Teamarbeit/-organisation (8); Arbeitsorganisation (7); Kündigungsgedanken (2)
		3.4 Betreuungsschlüssel (13); Arbeitsanforderungen (11); persönlicher Anspruch (6); Anspruch Gesellschaft (4); Lärm (4); Zufriedenheit (1)
		3.5 Betreuungsschlüssel anheben/ Kinderzahl senken (15); Lösungsvorschläge zur Verbesserung (6); Vorgaben verstärken (2)
Förderung	4. Unsichere Personalsituation (8) Förderfaktoren sind guter Ansatz (6) Fiktion vs. Realität (6) Lösungsvorschläge zur Verbesserung (5); Bürokratie (3) Organisation leidet (2)	- Keine vertiefende Fragestellung-

14.5 Entwicklung des Befragungsinstruments

Nr.:	Beschreibung:
A 1.–A 4.	Abfrage der einrichtungsspezifischen Angaben (Träger, Regierungsbezirk, Größe des Ortes, KiTa-Art). Diese Angaben sollen der Kategorisierung einerseits und als Vergleichswert andererseits dienen.
A 5.–A 6.	Abfrage der personenbezogenen Daten (Berufsabschluss, Geschlecht, Alter). Ausgehend von der Annahme, dass überwiegend Frauen im Arbeitsfeld der Kindertagesstätten tätig sind (Der Männeranteil in den pädagogischen sowie leitenden Funktionen beschränkte sich im Jahr 2014 auf gerade mal 4,8% (Autorengruppe Fachkräftebarometer, 2014, S. 26)), interessiert die Männerquote der Umfrage. Zudem wird die Angabe des Alters für die Verifizierung oder Falsifizierung der 5. Hypothese benötigt.
B 1.	Diese Frage setzt sich aus dem am häufigsten genannten Antworten bzw. den daraus gebildeten Kategorien der Interviewfrage (1.3) „Welche Rahmenbedingungen müssen für qualitative Arbeit vorhanden sein“ zusammen. Um die von den pädagogisch Tätigen vergebene Relevanz der Rahmenbedingungen zu erfragen, sollten diese in Reihe gebracht werden. Wichtig sind sicherlich alle aufgeführten Punkte. Um der Gefahr, keine prägnanten Unterschiede zu erhalten, entgegenzuwirken, müssten die Antworten als Rangfolge nach ihrer Wichtigkeit kategorisiert werden.
C 1.	Kombination aus den gebildeten Kategorien der Fragen (1.), (1.1) und (1.2). Die häufigsten Nennungen bilden die Grundlagen für die quantitativen Fragestellungen. Lediglich die Einrichtungsausstattung konnte für diese Frage aufgrund der gewählten Fragestellung nicht verwertet werden. Dieser Punkt wird weiterführend in einer nachfolgenden Frage aufgegriffen. Die Differenzierung zwischen Programmen und Projekten wird aufgeführt, da aus den Interviews hervorgeht, dass Programme nicht mit Qualität gleichzusetzen sind. Zudem wird im bayerischen Bildungs- und Erziehungsplan explizit auf Projektarbeit eingegangen. Zur Durchführung von Programmen wird im bayBEP folgendes angeführt: „Programme bergen stets die Gefahr, Kindern Themen „überzustülpen“.“ (STMAS, 2012, S. 393). Aus den Aussagen geht hervor, dass die befragten Leitungen, pQB's und Fachberatungen der Durchführung von Programmen ebenfalls negativ gegenüberstehen, wohingegen bei der Einschätzung was KiTa-Mitarbeiter_innen unter Qualität verstehen die Durchführung von Programmen sehr häufig genannt wurde. Ein Vergleich zwischen den Antworthäufigkeiten der qualitativen Untersuchung lässt vorsichtige Rückschlüsse zu, was im Alltag häufiger durchgeführt wird, Programme oder Projekte bzw. worauf die KiTa-Mitarbeiter_innen ihren Schwerpunkt in der Arbeit legen.

Nr.:	Beschreibung:
D 1.-D 2.	Abfrage der regelmäßig anwesenden Kinderzahl in der Kernzeit (Krippe und Kindergarten um 11 Uhr, Hort entsprechend angepasst an die dort übliche Kernzeit) an den einzelnen Wochentagen, gestaffelt nach den Förderfaktoren sowie die Abfrage der regelmäßig anwesenden pädagogischen Mitarbeiter_innen ebenfalls in der Kernzeit, unterteilt in Fachkräfte, Ergänzungskräfte und Praktikant_innen. Die angegeben Werte sollen Aufschluss über die tatsächliche Fachkraft-Kind-Relation in bayerischen Kindertagesstätten geben und dem Vergleich des reellen und des rechnerischen Werts dienen. Diese Frage dient der Ergründung ob und inwiefern sich der rechnerische Wert von der tatsächlichen Fachkraft-Kind-Relation unterscheidet.
D 3.	Die *Kindzentriertheit*/ der Einzelkontakt sticht als Antwort aus der qualitativen Befragung deutlich hervor. Aus diesem Grund wird diesem Themengebiet ein eigener Fragenkomplex gewidmet. Dieser setzt sich aus der am häufigsten genannten Kategorie der Fragen (1), (1.1) und (1.2) der *Kindzentriertheit*/ Einzelkontakt mit den Kindern zusammen, in Kombination mit der Frage (2.3 – welche Aufgaben im Alltag mit den Kindern zu kurz kommen) aus dem zweiten Themengebiet (Rahmenbedingungen). Die Antworten der Frage (2.3) hätten fast ausschließlich unter der Überschrift „*Kindzentriertheit* und der Einzelkontakt" zusammengefasst werden können. Die Antwortmöglichkeiten der quantitativen Befragung setzen sich aus den häufigsten Nennungen dieser Kategorie und den Antworten aus Frage (2.3) zusammen. Hinzu kommt die Frage nach der Umsetzbarkeit des bayBEP. Ist es nach Einschätzung des pädagogischen Personals möglich den Anforderungen des bayBEP's unter den derzeit in der Praxis umgesetzten Betreuungsschlüssel gerecht zu werden? Bei der qualitativen Befragung wurde abgefragt, was die KiTa-Mitarbeiter_innen benötigen um den Erwartungen des bayBEP's gerecht zu werden, hierbei wurde neben der Anleitung/ Einarbeitung und den Rahmenbedingungen auch eine höhere Personaldichte genannt. Aufgrund der Relevanz im Hinblick auf die Forschungsfrage wurde der Punkt dem bayBEP gerecht werden in Kombination mit dem Betreuungsschlüssel in die quantitative Forschung mitaufgenommen.
D 4.	Die Angabe zu wenig Zeit zu haben fiel in den Interviews über nahezu alle Fragen hinweg. Hieraus wurden die häufigsten Nennungen (für welche Tätigkeiten Zeit fehlt) extrahiert und in einer Frage zusammengefasst um zu ergründen, ob sich im Arbeitsalltag fehlende Zeit bemerkbar macht.

Nr.:	Beschreibung:
D 5.	Diese Frage setzt sich aus den gebildeten Kategorien der Antworten aus den Interviewfragen (3.2 & 3.3 Auswirkungen des Betreuungsschlüssels auf das Personal und auf die Arbeit) und (3.4 die größten Belastungsfaktoren in Bezug auf den Betreuungsschlüssel) zusammen. Empfinden die Mitarbeiter_innen an der Basis die genannten Faktoren als belastend?
D 6.	Um nochmals detaillierter auf die Belastungsfaktoren in Bezug auf den Betreuungsschlüssel für das KiTa-Personal einzugehen und die Forschungsfrage (welche Auswirkungen hat der Betreuungsschlüssel auf das erzieherische Personal) zu ergründen wurden die am häufigsten genannten belastenden Faktoren aus der Interviewfrage (3.4 die größten Belastungsfaktoren in Bezug auf den Betreuungsschlüssel) in einer Frage gebündelt. Ziel ist herauszufinden, ob die an der Basis tätigen Personen die genannten Faktoren mit der Betreuungsrelation in Verbindung bringen.
D 7.	Die Frage (2.2) in den Interviews „Können KiTa-Mitarbeiter_innen unter den derzeit gegebenen Rahmenbedingungen ihren Ansprüchen an die eigene Arbeit gerecht werden?“ fand fast einstimmigen Tenor. Um diese Auffassung zu untermauern/ zu widerlegen wurde die Frage nach dem gerecht Werden des eigenen Anspruchs in den Fragebogen mitaufgenommen.
D 8.	Welchen Betreuungsschlüssel erachtend die an der Basis tätigen pädagogischen Mitarbeiter_innen selbst als notwendig. Ausgehend von der Annahme, dass die wenigsten KiTa-Mitarbeiter_innen die Empfehlungen aus den Fachkreisen kennen, interessiert hier die Einschätzung der Pädagog_innen.

14.6 Rekrutierung der Studienteilnehmer_innen

Anschreiben Whats-App-Gruppe:

Wie sieht eigentlich die reelle Betreuungssituation in bayerischen Kindertagesstätten aus…?
Ich bin gerade dabei den Betreuungsschlüssel in bayerischen Kindertagesstätten zu ermitteln und zu überprüfen ob dieser mit dem rechnerischen Wert des statistischen Bundesamtes übereinstimmt.
Würde mich sehr freuen, wenn ihr/ Sie an meiner Umfrage teilnehmt. Dauer ca. 5–10 Minuten.
Die Ergebnisse könnten der Argumentation von Befürwortern der Anhebung des Personalschlüssels dienen und somit künftig zu einer Verbesserung der Betreuungsrelation beitragen.
TEILNAHMEVORAUSSETZUNG IST EIN KITA-ARBEITSPLATZ IN BAYERN!

Anschreiben E-Mail:

Liebe Kolleginnen und Kollegen,
wie sieht eigentlich die reelle Betreuungssituation in bayerischen Kindertagesstätten aus…?

Für meine Dissertation an der Uni-Vechta bin ich gerade dabei den Betreuungsschlüssel in bayerischen Kindertagesstätten zu ermitteln und zu überprüfen ob dieser mit dem rechnerischen Wert des statistischen Bundesamtes übereinstimmt und würde mich freuen, wenn Sie und Ihr Team an meiner Umfrage teilnehmen. Die Teilnahme ist nicht auf eine Person pro Einrichtung beschränkt, gerne dürfen alle Teammitglieder teilnehmen. Dauer ca. 10 Minuten.

Ich leite selbst eine KiTa in Bayern und somit ist es mir ein Anliegen aus der Praxis für die Praxis zu forschen um somit Verbesserungen herbeizuführen. Immer wieder musste ich feststellen, dass sich der Personalschlüssel in den Einrichtungen und der Wert auf dem Papier erheblich unterscheiden. Nun möchte ich herausfinden, wie sich dies bayernweit auswirkt um gegebenenfalls auf vorherrschende Differenzen aufmerksam zu machen.

Teilnehmen können Sie Online oder in Papierform. Im Anhang schicke ich Ihnen den Fragebogen als PDF. Der Link zur Online-Umfrage lautet: https://www.umfrageonline.com/s/ab7e59d

Ziel ist die Auswirkung der vorherrschenden Betreuungssituation auf das erzieherische Personal aus Sicht der Praxis darzulegen sowie eine eventuelle Differenz zwischen dem fiktiven Wert und der tatsächlichen Fachkraft-Kind-Relation aufzuzeigen. Die Ergebnisse könnten der Argumentation von Befürwortern der Anhebung des Personalschlüssels dienen und somit zukünftig zu einer Verbesserung der Betreuungsrelation beitragen.

Voraussetzung für die Teilnahme ist ein KiTa-Arbeitsplatz in Bayern!
Teilnahmeschluss: 31.07.2017

Viele Grüße und herzlichen Dank

Anschreiben Soziale Netzwerke:

Wie zufrieden seid ihr mit dem Betreuungsschlüssel in eurer KiTa?

Mich interessiert eure Meinung. Derzeit mache ich eine Umfrage in bayerischen Kindertagesstätten um herauszufinden, ob es einen Unterschied zwischen dem Wert auf dem Papier und dem tatsächlich umgesetzten Betreuungsschlüssel gibt. Bitte nehmt euch ein paar Minuten (ca. 10) Zeit und teilt mir eure Erfahrungen mit.

Die Ergebnisse könnten als Argument für die Anhebung des Schlüssels dienen und somit uns und den Kindern zugutekommen.

Warum mache ich das? Ich arbeite selbst in einer KiTa und muss immer wieder feststellen, dass der Personalschlüssels in den Einrichtungen und der Wert auf dem Papier nicht übereinstimmen. Nun interessiert mich, ob das bei euch auch so ist und wie es euch damit geht.

TEILNAHMEVORAUSSETZUNG IST EIN KITA-ARBEITSPLATZ IN BAYERN!

Hier der Link zur Umfrage: https://www.umfrageonline.com/s/78b6915

Vielen Dank für eure Unterstützung

14.7 Berechnungsgrundlage der Betreuungsrelation (Panel)

Die Berechnung der Betreuungsrelation für die Panelbefragung basiert auf folgender Grundlage:

1. Beispielrechnung der Betreuungsrelation:

24 Kinder Gewichtungsfaktor 1,0 (Buchungszeit: in der Kernzeit anwesend)
2 Pädagog_innen (Arbeitszeit Vollzeit: in der Kernzeit anwesend)
Für die Ermittlung der Betreuungsrelation werden die Kinder mit dem Gewichtungsfaktor multipliziert. Dieser Wert wird im Anschluss durch die Anzahl der anwesenden pädagogischen Kräfte dividiert.

$$\text{Betreuungsrelation} = \frac{24\ \textit{Kinder}\ 1{,}0}{2\ \textit{Pädagogen}} = 1{:}12$$

Im Rechenbeispiel in Kapitel 6.3 ergab sich bei genau der gleichen Betreuungskonstellation unter Berücksichtigung der Buchungsstunden und der Arbeitszeitstunden des Personals ein rechnerischer Betreuungsschlüssel von 1:9.

2. Beispielrechnung der Betreuungsrelation:

24 Kinder Gewichtungsfaktor 1,0 (Buchungszeit: in der Kernzeit anwesend)
3 Pädagog_innen (Arbeitszeit Teilzeit: in der Kernzeit anwesend)

$$\text{Betreuungsrelation} = \frac{24\ \textit{Kinder}\ 1{,}0}{3\ \textit{Pädagogen}} = 1{:}8$$

Anhand dieser Beispiele wird deutlich, wie die in der Praxis umgesetzte Betreuungsrelation differieren kann. Zu ergründen bleibt nun, wie dies in der Praxis tatsächlich umgesetzt wird und ob in der Kernzeit eine Differenz zwischen rechnerischen und reellen Schlüssel existiert.

14.8 Fragebogen

Universität Vechta
University of Vechta

Befragung bayerischer Kindertageseinrichtungen
im Rahmen des Dissertationsprojekts an der Universität Vechta mit dem Titel:

„Die reelle Fachkraft-Kind-Relation in deutschen (bayerischen) Kindertagesstätten während der Kernzeit und deren Auswirkungen auf das erzieherische Personal – wie ist die Reaktion des Personals auf den Betreuungsschlüssel"

Liebe Kolleg_innen und Kollegen,

ich freue mich, dass Sie sich dazu bereit erklärt haben an meiner Studie teilzunehmen. Ziel der Untersuchung ist es die Auswirkungen der vorherrschenden Betreuungssituation auf das erzieherische Personal aus Sicht der Praxis darzulegen und eine eventuelle Differenz zwischen dem fiktiven Wert und der tatsächlichen Fachkraft-Kind-Relation aufzuzeigen.
Die Auswertung der Fragebögen erfolgt absolut anonym. Rückschlüsse auf Ihre Person/ Einrichtung/ Träger sind nicht möglich!
Um ein möglichst aussagekräftiges Ergebnis zu erlangen ist eine rege Teilnahme wünschenswert. In diesem Sinne bedanke mich sehr herzlich für Ihre Mitarbeit und Unterstützung!

Vielen Dank und liebe Grüße
Tanja Feder

Ihre Ansprechpartnerin:
Tanja Feder

Rücksendeadresse:
Tanja Feder

A. Allgemeine Angaben zur Einrichtung/ zu Ihrer Person

1. Der Träger Ihrer KiTa ist...? (Bitte kreuzen Sie zutreffendes an)	
□	Stadt/ Gemeinde/ Kommune
□	Ein konfessionell gebundener Träger
□	Ein anderer freier Träger
□	Eine Elterninitiative/ ein gemeinnütziger Verein
□	Ein privat gewerblicher Träger
□	Ein anderer Träger und zwar:

2. Ihre KiTa liegt in ...?	
□	Oberbayern
□	Niederbayern
□	Schwaben
□	Oberpfalz
□	Oberfranken
□	Mittelfranken
□	Unterfranken

3. Die Einwohnerzahl des Ortes, in dem die KiTA liegt, beträgt...?	
□	Unter 5.000 Einwohner
□	5.000 bis unter 20.000 Einwohner
□	20.000 bis unter 50.000 Einwohner
□	50.000 bis unter 100.000 Einwohner
□	100.000 bis unter 500.000 Einwohner
□	500.000 und mehr Einwohner

4. Ihre KiTa ist ein(e)...?	
□	Kinderkrippe (0–3 Jahre)
□	Kindergarten (3 Jahre bis zum Schuleintritt)
□	Hort (nur Schulkinder)
□	Haus für Kinder (Krippe & Kindergarten)
□	Haus für Kinder (Krippe & Kindergarten & Hort)

5. Welchen Berufsabschluss haben Sie?	
□	Staatlich anerkannte Erzieher_in
□	Kinderpfleger_in/ Sozialassistent_in
□	Heilpädagog_in/ Heilerziehungspfleger_in
□	(noch) kein beruflicher Abschluss
□	Sonstiger Abschluss und zwar:
□	Studienabschluss (FH/ UNI) und zwar:

6. Ihr Geschlecht	
□	weiblich
□	männlich

7. Ihr Alter
________________ Jahre

B. Rahmenbedingungen

1. Wie wichtig sind Ihnen folgende Rahmenbedingungen...? Bitte ordnen Sie folgende Rahmenbedingungen nach Ihrer persönlichen Gewichtung **Die Zahlen 1–8 sollen jeweils NUR EINMAL vergeben werden!!!**	
1= am wenigsten wichtig 8= am wichtigsten	Hier bitte Ihre Kategorie eintragen (1–8)
...Einrichtungsausstattung (Materiell & Räumlich)	
...gute vertrauensvolle Arbeit im Team	
...Qualifikation des Personals	
...Betreuungsschlüssel	
...Wertschätzung und Unterstützungsangebote durch den Träger (Supervision, pQB)	
...gute Bezahlung	
...Vor- und Nachbereitungszeit	
...flexible Arbeitszeitmodelle	

2. Wie schätzen Sie den gesetzlich vorgegebenen Betreuungsschlüssel von 1:11 ein?										
⓪	①	②	③	④	⑤	⑥	⑦	⑧	⑨	⑩
Sehr schlecht					Mittel-mäßig					Sehr gut

3. Wie empfinden Sie den in Ihrer Einrichtung umgesetzten Betreuungsschlüssel?										
⓪	①	②	③	④	⑤	⑥	⑦	⑧	⑨	⑩
Sehr schlecht					Mittel-mäßig					Sehr gut

C. Qualität

1. Der in meiner Einrichtung/ Gruppe umgesetzte Betreuungsschlüssel ermöglicht es mir folgende Qualitätsmerkmale umzusetzen...?					
	Trifft gar nicht zu	trifft nicht zu	teils / teils	trifft zu	trifft völlig zu
...Kindzentriertheit/ Einzelkontakt	□	□	□	□	□
...Partizipation	□	□	□	□	□

…Zeit für Beobachtungen/ Beobachtungsbögen	□	□	□	□	□
…Ausgewogenheit pädagogischer Angebote	□	□	□	□	□
…gute/ vertrauensvolle Teamarbeit	□	□	□	□	□
…gute Elternarbeit/ Elternpartnerschaft	□	□	□	□	□
…regelmäßige Fort- und Weiterbildungen	□	□	□	□	□
…Öffentlichkeitsarbeit	□	□	□	□	□
…Konzeptionsarbeit	□	□	□	□	□
…Durchführung von Programmen (z.B. Zahlenland)	□	□	□	□	□
…Durchführung von Projekten (z.B. Experimentieren)	□	□	□	□	□
…gute/ vertrauensvolle Zusammenarbeit mit dem Träger	□	□	□	□	□
…Evaluation und Reflexion	□	□	□	□	□
…Einbringen der eigenen Stärken	□	□	□	□	□

D. Betreuungsschlüssel

1. Betrachten Sie nun die Kernzeit in Ihrer Einrichtung (ausgehend von 4 Std/ Tag – 8–12 Uhr) wie viele Kinder werden in dieser Zeit regelmäßig in Ihrer Gruppe (bei offenem Konzept: in Ihrer Einrichtung) betreut? **Bitte berücksichtigen Sie hierbei die Faktoren der Kinder!**

	Montag	Dienstag	Mittwoch	Donnerstag	Freitag
Regelkind 1,0	Anzahl	Anzahl	Anzahl	Anzahl	Anzahl
Schulkind 1,2	Anzahl	Anzahl	Anzahl	Anzahl	Anzahl
Migrationskind 1,3	Anzahl	Anzahl	Anzahl	Anzahl	Anzahl
U3-Kind 2,0	Anzahl	Anzahl	Anzahl	Anzahl	Anzahl
I-Kind 4,5	Anzahl	Anzahl	Anzahl	Anzahl	Anzahl

Erläuterungen:
Bitte beachten Sie: Treffen mehrere Faktoren zu, zählt immer der höhere Faktor.
Bsp.: Ein U3-Kind mit nichtdeutschsprachiger Herkunft hat Faktor 2,0 (nicht 1,3).
Faktor 1,0: Kinder von 3 Jahren bis zum Schuleintritt (Kindergarten)
Faktor 1,2: Kinder ab dem Schuleintritt (Hort)
Faktor 1,3: Kinder mit nichtdeutschsprachiger Herkunft (Kindrgrarten & Hort)
Faktor 2,0: Kinder unter 3 Jahren (Krippe)
Faktor 4,5: Kinder mit Behinderung oder von Behinderung bedrohte Kinder

2. Geben Sie nun die Anzahl der Betreuer die in dieser Zeit (8–12 Uhr) in Ihrer Gruppe (bei offenem Konzept: in Ihrer Einrichtung) regelmäßig tätig sind ein.					
	Montag	Dienstag	Mittwoch	Donnerstag	Freitag
Kinderpfleger_in/ Berufsprakt.	Anzahl	Anzahl	Anzahl	Anzahl	Anzahl
Erzieher_in (Fachkräfte)	Anzahl	Anzahl	Anzahl	Anzahl	Anzahl
Praktikant_innen/ 450€-Kräfte	Anzahl	Anzahl	Anzahl	Anzahl	Anzahl

3. Der in meiner Einrichtung/ Gruppe umgesetzte Betreuungsschlüssel ermöglicht es mir im Alltag mit den Kindern...?					
	trifft gar nicht zu	trifft nicht zu	teils / teils	trifft zu	trifft völlig zu
...den bayerischen Bildungs- und Erziehungsplan umsetzen	□	□	□	□	□
...den Kindern gerecht zu werden	□	□	□	□	□
...ausreichend auf die Gespräche der Kinder eingehen	□	□	□	□	□
...Zeit zum Zuhören finden	□	□	□	□	□
...für die Kinder präsent sein	□	□	□	□	□
...Zeit für das Spiel mit den Kindern finden	□	□	□	□	□
...kontinuierlich an einer Sache mit den Kindern arbeiten	□	□	□	□	□
...Zeit für Einzelkontakte mit den Kindern	□	□	□	□	□
...Kleingruppenangebote umsetzen	□	□	□	□	□
...mit den Kindern Ausflüge unternehmen	□	□	□	□	□
...die (emotionalen)Bedürfnisse der Kinder befriedigen	□	□	□	□	□
...die (physischen) Bedürfnisse der Kinder befriedigen	□	□	□	□	□
...den Kindern Zuwendung und Aufmerksamkeit zu geben	□	□	□	□	□
...der Erziehungspartnerschaft gerecht zu werden	□	□	□	□	□

4. In Bezug auf den in meiner Einrichtung umgesetzten Betreuungsschlüssels habe ich ausreichend Zeit für…?	trifft gar nicht zu	trifft nicht zu	teils / teils	trifft zu	trifft völlig zu
…Teamarbeit	□	□	□	□	□
… Vor- und Nachbereitung (Verfügungszeit)	□	□	□	□	□
…die Arbeit am Kind	□	□	□	□	□
…Erholungsphasen	□	□	□	□	□
…um Pausen einzuhalten/ zu nehmen	□	□	□	□	□

5. Der Betreuungsschlüssel hat Auswirkungen auf…?	trifft gar nicht zu	trifft nicht zu	teils / teils	trifft zu	trifft völlig zu
…Bildungsangebote	□	□	□	□	□
…Teamarbeit	□	□	□	□	□
…Gesundheit der Mitarbeiter_innen	□	□	□	□	□
…Motivation der Mitarbeiter_innen	□	□	□	□	□
…pädagogische Arbeit (Ideen umsetzen nicht möglich)	□	□	□	□	□
…Nachwuchsakquise (Ausbildung erscheint unattraktiv)	□	□	□	□	□
…Mitarbeiter_innenbindung/ Fluktuation	□	□	□	□	□
…Arbeitsverträge (unsichere Stundenzahl, Befristungen)	□	□	□	□	□
…Personalausfälle	□	□	□	□	□
…Urlaubsplanung (muss verschoben werden)	□	□	□	□	□
…das Privatleben der Mitarbeiter_innen (Privatleben leidet)	□	□	□	□	□
…die Qualität der päd. Arbeit	□	□	□	□	□
…Lärmpegel (ist erhöht)	□	□	□	□	□

6. Der in meiner Einrichtung umgesetzte Betreuungsschlüssel verursacht bei mir…?					
	trifft gar nicht zu	trifft nicht zu	teils / teils	trifft zu	trifft völlig zu
…Stress	□	□	□	□	□
…Ungeduld	□	□	□	□	□
…gesundheitliche Belastungen	□	□	□	□	□
…dass ich an meine Belastungsgrenze komme	□	□	□	□	□
…Demotivation	□	□	□	□	□
…dass Spaß und Freude leiden	□	□	□	□	□
…Überforderung	□	□	□	□	□
…Frustration	□	□	□	□	□
…Burnout (ausgebrannt sein)	□	□	□	□	□
…Unzufriedenheit	□	□	□	□	□
…Gereiztheit	□	□	□	□	□
…Druck (Arbeitspensum zu schaffen)	□	□	□	□	□

7. Können Sie mit dem derzeit in Ihrer Einrichtung umgesetzten Betreuungsschlüssel Ihren Ansprüchen an die eigene Arbeit gerecht werden?										
⓪	①	②	③	④	⑤	⑥	⑦	⑧	⑨	⑩
Überhaupt nicht					teils/ teils					Voll und ganz

8. Welchen Betreuungsschlüssel würden Sie ausgehend vom gesetzlich vorgegebenen Mindest-Betreuungsschlüssel von 1:11 für notwendig erachten?	
Krippe	1:
Kindergarten	1:
Hort	1:

Vielen Dank für Ihre Teilnahme!

15 Tabellenverzeichnis

16 Abbildungsverzeichnis

Aktuelle Probleme moderner Gesellschaften
Contemporary Problems of Modern Societies

Herausgegeben von / Edited by Karl-Heinz Breier, Peter Nitschke, Corinna Onnen

Bd./Vol. 1 Corinna Onnen-Isemann / Vera Bollmann: Studienbuch Gender & Diversity. Eine Einführung in Fragestellungen, Theorien und Methoden. 2010.

Bd./Vol. 2 Stephan Sandkötter (Hrsg.): Bildungsarmut in Deutschland und Brasilien. 2010.

Bd./Vol. 3 Astrid Freudenstein: Die Machtphysikerin gegen den Medienkanzler. Der Gender-Aspekt in der Wahlkampfberichterstattung über Angela Merkel und Gerhard Schröder. 2010.

Bd./Vol. 4 Matthias Bublitz: Gegliederter Universalismus. Politische Philosophie und ihre Tendenzen in der bundesdeutschen Parteienprogrammatik. 2010.

Bd./Vol. 5 Martin Jungwirth: Environmental Management Systems in Local Public Authorities. A Comparative Study of the Introduction and Implementation of EMAS in the United Kingdom and Germany. 2011.

Bd./Vol. 6 Martin Schwarz: Transnationale Kooperation: Der Ostseerat und die Subraumpolitik der Europäischen Union. 2011.

Bd./Vol. 7 Stephan Sandkötter (Hrsg.): Gesellschaftsdiagnosen. Aktuelle deutsch-brasilianische Herausforderungen und Chancen. 2011.

Bd./Vol. 8 Marie-Christine Frank: Weiblich – jung – ungebildet. Drei Antworten auf den Wandel in der Sozialberatung. Eine empirische Erhebung. 2011.

Bd./Vol. 9 Peter Nitschke: Formate der Globalisierung. Über die Gleichzeitigkeit des Ungleichen. 2012, 2., aktualisierte und erweiterte Ausgabe, 2014.

Bd./Vol. 10 Peter Nitschke/Mirko Wischke (Hrsg.): Öffentlichkeit und Demokratie in der Metamorphose. 2013.

Bd./Vol. 11 Michaela Thönnes: Sterbeorte in Deutschland. Eine soziologische Studie. 2013.

Bd./Vol. 12 Artur Klosek: Quo vadis, deutsche Gewerkschaften? Herausforderungen im globalisierten 21. Jahrhundert am Beispiel der IG Metall. 2013.

Bd./Vol. 13 Arne Arps: Zur unterschiedlichen Wahrnehmung des Politischen in den USA und der Bundesrepublik Deutschland. Eine kritische Interpretation. 2013.

Bd./Vol. 14 Evelyn Temme: Von der Bildung des Politischen zur politischen Bildung. Politikdidaktische Theorien mit Hannah Arendt weitergedacht. 2014.

Bd./Vol. 15 Petra Eden: Das Ehegattensplitting. Eine soziologische Analyse zur monetären Ressourcenverwaltung in der Ehe und zum Halbteilungsgrundsatz. 2015.

Bd./Vol. 16 Susanne Neumann: Karrieremapping für Nautikerinnen und Nautiker. Eine evidenzbasierte Analyse von Handlungsempfehlungen zur Einrichtung eines *Graduiertenkolleg Nautik*. 2015.

Bd./Vol. 17 Christian Ignaz Simmel: Interkulturelle Personalführung am Beispiel von international agierenden Unternehmen. Eine soziologische Studie über kulturell geprägte Unterschiede bei der Mitarbeiterführung. 2015.

Bd./Vol. 18 Christoph Kai Klunker: Beobachtungen zum heutigen Konservatismus in Deutschland. Eine Untersuchung nach Edmund Burke. 2016.

Bd./Vol. 19 Karin-Anna Holzer: Der Übergang zur Elternschaft mit oder ohne Trauschein. Elterliche Lebensform und partnerschaftliche Arbeitsteilung zwischen Geschlechterkultur, Geschlechterstruktur und geschlechtsbezogenem Handeln. 2016.

Bd./Vol. 20 Karin Herzog: Wissenschaftliche Weiterbildung im Bezugsrahmen der Bologna-Reform. Eine soziologische Evaluationsstudie am Beispiel des Masterstudiums „Leitung und Kommunikationsmanagement" an der Ostbayerischen Technischen Hochschule Regensburg. 2016.

Bd./Vol. 21 Kai Brakhage: Grundriss einer heterodoxen Didaktisierung des Finanzsystems. 2016.

Bd./Vol. 22 Jinyoung Yu: Die Entwicklung berufsbildender Schulen in Preußen, Sachsen und Württemberg zwischen 1869 und 1914. Ein Vergleich der preußischen, sächsischen und württembergischen Entwicklungen im beruflichen Schulwesen bis zum Ersten Weltkrieg. 2017.

Bd./Vol. 23 Peter Nitschke (Hrsg.): Und immer wieder Utopia. Perspektiven utopischen Denkens von Morus bis zur Gegenwart. 2018.

Bd./Vol. 24 Tanja Feder: Fachkraft-Kind-Relation versus Betreuungsschlüssel – Realität oder Fiktion? Eine empirische Untersuchung im Bundesland Bayern. 2019.

www.peterlang.com

www.ingramcontent.com/pod-product-compliance
Ingram Content Group UK Ltd.
Pitfield, Milton Keynes, MK11 3LW, UK
UKHW041826290926
8980IPUK00002B/85

9 783631 781777